上：学校首届本科毕业生合影（化工机械专业78级和化学工程专业78级）

下：1988年3月北京石油化工专科学校（含二分院）庆祝建校十周年合影

办学历程

左上：1988年4月召开成立北京石油化工学院论证会，国务院原副总理（时任北京市副市长）吴仪同志出席

右上：1989年5月教学主楼举行开工典礼

左下：1990年10月在大兴校址召开迁校祝捷大会

右中：1993年2月举行北京石油化工学院揭牌仪式

右下：1997年12月北京市学位委员来校考察

办学历程

左上：1998年10月召开北京石油化工学院建校20周年庆祝大会

右上：1999年5月学校接受教育部本科教学工作合格评价实地考察评估

左下：2005年10月学校接受教育部本科教学工作水评评估

右中：2007年6月学校召开“全国产学研合作教育实验基地”揭牌仪式

右下：2007年9月学校接受市委教育工委党建和思想政治工作达标检查验收

历任正职

北京化工学院第二分院　北京石油化工专科学校
北京石油化工学院历任党政主要领导

林　源
二分院 党委书记（兼）
1978.12—1980.1

张万欣
二分院 院长（兼）
1978.12—1980.10

陈　斐
二分院 领导小组负责人
1980.1—1983.10

袁尔卓
二分院 领导小组负责人
1980.1—1980.10

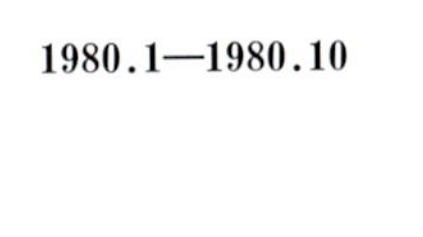

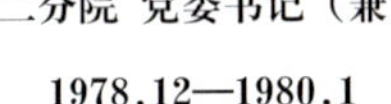

臧福录
二分院 行政负责人
专科学校 校长
1980.10—1985.11

吴　仪
专科学校 党委书记（兼）
1983.10—1985.11

张立文
专科学校 党委书记（兼）
1985.11—1990.2

张富元
专科学校 校长、党委书记
石化学院 党委书记
1989.10—1998.10

北京化工学院第二分院　北京石油化工专科学校
北京石油化工学院历任党政主要领导

刘国仁
专科学校 党委书记
1990.2—1991.4

郁浩然
专科学校 校长
石化学院 院长
1991.4—1998.10

孙桂大
石化学院 党委书记
1998.10—2001.8

佟泽民
石化学院 院长
1998.10—2005.7

牛继升
石化学院 党委书记
2001.8—2008.5

郭文莉
石化学院 院长
2005.7—至今

高锦宏
石化学院 党委书记
2008.5—至今

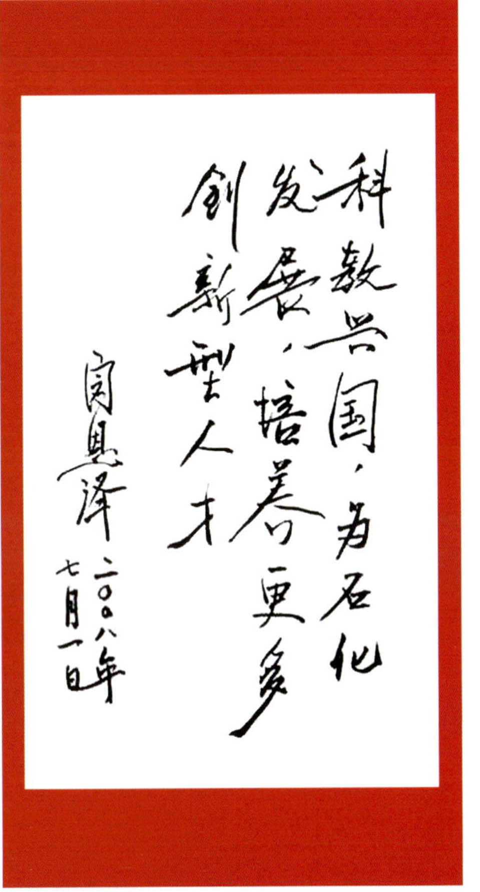

祝贺北京石油化工学院
成立三十周年
面向石化服务
社会办特色鲜
明高水平大
学
中国石化曹湘洪
二〇〇八年九月三日

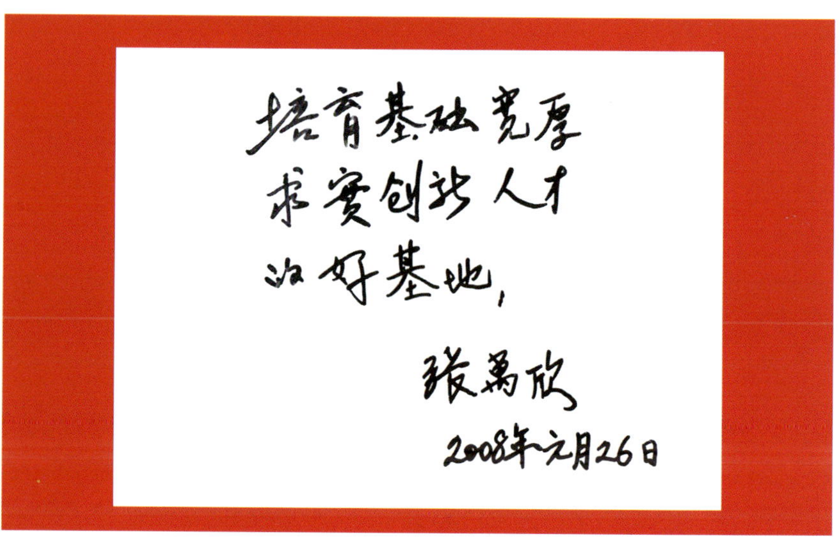
培育基础宽厚
求实创新人才
的好基地，
张万欣
2008年元月26日

勤奋
侯祥麟

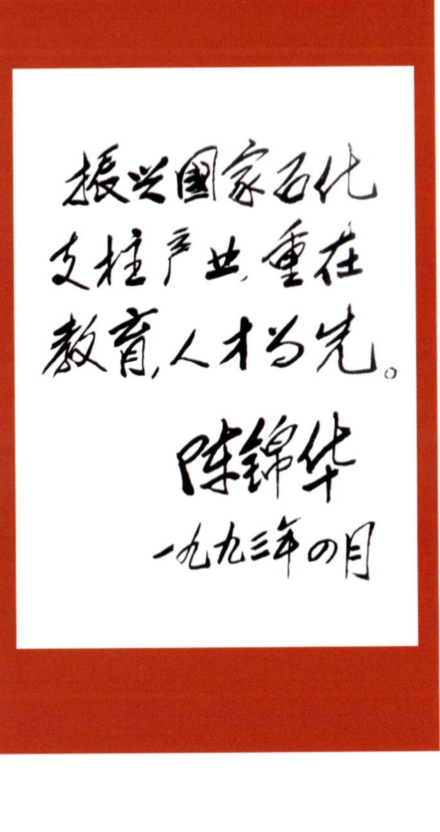

为振兴石油化工培养
大批的高层次的优秀
人才。

为北京石油化工学院建院题

武华仁
一九九三年二月

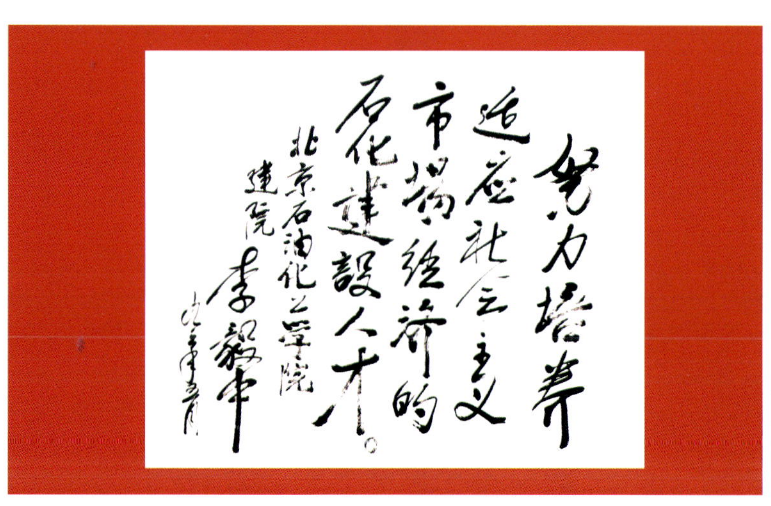
努力培养适应社会主义市场经济的石化建设人才。
北京石油化工学院建院
李毅中

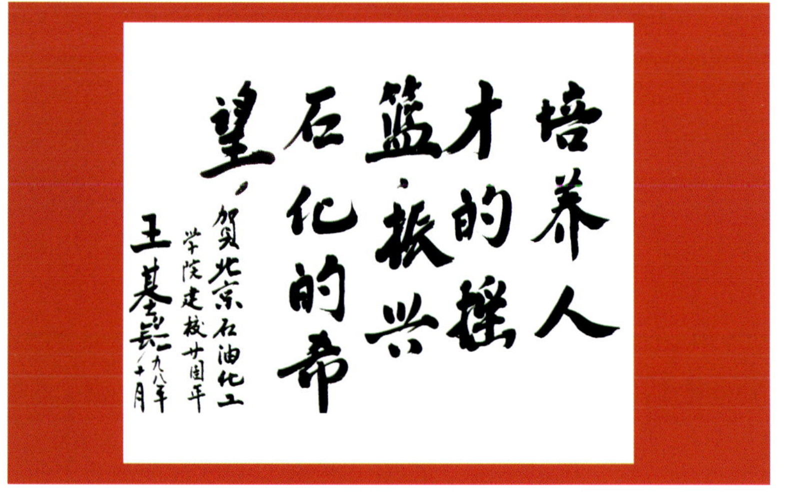
培养人才的摇篮，振兴石化的希望，
贺北京石油化工学院建校廿周年

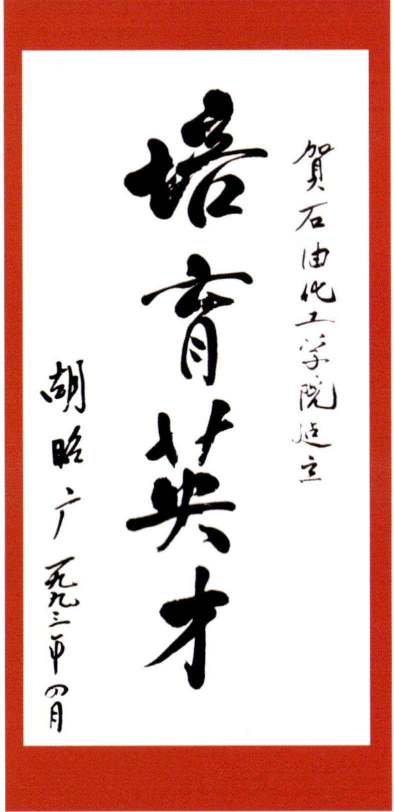

面向经济建设主战场，培养优秀人才

刘志峰 九三年一月

领导关怀

左上：全国人大常委会原副委员长（时任中石化总公司总经理）盛华仁为成立北京石油化工学院揭牌

右上：工业和信息化部部长（时任中石化总公司副总经理）李毅中来校指导工作

左下：全国人大环境资源委员会委员（时任中石化总公司副总经理）阎三忠视察学校

右下：原国家教委主任朱开轩来校视察

领导关怀

左上：全国政协原副主席（时任国家计委主任）陈锦华、全国人大常委会原副委员长（时任中石化总公司总经理）盛华仁与我校科研人员交谈

右上：时任全国人大常委陈至立、国务院副秘书长陈进玉、教育部部长周济、国家体育总局局长刘鹏、共青团中央书记处第一书记胡春华来校参加活动

左下：教育部副部长陈小娅来校参加活动

右下：北京市委原副书记龙新民来校调研指导工作

左上：原北京市委常委、市委教育工委书记朱善璐视察学校

右上：北京市副市长赵凤桐来校考察

右中：北京市原副市长范伯元来校视察

右下：教育部原副部长、中国高等教育学会会长周远清视察学校

左上：多次获得竞赛奖励的学生机器人创新小组

中上：学生进行装置实习

右上：与黎昌餐饮集团合作协议签字仪式

左中：燕山实习训练装置（临氢异构装置）

右中：教师指导学生实习

下：学生在燕化炼油厂实习

左上：举办学术研讨会

中：2002年10月国家863高科技项目焊接机器人成果产业化基地建设签字仪式

下：纪念邓小平同志诞辰100周年理论研讨会

上：中国科学院院士、中国工程院院士侯祥麟来校指导

中：学校与京郊乡镇企业科技项目对接会

下：中国科学院院士、中国工程院院士闵恩泽来校指导

干式舱下潜

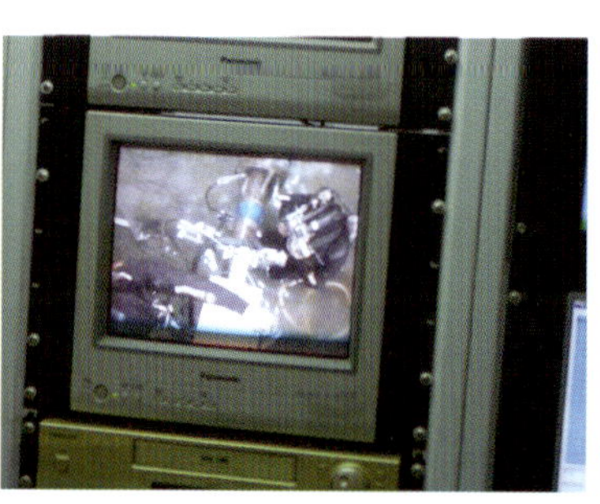
安装焊接机头

水面遥控指挥

水下焊接现场

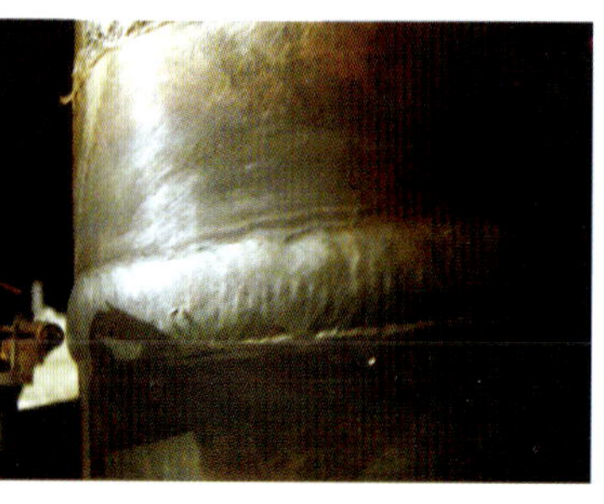
水下形成的焊缝

科技部验收会议

上组图：水下干式管道维修系统实现海底油气管道维修系统中国造，填补国内空白
——国家“十五”863海洋技术领域重大项目

下组图：GDC-1焊接机器人应用于奥运场馆“鸟巢”建设工程

上：党委书记张富元率团访问加拿大

中：副院长严庆国率团去日本与日本富士电机株式会社和日本东西贸易株式会社签订合作办学协议

下：校领导向日本客人介绍我校发展前景

左上：学校与德国安哈尔特应用技术大学合作办学签字仪式

右上：学校与英国佩斯利大学合作协议签字仪式

中：党委书记牛继升率团访问柏林大学

下：学校与挪威纳尔维克工学院合作十周年庆典

文体活动

左上：童江梅教师独唱演唱会

右上：大学生艺术团演出

左中：纪念“五·四运动”八十五周年专场晚会

右中：校园DV首映式

下：首届大学生科学文化节

文体活动

左上：张健做客“石化时说”访谈节目

右上：大学生暑期社会实践活动

中：大学生调研实践团前往河北丰宁支教

下：学校召开田径运动会

校园风光

右上：学校在燕山校址的教学楼

左上：学校在燕山校址的办公室

左中：燕山校区一角

右中：学校在燕山校址的食堂

下：康庄校区全景

右上一：主校区图书馆

右上二：主校区办公楼

左上：主校区体育馆

中：主校区教学主楼

下：主校区校园全景

北京石油化工学院三十年校庆丛书

北京石油化工学院志

（1978－2007）

BEIJING INSTITUTE OF PETROCHEMICAL TECHNOLOGY

《北京石油化工学院三十年校庆丛书》 编委会

中国石化出版社
HTTP://WWW.SINOPEC-PRESS.COM

图书在版编目（CIP）数据

北京石油化工学院志 /《北京石油化工学院三十年校庆丛书》编委会编.—北京：中国石化出版社，2008
（北京石油化工学院三十年校庆丛书）
ISBN 978-7-80229-728-9

Ⅰ.北… Ⅱ.北… Ⅲ.北京石油化工学院－校史 Ⅳ.TE65-40
中国版本图书馆CIP数据核字（2008）第141000号

中国石化出版社出版发行

地址：北京市东城区安定门外大街58号
邮编：100011 电话：（010）84271850
读者服务部电话：（010）84289974
http://www.sinopec-press.com
E-mail:press@sinopec.com.cn
北京世纪华海文化发展有限公司排版
北京柏力行彩印有限公司印刷
全国各地新华书店经销

787×1092毫米 16开本 62印张 24彩页 1152千字
2008年9月第1版 2008年9月第1次印刷
全套定价：168.00元
（凡本书出现印刷、装订错误，请向发行部调换）

《北京石油化工学院志（1978-2007）》

编撰人员

主　　编：郭文莉

副 主 编：李　娜

编　　委：（按姓氏笔画）

丁　明　丁福臣　马　葵　王文杰　付小美

石　晨　孙建华　刘红琳　吕德胜　任　毅

闫笑非　贠天祥　陈　竹　宋金山　杨玉久

张　祥　张存旺　张尧斌　张振凯　张国瑞

张敬军　李夏青　李翠清　佟秀苓　何晓红

周志军　武光明　俞建荣　宫　军　高秀云

徐凤信　徐自力　曹晓东　符生寅　冀学森

魏立智

责任编辑：王荣霞

编　　辑：楚毓华　李晓莉　陈怀勇

序

沧桑砺洗，春华秋实。伴随着祖国改革开放的脚步，北京石油化工学院走过了整整三十年。三十年前，为了适应改革开放的需要、适应经济社会发展的需要、适应新兴石油化工的需要，北京石油化工学院的前身——北京石油化工专科学校应运而生。随着国家前进的步伐，学校取得了不断的进步、提高和发展，迈入了可持续发展的快车道。三十年风雨兼程，石化学院人以实事求是、与时俱进、勤奋实干、自强不息的办学精神，坚持走崇尚实践、知行并重的实践育人之路，为国家和首都经济建设与社会发展培养出了一批批人才。莘莘石化学子，活跃在祖国的各条战线，在各自的岗位上辛勤耕耘，奉献着青春。值此之际，推出了《北京石油化工学院三十年校庆丛书》——《北京石油化工学院志》、《教授风采录》、《岁月如歌——我与石化》。旨在回顾石化学院历史，弘扬石化学院精神，展现石化学院风范，抒发石化学院人情怀。三十而立，这是北京石油化工学院发展史上的重要里程碑。石化学院将以此为起点，迈出坚定的步伐，凭借执着的追求，谱写出新的华美篇章！

这套丛书的编辑和出版受到学校领导的高度重视，并得到广大师生员工及校友的全力支持，学校历届领导作为顾问参与书稿的修改与审定，丛书编委会始终以高度的历史责任感和使命感承担这套丛书的编撰和出版工作。

在此谨代表校庆丛书编委会全体成员对关心和支持该套丛书编撰和出版的所有同志致以衷心的感谢。

北京石油化工学院三十年校庆丛书编委会

二〇〇八年九月

凡　例

一、《北京石油化工学院志》作为一部严肃的资料性文献，力求比较系统、翔实地记述北京石油化工学院30年的发展历程与现状，反映其所处的时代背景和自身办学特色，旨在发挥志书“存史、资治、育人”的功能。

二、本志以记事为主，叙而不论，寓评于述，将倾向性寄托于选材和编辑之中。

三、本志上起1978年，下迄2007年12月，纵横30年。记事贯通历史与当今，较详于今而不甚略于远。

四、本志书的编撰以马列主义、毛泽东思想、邓小平理论和“三个代表”重要思想为指导，坚持求真务实的态度和实事求是的原则，秉笔直书。

五、全志共有15篇，分篇、章、节、目四个层次；总述和大事记置于各篇之首，各篇之后有附录；大事记采用编年体，以著录开创性、转折性、全局性事件为主；办学诸项，横列纵写；前有序言，后有后记；记述以文字、图表为主，书前配以题词和照片。

六、本志所采资料主要源自学校档案室、人事档案室所存档案或实物以及各部门文书资料，其次为向知情人采访和通过各方面调查了解所得。本志言必有据，为节省篇幅，其资料来源一般不注明出处。

七、有关行文的若干说明：①文中凡称“80、90年代”，或“83级、84级、90级、91级”，均属20世纪；②为阅读方便，所有图、表均随文编排，序号由3个数字组成，其中第一个数字为篇号，第二个数字为章号，第三数字代表该图、表在该章的顺序号；③各种名称初次出现时用全称，其后或用简称。

目录

总　述

北京石油化工学院，位于北京市南部大兴区，北京至开封（京开）高速公路大兴段西侧，五环路黄村（兴业路）出口南侧；是一所中央与北京市共建，以北京市管理为主的普通高等学校。

一

北京石油化工学院的前身是北京石油化工专科学校，成立于1978年9月，是当时国内最大的石油化工企业北京石油化工总厂（简称石化总厂），为适应建设、设计、科研对各方面人才的迫切需要，创办的具有石油化工特点的大学专科性质的高等学校。学校建在现代化石油化工城中，位于石油化工区凤凰亭，距北京市中心50公里。

学校成立时只设石油化工机械专业，同年10月参加全国高等学校统一招生，招生45名。12月7日，根据北京市扩大招生的精神，石化总厂决定建立北京石油化工学院，在国务院尚未批准之前，北京市指示先定名为北京化工学院第二分院（简称：二分院），学制四年，设化工机械、化学工程两个专业，当年招收化工机械专业学生35名、化学工程专业学生34名。12月14日，北京市批准成立北京化工学院第二分院。1979年初，二分院开学后，石化专科学校招收的学生全部转入二分院。1978年至1981年，二分院连续招收四届本科生，石化专科学校暂停招生。

1978年11月，石化总厂“七·二一”工人大学，设仪表及自动化专业，招生55名，与二分院合并，由石化总厂直接领导，学校一套班子，一个机构，三块牌子。1980年北京市整顿“七·二一”大学，经北京市人民政府批准，“七·二一”大学于9月13日改名为燕化公司职工大学。1982年5月，燕山石油化学总公司[①]党委常委会决定，将“七·二一”工人大学与北京化工学院第二分院从建制上分开，建立独立的领

① 1979年1月，北京石油化工总厂更名为燕山石油化学总公司，简称燕化公司。

导班子，另辟新址办学。

1982年12月22日，北京市对大学分校进行调整，不再保留北京化工学院第二分院，在现有学生毕业后停办。北京石油化工专科学校恢复招生，开设化工机械、石油化工、高分子工艺和化工分析四个专业。1986年1月，学校设立系一级组织，成立化工系、化机系、基础部。

1985年4月，教育部同意中国石油化工总公司（简称：中石化总公司）关于改变北京石油化工专科学校领导体制的报告，批准北京石油化工专科学校划归中石化总公司领导，学校规模为在校生不少于1200人，面向全国招生。中石化总公司将北京石油化工专科学校定为总公司直属的副局级单位，总公司委托北京燕山石油化工公司①代管学校，业务上接受北京市委文教部门指导；学校设二级机构，处、科并存；开设化学工程、高分子化工、工业分析、化工设备与机械、工业管理工程、工业会计、应用化学等专业。

1986年4月，学校召开首届教职工代表大会，把“团结、勤奋、求实、创新”定为学校校风。同年在北京、江苏、山东、河北、河南五省共招生90名。

为落实教育部面向全国招生的精神，1985年7月8日，中石化总公司下发文件，同意石化专科学校另选校址重新建校。1986年，在北京市和大兴县（现大兴区）政府的支持下，学校新校址选在大兴县黄村镇，并于1987年12月29日举行了新校舍建设奠基典礼。1990年8月，学校由燕山迁到大兴县。10月18日，学校在新校址召开迁校祝捷大会，庆祝迁校胜利完成。

1991年9月5日，经过国家教委、中石化总公司批准，学校与北京化工学院联合办学，招收化学工程、化工机械两个本科专业。1992年12月，原国家教育委员会同意中石化总公司关于在北京石油化工专科学校的基础上建立北京石油化工学院的意见，批准北京石油化工学院于1992年12月31日正式建立，北京石油化工专科学校建制同时撤销。北京石油化工学院实行中石化总公司和北京市人民政府双重领导，以中石化总公司为主的领导体制。在校生规模为4000人，本科学制四年，共设置为5个系19个专业。

① 1984年1月，燕山石油化学总公司更名为北京燕山石油化工公司。

2000年1月，国务院调整部门（单位）所属学校管理体制，北京石油化工学院由部属院校改为中央与地方共建、以北京市管理为主的高等学校。学校确立了“立足北京，依托行业，服务首都，面向全国”的发展定位；全面实施“质量立校、人才强校、特色和科研兴校”的发展战略。经过三十年的发展和建设，已成为能适应国家支柱产业和首都经济与社会发展需要的，以工为主，理、工、经、管、文相结合，多学科相互渗透、协调发展、具有鲜明工程实践特色的高等学校。

二

学校现设有化学工程学院、机械工程学院、信息工程学院、经济管理学院、人文社科学院、材料科学与工程系、数理系、外语系、体育教学部和工程教育中心等10个教学单位。在开展本科教学工作的同时，还与中国石油大学（北京）、北京化工大学等重点大学联合开展硕士研究生教育。学校还设有国际教育学院和继续教育学院，开展国际交流与合作和成人继续教育及培训。现有本科生6500余人，联合培养硕士研究生130余人，成人继续教育学生1000余人，形成了多层次、多形式办学的发展格局。

学校在工学、理学、经济学、管理学和文学等五大学科门类开办了化学工程与工艺、高分子材料与工程、环境工程、油气储运工程、机械电子工程、电气工程及其自动化、国际经济与贸易、会计学、旅游管理和英语等22个本科专业；其中化学工程与工艺、机械电子工程、电气工程及其自动化和环境工程4个专业是北京市品牌建设专业。学校根据“培养德智体美全面发展，基础扎实、知识面宽、实践能力强、诚实守信、勤奋实干，具有创新精神的高级应用型工程技术与管理人才”的培养目标定位，不断强化对学生创新能力和工程实践能力的培养，通过教学和实践活动、大学生研究训练计划（URT）和科技活动，使学生的知识、能力和综合素质得以全面提高。

学校拥有一支爱岗敬业、素质高、结构合理的师资队伍，有一批在教学、科研中成绩突出的学科带头人、教学名师和青年骨干教师。现有教职工830余人，其中专任教师近500人；45%以上的教师具有教授、副教授等高级职称；具有硕士以上学位的教师占专任教师总数的73%。教师治学态度严谨，积极投身教学工作和教育教学改革，努力提高人才培养质量。

学校拥有北京地区首个“全国产学研合作教育实验基地”；国家级人才培养模式创新实验区——机电类本科专业人才培养“回归工程”创新实验区；国家级特色专业建设点——化学工程与工艺专业；2个北京市重点建设学科——“化学工艺”和“机械电子工程”；北京市重点实验室——光机电装备技术实验室；“环保与资源综合利用”和“光机电一体化”北京市人才培养与产学研基地；北京市实验教学示范中心——基础化学实验中心和工程教育中心。学校在重视教学工作的同时，充分发挥科研促进教学的作用，紧密结合国家能源发展战略和环境保护的要求，注重发挥相关学科的综合优势，在清洁能源、能源安全及技术经济分析、环保与资源综合利用、能源工业装备现代化等领域开展了卓有成效的研究工作。近年来，主持承担了国家863、973项目和自然科学基金项目，以及北京市和中国石油化工集团公司等的一批科研课题，取得了一系列较高水平的科研成果。

学校占地449亩，总建筑面积164520平方米，教学基础设施完备；固定资产总值4亿元；图书馆实现了自动化和网络化，并与26所高校实现馆际资源共享，馆藏图书总量达到60万册，电子图书50万种；校园网硬件平台建设能够满足教师与学生利用网络学习等信息化教学和管理的需要。

三十年来，学校在北京市委、市政府的领导下，在中国石油化工集团公司(简称中石化集团公司)的大力支持下，培养了大批本科毕业生，为首都的经济建设和社会发展做出了积极的贡献，2002年以来，各届毕业生就业率平均达到90%以上。近年来，学生参加北京市组织的数学、物理、英语和数学建模等基础课竞赛、全国大学生体育比赛和北京市高校田径运动会均取得好成绩；一批学生荣获北京市三好学生、优秀学生干部、优秀团员、优秀毕业生等光荣称号，学生在德智体美等综合素质方面有了显著提高。

学校秉承“实事求是、与时俱进、勤奋实干、自强不息”的精神，遵循“宁静致远，务本维新”的校训，紧抓发展机遇，勇于拼搏，开拓创新，改革与发展取得了显著成绩，先后荣获北京市产学研先进集体、全国教科文卫体工会抗击“非典”先进单位、首都大学生社会实践先进团队、首都高校社会实践先进单位，北京市社区志愿者先进单位、北京市优秀教职工之家、首都爱国卫生先进单位、北京市文明校园和绿化先进单位等荣誉，为国家和北京市的经济建设与社会发展提供了人才和智力支持。

大事记

（1978～2007年）

1978年

3月3日 石化总厂向北京市革命委员会工业交通办公室上报《关于筹建北京石油化工中等专业学校的报告》①。

5月12日 中共北京市委科学教育部、北京市革命委员会工业交通办公室、北京市革命委员会财贸办公室、北京市革命委员会计划委员会联合发文《关于纺织局等成立中等专业学校的批复》，同意石化总厂成立北京石油化工学校。同日，北京市革命委员会计划委员会、中共北京市委科学教育部联合下达《1978年中等专业学校招生计划的通知》，批准北京石油化工学校石油化工、电气仪表两个专业共招生80人。

6月7日 石化总厂向北京市革命委员会工业交通办公室上报《关于创办北京石油化工专科学校的报告》。

7月14日 石化总厂党委调张凤吉同志来学校工作，与王焕恺一起筹建学校。张凤吉主持常务工作，王焕凯主要负责教学工作。

8月1日 学校受化工部委托举办财会班，招生60人，学员来自28个省、市、自治区。

8月3日 化工部在房山召开全国化工教育工作会议，张凤吉首次代表学校参加全国性会议。

9月4日 北京石油化工学校招收的化工工艺专业38名新生入学报到，9月5日举行开学典礼。

9月 根据市招生办公室通知，市委、国务院教育部同意学校参加当年全国高

---

① 1971年底，北京石油化工总厂决定建立技校，并调王焕恺同志任负责人。十几名教职工边筹建边办学，为企业培养技工。在此基础上申办了中等专业学校。

等学校统一招生。招生指标80人，实际录取化工机械专业专科生45名，于10月17日报到入学，11月1日举行开学典礼。

11月14日 按国务院批转教育部《关于办好七•二一大学几点意见》的要求，石化总厂成立了“七•二一”大学，与北京石油化工专科学校、北京化工学院第二分院合并办学，为一套班子，一个机构，三块牌子，同在凤凰亭一座教学楼内上课。开设仪表及自动化专业，当年招生40人。11月16日举行开学典礼。

12月2日 市委大学部召开会议，由市委组织部长宣布各大学分校领导班子，北京化工学院第二分院领导小组由张万欣、张凤吉、王焕恺三人组成。

12月4日 中共北京石油化工总厂党委决定，北京化工学院第二分院成立领导小组，由石化总厂党委副书记林源兼任院党委书记，石化总厂副厂长张万欣兼任院长（由领导小组成员张凤吉、王焕恺负责日常管理工作）。

12月7日 石化总厂下发《关于创办北京石油化工学院的通知》,根据北京市扩大招生的精神，经研究决定建立北京石油化工学院，在国务院尚未批准之前，北京市指示先定名为北京化工学院第二分院。建立领导小组，由总厂直接领导。12月14日，北京市革命委员会批准成立北京化工学院第二分院。

12月28日 教育部批准建立北京石油化工专科学校。北京石油化工专科学校由北京市领导，以石化中专为基础改建，设置石化机械、石化仪表、自动化、石油分析、石油化学工程专业，面向北京市招生，学生规模为500人。

1979年

1月 成立教务处、总务处、办公室、学生工作部、团委（筹建）。

1月 刘忠忱来校工作，任校领导小组成员，主管后勤工作。

1月 成立学生党支部。

2月6日 张万欣院长看望学生，并做了“学生要德智体全面发展”的报告。

2月9日 北京市教委工作部召开会议，讨论1978年10月招收的石油化工机械专业三年制大专班学生学制问题。会议决定专科班教学工作按四年制安排[①]。

---

① 1982年7月23日，北京市高教局正式发文《补化机专业改变学制的批复》，对此事补以书面批复，同意化机专业大专班由三年制改为四年制。

2月29日 北京化工学院第二分院本科扩大招生，化学工程专业41名学生报到入学。

6月5日 学校向燕化公司工会上报《关于成立北京化工学院第二分院工会筹备小组的报告》，决定成立工会委员会筹备小组。

6月9日 举行第一届田径运动会。

6月18日 北京化工学院第二分院、七•二一大学向燕山石油化学总公司上报《基本建设发展规划》。

8月24日 张万欣院长给全体教职员工做《关于燕山石油化学总公司发展远景》的报告。

9月6日 召开首次三好学生和优秀班干部表彰大会。

9月6日 成立政治处。

1980年

1月10日 召开第一届学生代表大会，郑宇当选为学生会主席。

1月22日 经中共燕山石油化学总公司党委常委会决定：陈斐、袁尔卓同志为北京化工学院第二分院领导小组负责人。

1月25日 学校首次召开表彰大会。表彰1979年度校级先进集体2个，先进个人10名，燕化公司级先进工作者9名，燕化公司级先进集体1个。

5月28日至29日 举行第二届田径运动会，教职工首次参加运动会。

5月30日 成立技术职称改革委员会，王焕恺任主任。

6月30日 召开纪念“七一”全校党员座谈会，表彰优秀党员3名。

7月10日 成立化学、物理、数学、外语、电工、制图、体育、分析化学教研室。

9月15日 经北京市人民政府批准，“北京石油化工总厂七•二一大学”更名为“燕山石油化学总公司职工大学”。

10月21日至22日 召开第一次团代会，选举产生由丁宝福等7人组成的共青团委员会，丁宝福任副书记。

10月　燕山石油化学总公司党委调臧福录到学校工作，任行政主要负责人。

11月27日　成立体育运动委员会，王焕恺任主任。

1981年

1月13日　中国共产党北京化工学院第二分院委员会公章启用[①]。

3月　召开第二届学生代表大会，赵维江当选为学生会主席。

5月19日　燕山石油化学总公司下发通知，同意副科级干部由学校自主管理。

6月24日　燕山石油化学总公司党委书记兰丕伟、燕山区区委书记齐国章来校考察。

6月　成立机械基础教研室。

7月　成立政治教研室、化学工程教研室、工业分析教研室及化工机械教研室。

12月8日　燕山石油化学总公司党委副书记林源、燕化总公司教育处处长孙立文等领导来校办公，主要解决办学方向问题。

1982年

1月15日　召开全校教职工大会，选举苏增宝为燕山石油化学总公司职工代表大会代表。

2月27日　成立“五讲四美”领导小组，陈斐任组长。

2月　成立爱国卫生运动委员会，苏增宝任主任。

2月　成立计划生育领导小组，苏增宝任组长。

3月9日　召开第三届学生代表大会，赵维江当选为学生会主席。

5月5日　中共燕山石油化学总公司党委决定，将“燕山石油化学总公司职工大学”与“北京化工学院第二分院”分开，建立独立的领导班子。

7月　市委通知从本年开始只招专科生。当年学校共招收16名化工机械专业

---

①当时学校由领导小组行使党委职能，使用公章时要求写“代”字。

专科生。

12月9日 北京市高等教育局发文，批准成立北京化工学院第二分院学士学位评定分委员会，臧福录任主任委员。

12月22日 北京市人民政府对北京市委大学工作部、北京市高等教育局《关于大学分校调整和建设问题的请示报告》予以批复，保留大学分校十三所，其中不含北京化工学院第二分院。

1983年

1月20日 举行首届毕业生毕业典礼，并向82名毕业生颁发了毕业证书。

2月4日 成立电教室。

2月7日 北京市高等教育局下发通知，批准北京化工学院第二分院首届毕业生81人授予学士学位。

2月17日 北京市燕山区第一届人民代表选举，臧福录当选为人民代表。

3月 召开第四届学生代表大会，郭文莉当选为学生会主席。

6月16日 北京市高教局批准北京石油化工专科学校举办夜大学，于本年度开始招生。

9月15日 成立保卫科。

9月 成立化工分析教研室、计算机教研室。

10月20日 中石化总公司人事部印发关于吴仪等4位同志任职的通知：同意吴仪兼任北京石油化工专科学校党委书记；臧福录任校长；李杰任党委副书记；陈斐任顾问。

11月22日 燕山石油化学总公司党委书记兰丕玮等领导来校宣布学校新领导班子任命。

11月28日 燕山石油化学总公司批准张富元、张孟邦二位同志任北京石油化工专科学校副校长。

12月17日 燕山石油化学总公司印发通知：经中石化总公司批准，决定组建北京石油化工专科学校临时党委，由吴仪、臧福录、李杰、张富元、严庆国五位同志组成，吴仪同志兼任党委书记，李杰同志为党委副书记。

1984年

2月25日　成立学术委员会，臧福录任主任。

4月3日　召开第五届学生代表大会，陶烈当选为学生会主席。

4月25日　召开第二次团代会，选举产生第二届团委，林骞任团委书记。

5月25日　参加北京市燕山地区第二届人民代表选举，应金良当选为人民代表。

9月28日　成立保密委员会，严庆国任主任。

10月17日　成立党委办公室。

12月30日　北京市人民政府办公厅《关于改变北京石油化工专科学校领导体制的复函》：同意将北京石油化工专科学校转归中石化总公司领导。

1985年

1月22日　成立教师职称复查领导小组，臧福录任组长。

2月13日　中石化总公司印发《关于北京石油化工专科学校增设石油化工企业管理干部专修科的批复》，批准学校增设石油化工企业管理干部专修科（工科），当年开始招生，学制二年①。

3月30日　学校党委对整党工作进行安排部署。

4月30日　教育部印发《同意改变北京石油化工专科学校领导体制的通知》：学校由北京市主管划归为中石化总公司领导，学校规模为在校学生不少于1200人，面向全国招生。

4月　召开第六届学生代表大会，韩燕非当选为学生会主席。

7月8日　中石化总公司下发《关于北京石油化工专科学校另选校址建校的批复》：同意学校另选校址建校，建设分两个阶段进行，即1990年达到在校生1200

① 当年只招收8名学生。根据教育部规定，不足20人不能开班。10月19日，学校接到总公司人事部通知，将8名学员转入抚顺石油学院干部专修科学习。

人，最终规模达到2000人。

8月 从本年起学校开始在外省市招生，生源来自北京、山东、河北、河南，实际招生60人，均为专科生。

9月4日 中石化总公司总经理陈锦华来校慰问教师。

9月10日 召开庆祝首届教师节暨表彰先进大会。

9月26日 民主德国高等和专科教育部部长伯梅教授一行4人来校参观访问。

10月31日 中石化总公司副总经理张万欣来校同师生代表座谈。

11月4日 中共中石化总公司党组决定，张立文同志兼任北京石油化工专科学校党委书记；刘国仁同志任北京石油化工专科学校党委副书记；免去吴仪同志兼任的北京石油化工专科学校党委书记职务；免去李杰同志的北京石油化工专科学校党委副书记职务。

11月4日 中石化总公司决定，张富元、郁浩然、严庆国同志任北京石油化工专科学校副校长；免去臧福录同志的北京石油化工专科学校校长职务。

12月5日 成立大兴建校筹备组，严庆国任组长。

12月28日 中共北京燕山石油化工公司党委印发通知：学校整党工作达到中央整党决定规定的五条验收标准，批准北京石油化工专科学校整党结束。

1986年

1月18日 成立两系一部，即：化工系、化机系、基础部。

2月26日 成立党委工作处，统一管理宣传部、组织部、学生工作部及档案机要科的日常业务工作和全校的思想政治工作。6月，党委工作处更名为党委政治工作处。

3月18日 成立职称改革领导小组，张富元任组长。

3 月 召开第七届学生代表大会，王艳丽当选学生会主席。

4月1日至2日 召开首届教职工代表大会。大会决定把“团结、勤奋、求实、创新”八个字作为学校校风；决定把每年四月一日定为校庆日。同日，选举产生第一届工会委员会，苏增宝任副主席。

6月20日 中石化总公司下达《关于进一步办好北京石油化工专科学校有关问题的通知》，就领导体制、机构设置及编制等七个方面的问题进行说明。

9月16日 成立管理系。

10月18日 中石化总公司下达关于《北京石油化工专科学校建校计划任务书的批复》①。

10月26日至11月8日 组织85级学生到38军334团进行军训。此后，学校每年组织学生到部队进行军训，并成为一项制度。

11月22日 成立宿舍管理委员会，陈志高任主任。

12月29日 国家教委印发《关于北京石油化工专科学校调整办学规模问题的批复》，同意学校发展规模调整为在校生4000人，“七五”期间先按2000人建校。

12月 召开第二届工会会员代表大会，选举产生第二届工会委员，唐瑞昆任工会副主席。

1987年

2月13日 中石化总公司人事部就直属高校增设专科专业的请示予以批复：同意学校增设工业管理工程专业，学制三年，招生规模20人。

3月3日 召开第八届学生代表大会，杨杰当选为学生会主席。

3月24日 召开第三次团代会，选举产生第三届团委，林骞任团委书记。

3月 召开首次思想政治工作研讨会。

5月 成立科技开发部。

5月 王笃之副教授被选为房山区政协副主席。

7月1日 北京市人民政府就中石化总公司关于学校新校址征地事宜予以批复：同意征用大兴县黄村镇土地223.5亩（含代征道路绿化用地41.9亩）。

8月16日至22日 学校在河北易县召开政治工作会议和教学工作会议。会议提出七五期间在校生为2000人，而后要尽快发展到在校生4000人的规模，为此学校提

① 建设面积控制在45000平方米以内，征地面积控制在13.6公顷之内，总投资控制在2500万元以内进行规划设计。

出实现设置四个系，八个专业，教职工达到714人，其中教师417人，完成总投资为6千万元，建筑面积7.7万平方米，恢复本科招生的任务。根据这一任务，会议提出努力在三年内实现学校“五、六、七”的奋斗目标，即从1990年开始每年招生500人，总投资6千万元，建筑面积7.7万平方米。

8月24日　首次实行教师职务聘任制，学校决定聘任具有任职资格的八名教师为副教授。

9月　对学生首次实行德育量化考核。

10月24日　成立图书、资料委员会，郁浩然任主任；成立教学科研论文集编辑委员会，王笃之任主任。

10月27日　学校印发《关于基建处基层科室领导干部实行聘任制的决定》，在基建处进行科级干部聘任制试点。

11月28日　成立防火工作领导小组，张富元任组长。

12月29日　在大兴县清源北路新校址举行新校舍奠基典礼，中石化人事部副主任闫毓祖参加奠基典礼[①]。

1988年

3月22日　召开第九届学生代表大会，权宜军当选为学生会主席。

3月31日至4月1日　举行建校十周年庆祝活动。

4月26日至27日　中石化总公司人事部副主任阎毓祖同志主持召开“建立北京石油化工学院”论证会。北京市副市长吴仪同志，以及来自北京市高教局、中石化总公司人事部、清华大学、北京石油化工专科学校等单位和部门的领导和专家二十余人参加会议。会议通过在北京石油化工专科学校的基础上建立北京石油化工学院的论证，并于5月31日上报国家教委。

4月28日　国家教育委员会副主任朱开轩、高教二司原司长刘凡、司长龙正中、学生司司长王炽昌等一行7人来校视察工作，了解学校的办学情况。

---

① 学校新校舍建设实现当年征地、当年设计、当年破土动工。

5月6日　成立劳动服务公司。

6月10日　成立安全管理工作领导小组，张富元任组长。

7月14日　举行88届毕业生毕业典礼①。

7月20日　成立思想教育教研室。

10月24日　中石化总公司就学校关于《增加专业设置问题的请示》，给予批复：同意学校增设石油加工专业，学制为专科三年。

12月21日　成立生活管理委员会，严庆国任主任。

1989年

3月14日　召开第十届学生代表大会，刘力刚当选为学生会主席。

3月28日　召开工会第三次代表大会，选举产生第三届工会委员会，王德臻任副主席。

4月7日　召开首次思想政治工作信息工作会议，学校思想政治工作信息网正式建立。

4月17日至18日　召开第四届代表大会，选举产生第四届团委，高秀云任团委书记。

4月中旬至6月4日　在北京发生了一场严重的政治风波。胡耀邦逝世后，北京各高校出现各种大小字报，在此期间，学校校园内也出现了市“高自联”印发的反动传单、标语。校内部分学生呼吁罢课，并参与了天安门广场的声援、游行、静坐和燕山地区的游行，部分教职工也卷入了声援和游行。风波平息后，6月15日学校开始复课。

5月15日　成立监察室。

5月25日　新校舍教学主楼举行开工典礼。

6月15日至7月25日　学校先后举办了处级干部学习班，党支部委员学习班，全体党员学习班。7月25日，校党委下发文件，决定在全体师生员工中，集中一段时

① 这是学校创办以来，第一届在中国石油化工总公司系统内面向全国招生、面向全国分配的毕业生。

间，认真学习党的十三届四中全会文件和邓小平同志的重要讲话，进行深入的思想政治教育和民主法制教育。

6月16日 中石化总公司就学校建立校办工厂的请示予以批复：同意学校在大兴县范围内建立校办工厂。8月21日，成立校办工厂筹备组，陈明荣任组长。

10月11日 经中石化总公司研究，任命张富元同志为北京石油化工专科学校校长。

10月16日 召开教学工作会议。

11月7日 学校撤消党委政治工作处；设立党委办公室、党委组织部、党委宣传部、党委学生工作部、纪律检查委员会。

11月7日 召开1989至1990学年度后勤工作会议。

12月13日 成立学校搬迁指挥部，严庆国担任总指挥。

1990年

1月19日至20日 召开中共北京石油化工专科学校第一次党员代表大会，选举产生第一届党委委员6名和纪委委员5名，刘国仁任党委书记兼纪委书记。2月26日，中石化总公司党组批准学校第一届党委会选举结果；免去张立文党委书记职务。

2月26日 召开副科级以上干部会议，党委书记刘国仁在会上做了讲话，副校长严庆国就学校搬迁工作进行了详细部署。

3月6日 召开第十一届学生代表大会，李海珍当选为学生会主席。

3月26日 中石化总公司人事部与北京燕山石油化工公司有关领导，就学校的领导关系、经费、物资供应等八个方面的问题进行商谈。

4月13日 中石化总公司人事部主任骆登月一行3人到大兴县检查、指导新校舍工作。

5月18日 成立分房委员会，严庆国任主任。

6月14日 中石化总公司印发《关于北京石油化工专科学校领导及管理体制问题的通知》，就有关学校领导体制、学校的编制以及机构设置情况进行说明。

7月30日至8月3日 在大兴县新校舍召开系部主任、党支部书记和机关副科级以上的干部会议，这次会议是学校搬迁大兴后的第一次干部会议。

8月 成立自动化系。

9月26日 中石化总公司副总经理李毅中一行5人来校视察工作。

10月15日至17日 为迎接中石化总公司对所属院校的高等数学、材料力学及物理化学三门课程进行评估，中石化总公司教育处在学校召开由各院校主管教学领导参加的教学评估工作会议。

10月18日 在新校址召开迁校祝捷大会，庆祝迁校胜利完成。

10月24日 中共北京市委组织部批准，学校党的关系由北京燕山石油化工公司党委转属北京市委教育工委，党的日常工作由北京市教育工委领导。

1991年

2月4日至7日 中石化总公司教育系统基建工作会议在学校召开，会议基本确定了1991年总公司教育系统基建投资计划和工作任务。

3月26日 召开第十二届学生代表大会，张超当选为学生会主席。

3月 成立首个校办工厂，主要生产产品为轨梁油及润滑油。

4月4日 中石化总公司任命郁浩然为北京石油化工专科学校校长；免去张富元北京石油化工专科学校校长职务。

4月4日 中共中石化总公司党组任命张富元同志为北京石油化工专科学校党委书记兼纪律检查委员会书记；免去刘国仁同志北京石油化工专科学校党委书记兼纪律检查委员会书记职务。

4月5日 成立业余党校，党委书记张富元兼任业余党校校长。5月中旬至6月下旬举办第一期业余党校入党积极分子培训班。

7月12日 国家教育委员会计划建设司副司长徐敦潢等一行5人，在中石化总公司人事部教育处领导的陪同下，来校检查工作。

7月26日 中共中石化总公司党组任命崔玉明同志为北京石油化工专科学校党委副书记；中石化总公司任命佟泽民同志为北京石油化工专科学校副校长。

8月2日 中石化总公司对学校《关于一期工程第二阶段项目建设的请示》进行

批复，同意在“八五”期间将学校一期工程第二阶段项目全部建成。

8月24日 成立学生思想政治工作领导小组，崔玉明任组长。

8月31日 日本国富士电机株式会社细谷明宏常务董事和东西贸易株式会社柴野龟之助常务董事一行7人，来校参加自动化实验室仪表赠送仪式。

9月5日 学校与北京化工学院联合办学招收的化学工程、化工机械两个专业本科生共计62人报到。

9月23日 中石化总公司批准学校成立应用技术研究所。

10月9日至16日 中石化总公司教育系统教学评估组来校，对数学课进行评估。

10月16日 受河北省南大港石油化工总厂和北京红星润滑油厂委托，学校举办工业经济管理大专班。

1992年

2月20日 在全校团员青年中开展以“社会主义好”为主题的大型教育活动，为期半年。

3月15日 成立“文明校园”建设领导小组，郁浩然任组长。

3月24日 召开第十三届学生代表大会，王明哲任学生会主席。

4月20日至21日 召开共青团北京石油化工专科学校第五次代表大会，选举产生第五届团委，赵盛伟任团委书记。

4月25日 乌克兰伊姆特列斯国营企业基辅自动化研究所所长Rosyslav等一行2人来校访问。

4月25日 成立教师工作领导小组，崔玉明任组长。

5月8日至9日 召开1992年党建、思想政治工作会议。

5月11日至13日 中石化总公司在学校召开直属高校科技座谈会。

5月21日 成立治安综合治理领导小组，崔玉明任组长。

5月23日 中石化总公司就新校舍第二期工程建设征地予以批复，批准学校二期工程按照4000人在校生规模征地，即在一期工程已征地的基础上增加征地约180亩。

5月30日　成立校务委员会，张富元任主任。

5月　成立装备技术研究所。

6月17日　成立节能领导小组和节能办公室。

7月15日　董晋曦发明的《等温循环汽液平衡釜》，获得中国专利局的实用新型专利授权，这是学校获得的第一项授权专利。

10月16日　国家教委计划司李仁和副司长、中石化总公司人教部张文平副主任等领导来校检查指导工作。

11月　第二届教代会暨第四届工代会召开。选举产生工会委员会7人，崔玉明任工会主席。

11月　学校对校办工厂进行改制，成立石开实业公司。

11月16日　成立人事、分配制度改革领导小组，郁浩然任组长。

11月16日　成立房改领导小组，严庆国任组长。

11月21日　成立校志编委会，张富元任主任。

12月31日　经国家教育委员会批准，北京石油化工学院正式建立，实行由中石化总公司和北京市人民政府双重领导、以中石化总公司为主的领导体制。

1993年

2月13日　在国家教委领导同志陪同下，也门民主共和国教育部副部长舍利姆•艾卜•西克尔博士率领的也门职业技术教育代表团一行5人来校访问。

2月19日　中共中石化总公司党组任命张富元同志为北京石油化工学院党委书记；崔玉明同志为北京石油化工学院党委副书记兼纪委书记。中石化总公司任命郁浩然同志为北京石油化工学院院长；严庆国同志为北京石油化工学院副院长；佟泽民同志为北京石油化工学院副院长。

2月20日　举行北京石油化工学院成立揭牌仪式。参加揭牌仪式的有：中石化总公司党组书记、总经理盛华仁，党组副书记、常务副总经理李毅中，办公厅主任闵振环，国家教委计划建设司司长徐敦潢，市委教工委副书记徐天民，市高教局副局长耿学超，北京燕山石油化工公司经理刘海燕等领导以及中石化系统兄弟院校的领导，大兴县的领导约300余人。

3月9日 学校召开首届科技报告会。

3月20日至4月23日 学校为部分石化企业开办第一期石油化工工程师进修班。

3月23日 成立社会科学部，下设马列教研室、思想教育教研室、体育教研室。

4月7日 成立外事办公室。

4月12日 经中石化总公司人事教育部同意、北京市高教局批准，学校93届工业会计专业15名专科毕业生，留校继续学习一年，转为本科会计学专业[①]。

4月13日 成立学报编辑委员会，郁浩然任主任。

4月15日至29日 以学校院长郁浩然为团长的代表团一行四人访问乌克兰基辅自动化研究所，就科研工作与乌方达成了合作意向。

4月16日 石开实业公司成立董事会，严庆国兼任董事长。

4月28日至5月5日 哈萨克斯坦共和国工学院、化工学院的耶尔马嘎姆别托夫.M.E.等3位学者访问学校，与化学工程系、化工机械系的教师座谈，并达成合作意向。

1993年5月 学校聘请第一位外籍（美国国籍）教师Nancylee为本科生讲授英语口语。

5月13日至15日 中石化总公司直属高等学校改革与发展研讨会在学校召开。

5月20日至23日 学校首次参加北京市高校田径运动会，在参赛的46所高校中名列第15名。

7月23日 成立北京石油化工学院设计所。

9月10日 中石化总公司副总经理阎三忠、总工程师侯芙生等来校看望全体师生，向全体教职工祝贺节日。

10月4日 北京石油化工学院首次招收本科生，在全国16个省市、自治区共招收新生433名。

10月7日 中石化总公司对学校总体规划方案予以批复，原则同意学校规划方案[②]。

---

① 1994年6月21日，经北京市高教局同意，由北京财贸学院代发学士学位证书。

② 学校规模：在校生4000人；学制：本科四年；全校共设5个系19个专业；师资结构和人员编制：在校生4000人时，教职工总数为1290人，其中教师总数533人，教授占5%，副教授占25%，讲师占40%，助教占30%；校园占地面积362亩，校舍建筑面积168125平方米。

10月19日 成立思想政治工作人员专业技术职务评审委员会，张富元任主任。

10月20日至21日 中石化总公司人教部教育处、抚顺石油学院教务处有关领导一行3人，来校检查本科教学工作。

10月22日 党委调整部分党政职能部门和二级单位。撤销科技办公室，成立科研生产处；撤销基建办公室，恢复基建处；撤销物资处，成立物资办公室，挂靠总务处；撤销社会科学部；恢复马列主义教研室独立建制；成立军事体育部，恢复体育教研室独立建制；党委学生工作部和思想教育教研室合为一个机构；招生办公室划归学生处；电教中心改为电教室，划归教务处；恢复审计室独立建制。

11月18日 党委要求在全校副处级以上领导干部中实施“五个一”制度①。

12月8日 经北京市高教局批准，学校从91级专科生中选拔27名优秀学生，转入市场营销本科专业学习，学制四年。

12月30日 郁浩然当选为大兴县第十一届人民代表大会代表。

1994年

1月12日 成立经济研究所。

1月14日 成立校产办公室。

1月 朱黄副教授当选为中国人民政治协商会议大兴县第八届委员会委员。

2月21日 经国家教委批准，学校增设国际贸易、市场营销、高分子材料与工程、机械电子工程及化工工艺5个本科专业。

3月10日 成立学校水平衡测试领导小组、单身宿舍管委会及伙食管委会。

3月11日 成立后勤服务中心。

4月5日 召开第十四届学生代表大会，王俊峰当选学生会主席。

4月28日 召开1994年科技工作会议暨论文报告会。

6月6日 北京市城市规划管理局就学校二期工程项目建设用地予以批复：批准学校规划建设用地100320平方米，另应代征城市公共用地约2390平方米，共计154

---

① 每个月至少到学生宿舍一次，了解学生的起居和身体状况以及宿舍管理等情况；每个月至少与一名学生谈一次话，了解学生思想、学习和生活情况；每个月至少听一次课，了解教师的教学和学生的课堂学习情况；每个月至少到学生食堂用餐一次，了解学生的饮食及食堂伙食管理情况；每个月至少调查和研究一个问题，为学院建设和发展提供合理化建议。

亩。

8月13日　学校授予中国科学院院士闵恩泽、陈俊武、陆婉珍，中国工程院院士徐承恩、李大东“北京石油化工学院名誉教授”称号。

9月9日　党委在全校开展向名誉教授闵恩泽、陈俊武、陆婉珍、徐承恩、李大东等5位院士学习的活动。

10月5日　中石化总公司决定，任命徐土旺同志为北京石油化工学院副院长。

11月30日至12月1日　召开中共北京石油化工学院第二次党员大会，大会选举产生新一届党委委员5人和纪委委员5人。张富元当选党委书记，崔玉明为副书记兼纪委书记。

11月　化学工程系教师尹玉英的《有机化合物分子旋光性的螺旋理论》课题被国家自然科学基金委员会批准，这是学校获得的第一项国家自然科学基金课题。

12月6日至25日　党委书记张富元等一行5人出访加拿大、美国等地，就科技合作和校际交流进行探讨并签订部分协议书。

12月30日　学校首次参加北京市大学生（非物理专业）物理竞赛，机93（1）班宋林涛同学获三等奖。

1995年

1月10日　国家教委批准学校增设应用化学、计算机及应用、计算机软件3个本科专业。

3月9日　召开1995年科研工作会议。

3月10日　成立首个基层党总支部——化学工程系党总支。

4月6日　由佟泽民副院长带队，向正在集训的国家女排赠送学校石强厂研制的排球专项训练器，郎平主教练代表女排接受捐赠。

4月12日　成立教学实践中心，下设计算机室、电教室、金工车间。

4月18日　党委要求在全校开展向孔繁森等英模学习、“塑造共产党员形象”、“塑造人民教师和教育工作者形象”、“塑造社会主义大学形象”的活动。

4月21日　党委作出在全校党员中开展学习建设有中国特色社会主义理论和党

章的活动安排。

4月21日 成立党委保卫部，保卫部与保卫处合署办公。

4月21日 成立稳定工作领导小组，张富元任组长。

4月21日 学校佟泽民副院长会见澳大利亚联邦教育部海外学历认证局局长汤姆弗林先生率领的教育代表团，就夜大、函大等成人教育开展情况进行了讨论。

5月10日 校办产业12个企业全部通过市教育局和市县地税局的认证。

5月25日 成立教材建设委员会，严庆国任主任。

5月29日 成立教育管理研究专业评审组，崔玉明任组长。

6月11日至14日 郁浩然院长、佟泽民副院长会见挪威工业大学校长Karsten Jakobsen一行6人。

7月7日 党委印发《培养选拔学科带头人和骨干教师实施办法》、《培养选拔政工、管理骨干实施办法》。

7月7日 成立教学工作检查评价领导小组，郁浩然任组长。

7月15日 学校党政机关报《北京石化学院报》第一期出版。

7月19日 学校召开1994～1995年度第二学期教学工作会议。

9月8日 学校增设各教学单位机构：教学系、部（室）成立教学工作评价领导小组（临时机构）；四系一部增设教学办公室。

9月28日 组织首届青年教师教学基本功比赛，化工系徐自力获一等奖，并代表学校参加北京市首届高校青年教师基本功比赛。

9月28日 中国科学院院士、工程院院士、名誉教授闵恩泽，中国科学院院士、名誉教授陆婉珍，中国工程院院士、名誉教授李大东来校讲学。

10月4日 成立北京石油化工学院业余团校。12日举行第一期培训班开学典礼。

10月25日至26日 学校召开学生思想政治工作研讨会。

11月1日至3日 北京市高教局在学校召开北京地区普通高等学校教学工作合格评价研讨交流会。

11月 体育馆建成并投入使用。

12月28日 召开学校首届学生科技论文报告会。

12月31日 学校进行首届优秀教材评选。

1996年

1月4日　北京市教育工会主席刘祚屏、副主席杜自忠等领导来校进行“先进职工之家”验收，并宣布北京石油化工学院工会委员会为“先进职工之家”。

1月18日　召开1995～1996学年第一学期教学评价研讨会，交流教评、教改经验，总结问题，提出整改意见。

3月4日　党委决定撤销军事体育部，原职能由学生工作部（处）和体育教研室承担。

3月11日　成立毕业生就业指导中心。

3月13日　国家教委体育卫生与艺术教育司宋尽贤司长带队一行5人来校，对石强新型运动器材厂研制的系列健身器械、专项运动器械、全天候室外健身器械及各项专利器械进行参观评定，并给予充分肯定。

3月26日　召开第十五届学生代表大会，刘光华当选为学生会主席。

4月23日　公布学校首届一类课评估结果，《高等数学》、《物理化学》、《机械原理》和《材料力学》被评为学校一类课。

4月26日　中石化总公司就学校配套建设规划用地的请示予以批复：同意再征地109亩，作为学校完善配套工程建设用地；再征地37亩，作为建设住宅用地。

5月3日至6日　中石化总公司直属高校教学会议在学校召开。

5月8日　成立《北京石化学院报》编委会，崔玉明任主任。

5月14日至22日　中石化总公司审计办，对学校1995年财务收支进行审计。

5月21日　与大兴县长子营乡留民营村签署《精神文明共建协议书》。

5月23日　与中国人民抗日战争纪念馆签署《精神文明共建协议书》。

5月28日　成立建设工程项目执法监察领导小组，严庆国任组长。

6月16日至20日　泰国拉蒙空差大学副校长Nuhyoot.Songhanapituk先生应邀来校访问，双方就合作计划进行研究。

6月16日至20日　加拿大阿尔伯达北方工学院国际交流中心主任Ken.Ohashi应邀来校访问，双方就合作计划进行研究。

6月25日　召开共青团北京石油化工学院第一次团代会，选举产生了第一届委

员会，张尧斌任团委书记。

7月5日　“石油大学（北京）、北京石油化工学院联合办学签字仪式”在学校举行，两校在联合办学的形式、组织机构、办学内容等方面达成了协议。

9月5日　党委决定撤销物资办公室，原职能由后勤服务中心和教学实践中心承担。

9月6日　中石化总公司党组副书记、常务副总经理李毅中等领导来校与师生座谈。

9月19日　成立实验评估领导小组，佟泽民任组长。

10月8日至10日　召开第三届教职工代表大会及第五届工会代表大会，选举产生第五届工会委员会和经费审查委员会。经第三届教代会主席团提议，经“双代会”全体代表讨论通过，学校校训确定为“勤奋”；校庆日定为每年十月最后一个星期日。

10月10日　成立公费医疗管理委员会，徐土旺任主任。

11月28日至29日　召开1996年度学生思想政治工作研讨会。

12月14日至16日　中石化总公司邀请教评专家组霍雅玲等6位专家，对学校教学工作进行检查。

12月25日　中共北京市委教育工作委员会、北京市教委授予学校“文明校园”荣誉称号。

1997年

1月6日　《高等数学》、《物理化学》、《机械原理》三门课程被评为中石化总公司优秀课程。

1月9日　成立艺术教育委员会，郁浩然任主任。

2月24日　党委召开了由党、政、工、团、民主党派人士参加的座谈会，深切缅怀邓小平同志的丰功伟绩。

2月24日　成立教学工作委员会，佟泽民任主任。

3月13日　召开了1997年工会工作会议。

4月8日 举行第二届学生科技论文报告会。

4月 400米标准田径场建成并投入使用。

6月5日 成立图书馆情报委员会，严庆国任主任。

6月27日 学校物理实验室和基础化学实验室通过了北京地区实验室评估专家组的评估，被确定为北京地区首批合格的基础课教学实验室之一。

7月8日 北京高等学校机械原理研究会1997年度教学研究交流会在学校召开。

7月15日 学校对部分机构进行调整：恢复社会科学部；撤销教学实践中心，其职能分属机械系、自动化系、教务处；校刊编辑部划归宣传部；学报划归科研处；高教研究室划归教务处。

7月17日 成立教学工作评价专家组。

9月19日 学校接受美国Autodesk公司和惠普公司联合捐赠的价值128万元CAD教学软件及设备。

10月17日 召开全体党员大会，学习贯彻十五大精神。

10月21日 成立设备与教学条件处。

10月25日 校团委、学生会举办了首届十大歌手评比演唱会。

11月13日 化工系教师郭文莉申请的《以聚异丁烯为软段的热塑弹性体的合成》科研项目，荣获国家自然科学基金青年基金项目资助，这是学校获得的第一项国家自然科学基金青年基金项目。

11月28日 成立校产领导小组，徐土旺任组长。

12月12日 北京市学位委员会副主任、北京市教委副主任范伯元一行来校考察。

1998年

2月20日 党委印发《二十世纪后三年改革和发展规划》。

3月10日 召开了第十六次学生代表大会，殷治纲当选学生会主席。

3月12日 中石化总公司阎三忠副总经理和人教部王培军主任等一行4人来校检查指导工作。

3月12日　国家教委体育卫生与艺术教育司司长宋尽贤等一行5人到校参观指导工作，重点参观了石强新型运动器材厂。

3月24日　北京市学位委员会正式批准学校为学士学位授予单位，被批准为学士学位授予专业的有化学工程、工业分析等9个专业。

3月26日　学校举行“志椿奖学金”捐赠仪式①。

4月27日　撤销建设工程项目执法监察领导小组及办公室。

5月4日　经中石化总公司人教部批准，高分子材料与工程、市场营销2个专业获学士学位授予权。

5月27日至29日　中石化总公司人教部教育处在学校召开教学工作研讨会，直属院校的部分教务处长、科研处长和社会科学部主任参加了会议。

6月16日　北京市教委毕业设计（论文）检查组，来校检查毕业设计（论文）答辩情况。

9月2日　中国石油化工集团公司副总经理王基铭一行5人来校慰问师生并检查工作。

9月4日　新闻出版署批准《北京石油化工学院学报》为正式学报类期刊，刊号为CN11—3981/TE。

9月9日　成立课堂教学质量监控检查组、教学评价工作材料组，佟泽民任组长。

9月10日　学校决定对98级化学工程与工艺专业进行教学改革试点，改革主要围绕深化课程体系、教学内容、教学方法和考试方法等方面进行。

10月5日至10日　学校受中国石油化工集团公司技术开发中心的委托，举办了石化行业在职工程技术人员AutoCAD应用技术培训班，为期六天。

10月17日　经中共中国石油化工集团公司党组研究并征得中共北京市委同意，孙桂大任北京石油化工学院党委书记；周海任党委副书记兼纪委书记；免去张富元党委书记职务；免去崔玉明党委副书记兼纪委书记职务。佟泽民任北京石油化工学院院长；郭文莉任副院长；免去郁浩然院长职务。11月4日，中国石油化工集团公

---

① “志椿奖学金”是为了纪念革命烈士鲍志椿设立的，鲍志椿之女、女婿——学校副教授鲍浪、教授郁浩然将个人稿费、科技奖金和科研收入共计五万元捐赠给学校，以奖励来自农村、品学兼优、经济困难的学生，使他们顺利完成学业。

司副总经理王基铭等来校宣布任免事宜。

10月23日 化学工程与工艺专业经专家考察评估，被列为中国石油化工集团公司所属学校重点建设专业。

10月25日 召开建校二十周年庆祝大会。中国石油化工集团公司副总经理王基铭，北京市委常委、市总工会主席阳安江，国务院发展中心副主任张万欣等领导及兄弟院校的领导300余人参加了大会。

11月12日 学校召开第三届学术报告会。

11月27日 《思想道德修养》课程被授予中国石油化工集团公司所属普通高校优秀课程。

12月16日 学校2557名选民参加了大兴县人大代表选举活动。佟泽民院长当选为大兴县人大代表；麻慧琏副教授当选为中国人民政治协商会议大兴县第九届委员会委员。

12月28日至30日 中国石油化工集团公司1999年招生计划工作会议在学校召开。

1999年

1月23日至24日 召开中国共产党北京石油化工学院党员大会，大会选举产生新一届党委委员7人和纪委委员5人。孙桂大当选党委书记，周海为党委副书记兼纪委书记。

3月6日至8日 北京市教委组织的专家组一行10人，对教学工作进行了实地考察。

3月12日 成立改革领导小组，周海任组长。

3月24日 成立学生工作领导小组，徐土旺任组长。

4月13日 成立贯彻落实党风廉政建设责任制领导小组，孙桂大、佟泽民任组长。

4月14日 党委印发《北京石油化工学院1999年—2002年四年改革和发展规划》。

5月3日至8日 国家教育部派出以王师为组长的10人专家组，对学校进行本科教学工作合格评价实地考察评估。

5月4日 经中国石油化工集团公司批准，化工工艺、计算机软件、计算机及应用和国际贸易4个专业获得学士学位授予权。

5月8日 经北京市公安局批准，学校150余名学生代表赴美国驻中国大使馆游行示威，抗议以美国为首的北约轰炸我国驻南联盟大使馆。9日，学生举行抗议北约侵略行径签名活动。10日，校党委书记孙桂大主持召开学生座谈会。14日，召开全校大会，深切悼念遇难烈士，愤怒声讨北约罪行。

6月3日 国家高级教育行政学院党委书记俞家庆等一行来校访问，双方就联合办学、资源共享等问题进行探讨。

6月11日 国家教育部高教司副司长刘志鹏带领该司办公室主任、文科处处长、理工科处副处长及《中国高等教育》记者等一行来校调研。

6月12日 教育部高等学校本科教学工作评估专家委员会李纪安教授来校指导工作。

6月12日 成立技改、技措和专项修缮领导小组，徐土旺任组长。

6月24日 举行第三届大学生科技论文报告会。

6月 装备技术研究所蒋力培教授申请的《球罐全位置智能焊接机器人的研制》课题被国家科技部批准，这是学校获得的第一个“863”计划项目。

7月13日 学校举办“创新教育”教学改革研讨会，大连理工大学、北方交通大学的专家参加了会议。

7月16日至23日 在第七届全国大学生田径锦标赛上，由9名学生组成的代表队取得了一枚银牌、一枚铜牌、三项第五、两项第六和一项第七的成绩。

7月17日至20日 学校召开中层以上干部以及教授、博士、教学骨干会议，研究学校关于全面推进素质教育的有关问题。

9月28日 学校举行1999年科技工作大会。

9月29日至10月6日 挪威纳尔维克工学院常务副院长Olav.Soleng先生应邀来校访问，并签订了两校合作协议。

11月1日 根据专家组的考察意见和普通高等学校本专科教学工作评估专家委

员会的审议意见，国家教育部宣布学校本科教学工作的评估结论为“合格”。

11月3日 化工原理实验室和机械工程基础实验室通过了北京市教委基础课实验室评估专家组的合格评估。

11月9日 美国ZILOG公司、香港ORCHARD、TECH公司和学校联合建立了ZILOG单片机实验室。

12月1日 党委印发《北京石油化工学院机关机构改革方案》。

12月1日 学校通过北京市专家组对学校文明校园建设工作的复查。

12月13日 党委印发《北京石油化工学院机关处级干部公开选拔聘任实施方案》。

12月 成立现代教育技术中心。

12月 成立成人继续教育学院。

2000年

1月5日至7日 过程装备与控制工程专业通过中国石油化工集团公司重点建设专业专家组评审。

1月12日 党委印发《北京石油化工学院教学科研机构调整改革方案》。调整现有教学科研组织机构，改变院、系（部）、教研室行政建制，按二级学科设置系（所），相应学科组成二级学院。

1月13日 党委印发《北京石油化工学院教学科研机构处级领导干部公开选拔聘任实施方案》。

1月29日 教育部、国家计委、财政部下发《关于调整国务院部门（单位）所属学校管理体制和布局结构的实施意见》，北京石油化工学院实行中央与地方共建，以北京市管理为主的新体制，并由北京市统筹进行必要的布局结构调整。

2月16日 教育部批准学校增设英语、热能与动力工程、通信工程、信息管理与信息系统和公共事业管理5个专业。

2月23日 党委印发《北京石油化工学院管理人员和教辅人员聘任办法》。

3月9日 学校首次春季招生工作结束，共招新生209人。

3月13日 党委印发《北京石油化工学院“三讲”教育实施方案》，决定从3月中旬至6月中旬，在处级以上领导干部中开展以“三讲”为主要内容的党性、党风教育。

3月21日 学校召开第十七次学生代表大会，孙悦当选学生会主席。

3月29日 党委印发《北京石油化工学院2000～2003年发展规划》。

4月7日至9日 举办教学管理研讨会，着重讨论了二级学院教学工作条例和教学工作思路。

5月8日 化工原理实验室、机械工程基础实验室通过北京市教委合格评估。

5月22日 北京市教委副主任耿学超一行6人来校调研，就划转后学校的办学方向、发展规模、学科建设、科研、硕士点申报等问题提出了指导性意见。

5月24日 国家新闻出版署同意《北京石化学院报》编入国内统一刊号高校校报系列，刊号为CN11—0830/G。

5月31日 北京市教委组织的专家组一行8人来校检查毕业设计（论文）进展情况。

6月13日 党委印发《关于深入学习贯彻江泽民同志“三个代表”重要思想的通知》。

6月15日 北京市高校图工委自动化网络化建设评估专家组一行13人，对学校图书馆自动化建设进行评估。12月22日，北京市教委下发通知：评估结果为合格。

6月19日 北京市教委专家组一行7人来校检查2000届毕业生的毕业设计（论文）工作，重点检查毕业生答辩情况。

7月1日 成立人才交流中心。

7月8日 学校成人教育开设的计算机科学与技术、市场营销、会计学3个专业共招首届夜大生106人。

7月27日 北京市教委秘书长杜松彭一行3人来校调研后勤社会化改革情况。

9月5日 学校与中国发展战略学研会苏州研究中心联合成立“北京石油化工学院苏州研究所”。

9月11日 成立教职工消费合作社。

9月27日 北京市教委副主任耿学超、大兴县委副书记张书领等领导来校，就教学综合楼、科技楼、教工住宅的建设用地及拟建大学生公寓的建设用地等进行考察。

10月9日 学校硕士研究生“全过程”培养正式启动。

10月10日 成立现代化工技术研究所。

10月21日 第一届大学生科技周开幕。

12月6日 学校停止执行中国石油化工集团公司企业工资制度，改为执行北京市事业单位工资制度，并按相关政策进行工资套改。

12月23日 第一批韩国留学生报到。

12月31日 成立硕士授权申报领导小组，佟泽民任组长；成立硕士授权申报专家组，蒋力培任组长。

2001年

2月13日 学校召开学生揭批“法轮功”座谈会，发出“校园拒绝邪教”的号召。

2月14日 北京教育工会主席张振民等领导来校检查指导工会工作。

2月15日 召开研究生管理及申报硕士授予权准备工作会议。

2月27日 学校召开首次外事工作会议。

2月 孙桂大教授申请的《石油炼制和基本有机化学品合成的绿色化学》课题被国家科技部批准，这是学校获得的第一项国家“973”计划项目课题。

3月2日 教育部批准学校增设旅游管理和环境工程2个专业。

3月5日 学校印发《北京石油化工学院实行聘用合同制暂行办法》。

4月3日 党委印发《北京石油化工学院“三讲”教育“回头看”活动实施方案》。4月9日，召开“三讲”教育“回头看”活动动员会。

4月 麻慧琏副教授当选为中国人民政治协商会议大兴区第一届委员会委员。

5月10日 召开暑期学生宿舍调整工作会议，部分学生迁至校外公寓住宿。

5月18日 成立教学工作督导组，并聘任吕廷海等13位教师为教学工作督导员。

5月19日至22日 召开2001年教学工作会议。

7月8日　召开2000～2001学年学生工作研讨会。

7月10日　成立网上招生录取工作领导小组，佟泽民任组长。

8月14日　中共北京市委决定，牛继升任中共北京石油化工学院委员会书记，免去孙桂大同志党委书记职务。11月1日，北京市委常委、市委教育工委书记、市教委主任徐锡安及北京市委组织部副部长李维良、市委教育工委副书记李明等有关领导来校，宣布了北京市委关于学校党委书记变更的决定。

9月13日　成立校办企业改革领导小组，徐土旺任组长。

10月20日至11月4日　举办第二届大学生科技周活动。

10月24日　大兴区住房制度改革办公室批复：同意学校2001年集资建房实施办法。

10月28日至30日　学校组织召开中国石油化工集团公司所属院校发展与合作研讨会。

12月8日　召开2001年学生工作会议。

12月12日　经北京市教委批准，学校成人教育新增设英语、旅游管理和通信工程3个专业，其中英语为本科学历，其余2个为专科学历。

12月18日　成立首个研究生党支部。

12月21日至22日　党委召开统战工作会议，民主党派、非党高级知识分子、少数民族教师、女教授联谊会代表共21人参加会议。

12月28日　北京印刷学院党委书记崔文志等4位领导来校，与学校领导共商两校“共建、合作”等事宜。

2002年

1月26日至27日　召开“十五”时期发展规划研讨会。

2月4日　法国马恩河大学一行4人访问学校并签署了合作协议。

2月8日　康庄大学生公寓工程正式破土动工。北京市、大兴区、北京印刷学院及学校有关领导出席了奠基仪式，工程设计建筑面积10万平方米。

2月23日　北京市教育工会主席张振民等领导来校视察教职工消费合作社。

2月26日　教育部批准学校增设信息与计算科学和测控技术与仪器两个专业。

2月28日　北京市教委副主任张国华来校调研，并听取了学科专业结构调整工作的汇报。

3月11日　成立学校基础设施改造工程领导小组，徐土旺任组长。

3月12日　召开第十八次学生代表大会，丁文辉当选为学生会主席。

3月12日　召开学校2002年工会工作会议。

4月10日　召开全体党员大会选举中共北京市第九次代表大会代表，郭文莉当选。

4月12日　根据北京市人民政府市长办公会的决定，免去严庆国同志北京石油化工学院副院长职务。

4月17日　学校印发《北京石油化工学院“十五”时期发展规划》。

4月22日　成立校园环境整治领导小组，佟泽民任组长。

4月23日　举行第三届校园文化节。

5月15日　召开档案管理工作会议。

5月25日至26日　学校承办第二届电磁波波速学术会议，有来自国内外著名大学及学术机构的代表共计40余人参加会议。

6月7日至8日　召开2002年教学工作会议。会议以调整学科专业结构为主线，制定了“六四二”方案①。

7月2日　学校化学工艺等4个专业通过北京市重点建设学科答辩。

7月2日　总务基建处更名为后勤管理处，后勤服务公司更名为后勤服务集团。成立后勤服务集团董事会，赵盛伟任董事长；成立后勤服务集团监事会，周海任监事会主席。

7月3日　党委印发《中共北京石油化工学院委员会党建和思想政治工作评估实施方案》。决定从6月20日开始，集中4个月的时间，在全校开展一次党建和思想政治工作检查评估。

7月12日　学校校徽经校长办公会审定通过，正式启用。

---

① “六”是指在现有20个专业基础上，组成光机电一体化等6个各具特色的本科学科专业群；“四”是指将化工等4个学科作为校级重点学科来建设；“二”是指把“生态化工”和“环境保护”两个学科专业群建成“环境与资源综合利用人才培养与服务基地”。

7月13日 美国达温波特大学研究生院院长来访，与学校进行了项目合作及互派访问学者工作的会谈。

8月22日 新疆中泰化学股份有限公司与学校签订关于设立“中泰化学奖学金”的协议，每年向学校提供人民币2万元以奖励品学兼优的学生。

9月18日 《机械电子工程》、《化学工艺》经北京市教委批准为北京市重点建设学科。

9月22日 北京石油学会第四届青年学术年会在学校举行，两院院士侯祥麟、中国工程院院士徐承恩参加了会议。

9月30日 康庄大学生公寓正式启用，1200余名学生入住。

10月25日 “焊接机器人”成果产业化基地建设签字仪式在学校举行，国家科技部、北京市教委、北京市科委等有关部门领导出席签字仪式。

10月31日 北京市教委杜松彭副主任到康庄大学生公寓检查指导工作，并听取了学校及印刷学院两校后勤区域联合协作组关于联合方案的汇报。

11月1日 北京市委教育工作委员会决定，刘仲仁同志任中共北京石油化工学院委员会副书记。

11月4日 北京教委副主任张国华、北京市教育工会主席张振民、北京教育纪工委副书记符悦群等领导来校检查学校开展校务公开工作情况。

11月14日 成立人文社科学院，撤销人文社科部。

11月15日 学校留学生工作通过了北京市教委专家组一行7人的实地考察和评估。

11月19日 成立引进人才工作领导小组，佟泽民任组长。

11月22日至23日 举行学科专业建设年度报告会。

11月 焦向东教授等人申请的《水下干式管道维修系统》子课题项目获批，这是学校第一项参与国家“863”重大课题的项目。

12月6日 学校与印刷学院后勤区域联合取得进展：职工班车联合开通，康庄公寓学生餐厅正式营业。北京市教委副主任杜松彭等领导参加剪彩和揭牌仪式。

12月13日至15日 北京高校电工学研究会2002年理事会会议在学校举行。

12月31日 经北京市人民政府批准，赵盛伟任北京石油化工学院副院长。

2003年

1月12日　佟泽民院长代表学校向北京市教委学位授权专家组做申请硕士学位授权单位的工作汇报，并进行了答辩。随后，专家组对学校申报硕士学位授权单位的整体条件进行实地考察。

2月18日　成立国际合作办学工作小组和国际合作办学专家评估委员会。

2月24日　教育部、财政部在人民大会堂联合举办了“首届国家奖学金”发放仪式，学校4名一等奖获得者参加了颁奖仪式。

3月7日　经北京市教育委员会批准，学校获得接收港澳台学生的资格。

3月17日　举行与新东方合作办学签字仪式，在学校设立新东方南城分点。

3月18日　法国巴黎石油研究院一行5人来校参观访问，并签署有关合作交流协议。

3月21日至22日　召开中国共产党北京石油化工学院第一次代表大会。大会选举产生第一届党委委员9名和纪委委员7名。牛继升当选为书记，刘仲仁、周海当选为副书记，周海兼纪委书记。3月31日，中共北京市委组织部批复：同意选举结果。

3月25日　德国波宏乔治阿克里克拉应用技术大学校长迪克曼教授来校访问，与学校签署两校合作办学协议书。

4月7日　党委书记牛继升主持召开学校领导班子会议，传达北京市教委关于非典型肺炎防控工作的会议精神。决定成立预防控制非典型肺炎领导小组，牛继升任组长。4月18 至20日，学校连续召开5次领导班子会议及各单位党政负责人会议，传达市教委的会议精神，对学校预防和控制“非典”工作进行部署。成立预防和控制非典型肺炎工作办公室，在校本部及康庄校区建立隔离观察室。4月20至 22日，相继下发《关于预防与控制非典型肺炎的通知》、《关于非典型肺炎预防和控制工作的预案》等文件。4月24日，下发《关于取消“五一”放假调休的紧急通知》，决定取消“五一”假期，正常开展工作和学习。4月25日，下发《关于进一步做好非典型性肺炎预防和控制工作的通知》、《关于防控“非典”期间出入校门的管理规定》等文件。

4月10日　撤销国际交流与合作中心，成立国际教育学院，外事管理办公室设

在国际教育学院，佟泽民兼任国际教育学院院长。

4月12日　举行首次校园（招生）开放日活动。

4月18日　成立学科建设领导小组，佟泽民任组长。

5月20日　成立教学工作水平评价领导小组，佟泽民任组长。

7月2日　学校召开会议进行第二轮人事管理制度改革的动员和部署。

7月17日　成立工程实践教学部。

8月18日　举行“情系西部，放飞梦想”大学毕业生志愿服务西部欢送仪式，欢送赴内蒙古支援西部开发和建设的单秉政、朱荣江等9名毕业生。

8月　在韩国大邱市举行的第22届世界大学生运动会上，衣苗苗同学获得女子半程马拉松第六名。

9月11日　学校与北京燕山石油化工公司举行合作交流会议。燕化公司副总经理杨清雨、燕化股份公司副总经理赵起超、燕化公司副总工程师兼科技部长华炜以及燕化公司各厂级领导一行13人出席会议。

9月15日　甘肃省酒泉市副市长朱玉兰带领教育局、招商局、科技局等部门领导一行9人来校，就建立社会实践基地、合作办学、科研开发等有关合作事宜进行了洽谈。

9月28日　成立大学生艺术团。

10月15日　成立住房补贴工作领导小组，赵盛伟任组长。

10月23日　第四届校园文化节开幕。

11月7日　成立光机电一体化人才培养和产学研基地建设委员会。

11月10日　成立毕业生就业工作领导小组，佟泽民任组长。

11月28日至12月1日　学校与中国机械工程学会联合承办的光机电一体化技术与装备应用及发展研讨会在深圳召开。

12月11日至12日　召开学科工作会议。

12月13日　共青团北京石油化工学院第二次代表大会召开，选举了新一届团委委员，贠天祥任团委书记。

12月18日　学校通过北京市教育工会验收专家小组的验收，成为“北京市优秀教职工之家”。

12月19日 康庄大学生公寓通过了北京市教委组织的北京高校标准化学生公寓专家组的验收。

12月 王迎军副教授当选为中国人民政治协商会议大兴区第四届委员会委员。

2004年

2月7日 北京市教委副主任线联平来校检查安全工作和防控禽流感、非典型性肺炎等传染性疾病工作。

2月19日 学校投资97万元建设的第一期校园安全技防监控报警系统设备试运行。

2月19日 学校教务处有关人员与北京印刷学院教务处负责人员共同商讨联合办学事宜。2月20日，教务处向学生公布北京印刷学院提供的选修课程及相关介绍，共有96名学生选读北京印刷学院课程。7月7日，两校举行了资源共享协议签字仪式。

3月13日 召开第十九次学生代表大会，廖键当选学生会主席。

3月24日 党委印发《二级学院（系、部）党建和思想政治工作基本标准（试行）》和《在全校开展党建和思想政治工作“达标创先”活动的通知》。

4月7日 成立教师资格专家审查委员会和化学化工类等8个专业评议组。

4月8日 团委书记贠天祥当选为大兴区青年联合会第一届委员会副主席。

4月14日 印发《北京石油化工学院关于首次实行全员聘用合同制实施办法》，学校将与全校教职工签订聘用合同。

4月20日 北京市教委、北京市科委有关专家来校对光机电应用技术实验室进行评审。10月15日，举行光机电装备技术北京市重点实验室揭牌仪式，北京市教委副主任张国华等领导应邀出席。

5月26日 北京市委教育工委、北京市交管局和大兴区政府共同在学校召开解决北京石油化工学院周边交通安全隐患协调会。

6月7日 学校与德国安哈尔特应用技术大学签订合作办学协议。

6月7日 首届大学生科技学术节开幕。

6月15日 北京市高教学会技术物资研究会理事长会议在学校召开。

6月24日 联合国环境规划署（UNEP）环境经济研究中心经济学家Kirsten Halsnas女士（丹麦）来校进行学术交流。

6月29日 大兴区委书记沈宝昌、副区长李春亭及水利局、节水办的同志一行4人来学校考察中水设施。

7月7日 召开本科教学工作水平评估教学单位动员大会。7月13日，召开本科教学工作水平评估机关和教辅单位动员大会。

7月8日 学校为12名支援西部的毕业生举行欢送仪式。

9月15日 中共北京市委教育工作委员会决定，张肃建任中共北京石油化工学院纪律检查委员会书记，免去周海中共北京石油化工学院纪律检查委员会书记职务。

9月22日 成立师德建设领导小组，牛继升任组长。

9月30日 党委书记牛继升、院长佟泽民等领导到北京印刷学院就两校合作和发展等事宜进行了商谈。

10月14日 北京市教育委员会主任耿学超率领市教委相关部门领导来校调研工作。

11月1日 英国佩兹利大学副校长一行来校签署合作办学协议。

11月2日 市委教育工委副书记刘建率队来校检查学校领导班子工作和干部队伍建设情况。

11月5日 北京石油学会清洁燃料技术研讨会在学校召开。

11月19日 召开本科教学工作水平评估专家报告会。

11月30日 成立外语教学工作领导小组，郭文莉任组长。

12月11日至12日 第二届石油化工高等院校专业教材协作组会议在学校召开。

12月14日 学校为奔赴洛阳、广州两地参军的3名学生举行了欢送仪式。

12月17日至18日 召开学科建设总结和硕士点申报准备工作汇报会。

12月21日 成立学生贷款管理中心。

12月23日 学校与中国青年政治学院发展规划部门联合组织，在中国青年政治学院召开了北京部分高校发展规划工作研讨会。

2005年

1月7日 教评工作小组召开教学工作水平评估专家报告会。

1月17日 《电工学》被评为2004年度北京地区高等学校市级精品课。

1月17日 举行九三学社北京石油化工学院支社成立大会。

1月20日 曾建唐教授主编的《电工电子基础实践教程（上、下册）》和蒋力培教授主编的《单片微机系统实用教程》，被确认为2004年北京高等教育精品教材。

3月10日 党委印发《关于开展教育思想观念大讨论的通知》。

3月14日 教育部高等教育教学评估中心副主任李志宏一行3人来校考察。

3月24日 成立党委武装部，与党委学生工作部合署。

3月29日 北京市教育工会副主席张青山来校，为校工会获得“北京市模范教工之家”称号授牌。

3月29日 成立奥运教育工作领导小组，佟泽民任组长。

4月1日 成立公费医疗管理领导小组，赵盛伟任组长。

4月6日 学校与国防大学举行国防教育共建签字仪式。

4月7日 北京市教委副主任线联平来校指导工作，并做了《首都高等教育发展战略》的报告。

4月11日 北京市副市长范伯元来校调研、指导工作，市教委副主任张国华等一行参加了调研。

5月12日 中国石油化工集团公司人力资源部傅兴顺副主任来校，就中国石油化工集团公司人力资源发展战略作了主题报告。

5月17日 北京市委常委、教育工委书记朱善璐同志来校听取了办学情况的汇报。

5月23日 成立康庄校区管理部。

5月25日 召开申报硕士学位授权单位汇报会，北京市学位委员会7位专家来校听取相关汇报并参观了部分实验室。

5月31日 召开与京郊乡镇企业科技项目对接会。

6月14日至15日 专家进校，对学校本科教学工作水平进行预评估。6月14日，

市教委副主任张国华来校看望评估专家。

7月20日至25日 在“玛麒杯”第十届中国大学生田径锦标赛上，学校体育代表团首次参加甲A组比赛并获奖牌榜首位。

7月21日 召开2005年度教学工作会议。

7月21日 学校召开会议，启动保持共产党员先进性教育活动。

7月22日 成立新闻中心，与党委宣传部合署。

7月25日至26日 环通认证中心4位审核组专家来校，对后勤服务集团ISO9001—2000质量管理体系进行了现场认证审核。8月1日获得认证证书。

7月27日 北京市人民政府第89次办公会议决定：郭文莉任北京石油化工学院院长，免去佟泽民北京石油化工学院院长职务。

8月16日至22日 在第23届世界大学生运动会上，衣苗苗同学获得女子半程马拉松第七名。

8月19日 党委印发《关于进一步加强本科教学工作切实提高教学质量的实施意见》。

9月7日至10日 学校信息工程学院5支代表队参加了2005年全国大学生电子设计竞赛。5支参赛队伍全部获奖，其中有1支代表队获得全国一等奖，两支代表队获得北京赛区二等奖，两支代表队获得北京赛区三等奖。

9月10日 召开保持共产党员先进性教育活动动员大会。

9月15日 成立学生申诉处理委员会，张肃建任主任。

9月16日 成立实验室工作领导小组，焦向东任组长。

9月27日 聘请中国科学院院士何鸣元先生为学校客座教授。

10月9日 召开本科教学工作水平评估评建创优动员大会。

10月12日 经学校党委审定，将“宁静致远、务本维新”作为学校校训。

10月24日至28日 教育部专家进校，对学校进行本科教学工作水平评估。

11月8日 召开本科教学工作水平评估总结会暨整改工作动员大会。

11月15日 北京市委副书记龙新民来校调研指导工作，陪同前来的有市教委主任耿学超，市委教育工委副书记刘建，大兴区委书记沈宝昌、区长林克庆、副书记郑默杰。

12月22日至23日　召开2005年科技工作会议。

2006年

1月9日　学校印发《北京石油化工学院本科教学工作水平评估整改方案》。

1月12日　召开大学生思想政治教育工作会议。

1月18日　学校通过教育部专家委员会综合评估，被确定为有资格在全国范围内招收高水平运动员（田径项目）的大学。

1月26日　市教委副主任张国华一行来校看望寒假留校学生，并送来了慰问金。

1月　学校设立青年科研基金。

2月22日　中共北京市委决定，曹长兴任中共北京石油化工学院委员会副书记，免去周海中共北京石油化工学院委员会副书记职务；周海、焦向东任北京石油化工学院副院长。

2月23日　由学校自主研发的智能焊接机器人技术设备，在2008年奥运会国家体育场“鸟巢”工程主结构的焊接中得到应用。

2月26日　教育部理工科专业规范课题工作会议在学校召开。

3月9日　大兴区企业代表团来校，就校企间产学研合作事宜进行洽谈。

3月18日　召开学校第二十次学生代表大会，刘云伟当选为学生会主席。

3月20日　党委印发《中共北京石油化工学院委员会关于开展社会主义荣辱观学习实践活动的实施意见》。

4月13日　举行了学校与大兴精神病医院共建签字仪式。

4月16日　教育部专家组一行6人来校，听取学校关于《普通高等学校学生管理规定》贯彻实施情况的汇报。

4月18日　举行第二届大学生科技学术节。

4月29日　北京市教委副主任杜松彭一行来校调研。

5月9日　召开2006年教学工作会议。

5月10日　北京市学生军训工作检查组来校，对学校军训工作进行检查评估。

5月18日　学校召开第五届教代会暨第七届工代会。6月6日，中国教育工会北京市委员会批复：同意学校第五届教代会暨第七届工代会选举产生的新一届工会委员会和经费审查委员会。

5月22日 召开学校重点建设学科工作会议。

5月24日 召开校内管理体制改革动员大会，部署处级干部换届聘任和新一轮岗位聘任工作。

5月30日 举行了学校与大兴区高校学生军训基地共建签字仪式。

6月2日 北京物资学院党委书记刘木春、院长谭向勇一行11人来校进行本科教学工作水平评估交流。

6月2日至4日 学校主办“现代基础科学发展论坛”2006年学术会议，两院院士王越参加了会议。

6月13日 撤销材料与化学工程学院，成立化学工程学院、材料科学与工程系。

6月20日 北京市教委主任刘利民来校调研。

6月23日 曾建唐荣获第二届北京市高等学校名师奖。

6月28日 党委印发《中共北京石油化工学院委员会关于进一步加强和改进大学生思想政治教育的实施意见》和《北京石油化工学院德育大纲》。

6月 成立海洋工程连接技术研究中心。

7月5日 《化工原理》课程被评为2006年度北京市精品课程。

7月10日 沈阳工业大学于士君副校长一行7人来校进行教评工作交流。

7月18日 财政部教科文司委派的有关专家来校，对2006年中央与地方共建高校实验室专项进行评估。

8月1日 北京市副市长赵凤桐、教委副主任杜松彭一行来校调研指导工作。

8月4日 北京市教委副主任张国华来校，检查基础化学实验教学示范中心的申报准备情况。8月20日，北京市实验教学示范中心评审专家组来校，对基础化学实验教学中心进行了评审考察。9月18日，基础化学实验中心被授予“北京高等学校实验教学示范中心”。

8月8日 学校《电工电子基础实践教程(第2版)》等4部教材入选“十一五”国家级规划教材。

9月5日 召开学科建设与硕士点申报工作会。

9月6日　由市委、市委教育工委组成的考察组来校，组织召开了郭文莉院长述职暨校级后备干部民主测评会。

9月9日　学校与资源集团签订了“共建国家博士后科研工作站”协议。

9月19日　合肥学院一行11人来学校进行本科教学评建、实践教学管理等方面的交流。

10月17日　学校举行了与挪威纳尔维克工学院合作十周年庆典大会。

10月20日　学生社团联合会举行第一届学生社团文化节。

10月28日　召开校友会首届会员代表大会，成立北京石油化工学院校友会。

11月8日　学校组织选举大兴区第三届人大代表活动。赵盛伟副院长当选为大兴区第三届人大代表。

11月22日　刘霞副教授当选为中国人民政治协商会议大兴区第三届委员会委员。

12月1日　北京市教委线联平副主任率领发展规划处、高等教育处、基本建设处、科学技术与研究生工作处的主要负责人一行来校调研指导工作。

12月1日至2日　学校举行北京地区高校图书馆馆长高级研修班。

12月7日　中国产学研合作教育协会会长朱传礼一行，来校实地考察产学研合作教育基础条件。

12月15日　韩占生同志当选为大兴区第三届人民代表大会常务委员会委员。

12月23日　全国亿万学生阳光体育运动启动仪式暨学校体育教学活动展示大会在学校举行，国务委员陈至立出席会议。

12月28日　召开2006年学生工作会议。

12月31日　学校《EDA技术》、《国际财务管理》、《三维机械设计实用教程》、《环保设备原理与设计》、《技术经济与管理》5部教材被北京市教委评为2006年北京高等教育精品教材。

2007年

1月5日至6日　召开中国共产党北京石油化工学院第二次代表大会。选举产生第二届党委委员9名和纪委委员7名。牛继升当选党委书记；张肃建当选纪委书记。1月17日，中共北京市委组织部批复：同意选举结果。

1月10日 党委印发《北京石油化工学院“十一五”时期发展规划》。

1月24日 学校决定将后勤处（集团）财务工作归属学校计财处统一管理。

1月25日 成立应急指挥中心，刘仲仁、曹长兴任组长。

3月15日 中印教育与科技联盟主席盛之等一行2人来校访问，签署合作协议。

3月31日 教育部批准学校增设油气储运工程专业。

4月6日 召开全体党员大会选举中共北京市第十次代表大会代表，郭文莉当选。

4月17日 市教委郭广生副主任率领科学技术与研究生工作处、高等教育处、学生处等部门的同志来学校调研指导工作。

4月17日 召开2007年学生干部大会，对2006～2007年度通过审查的135名学生干部颁发了学生干部资格认证证书。

4月24日 大兴区人大常委会副主任周静溪、邓景全等20余名人大代表，来学校检查食品卫生与食品安全方面法律法规的贯彻情况。

4月29日 学校举行以“青春、奥运、健康”为主题的阳光体育运动启动仪式。

4月30日 学校与北京德鸿基房地产开发有限公司举行康庄大学生公寓回购签约仪式。

5月8日 美国迪安萨学院院长Brain Murphy先生一行3人来校访问，与学校签署了合作协议。

5月9日 党委印发《北京石油化工学院教学院（系）党建和思想政治工作基本标准（试行）》等4个加强基层党建和思想政治工作的文件。

5月17日 北京市教委在学校召开北京石油化工学院科技创新平台建设项目专家评审会。

5月17日 成立矛盾纠纷排查化解工作领导小组，刘仲仁任组长。

5月18日 北京市高教学会电工学研究会教学研讨会在学校举行。

5月22日 举行第六届校园文化节开幕式暨五月鲜花歌咏比赛。

6月20日 成立中央与地方共建高等学校专项资金工作领导小组，焦向东任组长。

6月29日 学校举办“全国产学研合作教育实验基地”揭牌仪式。这是北京地区首家被授予此称号的单位。参加仪式的有：产学研合作教育协会会长、教育部高教司原副司长朱传礼，教育部原副部长、中国高等教育学会会长周远清，北京市教委副主任郭广生，中国高等教育学会产学研合作教育分会秘书长吴岩及30多家企业代表。

7月4日 学校学报被收录为“中国科技论文统计源期刊（中国科技核心期刊）”。

7月6日至8日 教育部高分子材料与工程专业教学指导分委员会2007年第二次工作会议在学校召开。

7月19日 召开硕士点申报学科汇报会。

7月11日 陈彦玲获第三届北京市高等学校教学名师奖。

7月11日 《环保设备原理与设计》课程被评为2007年度北京市精品课程。

7月26日 市教委副主任线联平在市教委发展规划处有关同志的陪同下来校指导工作。

8月8日至18日 第24届世界大学生运动会在泰国曼谷举行，学校三名选手参加了比赛。韩振英、王燕玲分获女子半程马拉松第13名、15名；刘太本获男子3000米障碍第15名。

8月30日 工程教育中心被评为北京高等学校试验教学示范中心。

9月11日至12日 北京市委教育工委《基本标准》达标检查组第六组对学校党建和思想政治工作进行达标检查验收。11月6日，市委教育工委批复学校达标检查验收评定结果为优秀，并获党建和思想政治工作单项奖。

9月11日至13日 学校2007年首次招收的民族预科（本科）学生在西南民族大学报到。生源来自新疆维吾尔自治区、广西壮族自治区、内蒙古自治区、陕西省、甘肃省、四川省共30人①。

9月15日 北京“迎奥运”国际标准舞大赛在学校体育馆举行。

---

① 民族预科学生第一年预科期间在西南民族大学学习英语、数学等基础课程，预科期满考试合格后，进入学校学习。

10月18日　召开第二届校务委员会成立大会。

10月19日　工程教育教学团队被评为2007年北京市优秀教学团队。

10月25日　学校与北京燕山石油化工公司“产学研合作教育基地”正式挂牌，双方共同投资建立的实习车间和PLC技术培训实验室投入使用。

10月31日　北京市教育委员会、北京市发展和改革委员会对学校“十一五”时期发展规划进行批复，原则同意学校的规划意见。

11月22日　成立校庆筹备工作委员会，下设校庆办公室，曹长兴兼任校庆办公室主任。

11月25日　经北京市人民政府决定，韩占生任北京石油化工学院副院长。12月19日，北京市委组织部副巡视员、宣教政法干部处处长杨静慧等一行4人来校宣布任职决定。

11月28日　成立高水平运动队管理中心。

11月29日　举行学生服务大厅揭牌仪式。

12月1日　“承前启后谋发展，继往开来话和谐——首都高校理论社团学习十七大精神研讨会”在学校召开。北京师范大学求索学社等9个高校理论社团代表及求实社社员共100余人参加了研讨会。

12月5日至10日　郭文莉院长一行3人访问英国佩兹利大学，参加了该校与贝尔大学合并的成立庆典。郭文莉院长被新成立的西苏格兰大学授予名誉博士学位。

12月6日　工程教育中心大学生创新教育实践基地“机器人”兴趣小组组成的机器人创新队，在中国（上海）国际机器人公开赛上夺得冠军。

12月12日　成立学校第一届青年工作委员会。

12月17日　学校申报的机电类本科专业人才培养“回归工程”创新实验区建设项目获得批准，成为教育部“质量工程”全国首批300个创新实验区之一。

12月29日　“化学工程与工艺”专业成为国家级特色专业建设点。

第一篇 体制与机构

北京石油化工学院
1978-2008

第一章　隶属关系

北京石油化工学院是1992年12月经教育部（原国家教委）批准正式成立的。它的前身是原北京石油化工专科学校。从1978年6月北京石油化工专科学校成立时算起，其行政隶属关系经历了以下几个阶段：

一、1978年6月至1985年3月

北京石油化工专科学校始建于1978年9月。同年底（12月7日），为适应四个现代化的需要，根据北京市高等学校举办大学分校，扩大招生的精神，在专科的基础上，市政府批准成立“北京化工学院第二分院”（本科）。根据北京市委《关于北京市大学分校领导体制若干问题的规定》的文件精神，北京石油化工专科学校与北京化工学院第二分院均由市委、市政府领导，委托石化总厂管理。

二、1985年4月至1999年12月

根据教育部《同意改变北京石油化工专科学校领导体制的通知》精神，自1985年4月30日起，北京石油化工专科学校划归中石化工总公司领导；1992年12月31日，经国家教委批准，北京石油化工学院正式建立，实行“由中国石油化工总公司和北京市人民政府双重领导，以中国石油化工总公司为主的领导体制”。

三、2000年1月至今

2000年1月29日，教育部、国家计委、财政部下发《关于调整国务院部门（单位）所属学校管理体制和布局结构的实施意见》，文件规定包括北京石油化工学院在内的9所院校实行中央与地方共建、以北京市管理为主的新体制。

第二章　领导体制

第一节　领导体制沿革

1978年建校初期至1983年10月，学校成立临时领导小组，由中共北京石油化工总厂委员会直接领导。1983年11月至1989年12月，学校成立临时党委，由中共北京燕山石油化工总公司委员会领导。1990年1月19日，学校第一届党委由党员代表选举，产生并经上级党委批准。1978年10月，中央教育部重新颁布的《高校六十条》（试行草案）规定："高等学校的领导体制，是党委领导下的校长分工负责制。"1989年下发中央［1989］4号文件指出："在今后一个相当长的时间内，高等学校仍应实行党委领导下的校长负责制。"据此，自1990年1月学校第一届党委正式产生起至今，实行党委领导下的校长分工负责制。

第二节　现行领导体制

2000年1月29日，学校由部属院校改为中央与地方共建、以北京市管理为主，实行党委领导下的校长负责制。

党委以主要精力研究学校的重大方针政策问题，加强党的建设和思想政治工作，支持行政领导充分行使职权；坚持党管干部的原则，按照干部管理权限，负责干部的选拔、教育、培养、考核和监督工作。校长全面贯彻党的教育方针，执行党委的集体决定，在职责范围内积极主动、独立负责地做好教学、科研和行政管理工作。

学校的发展规划、重大改革措施、师资队伍建设、重要机构设置和学年工作计划等重大问题，由校长在广泛听取各方面意见的基础上提出方案，党委集体讨论，校长统一组织实施。

第三章　组织机构

第一节　党政职能机构

1978年，设立财务组，隶属总务处。1981年，成立财务科。

1979年1月，成立二处一室，一部一委。即教务处、总务处、办公室；学生工作部、团委（筹建）。

1979年9月，成立政治处。政治处的职能主要包括四个方面：一是履行人事管理职责，如负责教职工调配、工资和奖金管理等；二是负责组织工作，如基层组织建设、党员队伍建设等；三是负责干部考核工作，对干部、党员、技术人员每年考核一次；四是做好纪律检查工作。

1980年10月，召开首届团代会，成立团委，与学生工作部合署办公。

1984年10月，成立党委办公室。

1986年2月，成立党委工作处，统一管理党委组织部、宣传部、学生工作部（团委）、档案机要科的日常工作和全校的思想政治教育工作。6月，党委工作处更名为党委政治工作处。

1986年10月，成立基建处、人事处。

1987年5月，成立科学技术开发部。

1989年5月，成立监察室，与纪委为一个机构两块牌子。11月，根据中石化总公司党委对“党的组织机构要必要调整”的要求，经学校党委研究并报公司党委批准，撤销党委政治工作处，设立党委办公室、党委组织部，宣传部、纪律检查委员会、学生工作部。

1990年，学校设有校长办公室、财务科、科技开发部、基建处、保卫科、人事处、教务处、总务处。

1992年3月，成立物资处。同年10月，成立财务处；设立招生办公室归属教务处；成立保卫处、党委保卫部。

1993年6月，成立外事办公室、科技办公室、基建办公室、审计室。

1993年10月，调整机构设置，撤销科技办公室，成立科研生产处；撤销基建办公室，恢复基建处；撤销物资处，成立物资办公室，挂靠总务处管辖；党委学生工作部和思想教育教研室合为一个机构；招生办公室划归学生处；电教中心改为电教室，划归教务处。

1994年1月，成立校产办公室。

1995年4月，成立党委保卫部，与保卫处合署。

1996年3月，成立毕业生就业指导中心；6月撤销物质办公室，原职能由后勤服务中心和教学实践中心承担；10月，总务处与后勤服务中心合署。

1997年10月，成立设备与教学条件处。

1999年12月，推进学校内部管理体制改革，精简学校党政管理机构，合并、合署主体职能相近或任务性质基本相同的相关处室。党委办公室与院长办公室合署办公，成立学校办公室；纪委、监察室、审计室合署办公；成立离退休办公室；成立教材供应中心、高教研究室，由教务处代管；教学评价办公室撤销，其相应职能并入教务处代管；招生办公室归属教务处；科研处与校产办公室合并成立科技产业处；基建处与总务处合并，成立总务基建处；学生处、团委与学生工作部合署；毕业生就业指导中心更名为学生就业指导服务中心；成立资产管理处；成立报刊编辑部、科技开发中心，由科技产业处代管；成立校园文化中心，由宣传部代管；成立人才交流中心，由人事处代管。

2002年7月，总务基建处更名为后勤管理处；成立基建办公室。

2003年7月，学校进行党政管理机构和教学科研单位设置调整。机关党政管理机构为：学校办公室，发展规划研究室，纪委、监察、审计合署（简称纪监审），组织部，宣传部，学生工作部（学生处），保卫部（保卫处），教务处、教学工作评估办公室合署，科学技术处，人事处，财务处，资产管理处，后勤管理处，基建处。

2005年5月，成立康庄校区管理部；7月，成立新闻中心与宣传部合署。

2006年3月至6月，学校启动新一轮校内管理体制改革。学校党政职能机构为：学校办公室、发展规划办公室、纪委办公室、监察室、审计室、组织部、统战部、党校办公室、宣传部、学生工作部、学生处、武装部、安全保卫工作部、安全保卫处、教务处、科技处、人事处、计划财务处、资产管理处、基建处、康庄校区管理部、后勤管理处、离退休办公室。其中，学校办公室、发展规划办公室（合署），纪委办公室、监察室、审计室（合署），组织部、统战部、党校办公室（合署），调整离退休工作办公室的设置方式，离退休工作办公室与组织部挂靠(合署），学生工作部、学生处、大学生服务中心、武装部（合署），安全保卫工作部、安全保卫处（合署）。

第二节　教学科研单位

1978年建校初期，成立数学、物理、化学、制图、化学分析、机电等6个教研组和1个公共教研室。

1980年7月，成立化学、物理、数学、外语、制图、分析化学、电工、体育教研室。11月，成立体育运动委员会下设体委办公室负责教学、群体、竞赛、运动队等项日常工作。

1981年6月，成立机械基础教研室；7月，成立化学工程、工业分析、化工机械教研室；9月，成立政治教研室。

1983年9月，成立会计、管理、化工分析、计算机教研室。

1985年7月，成立马列教研室。

1986年1月，设立化工系、化机系（1994年1月更名为机械工程系）、基础部（含数学、物理、化学、外语、体育教研室）；2月，成立高教研究室。

1986年9月，设立管理系。1992年5月，更名为管理工程系，1993年6月，更名为经济管理系。

1988年7月，成立思想教育教研室。

1990年4月，成立学校直属体育教研室；8月，设立自动化系。

1993年3月，成立社会科学部（下设：马列主义教研室、思想教育教研室、体育教研室）。同年10月，撤销社会科学部，恢复马列主义教研室的建制；成立军事体育部，恢复体育教研室独立建制。1997年7月，恢复社会科学部。2000年1月，撤销社会科学部，成立人文社科部。2002年11月，撤销人文社科部，成立人文社科学院。

1993年3月，成立电教中心。10月，更名为电教室。

1995年4月，设立教学实践中心（下设计算机室、电教室、金工车间）。

1997年7月，撤销教学实践中心。金工实习车间归属机械工程系；计算机室归属自动化系；电教室、设备科归属教务处。

1999年12月，设立数理教学部、外语部。

2000年1月，调整学校教学科研组织机构，改变院、系（部）、教研室行政建制，按二级学科设置系（所），相关学科组成二级学院（部），将教学单位重新划分调整为：材料与化工学院、机械工程学院、信息工程学院、经济管理学院、数理部、人文社科部、体育部、外语部。

2003年7月，数理部、体育部、外语部，分别更名数理教学部、体育教学部、外语教学部。设立工程实践教学部。

2003年11月，外语部更名为外语系。

2005年4月，设立光机电装备技术北京市重点实验室（处级建制）。

2006年6月，设立材料科学与工程系。

2006年6月，校内管理体制改革，教学科研单位设置调整为：化学工程学院、机械工程学院、信息工程学院、经济管理学院、人文社科学院、材料科学与工程系、数理系、外语系、体育教学部、工程教育中心、光机电北京市重点实验室。

第三节　直属教辅机构

建校初，就建立了图书馆。1983年制定图书馆岗位职责。

1988年5月，成立劳动服务公司。

1993年3月，成立后勤服务中心。10月，总务处与后勤服务中心合署。2000年1月，后勤服务中心更名后勤服务公司；2002年7月，更名为后勤服务集团，成立后勤服务集团董事会。

1993年6月，成立北京石油化工学院外事办公室。

1999年12月，成立国际交流与合作中心、成人继续教育学院（2003年7月改为继续教育学院）、现代教育技术中心（2003年7月改为网络信息中心）。

2003年4月，成立国际教育学院，履行国际教育教学、留学生服务职能。学校外事管理办公室设在国际教育学院内，负责学校对外交流与外事管理工作。撤销国际交流与合作中心。

2006年6月，学校直属教辅机构有：图书馆、大学生服务中心、网络信息中心、教学评估与研究中心、新闻中心（与宣传部挂牌合署）、综合档案室（与学校办公室挂牌合署）、国际教育学院（外事办公室与其挂靠合署）、继续教育学院、后勤服务集团。

第四节　校级主要委员会及领导小组

1980年5月，成立北京化工学院第二分院技术职称改革委员会。

1980年11月，成立体育运动委员会。

1984年2月，成立北京石油化工专科学校学术委员会。

1984年9月，成立保密委员会。

1986年3月，成立职称改革领导小组；11月，成立宿舍管理委员会。

1987年10月，成立图书、资料委员会。

1988年6月，成立安全管理工作领导小组；12月，成立生活管理委员会。

1990年5月，成立专业技术职务委员会。

1991年8月，成立学生思想政治工作领导小组。

1992年3月，成立文明校园建设领导小组；4月，成立教师工作领导小组；5月，成立综合治理领导小组、校务委员会。

1992年11月，成立校志编委会。

1993年4月，成立北京石油化工学院学报编辑委员会；成立思想政治工作人员专业技术职务评审委员会。

1994年5月，成立国家安全小组。

1995年4月，成立学校稳定工作领导小组；7月，成立教学工作检查评价领导小组。

1996年9月，成立实验评估领导小组。

1997年1月，成立艺术教育委员会；2月，成立教学工作委员会；7月，成立教学工作评价专家组；11月，成立校产领导小组。

2001年7月，成立网上招生录取工作领导小组。

2003年4月，成立学科建设领导小组；5月，成立教学工作水平评价领导小组；11月，成立毕业生就业工作领导小组。

2004年4月，成立校史编撰委员会；9月，成立师德建设领导小组；11月，成立外语教学工作领导小组。

2005年3月，成立奥运教育工作领导小组；4月，成立公费医疗管理领导小组；9月，成立学生申诉处理委员会、实验室工作领导小组。

2006年12月，根据校内管理体制改革和学校工作实际情况，对学校党务系统部分领导小组和工作委员会进行了调整，调整后为：稳定工作领导小组、国家安全领导小组、精神文明建设委员会、思想政治工作人员专业技术职务评审委员会、党风廉政建设责任制领导小组、治理商业贿赂专项工作领导小组、离退休工作领导小组、师德建设领导小组、业余党校校务委员会、关心下一代工作委员会、思想政治理论课改革实施领导小组、保密委员会、民族宗教工作领导小组、治理教育乱收费联席会议办公室。

2006年12月，根据校内管理体制改革和学校工作实际情况，对学校行政系统部分领导小组和工作委员会进行了调整。调整后为：全员聘用工作领导小组、校志编撰委员会、学位评定委员会、教学工作委员会、教师职务聘任委员会、考核工作委员会、发展规划工作领导小组、国际合作办学工作委员会、“人才强校”项目工作领导小组、奥运教育工作领导小组、毕业生就业工作领导小组、依法治校工作领导小组、治安综合治理、治安保卫委员会、防火安全领导小组、《北京石油化工学院学报》编辑委员会、校办企业改革领导小组、人才引进工作领导小组、校园网与信息化建设工作领导小组、后勤社会化改革领导小组、教学工作水平评估领导小组、《高教研究》编辑委员会、“校务公开”工作领导小组、应急指挥中心、学生工作领导小组、学生公寓管理委员会、学生征兵工作领导小组、大学生志愿服务西部计划和服务北京基层领导小组、红十字会理事会、心理疾病危机应对领导小组、“十一五”科技创新领导小组、交通安全委员会、外来人口管理领导小组、《北京石化学院报》编委会、影视管理委员会、改革工作领导小组、专项资金项目评审委员会、爱国卫生运动委员会、绿化委员会、节能委员会、计划生育委员会、网络信息与计算机安全管理领导小组、外语教学工作领导小组、图书馆工作委员会、体育运动委员会、高水平运动队工作领导小组、国际合作办学工作委员会专家组、民事纠纷调解领导小组。

第二篇 教师与职工

北京石油化工学院
1978-2008

第一章 沿革

建校初期，学校有职教工36人，其中教师约20人，数名是在原北京石油学院、清华大学等高等院校任过教，有一定教学经验的教师，其他大多数是从燕化公司各厂、院抽调的工程技术人员。

1981年，全校教职工增加到147人，其中教师54人，职工93人。全体教师中有副教授2人，讲师22人，助教12人，助理工程师7人，教员11人。

1989年，学校共有教职工280人，其中在编教师138人，职工142人。全体在编教师中有副教授16人，讲师34人。

2000年1月，学校由部属院校改为中央与地方共建、以北京市管理为主的高等学校。随着办学规模的扩大，教职工的数量不断增加，增加的渠道主要有：一是从全国各地引进一批高学历、高职称、高水平的教学科研人员；二是从重点院校录用了一批硕士以上学位的应届毕业生充实到教师队伍中。到2005年12月，学校有教职工856人，其中专任教师477人。到2007年12月，学校有教职工835人，其中专任教师488人。

第二章 教师

第一节 教师队伍

以1995年专任教师的年龄、学历与2001年的情况相比较，具有高级专业技术职务的教师趋向年轻化，教授平均年龄从55岁下降到51岁，副教授平均年龄从54岁降到43岁；教师平均年龄下降，50岁以下教师占教师总数的82%以上；学历层次提高，具有硕士以上学历者占到教师总数的50%；学缘结构趋向多元化。

通过实施人才强校战略，学校加大了人才引进和培养的力度，教师队伍总量大幅度增加，教师的职务结构、学历结构、年龄结构进一步优化，学科梯队建设得到加强和改善，师资管理工作逐步走上规范化轨道。

2002年至2004年间，学校投入830万元用于师资队伍建设，聘任了国内外知名学者20余人作为客座教授，引进教师194人，913人次教师参加了各种进修和培训。通过“九五”、“十五”的规划建设，至2005年12月31日，学校有专任教师477人，专任教师中具有正高级职称者44人，副高级职称者156人，具有硕士、博士学位的专任教师比例从2000年7月的49%增加到了73.4%；其中博士学位的比例从8%增加到了17.4%。到2007年12月

31日，学校有专任教师488人，其中具有教授、副教授等高级职务的教师占45.8%，具有硕士以上学位的教师占73%。

表2-2-1　历年在编教师队伍学历结构统计表(按学年统计)　　单位：人

学年	教师总数	博士		硕士		本科		其他	
		人数	比例	人数	比例	人数	比例	人数	比例
1978～1979	0	0	0	0	0	12	100%	0	0
1984～1985	101	0	0	1	1%	93	92%	7	7%
1985～1986	99	0	0	1	1%	91	92%	7	7%
1986～1987	94	0	0	1	1%	84	89%	9	10%
1988～1989	138	0	0	15	11%	123	89%	0	0
1989～1990	185	0	0	28	15%	133	72%	24	13%
1990～1991	192	0	0	51	27%	137	71%	4	2%
1991～1992	154	0	0	33	22%	107	69%	14	9%
1992～1993	189	1	0.5%	43	22.5%	125	66%	20	11%
1993～1994	189	1	0.5%	45	23.5%	143	76%	0	0
1994～1995	218	6	3%	69	31%	141	65%	2	1%
1995～1996	226	6	3%	86	38%	134	59%	0	0
1996～1997	257	6	2%	100	39%	151	59%	0	0
1997～1998	246	10	4%	97	39%	137	56%	2	1%
1998～1999	252	11	5%	104	41%	137	54%	0	0
1999～2000	269	18	7%	123	46%	128	47%	0	0
2000～2001	258	19	7%	107	42%	129	50%	3	1%
2001～2002	300	21	7%	113	38%	156	52%	10	3%
2002～2003	379	30	6%	203	50%	135	44%	11	0
2003～2004	434	45	9%	244	52%	132	39%	13	0
2004～2005	476	75	12%	267	55%	121	33%	13	0
2005～2006	480	93	16%	268	52%	108	32%	11	0

表2-2-2 历年在编教师队伍年龄结构统计表(按学年统计) 单位：人

年 份	30岁以下	31~35岁	36~40岁	41~45岁	46~50岁	51~55岁	56~60岁	60岁以上	合计
1978～1979	2	3	3	3	1	0	0	0	12
1979～1980	2	8	12	13	3	3	1	0	42
1983～1984	23	1	14	18	15	3	2	1	77
1984～1985	49	3	8	17	16	5	3	0	101
1985～1986	53	3	9	12	14	4	4	0	99
1986～1987	53	0	5	10	12	12	1	1	94
1988～1989	82	11	2	11	18	12	1	1	138
1989～1990	87	20	5	16	23	27	5	2	185
1990～1991	124	17	9	5	15	19	3	0	192
1991～1992	88	14	7	6	13	21	5	0	154
1992～1993	70	27	5	4	39	27	7	10	189
1993～1994	84	23	10	4	20	21	27	0	189
1994～1995	96	47	12	6	24	22	10	1	218
1995～1996	94	64	11	4	18	23	12	0	226
1996～1997	104	74	16	4	15	34	10	0	257
1997～1998	83	77	21	10	7	33	15	0	246
1998～1999	88	71	30	14	8	31	10	0	252
1999～2000	80	69	56	17	7	30	10	0	269
2000～2001	64	56	68	19	6	25	20	0	258
2001～2002	75	68	87	23	8	19	20	0	300
2002～2003	89	88	96	42	24	15	22	3	379
2003～2004	133	86	107	46	25	15	20	2	434
2004～2005	169	94	112	49	26	13	12	1	476
2005～2006	116	97	94	114	36	9	13	1	480

表2-2-3　历年教师队伍职称统计表(按学年统计)　　单位：人

年　份	教　授	副教授	讲　师	助　教	教　员	合　计
1978～1979	0	0	0	6	6	12
1979～1980	0	0	5	3	29	37
1980～1981	0	0	20	19	12	51
1981～1982	0	2	22	19	11	54
1982～1983	0	2	40	17	11	70
1983～1984	0	3	39	17	18	77
1984～1985	0	3	35	62	1	101
1985～1986	0	3	28	62	6	99
1986～1987	0	2	28	15	49	94
1987～1988	0	10	21	14	71	116
1988～1989	0	16	34	46	42	138
1989～1990	0	25	55	48	57	185
1990～1991	1	28	55	68	40	192
1991～1992	1	25	52	64	12	154
1992～1993	12	33	69	45	30	189
1993～1994	13	50	69	30	27	189
1994～1995	4	44	98	40	32	218
1995～1996	5	47	95	48	31	226
1996～1997	4	53	105	65	30	257
1997～1998	10	56	107	59	14	246
1998～1999	9	64	115	52	12	252
1999～2000	15	63	149	40	2	269
2000～2001	24	74	130	25	5	258
2001～2002	23	87	147	23	20	300
2002～2003	41	100	117	54	67	379
2003～2004	43	113	122	92	64	434
2004～2005	43	130	154	83	66	476
2005～2006	49	149	133	80	69	480

表2-2-4 在编教师队伍学缘结构统计表（2002～2005年比较） 单位：人

学 年	教师总数	本校		外校							
		人数	比例	国外大学		重点大学		一般高校		合计	
				人数	比例	人数	比例	人数	比例	人数	比例
2002～2003	340	13	3.8%	2	0.6%	175	51.5%	150	44.1%	327	96.2%
2003～2004	414	13	3.1%	5	1.2%	218	52.7%	178	43%	401	96.9%
2004～2005	417	13	3.1%	5	1.2%	219	52.5%	180	43.2%	404	96.9%

表2-2-5 各学年在编教师学位统计表（2002～2005年比较） 单位：人

项目/学年	教师总数	博士		硕士		合计		学士		无学位	
		人数	比例	人数	比例	人数	比例	人数	比例	人数	比例
2002～2003	340	31	9.1%	176	51.8%	207	60.9%	126	37.1%	7	2.1%
2003～2004	414	39	9.4%	230	55.6%	269	65%	139	33.6%	6	1.4%
2004～2005	417	45	10.8%	228	54.7%	273	65.5%	140	33.6%	4	0.9%

表2-2-6 各学年生师比统计表（2002～2005年比较） 单位：人

项目/学年	校内专任教师总数	外聘教师数（折半）	专任教师总数	折合在校生数	生师比
2002～2003	379	8	387	6220	16.1
2003～2004	434	11	445	6934	15.6
2004～2005	476	5	460	7157	15.6

第二节 教育与培养

教师的教育与培养是教师队伍建设的重要内容。

1986年，学校制定《关于学校青年教师使用和培养的暂行规定》。1995年，制定《北京石油化工学院培养选拔学科带头人和骨干教师实施办法》，提出了到2000年完成培养选拔20名政工骨干、20名管理骨干及40名学科带头人和骨干教师的目标（简称“二二四”人才培养工程）。

1996年，印发《青年教师参加工程实践的暂行办法》，对培养教师的技术应用能力和实践能力做出规定和要求，青年教师主要到石化企业参加社会实践。学校培养教师实践能力主要以在职培养为主，脱产培养为辅的形式，并发挥老教师的“传帮带”及产学研合作的优势，不断提高青年教师的实践教学水平和能力。1999年，制定《关于加强教职工进修

学习统一管理的若干规定》，2000年制定了补充规定。

2000年，“二二四”人才培养工程顺利完成，与1995年相比，学校专任教师由218人增加到269人，其中具有高级专业技术职务的比例由25.2%提高到42%；博士研究生的比例由2.3%提高到5.2%；在校的博士学位研究生有14人，占研究生总数的12.5%以上；有正高职27人，副高职88人。“二二四”人才培养工程期间，学校共派遣教师出国学习、进修、讲学、合作研究14人，聘请国内外兼职教授23人，客座教授1人，科技顾问1人。一批科研成果获部级以上奖励，教学研究项目中获国家级立项3项，省部级立项5项，全国性学会立项6项。

2001年，学校制定了北京石油化工学院教师队伍建设“十五”规划。“十五”期间，出台了《北京石油化工学院关于进一步加强师资队伍建设的若干意见》、《北京石油化工学院教师培训管理办法》等文件。通过深化人事制度改革，将人才队伍建设的成效与教学院单位的业绩挂钩，共引进专任教师243人，其中正高职人员16人，副高职人员45人，引进具有博士学位的教师59人，从海外引进的高层次人才5人。

2006年11月，学校针对部分青年教师教学实践能力不足，难以满足学生对工程教育的要求问题，组织2001年以后入校的理工科类师资和实验技术岗位的74名青年教师到燕山石油化工公司参加为期2周的工程教育培训，取得良好效果。

为推进人才强校战略，培养高素质人才队伍，学校制定了《北京石油化工学院“十一五”时期人才队伍建设规划》，规划实施期限从2006年至2010年。“十一五”时期教师队伍建设的目标是：造就5～10名学科领军人物，培养和引进40名左右教学名师和拔尖人才，建成5支优秀学科团队；教师队伍占基本编制数的55%～60%左右，生师比保持在16∶1左右，配备一定数量的专职科研人员，专任教师高职比为45%～50%，正副高比为1∶3左右，硕士点学科、北京市重点学科高职比控制在60%左右，学校重点学科高职比控制在45%左右，一般学科高职比控制在40%左右，具有硕士及以上学位教师的比例达80%以上，学校重点建设学科和重点建设专业的师资，具有博士学位的教师比例争取达到65%左右，专任教师平均年龄保持在40岁以内，正高职平均年龄保持在50岁以内，副高职平均年龄保持在45岁以内，继续保持最后学历非本校毕业的教师近100%，最终形成一支可持续发展的高水平教师队伍。

第三节　人才培养资助项目

根据北京市高教局《关于在北京高等学校青年教师中选拔优秀青年骨干教师和(青年)学科带头人的意见》，从1992年至1998年，学校21名教师被评为北京市高等学校优秀青年骨干教师，4名教师被评为北京市高等学校（青年）学科带头人。

1999年，中国石油化工集团公司下发《中国石油化工集团公司关于加强学术、技术带头人梯队建设的通知》(中国石化[1999]人技字351号)，学校依据该通知精神推荐了相关人选，2000年6月，学校5名教师被评为中石化集团公司直属院校学科带头人，5名教师被评为优秀骨干教师。

从2001年开始，北京市委组织部每年组织一次北京市优秀人才培养资助项目评审。2001年至2007年，学校72名教师获得市委组织部优秀人才培养专项经费的资助，累计获批资助经费227万元，其中包括优秀人才培养资助集体项目1项，资助经费30万元。

2005年，北京市教委根据《首都教育2004～2010年发展纲要》，下发《北京市属市管高等学校人才强教计划实施意见》（京教人[2005]19号），开始在北京市属市管高等学校范围内实施人才强教计划。遵照北京市教委文件精神，学校于2005年6月开始组织实施人才强教计划。2005年至2007年，学校共计获得人才强教项目经费952.6万元，入选北京市人才强教计划拔尖人才2人，学术创新团队4支，37名教师获得中青年骨干教师项目资助。

第三章 职 工

第一节 职工队伍

90年代以前，学校通常把教职工队伍分为教师（含教辅人员）、干部、工人三部分。90年代以后则把教职工划分为四个部分，即教学科研辅助人员、党政管理人员、校办产业人员及后勤工勤人员。校办产业人员占用学校人员编制，但按照企业制度进行管理。2000年后，后勤部门已从学校行政管理系统中分离出去，而原来的干部、工人身份仍保留。

2000年以来，学校进行了三轮以劳动人事和分配制度为主要内容的内部管理体制改革，直接促进了教职工队伍建设工作。

表2-3-1 历年职工人数及类别统计表（按学年统计） 单位：人

年 份	教 辅	行 政	工 勤	其 他	合 计
1978～1979	3	8	13	0	24
1979～1980	16	23	25	0	64
1980～1981	7	27	58	3	95
1981～1982	0	34	59	0	93
1982～1983	29	32	34	2	97
1983～1984	15	40	50	2	107
1984～1985	31	47	33	3	114
1985～1986	44	39	34	4	121
1986～1987	42	39	38	3	122

续 表

年 份	教 辅	行 政	工 勤	其 他	合 计
1987～1988	14	58	57	0	129
1988～1989	29	55	64	0	148
1989～1990	35	46	56	0	137
1990～1991	37	48	48	8	141
1991～1992	31	74	77	35	217
1992～1993	74	45	64	46	229
1993～1994	50	82	103	40	275
1994～1995	65	140	72	32	309
1995～1996	82	151	66	35	334
1996～1997	88	137	77	31	333
1997～1998	68	166	72	28	334
1998～1999	74	154	71	28	327
1999～2000	102	111	69	28	310
2000～2001	102	110	56	60	328
2001～2002	102	129	56	6	293
2002～2003	182	124	50	2	358
2003～2004	164	146	51	0	361
2004～2005	173	145	50	0	368
2005～2006	181	122	48	15	366

第二节　教育与培养

学校重视对职工进行多方面的教育与培养。1994年制定了《关于教职工进修学习的有关规定》。1999年，制定了《关于加强教职工进修学习统一管理的若干规定》。2000年，制定了《北京石油化工学院进修学习管理补充规定》。

2004年6月，为贯彻落实中央和北京市委关于大规模培训干部的文件精神和任务，加强干部队伍建设，全面提高学校干部特别是领导干部的思想政治素质、业务素质和创新能力，根据市委教育工委全员培训干部工作实施意见，结合学校实际，制定《2003～2007年干部教育培训规划》。学校对职工要求的基本原则是：在职业余学习，择优推荐，费用自理。担任处级以上领导干部的教育职员，学校统一制定计划培养攻读硕士以上学位。职工经学校批准可参加各种培训（如上岗培训、岗位专业培训、换证考核、技术工种考试和考核等），由学校支付相关经费。2002至2003学年发生培训费用42.85万元；2003至2004学年发生培训费用47.18万元；2004至2005学年发生培训费用40.22万元；2005至2006学年发生培训费用63.28万元；2006至2007学年发生培训费用181.63万元。

根据北京市人事局和学校关于工人技术等级评定有关精神要求，根据不同规定学校每年对职工开展等级评定工作。

第四章　评聘

第一节　沿革

1978年至2000年，教师、科研、教管、图书等系列高级专业技术职务任职资格由燕山石化总公司或中石化集团公司委托北京市高教局（现北京市教委）评审，政工、工程等系列由集团公司评审，中、初级专业技术职务由学校评审。2000年划转到北京市以后，学校的教师、科研、教管、图书等系列高级专业技术职务任职资格和政工、工程等系列由北京市高级专业技术评审委员会评审，中、初级专业技术职务仍由学校评审。2002年，北京人事局授权学校评审部分学科副高级专业技术职务任职资格。2005年开始，学校试行教师职务聘任制，以岗位聘任取代职务评审，聘任权在学校。

第二节　教师专业技术职务评审、聘任权限

1981年，北京市高教局批准学校有权审批讲师。1982年、1983年，学校审批了两批讲师。并报北京市高教局备案。

1985年之前实行教师职务晋升制。1986年，国家开始实行职称评定改革，改革的中心是实行专业技术职务聘任制。根据国家有关规定，高等学校组织专业技术职务评聘时，必须在主管部门下达的权限范围内进行。

1986年12月，学校成立教师职务评审委员会，由北京市高教局授予讲师审批权。教授、副教授任职资格由北京市高教局教师职务评审委员会审定，学校根据任职资格评审结果予以聘任。

2002年6月，根据北京市人事局《关于调整普通高校教师职务系列评审权的通知》，学校从2002年起可自主评审高等学校教师以及相关系列副高级专业技术职务。教授及部分学科副教授任职资格由北京市高级专业技术职务评审委员会评审。

2005年5月，根据《北京市人事局、北京市教育委员会关于试行高等学校教师职务聘任制有关问题的通知》以及北京市教委、北京市人事局联合下发的《北京市属市管高等学校教师职务聘任制实施意见（试行）》，学校从2005年起不再进行职称评审，试行教师职务聘任

制，学校根据岗位需要进行教师职务聘任，包括聘任教授、研究员等正高级教师职务。

第三节　教师资格与专业技术职务评聘工作改革

1993年之后国家相继颁布了《教师法》、《教师资格条例》、《〈教师资格条例〉实施办法》，逐步形成了教师资格制度的法律法规体系。实行教师资格制度后，只有具备教师资格的人，才能被聘任或任命担任教师工作。1997年5月，为贯彻北京市教委《教师资格认定的过渡办法》，学校制订了实施方案，对符合教师资格认定过渡办法条件的人员进行了登记和审核，并报送北京市教委进行教师资格认定。2004年4月，学校成立教师资格专家审查委员会和8个专业评议组，负责学校的教师资格认定审查工作。

2000年，学校开始对所有在职人员实行岗位聘任制，对新入校人员实行聘用合同制。并开始实行专业技术职务评聘服务期承诺制，规定经本人申请被评为高级职务者，应承诺为学校继续服务5年。

2001年之前，凡是符合申报条件取得任职资格的人员学校都予以聘任，既没有实行结构比例控制，也没有实行指标控制。2001年起，学校对专业技术职务任职资格评审和职务聘任实行结构比例控制。

2002年7月，学校为提高评审质量，规范高级专业技术职务任职资格评审工作，按照定性和定量相结合的评价原则，对专业评议组评议工作和评审委员会评审工作提出量化评分标准和试行意见。

2003年7月，学校实施全员聘用合同制，学校在编教职工均按规定参加教师岗位、党政管理岗位和教辅岗位的聘任。对部分能力、业绩突出的教师实行低职高聘。

2006年6月，学校印发《北京石油化工学院教师职务聘任制实施办法（试行）》，成立学校和教学单位两级教师职务聘任委员会，规定以岗位聘任取代职称评审，强化岗位聘任，实行教师职务聘任和岗位聘任合一。学校在教师职务聘任时实行岗位结构比例控制，将教授、副教授等教师高级职务占教师定编总数的比例控制在50%以内，教授与副教授的比例控制在1∶3左右。共聘任教师421人，占教职工总数的52%，其中教授51人，副教授154人；教师中博士占22%，硕士以上比例为75.5%；管理人员166人，占教职工总数的20.5%；实验技术人员69人，占8.5%；机关教辅人员109人，占13.4%；工勤人员45人，占5.6%。

第三篇 学生工作

北京石油化工学院
1978-2008

第一章 沿革

一、历史沿革

1978年建校初期，学校成立了三人领导小组（以下简称小组）负责全面工作，学生工作是小组工作的一部分。同年，组建了学生党支部，隶属学校办公室。1979年1月，设立学生工作部和团委，并分别安排了相应的负责人，归属小组领导。学生思想政治及行为的管理工作，由学校办公室负责；学生工作的干部、年级专职政治辅导员、兼职班主任具体负责。

1980年10月，学生工作部与团委合署办公、共同负责学生工作。1986年2月，学校任命学生工作部部长、团委书记（兼学生工作部副部长）。1988年7月，成立了学生处，任命了学生处副处长，负责学生日常管理工作。1990年8月，学生工作部与学生处合署办公，机构名称为学生工作部（处）。

1989年7月，成立学生工作委员会，由学校主管学生工作的党委副书记和一名副校长担任正、副主任，成员有学生工作部（处）、团委、思想教育教研室等部门主要负责人，主要负责全校学生思想政治教育和学生管理的决策和协调工作。各系成立学生工作小组，在系党政领导下工作，同时接受学校学生工作委员会的领导，具体负责本系学生思想政治教育与学生管理。

1991年4月，学校为促进学生思想教育工作与学生管理工作的有效结合，对学生工作人员提出了既是管理人员、又是教师，承担教学、管理、科研三种职能的工作任务要求，并将思想教育教研室与学生工作部（处）合署，共同负责学生的思想政治理论课和日常思想教育工作。8月，成立学校学生思想政治工作领导小组，由党委主管学生工作的副书记任组长，一名副校长任副组长，成员有学生工作部（处）、党委办公室、宣传部、马列主义教研室、思想教育教研室、团委负责人和各系主管学生工作的党总支副书记，指导和协调全校学生的教育和管理工作。

1993年3月，思想教育教研室脱离出学生工作部（处），开始单独办公。

1994年3月，学校召开主题为“关于社会主义市场经济条件下价值观念”的研讨会，并以此为契机，将学生工作研讨会作为一项会议制度，坚持每年召开一次。学生工作研讨会成为全体学生工作人员沟通信息、交流工作经验、分析研究和解决问题的重要渠道，同时也成为党委全面分析研究学生教育管理工作，形成学生工作决策的一个重要工作机制。6月，学校成立心理健康咨询中心，隶属学生工作部（处）。

1996年3月，成立“毕业生就业指导中心”，隶属学生工作部（处）。主任由学生工作部（处）主管毕业生就业工作的副处长兼任。

1998年1月，校党委印发《关于进一步加强学生思想政治工作的实施意见》。《意见》进一步明确了加强学生思想政治工作的指导思想和主要任务，对健全和完善党委统一领导、党政工团分工负责领导体制和齐抓共管、形成合力的工作机制做出了进一步的部署。

1999年3月，学校成立学生工作领导小组，领导小组成员包含学生工作部（处）、团委、学校办公室、宣传部、教务处、总务处、保卫处等职能处室，强化学校各有关部门在学生教育与管理方面的统一协调性。

2000年1月，学生工作部（处）与团委合署办公，团委书记兼任学生工作部副部长。4月，学校对学生工作领导小组做了进一步调整，将各教学单位主管学生工作的副书记作为领导小组成员。

2000年以后，学生工作领导小组坚持两周一次的例会，统筹协调和决策部署全校学生教育、管理及服务工作的重大问题和重要事项。

2003年7月，在校内管理体制改革中提出建立健全学校与教学院（系、部）两级的管理工作体制。要求学生工作紧密结合学校发展的新形势和学生的思想、学习、生活实际，积极构建有利于学生成长和成才的两级教育管理的工作体制。通过构建两级管理体制，明确了学校与各教学单位在学生教育与管理方面的工作职责和主要任务，推动了教学院（系、部）开展学生工作的积极性和主动性。

2004年1月，学生工作部（处）与学生就业指导服务中心合署办公。

2005年3月，成立党委武装部，与学生工作部（处）、团委合署办公。

2006年6月，成立“大学生服务中心”，学生工作部（处）负责的资助等服务职能划归“大学生服务中心”，学生就业指导服务中心隶属大学生服务中心。

二、历任领导

表3-1-1　学生工作部门历任领导更迭表

职　务	姓　名	任 职 时 间
(学校三人领导小组)分管学生工作	张凤吉	1978. 9至1979. 1
学生工作负责人(含共青团工作)	石　晨	1979. 2至1979. 7
学生工作负责人(含共青团工作)	严庆国	1979. 8至1980. 11
学生工作部负责人（学生工作部与团委联合办公）	严庆国	1980. 11至1982. 12
学生工作部负责人	丁宝福	1982. 12至1986. 2. 24
党委工作处学生工作部部长	肖存荣	1986. 2. 25至1990. 8. 23
团委书记兼党委工作处学生工作部副部长	林　骞	1986. 2. 25至1989. 11. 6
学生处副处长	林　骞	1988. 7. 20至1990. 8. 23

续表

职　务	姓　名	任 职 时 间
党委学生工作部副部长（兼任）	林　骞	1989. 11. 7至1991. 8. 9
党委宣传部部长兼党委学生工作部部长	徐理德	1990. 8. 24至1991. 8. 9
学生处处长兼党委学生工作部副部长	林　骞	1990. 8. 24至1991. 12. 30
党委学生工作部部长	林　骞	1991. 8. 10至1991. 12. 30
学生工作部部长兼学生处处长	肖存荣	1991. 12. 31至1993. 3. 19
团委书记兼任党委学生工作部副部长	赵盛伟	1992. 3. 26至1995. 9. 7
学生处副处长	张　祥	1992. 3. 26至1993. 10. 21
学生处副处长（主持工作）	张　祥	1993. 10. 22至1995. 1. 15
学生处副处长兼党委学生工作部副部长（主持工作）	肖存荣	1993. 3. 20至1993. 10. 21
学生工作部副部长（主持工作）	肖存荣	1993. 10. 22至1995. 1. 15
学生处副处长兼任招生办公室主任	李秋燕	1993. 10. 22至1995. 2. 19
学生工作部部长兼学生处处长	王德生	1995. 1. 16至1998. 1. 14
学生工作部副部长兼学生处副处长	肖存荣	1995. 1. 16至1996. 12. 26
学生处副处长兼学生工作部副部长	张　祥	1995. 1. 16至2000. 1. 16
学生处副处长兼学生工作部副部长	孙建华	1996. 1. 23至2000. 1. 17
学生工作部部长兼学生处处长	高秀云	1998. 1. 15至2000. 1. 16
学生工作部部长兼学生处处长	张　祥	2000. 1. 17至2003. 7. 3
团委书记兼学生工作部副部长	张尧斌	2000. 1. 17至2003. 7. 10
学生处副处长	王文杰	2000. 1. 18至2002. 12. 10
学生处副处长	李　娜	2002. 12. 11至2006. 6. 5
学生处处长兼学生工作部部长	张尧斌	2003. 7. 11至今
学生就业指导服务中心主任	付小美	2004. 1. 16至今
团委书记兼学生工作部副部长	贠天祥	2003. 7. 4至2007. 11. 27
党委武装部部长（与学生工作部合署）	孙建华	2006. 6. 6至今
大学生服务中心主任	王文杰	2006. 6. 13至今
大学生服务中心副主任	史开武	2006. 6. 6至今

第二章　招生工作

第一节　沿 革

一、历史沿革

1978年，北京石油化工专科学校通过全国统一招生录取招收本科、专科学生，同时在石化总厂领导下创办了“七•二一”工人大学，招收在职职工。同年年底，经北京市批准成立北京化工学院第二分院，招收本科学生。1980年经北京市批准将“七•二一”工人大学正式命名为“燕山石油化学总公司职工大学”。当时学校位于企业之中，是一所学校三块牌子。主要特点是企业办学，并与职工大学合办。招生专业是与燕山石油化学总公司建设需要紧密结合的专业，且只面向北京市招生。招生计划由北京市下达。

1985年4月北京石油化工专科学校划归中石化总公司，招生计划由中石化总公司直接下达，并首次面向全国招生。

按照国家教委通知精神，1992年12月31日，正式建立北京石油化工学院并于1993开始招收本科生，兼招专科生。1996年开始实行招生并轨，1997年以后，全部招收本科学生。随着学校被划转为北京市管理，2001年起，招生计划由北京市教委下达。

二、机构与人员

1978至1983年，招生具体事宜由学校领导小组主持，教务处负责具体工作。1984至1992年，教务处负责组织全校招生工作。1992年开始由教务处所属招生办公室负责具体招生工作，李秋燕任招生办公室主任（正科级）。1993年10月，招生办公室划归学生处。李秋燕为学生处副处长（正科级）兼任招生办公室主任。1995年1月，招生办公室由学校办公室直接领导，李秋燕任招生办公室主任（副处级）。1999年12月，招生办公室归属教务处。2005年5月，冀学森担任招生办公室主任（正科级）。2006年7月，招生办公室按副处级机构设置，分属教务处，下设招生事务主管岗位一名，冀学森任招生办公室主任兼教务处副处长。

第二节　招生类别与招生规模

一、招生类别

1978年，学校的招生类别主要是国家指令性计划下达的国家任务的本、专科生，主要培养面向石油化工企业定向生；还有国家指导计划委托培养的本、专科生、自费生。

20世纪70年代末至80年代中期，学校根据社会需求招收了工大、电大、夜大学生。

1978至1983年，在燕山石油化学总公司领导下，创办了“七•二一”工人大学，招收在职职工，即工大学生。至1983年，共招生182人。1978年录取38名中专学生。1978年8月1日至1979年1月10日，受化工部委托，学校承办了财会班，共有学员60人，来自28个省、市、自治区。1980年8月，招收电大学生43人。1983年6月，北京市高教局下发通知，批准成立北京石油化工专科学校夜大学，至1986年，招收夜大学生共计138人。根据中石化总公司《关于北京石油化工专科学校增设石油化工企业管理干部专修科的批复》，1985年，招收干部专修科学生35人，学制2年。

1993年开始根据社会需要和自身的培养能力招收本科、专科定向生、自费生，主要面向各地石油化工企业定向培养。2000年开始招收春季本科学生，至2003年招生共计813人。

从1978年至2006年，学校共计招收本科生16901人。1978年至1996年，共计招收专科生1744人。

二、招生规模

1978年至1989年，每年招生数在100人以内，招生专业以化工工艺、化工机械为主，面向北京地区招生。从1985年开始，面向全国4个省、市（北京、山东、河南、河北）招生。

1990年，招生计划达到190人，招生专业扩大到6个。此后招生规模逐年扩大。1999年高校全面扩招，招生计划也达到770人。2000年突破了1000人，招生专业达到16个，招生地区达到27个省、市、自治区。

2001年至2004年，招生人数逐年稳步增加。2004年后直至2007年，学校招生计划稳定在1650人。其中北京生源比例逐年提高，至2007年，已达到总计划招生人数的75%。学校招生专业增至22个。

第三节　招生制度与招生宣传

一、招生制度与录取程序

1993年之前，学校招生工作（以下简称招生），一直是人工阅档、手工抄写新生录取花名册。从1993年开始，招生改革为人工录取、机打花名册。2000年，是招生数字化进程第一年，开始试行部分省市网上远程录取。2002年采用远程录取与局域网结合的方式进行。2003年招生也全面实现了网上录取。

为规范招生录取，1996年印发了《北京石油化工学院招生录取工作条例》，制定了选派招生录取工作人员的标准、录取工作人员守则、录取过程的要求、招生录取工作人员廉政建设等制度。

2001年，制定了《招生工作人员须知》、《网上录取工作人员条例》、《2001年网上录取工作实施办法》，建立了《招生录取工作人员廉政建设制度》，以落实教育部和北京市教委的招生工作管理规定。2001年成立网上录取工作领导小组。

2002年招生办公室进一步加强制度建设，制定了《北京石油化工学院招生工作规程》，内容包括招生办公室职责、招生计划制定的原则和程序、招生来源计划制定的原则和程序、定向就业招生计划的制定原则和程序、招生录取章程、招生录取工作人员的组成和职责、招生录取工作人员廉政建设制度、网上录取机构设置和分工安排、网上录取工作人员守则、网上录取工作程序和要求。

2005年，根据教育部实施“阳光工程”的总体部署，为确保招生录取工作的公平、公正、透明进行，印发《北京石油化工学院招生录取“阳光工程”实施方案》。学校专门成立招生录取工作组织机构，包括招生录取工作领导小组、招生录取工作小组、招生录取工作监察小组。

二、招生宣传

自1985年面向全国招生以来，招生的宣传工作逐年加强。1992年招办成立后，从1993年起每年向各地相关中学邮寄招生简章等材料；1996年，招办重新编写印制了《招生简章》及《考生须知》，并发往全国各省、市招办和中学；并积极参加北京市各区、县中学及北京市组织的年度高考咨询活动，宣传招生政策。

2002年，招办设立了语音咨询电话，并进一步加强舆论宣传。借助社会媒体资源，在中国教育电视台、北京教育电台、《北京招生通讯》、《北京晚报》、《北京晨报》等多家媒体上，传播学校招生信息、宣传学校招生情况。

2003年，开始举办校园开放日活动，至2007年，已举办五届。

从2004年开始，招办针对北京生源比例逐年提高的特点，把宣传重点放在北京地区。在参加教育部、北京考试院和各省、市组织的网上咨询活动的同时，还建立了招生信息网，进行网上答疑活动。并且参加了广播电台、电视台、网络等多种媒体举办的访谈活动。2006年，招办对学校《招生指南》（以下简称《指南》）进行了改版，增加了“专家谈专业”和“学生谈专业”板块，选用了大量宣传照片，丰富了《指南》的内容。2007年，招办对《指南》作了进一步的修订和完善。

第三章　学生教育与管理

第一节　学生思想政治教育

1979年10月，学校对学生开展了“爱祖国、爱人民、爱劳动、爱科学、爱护公共财物”的“五爱”教育。

1980年4月至5月，在学生中开展了树立正确人生观教育、革命传统教育和讲文明、讲礼貌教育，组织了听报告、参观、主题班会等教育活动。

1981年1月，对毕业生开展了服从分配教育，鼓励和引导学生到祖国和首都最需要的地方建功立业。

1987年制定了“德育量化考核办法”，以量化的指标来考核学生在思想政治、道德品质和在社会实践中的表现。1988年3月，学校首次召开思想政治工作研讨会，重点研究了学生思想政治工作和学生心理健康教育工作。会议决定要深入落实学生“德育量化考核办法”，每学期对学生进行一次德育考评，评定出等级。同时强调要加强专职辅导员和兼职班主任队伍建设，每学期期末对辅导员和班主任进行考核。

1989年政治风波后，学校党委在思想政治教育方面提出三点要求：一是要教育学生正确看待学潮；二是要旗帜鲜明地反对动乱；三是要和党中央保持一致、维护国家团结。随后，召开了学生思想政治工作会议，强调学生思想政治教育要与党中央保持一致，明确学生的教育与管理要以育人为中心，以建校为重点，要继承、恢复和发扬党的思想政治工作的优良传统，坚持从严治党，从严治校，把尊重人、理解人、关心人与严格要求统一起来，充分调动全体师生的积极性，努力创造一个良好的育人环境。

1991年3月，学校党委要求进一步完善“德育量化考核办法”，严格对学生进行日常行为管理，把思想政治教育与严格管理结合起来，继续坚持每年9月份的校风、学风教育活动，以贯彻执行大学生行为规范为主线加强校风和学风建设。4月，制定了《关于在副处级以上干部中实施“五个一”制度的通知》，要求每月至少到学生宿舍一次，与一名学生谈话一次，到课堂听课一次，到学生食堂用餐一次，调查研究一个问题。要求全体党政人员，要了解学生的思想情况，有针对性的做好学生工作。为调动广大教师做好学生工作的积极性，学校将班主任工作量纳入教学学时，要求班主任对学生进行分层次有重点的思想教育工作，学校初步形成了“理论教育课——社会实践——课余活动”三位一体的思想政治教育体系。1991年还成立学校业余党校，对要求加入中国共产党的学生积极分子进行系统的党的基本知识和基本理论的教育。到2007年12月，党校学生入党积极分子培训班已举办了25期。

1995年3月，学校印发了《关于加强和改进我院德育工作的实施意见》，提出了加强和改进德育工作的指导思想、目标、原则和内容，进一步明确了“以育人为中心，把德育放在首位”的办学指导思想。

1997年上半年，以香港回归祖国为契机，积极对广大学生开展爱国主义、社会主义系列教育活动。6月30日晚，50名学生代表参加了在天安门广场举行的首都各界群众庆祝香港回归联欢活动；7月1日早晨，接着参加了天安门广场升国旗活动。

1999年，以国庆50周年为契机，在全校学生中开展了“歌颂伟大祖国、迎接新世纪的太阳”为主题的教育活动，以征文、诗朗诵、报告讲座、理论研讨、学习、科技和体育竞赛等形式，热情讴歌建国50周年来我国各项事业取得的伟大成就，积极对学生进行爱国主义、集体主义和社会主义以及邓小平理论和党的基本路线教育。10月1日，组织200名学生参加了上午的天安门广场游行，组织50名学生参加了晚上的天安门广场联欢活动。

2004年8月，《中共中央、国务院关于进一步加强和改进大学生思想政治教育的意见》（中发[2004]16号）颁发后，学校制定了《中共北京石油化工学院委员会关于学习贯彻落实中央〈关于加强和改进大学生思想政治教育〉精神的意见》。2006年1月，召开大学生思想政治工作会议，全面总结学校在教书育人、管理育人、服务育人和学生思想政治教育等方面取得的成功经验和有效做法，明确了学生思想政治教育的形势和主要任务，提出了在首都高等教育和学校发展的新形势下健全和完善党委统一领导、党政齐抓共管的学生思想政治教育领导体制、工作机制和具体措施，进一步形成了“学校教育、育人为本”、“德智体美、德育为先”全员参与的大学生思想政治工作氛围。

2005年初，以提高思想政治教育实效为目标，着手开展思想政治理论课的教学改革。2006年6月，实施了学生辅导员的“双肩挑”政策，对于符合教师上岗条件的辅导员，纳入学校德育教师编制，承担一定量的思想政治理论课教学任务。这一做法使思想政治理论课教育与学生日常思想政治教育做到了紧密结合，增强了大学生思想政治教育的针对性和吸引力，提高了学生思想教育的影响力和说服力，进一步完善了学生思想政治教育工作体系，同时畅通了专职学生工作人员向职业化、专家化发展的渠道。

第二节　学生管理

一、管理制度

1978年8月，学校制定了《学生管理教育几项规定》。包括管理教育工作原则、教室规则、考勤制度、生活制度、成绩考核办法、奖励和处分制度、学籍管理制度，以此来规范管理学生的学习、生活和思想。1979年11月，制定了《校会制度》，修订了《考勤和请假制度》、《生活制度》、《教室规则》等制度。

1985年，通过《学籍管理补充办法》，从84级开始实行奖学金和助学金制度。1987年9月学校通过了《学生德育量化考核办法》，1987年11月，制订了《北京石油化工专科学校学生贷款制度实施细则》和《学生奖学金实施办法》，《细则》和《办法》从当年9月入学新生开始执行。

1988年下半年，将涉及学生学习、生活和教育管理的各项制度汇编成《学生手册》，并于12月正式执行。《学生手册》的制定和实施，使学校对学生的管理更加科学化和规范化，标志着学生的教育和管理工作提高到了一个新的水平。

1994年后，结合高等教育形势和学校自身发展，在制度建设上又陆续制定和补充了涵盖学生行为管理、宿舍管理、课外活动管理、经济资助等多项规章制度，使学生的教育管理不断完善。

2005年9月，学校印发了《学生校内申诉处理工作暂行规定》，明确学生向学校申诉的范畴、申诉的处理机构和申诉程序等，进一步保证了学校行政处理的客观和公正，保障了学生的权利。

自2000年以来。坚持每年对《学生手册》进行修订。2004年以后。又将学生学习生活服务指南等内容增编入《学生手册》,使《学生手册》的功能实现了由单一的管理功能向管理、服务和指导多功能的转变。

二、校风、学风建设

1980年3月，学校在学生中开展了“学先进、创三好”活动， 同年9月对“三好”学生、优秀学生干部和先进班集体进行了评比，并建立了每学期一次的先进集体和个人评比工作制度，激励了广大学生争优创先的积极性。

1989年12月，开展了“全勤学风教育月”，提出学生要坚持早睡、早起、早操、早饭、早自习的“五早”活动，全校学生工作人员以加强对学生“五早”的督促为重点，积极开展校风和学风建设。

1995年6月，开展了“建立优良校风、学风、教风”的大讨论，把校风校纪教育和管理作为学生工作的重点工作之一。12月，开展了首届“我爱我家”宿舍美化评选活动，目的在于营造文明、健康、积极向上的宿舍文化环境，促进文明校园建设。

1996年初，结合北京市文明校园检查工作，校党委提出要加强学生基础道德教育和文明行为养成，加强校风校纪管理，积极开展文明校园各项建设。3至11月，学生工作部（处）、团委会同各教学单位，积极开展文明校园宣讲和学生文明行为监督和检查工作，校风校纪有了改观。

1998年11月，召开学风建设工作会议，会议指出思想教育、行为管理和为学生服务都要围绕“育人”的核心。为使学生养成健康向上的生活方式和良好行为习惯，1998年12月，由学生处组织开展了持续一个月的校风校纪大检查。

2000年7月，召开了学风建设工作专题会议，明确了学风建设在学生工作中的重要性，统一了全体学生工作人员对学风建设的思想认识。设立院长信箱，建立了校领导接待日制度。

2001年12月，召开了学生工作会，会议全面分析和研究了学校扩大招生后，学生教育、管理，特别是学风建设上出现的新情况和新问题，通过会议的全面分析、研究和讨论，提出了加强学生教育、管理的一系列措施，并确定2002年为“学风建设年”。

2003年3月，学校印发《关于进一步加强学风建设的若干意见》，成立学风工作领导小组，有组织地开展学风建设的研究工作，具体指导和协调有关部门和单位在职权范围内采取具体措施促进学风建设。 10月，结合首都大众化教育的新形势以及学校面临的校风、学风建设新情况，开展了为期一个月的以“培育学校精神、优化发展环境、青年争作先锋”为主题的校风、学风建设月活动，提出加强校风、学风和文明校园建设一系列措施和活动安排。在此基础上，2004年10月，又开展以“优化学习环境，建设良好校风”为主题的第二届校风、学风建设月。通过两届校风学风建设月，学校有计划、有组织地对全校学生进行了比较系统的校风学风教育和引导，在学生教育、管理、学风建设以及校园文化建设方面形成了符合学校和学生实际的措施和办法。

2005年初，确定了学生工作以抓校园秩序、课堂秩序和公寓秩序为主要内容的以评促建工作目标，全体学生工作人员通过深入课堂、学生公寓，参与学生课内外学习活动，了解和掌握学生学习动态，及时督促和规范学生的学习行为，加强对学生学习过程和生活过程的管理，积极引导学生遵守校纪校规，共同营造良好的校园学习和生活环境。同时，规范以学生骨干为核心的校园文明督导队，开展校园文明和教室文明的自查自纠。通过学生自律和他律以及一系列教育管理措施，全校学生的精神面貌和校园环境有了比较大的改观。

2006年6月，学校在新一轮校内管理体制改革中提出，要结合首都高等教育进入普及化阶段的新形势加强学风建设，要针对每个学生的学习情况加强具体的指导和督促，促进学生的成长和成才，并成立大学生服务中心，负责对学生开展学业指导工作，通过学业指导，帮助学生学会自主学习和有效学习，顺利完成学业。2007年4月，学校制定了《北京石油化工学院学业指导管理办法》，明确了对学生开展学业指导的主要内容、形式和方法，初步建立了对学生开展学业指导的工作机制。2007年4月学校还修订了《班主任管理办法》，明确了班主任是开展学生学业指导的主力军，对班主任在学业指导方面的工作职责和考评做了比较详尽的规定，并召开全校班主任大会，全面部署和安排了学业指导工作。

三、学生奖励

学校从84级开始实行奖学金和助学金制度。与此同时，成立奖学金评定委员会。奖学金的评定工作调动了学生德智体美劳全面发展的积极性和主动性。

1992年4月，奖学金评定由原来的一学年评定一次改为一学期评定一次，奖学金除一、二、三等奖外，还设立了单科成绩优秀奖、精神文明奖、文艺体育优秀奖等单项奖。

1996年3月18日，制定《关于参加全国、北京市地区举办基础课竞赛的奖励办法》，对奖励对象和奖励金额做出了明确的规定。

1997年6月，学校首次获得社会捐助的奖学金，中华慈善总会捐助的埃克森奖学金1000美元。

1998年3月26日，举行了“志椿奖学金”（学校鲍浪副教授、郁浩然教授夫妻两人将书稿费等收入共计五万元，以鲍浪副教授的父亲鲍志椿烈士命名设立的奖学金）捐赠仪式，该奖学金主要用于奖励来自农村、经济困难且品学兼优的学生，有5名获得该奖学金，每名学生的奖金为400元。

1998年4月，学校设立了侯祥麟基金奖学金（侯祥麟基金奖是为考入化学工程与工艺专业的高考成绩优异的学生而设的基金），有两位学生荣获1998年度中国科学技术发展基金会侯祥麟基金奖。此后学校每年都有2～3名学生获得该项奖学金。

1999年2月26日，制定《参加国际、全国、北京市、中石化集团公司举办的基础课竞赛奖励办法（修订）》，对体育竞赛奖作出了明确的规定。

2002年5月，学校设立了“中国石化奖学金”。5月27日，经“中国石化奖学金”评审委员会审核批准，共有20名学生获2000至2001学年“中国石化奖学金”。此后学校每年都有10～20名学生获得该项奖学金。

2002年8月，新疆中泰化学股份有限公司与学校签订了关于设立“中泰化学奖学金”的协议，该公司每年向学校提供人民币2万元，用于奖励品学兼优的在校生。

2003年2月，教育部、财政部在人民大会堂联合举办了首届“国家奖学金”发放仪式。学校有16名学生获得该项奖励，获奖者中有4名一等奖获得者到人民大会堂参加了颁奖仪式。此后学校每年都有学生获得该项奖学金，截至2007年12月，共有103名学生获得国家奖学金，获奖总金额512000元。

2006年12月，北京创杰伟业控制技术有限公司董事长，93级校友李润波在化工学院建立了首个由学校毕业生建立的奖学金——“创杰奖学金”，该项奖学金每年奖励学习优秀学生4名，奖金额度为1000元/人，奖励学习进步学生4名，奖金额度为200元/人。

2007年9月，国家设立了“励志奖学金“，主要用于奖励家庭经济困难、品学兼优的学生，学校首次获得该项奖励的学生198人，每人获得奖金5000元，该项奖学金的设立有力地推动了学校的学风建设。

2007年11月，广东聚赛龙工程塑料有限公司总经理，78级校友郝源增在材料科学与工程系设立“聚赛龙奖学金”，该项奖学金每年奖励学习优秀学生14名，奖金额度为2000元/人。

第三节 学生工作队伍建设

1978年建校初期，学校办公室设有分工负责学生工作的干部，各年级有政治辅导员，各班级有兼职班主任。

1987年初，设立专职学生政治辅导员，并且提出了教书育人、管理育人、服务育人的指导思想，规定学生工作实践是教师晋升职称的考核指标之一，此项规定对于广大教职工积极参与学生工作，推动学校的“三育人”工作起到积极的促进作用。

1991年3月，学校充实了一定数量的中青年教师兼任班主任工作，改善了队伍结构，稳定了工作队伍，并进一步落实对学生工作队伍的考核措施，提高工作质量。同年4月，制订了辅导员、班主任岗位职责制，对辅导员提出了“四个二”的工作要求，即每周要听课二次、深入学生宿舍二次、检查晚自习二次，与学生共同就餐二次，并提交工作记录；对班主任提出了“两个二”的工作要求，即每周要深入学生宿舍二次、检查晚自习二次，同时要求班主任每月要召开一次班会，引导学生交流学习经验，每学期末召开一次班会，对学生进行德育量化考核。

1994年7月，召开了学生工作会议，制定了《辅导员工作条例》、《班主任工作管理暂行条例》，会议决定开展学生兼职辅导员的试点工作，协助专职辅导员开展学生的日常

教育和管理。会议还决定成立学校“精神文明检查小组”，组织开展文明校园建设工作。

2001年3月，贯彻落实《关于进一步加强高等学校学生思想政治工作队伍建设的若干意见》和《中国普通高等学校德育大纲（试行）》等文件精神，制定了《专职学生政治辅导员管理办法》和《兼职学生思想政治工作人员管理办法（试行）》，明确专兼职学生思想政治工作人员的认定、配备、主要职责、待遇和考核办法等。12月，部分专职学生工作人员参加了由北京市教育工委和北京高校学生工作学会联合举办的“北京市高校学生工作干部培训班”。12月26日，举行“专职学生工作人员专业知识”考试。

2004年7月，为进一步加强和改进学生思想政治工作、加强对学生的管理和指导，强化和规范以班级建设为主要内容的基础工作，促进校风、学风和文明校园建设，学校在一、二年级设置了专职年级班主任，并于9月制定了《专职年级班主任工作条例》，专职年级班主任制度实行了两年。

2006年6月，根据《中共中央、国务院关于进一步加强和改进大学生思想政治教育的意见》（中发[2004]16号）以及教育部《关于加强高等学校辅导员班主任队伍建设的意见》（教社政[2005]2号文）精神，从培养职业化、专业化的学生思想政治教育工作队伍的高度出发，对学生辅导员的编制、职责、任职条件，聘任办法做了新的规定，印发《北京石油化工学院学生辅导员岗位聘任办法》，明确辅导员的“双肩挑”的身份，规定了辅导员按与学生比例的1∶200配备，确定了辅导员专业技术职务评聘标准，初步解决了辅导员评聘教师职务的问题。

2007年4月，修订《班主任管理办法》，按照班主任承担学生学业导师的职责要求，对班主任的任职条件、配备、待遇、评估与奖励等做了比较全面的规定。

2000年以后，学校不断规范辅导员的选聘制度，学生工作队伍不断充实，队伍的学历层次不断提高，队伍结构日趋合理。在使用过程中注意加强培训，提高业务素质，逐步形成了业务归口培训的工作原则。每年坚持进行新引进辅导员培训、就业工作专题培训、心理健康教育专题培训，经济资助工作专题培训等，在培训的方式上坚持了校内与校外相结合，外请与内部研讨相结合，新老学生工作人员交流相结合等。

第四章　学生服务

2006年6月，学校成立了“大学生服务中心”，下设学业指导服务中心、勤工助学中心、心理健康咨询中心、教材供应与服务中心、就业指导服务中心、综合服务中心等六个部门。原学生处工作职能中的学生资助、学生补助、学生贷款、学生心理健康咨询、勤工助学、学生档案、学生保险、学生就业指导服务等均划转该中心；原教务处负责的教材供应，也同时划归该中心。与此同时，中心新增设了学业指导、学生服务大厅内的“一站式服务”等职能。2007年11月29日，学校举行了“学生服务大厅”揭牌仪式，学生服务大厅开始试运行。学校各相关单位都按计划开始陆续入驻，为学生提供“一站式”服务[①]。从2006年开始，每年在康庄校区举办一次大学生事务咨询会，为康庄校区学生提供“一站式”咨询服务。

第一节 学生资助

1978年建校初期，学校按国家及上级的相关政策，为生活困难的学生，根据困难程度，发放不同标准的困难补助（即助学金）。1979年，制定《关于评定学生助学金的暂行规定》，助学金由政治处审批，财务组发放。

1985年，在84级实行奖学金制和助学金制并行的试点，并制订了《84级人民奖学金暂行评定办法》。

1987年11月，成立了奖贷基金领导小组，由主管副校长领导，相关部门负责人组成，审定奖贷人数，审核奖贷学金的决算。学生工作部负责奖贷，各系成立奖贷基金管理小组，并制订《北京石油化工专科学校学生贷款制度实施细则》，分为长期贷款（一年以上）和临时短期贷款，长期贷款分为五等，每月贷款分别为：30、25、18、14、10元，全年按十个月计；临时短期贷款金额最多不超过30元；在校学习期间由于各种原因发生的特殊困难，可以从奖学金中给予少量的临时性特殊困难补助；一年级少数民族学生进校后给予少量冬衣补助；已享受贷款的学生，在校学习期间由于疾病和临时性经济困难，给予一次性困难补助。临时性困难补助金额每人每年30元。

1993年9月，制定《关于解决“特困生”生活问题的暂行规定》，提出解决“特困生”生活困难的具体办法。1995年5月，对《关于解决“特困生”生活问题的暂行规定》进行修订，规定解决特困生困难的具体办法有：一是减免学杂费，根据特困生本人表现及经济状况，可全部或部分减免学杂费；二是发放特困补助，每学年学校将根据特困生的困难程度进行不定期的无偿资助，并将努力创造条件，逐渐采用勤工助学的方式对特困生进行资助；三是保证优先享受国家提供的无息贷款。

1998年，根据北京市相关文件精神，为学生发放物价补贴。之后，根据具体情况补助标准做过几次调整。

2000年，为在校困难学生与中国工商银行大兴支行签订了为期1～4年的国家助学贷款合同；从2001年开始，与北京商业银行丰台支行开展助学贷款业务；2003年除北京商业银行外，深圳发展银行海淀支行也为部分困难生（主要为2003级困难生）开展为期四年的国家助学贷款业务；2004年以后在北京市教委的统一安排下，与北京银行（原北京商业银行）长期办理国家助学贷款业务。

① 学生服务大厅约300平米，共分5个服务区（总接待咨询台、人工服务区、网络信息服务区、纸质信息资料查询区、等待休息区）。其中人工服务区共设16个服务窗口，用于各单位为学生提供常驻性或阶段性服务。通过每月一次的联合办公，为学生提供集中服务。大厅内还为学生提供事务咨询会、报到注册、各类联合办公等服务。

1990年后，学校逐年加大学生勤工助学资金的投入。2000年10月制定《北京石油化工学院学生勤工助学活动管理办法》，成立“北京石油化工学院勤工助学活动管理和服务中心”，归学生处管理。配备专职或兼职人员，对参加勤工助学活动的学生实施管理和提供服务，并且聘用学生干部参与勤工助学活动的管理与服务。建立勤工助学基金，保证专款专用，不得挪作他用，并制定校内勤工助学基本报酬的具体标准。

2000年，新生报到时，在接新生现场设立专门“绿色通道”接待站，负责当场解决困难新生报到困难问题。

2002年6月，印发《特困生补助办法》，规定特困生的补助标准和发放办法：极其困难的特困生110元/月（比例：1%），一般困难的特困生60元/月（比例：4%）。

2003年9月，印发《北京石油化工学院国家助学贷款管理办法（试行）》，从申请国家助学贷款的条件、助学贷款的审查程序、助学贷款的审批原则、助学贷款的通报制度、助学贷款的风险防范措施等几个方面对国家助学贷款工作管理办法进行详细的说明。

2004年4月，制定《临时困难补助基金管理办法（试行）》。7月，修订《北京石油化工学院学生勤工助学活动管理办法》、《北京石油化工学院特困生补助办法》。12月，成立了学生贷款管理中心，主任由负责学生工作的党委副书记兼任，学生贷款管理中心下设办公室，办公室主任由主管贷款工作的学生处副处长担任，副主任由负责贷款工作的学生处工作人员担任。

2005年6月，公布了《北京石油化工学院物价补助办法》（每人每月60元，按十个月发放）。8月，修订了《北京石油化工学院国家助学贷款管理办法》、《北京石油化工学院学生勤工助学活动管理办法》、《北京石油化工学院特困生补助办法》。9月，印发《北京石油化工学院爱心助困基金管理规定》，设立了爱心助困基金。1月，印发《关于应征入伍学生优抚待遇及相关问题的规定》，入伍学生退出现役回学校复学后，因家庭经济困难的，学校适当减免原学制内的学费，并按照特困生待遇予以优待。

2007年10月，学校根据国家和北京市新的资助政策，制定了《北京石油化工学院家庭经济困难学生认定办法（试行）》及《北京石油化工学院助学金管理实施办法（试行）》两份文件。

从2007年下半年开始，市财政局和市教委每学年为学校下拨“北京市国家助学金”，比例约为8%，其中：一等约3%，320元/生·月；二等约5%，160元/生·月。学校整合了北京市国家助学金和学校原有的特困生补助资金，在北京市国家助学金的基础上出资资助约3%（二等，160元/生·月）的家庭经济困难学生，将资助比例补足到11%，统一命名为北京石油化工学院助学金，自2007至2008学年秋季学期开始实施。

第二节　心理咨询

1988年3月，首次召开思想政治工作研讨会，内容包括学生思想政治工作和学生心理健康。学生工作部门负责人做了“掌握学生心理状况，做好思想政治工作”的发言。此后，学校逐步开展相应的工作。

1994年6月，学生工作部（处）设立了“大学生心理咨询中心”，安排一名接受过心理咨询理论和技巧培训的教师负责此项工作，开始试行接待学生的心理咨询。9月，首次对当年入学的学生，进行了心理健康状况的测试和分析，为有针对性地进行教育提供了依据。

1995年3月，在学生宿舍设立了咨询室。由八名具有专业知识或是接受过专业培训的兼职心理咨询员，轮流接待个别来咨询心理问题的学生。9月，成立大学生“心理学社”社团组织。社团组织以“自我教育，自我管理，自我服务　”为指导思想。开展学习、宣传心理健康知识及调控心理的方法技巧，并办有“心约小报”。协助中心开展对学生的心理健康教育活动。1996年，“大学生心理健康教育课”被纳入教学计划，列为任选课，共30学时、1学分。

2002年4月，成立“学生心理健康教育中心”。7月，引进北大心理系硕士研究生一名，负责学生的心理素质教育专职工作。2003年7月，学生心理健康教育中心设定两个专业技术岗位，并且明确中心主任的职务、职责。2004年3月，各教学院（系、部），开始增设兼职心理咨询员，由一名政治辅导员兼任。2005年9月，各教学院（系、部）学生班，均设有1～2名学生心理健康信息员。

2005年4月25日至5月25日，举办首届“心理素质教育月”。10月，聘请北京小汤山医院心理咨询专家为学校心理咨询顾问，每个月最后一周的周日来学校指导工作，并接待学校师生咨询心理问题。2006年4月，与大兴精神卫生保健中心签署共建协议，该中心的专家和医生，定期或不定期来校接待师生有关心理问题的咨询。6月，中心隶属大学生服务中心，更名为“心理健康咨询中心”。有专职心理咨询教师2名，兼职心理咨询教师8名。10月，引进心理管理系统软件，建立了心理网站，设有中心简介、心理测评、在线心理咨询、预约咨询、心理问题留言、心理知识宣传等模块。在康庄校区设立心理咨询室，每周二、四接待学生咨询。当年还制定了《北京石油化工学院学生心理素质教育疾病预防与危机干预实施方案》。结合实际，对学生“心理疾病预防与危机干预”的目标、原则、对象等做出规定。在组织结构上，从上到下分别成立了“危机应对领导小组”、“危机应对工作小组”、“危机应对实施小组”；建立了心理医生、心理咨询员、思想政治工作者（兼职心理咨询员）和大学生心理健康信息员四支队伍分工合作的工作机制。同时，建立健全了信息网、管理网、干预网，形成了由“发现系统”、“监控系统”、“干预系统”、“转介系统”、“善后处理系统”组成的“心理疾病预防与危机干预”工作系统。

2007年5月，首次对突发事件（学生坠楼事件）后的相关学生，实施有计划的危机干预。9月开始聘请大兴区精神卫生保健医院心理医生来校坐诊（每周一至周四下午2：00-5:00）。

第三节　学业指导

2006年6月大学生服务中心成立后，根据学校机构改革文件精神，逐步开展学生的学业指导工作。在当月公布的《北京石油化工学院学生辅导员岗位聘任办法》中指出："全校各个学生班中配备一名专任教师兼任班主任，主要负责班级学风建设和学生学业就业指导工作"。

2007年3月，大学生服务中心设立专门学业指导岗位，由专人负责学生学业指导工作。4月，学校印发《班主任（学业导师）工作管理办法（试行）》和《本科生学业指导工作管理办法（试行）》。设立了学校、教学院（系）两级学业指导工作委员会，学业导师分固定学业导师和流动学业导师，固定学业导师由各班班主任担任，流动学业导师由相关校级领导、教师、管理人员、职能部门负责人等担任。另外，还设立有班级学生信息员，各学生行政班设学业指导工作学生信息员一名，原则上由本班的学习委员担任。对于班主任（固定学业导师）的选聘、评估、奖励等也做出了明确规定。

2007年10月，"学业导师工作平台"开始试运行。该平台主要设置了专业简介、规章制度、学业信息、在线导师、焦点导师、热点班级、班级新帖、发帖排行、问题集锦、系统咨询等相关模块，建立了与实际行政班级相对应的网络班级。同学们可向导师（班主任）在线提问，在自己的班级里发帖、留言、上传图片等。为了更好解决同学们学业中遇到的问题，该平台还设置了由校领导、相关部门领导、老师等组成的值班导师，在线回答学生提问。对于同学们专业方面的疑惑，平台设置了专业导师栏目，每个专业由一名该专业资深的教授在线回答同学们的提问。另外，对于同学关心的其他问题，同学们也可以通过该平台向大学生服务中心的领导进行咨询。

2007年11月29日，学生服务大厅揭牌后，在大厅内设有"学业指导咨询"窗口。

学校、教学院（系）两级学业指导工作体系，通过团体辅导、分类辅导、个别咨询、学业导师网络工作平台等多种形式，为学生高质量地完成学业提供全方位个性化服务。

第五章　毕业生

第一节　毕业分配与就业指导

一、历史沿革

1981届至1988届毕业生由人事处（人事科）管理，学生部门具体组织实施。1989届至1995届毕业生由学生处管理。1996年3月，学校成立了毕业生就业指导中心，隶属学生处。1999年12月，毕业生就业指导中心更名为学生就业指导服务中心，隶属学生处。2004

年1月至2006年5月，学生就业指导服务中心与学生处合署办公。2006年6月，学生就业指导服务中心隶属大学生服务中心。1996年至今由学生就业指导服务中心（毕业生就业指导中心）管理。

1981年第一届毕业生分配工作开始至1993年，按照国家就业制度实行“统包统分”。1993年2月，中共中央、国务院在《中国教育改革与发展纲要》（中发[1993]3号文）中指出：“改革高等学校毕业生‘统包统分’和‘包当干部’的就业制度，实行少数毕业生由国家安排就业，多数由学生‘自主择业’的就业制度。”此后，随着改革开放的不断深入，毕业生就业由分配逐步过渡到“双向选择,自主择业”。

二、就业中心主要工作

就业中心主要负责党和国家就业政策的落实、学校相关政策的制定和实施、学生职业发展的指导、毕业生的就业服务、毕业生的管理工作、毕业生就业指导工作队伍的建设和校友会工作。具体内容包括：

（一）根据国家的就业方针、政策和规定，以及学校对毕业生就业工作的意见，制定学校毕业生就业工作的具体安排意见和实施办法。1997年3月，国家教育委员会颁布了《普通高等学校毕业生就业工作暂行规定》，对高校毕业生就业工作做出了详细的规定。学校根据上级文件精神制定了《毕业生就业工作暂行规定》，并于2004年7月、2007年3月根据就业形势和学校管理体制的变化两次对其进行了修订。

（二）开展毕业生就业教育、指导与咨询。1996年开始，给毕业生开设就业指导讲座，2002年开设《大学生就业指导》课程，主要讲授就业形势、就业政策、求职技巧等内容，并列为综合教育必修课。2004年以后，该课程从三年级开始讲授，并引进职业测评软件。2004年秋季学期开始开设《创业导论》选修课。2005年春季学期开始开设《职业生涯规划》选修课。2006年6月，在学校就业服务网站安装《网络职前教育课堂》，利用现代化网络技术开展网上职业发展指导。11月，举办“就业与职业发展活动月”活动。2006年6月和2007年6月，两次举办“毕业生文明离校教育活动月”。2007年3月，完成《北京石油化工学院就业常见问题解答》手册的印制。

（三）毕业生就业服务和毕业生管理工作。

1．毕业生信息发布。

通过走访、信函和计算机网络向全国发布应届毕业生的生源信息。1996年开始“学生就业指导服务中心”将学校介绍和毕业生信息等通过编印《北京石化学院报——就业专刊》的形式向全国发布。

2．需求信息收集与发布。

收集全国用人单位需求毕业生的信息，并及时发布。2003年，实行就业信息的网上发布。2004年，建立了专门就业信息网站，为在校生职业发展、毕业生就业和企业选聘人才提供服务。

3．组织各种形式的招聘活动。

接待用人单位，组织毕业生参加各种供需见面、双向选择活动（如：各类招聘会等）。

4．毕业生的管理工作。

制定毕业生就业建议性计划；为毕业生办理签订就业协议书的手续；会同有关部门做好毕业生资格的审查；组织毕业生的派遣等工作。

5．毕业生质量调查。

会同教务处等有关部门，组织和指导毕业生质量信息监测、反馈点的建设，建立健全毕业生质量调查制度。2007年3月，制定《北京石油化工学院毕业生质量跟踪调查实施方案》，规范了毕业生质量调查工作。

三、毕业生就业工作队伍建设

1988年之前，毕业生工作由人事处（人事科）负责毕业生分配的干部兼管，学生部门工作人员组织实施。1988年至1996年3月，毕业生工作由学生处负责，由各教学单位的主管学生工作的书记、辅导员兼管。学生处设1名分管毕业生分配的副处长和1名分管毕业生分配的干部进行具体管理。1996年后，毕业生就业工作由学生就业指导服务中心（毕业生就业指导中心）负责，各教学单位的主管学生工作的书记、辅导员兼管（其中，1998年后各教学单位专兼职辅导员从事毕业生工作）。学生就业指导服务中心（毕业生就业指导中心）设主任1名，专职工作人员2～3名。

学校每年组织就业工作人员参加“北京高校毕业生就业指导中心”、“北京市就业工作协会”和其他单位组织的各类就业工作研讨和培训活动，培训毕业生就业工作人员。至2007年，已有24人取得职业指导师（二级）证书，1人取得职业指导师（一级）证书。

第二节　毕业生就业

1981届至1987届毕业生为北京生源，主要在北京燕山石化公司分配就业。

1988届至1996届毕业生，主要集中在中石化系统就业（1995届＜专科＞30名山东委培生和1996届＜专科＞山东委培生115名除外）。

1997届以后，由于就业制度改革的推进，毕业生出系统就业比例增加。

2000年，学校划归北京市管理。北京生源招生比例增加，面向北京市市属单位就业比例也随之增加。

2003年开始，实施服务北京基层和志愿服务西部计划。至2007年，共有39名毕业生服务北京基层，22名毕业生志愿服务西部。

2006年，按照北京市实施选聘高校毕业生到农村工作计划。共有12名毕业生被选拔到平谷区当“村官”。2007年共有52名毕业生被选拔到各区县当“村官”。同年，同步实施

选聘高校毕业生到中小学支教工作计划，共有11名毕业生被选拔到各郊区、县支教。

第三节　校友会

一、毕业生发展状况

经过30年的勤奋努力、艰苦创业，学校已为国家培养、输送了各类毕业生1万2千余人。1999年、2004年和2007年，学校先后进行了三次毕业生质量追踪调查。从调查结果看，毕业生秉承母校“团结、勤奋、求实、创新”的校风，在各自的工作岗位上勤奋努力工作，受到了用人单位的普遍欢迎，其中有的获得了“五一劳动奖章”，如化79班毕业生苏洪等；有的走上了领导岗位，如现任学院院长、博士生导师的化80班毕业生郭文莉和现任中石化总公司销售公司副总经理的化79班毕业生赵起超等；还有一些校友自主创业，并主动回报母校，为在校生设立奖学金，如创杰教育奖学金设立者——北京创杰伟业控制技术有限公司总经理、石93班毕业生李润波和北京创杰伟业控制技术有限公司总工、化95班毕业生刘利红，聚赛龙奖学金设立者广东聚赛龙工程塑料有限公司总经理、化78（高）班毕业生郝源增等。

二、校友会的筹备与成立

2004年11月，学校报北京市教委，筹备成立北京石油化工学院校友会（以下简称校友会），得到北京市教委同意的批复。2005年11月，学校向北京市民政局提出关于校友会筹备成立的申请，并于同月收到民政局准予行政许可的决定书。

2006年10月28日，校友会首届会员代表大会暨成立大会召开。本次大会共有140名首届会员代表出席，大会讨论确定了校友会首届理事会及监事会建议名单，其中理事97名，监事5名。大会宣读并通过北京石油化工学院校友会章程，选举产生常务理事，理事长、副理事长、秘书长、副秘书长、监事长。

2007年5月，北京市民政局同意校友会成立登记，并发给社会团体法人登记证书及副本。7月3日，“北京石油化工学院校友会”、“北京石油化工学院校友会办公室”、“北京石油化工学院校友会财务专用章”三枚公章正式启用。

三、校友返校活动

根据学校决定，每年的10月最后一个星期六为学校的校友返校日。

2004年10月30日，以主题为“关注母校发展，共铸母校辉煌”的第一次校友返校活动。2005年10月和2006年10月，学校组织了第二次和第三次校友返校活动，活动中首先由学校领导介绍学校近年发展概况，会后各学院分别召开校友座谈会。

第四篇　教育体制与教学

北京石油化工学院
1978-2008

第一章 沿革

1978年5月，北京石油化工学校成立。同年9月，北京石油化工专科学校在中专的基础上于燕山建立，归属北京市管理，宗旨是为当时的石化总厂培养工程技术与管理人才。12月，北京市人民政府批准北京石油化工专科学校兼办北京化工学院第二分院，并于1978至1981年连续招收四届本科生。1982年北京市调整分校，北京化工学院二分院停办，从1982年开始停招本科生，只招专科生。1985年学校隶属关系由北京市划归原中石化总公司。1990年学校迁至北京市大兴区黄村镇现校址。1992年12月，经原国家教委批准，北京石油化工学院在北京石油化工专科学校的基础上建立，1993年后只招本科学生，同时举办研究生教育、成人高等教育和留学生教育。2000年2月，随着高等教育管理体制改革，学校重新划转北京市，成为中央与北京市共建，以北京市管理为主的普通高等学校。

1986年1月，学校设立了化工系、化机系和基础部等3个教学单位。到1997年7月，学校设有化学工程系、机械工程系、自动化系和管理工程系（四系），基础部、社会科学部（两部），体育教研室（一室）。学校现设有化学工程学院、机械工程学院、信息工程学院、经济管理学院、人文社科学院、材料科学与工程系、数理系、外语系、体育教学部和工程教育中心10个教学单位。

1978至1981年，学校设有化学工程、化工机械两个专业，培养了四届本科生计282名。1982至1995年，设有化学工程、石油加工等8个专科专业，培养了十四届专科生。1993年，从专科升为本科后，根据石油化工企业建设与发展的需要，共设置了8个本科专业。学校现设有覆盖工学、理学、经济学、管理学和文学等五个一级学科的22个本科专业。自1993年以来共培养本科生11届，培养毕业生7000余人，现有本科在校生6500余人。

研究生教育（联合培养）开始于1993年，包括联合培养硕士、博士研究生。合作学校有北京化工大学、清华大学、石油大学、河北大学、北京理工大学等多所院校。2001年实现硕士研究生全过程联合培养，涉及的学科专业有化学工艺、机械电子工程、计算机应用技术、技术经济及管理学和材料学等。到2007年，共联合培养研究生327人，其中博士19人。

成人高等教育开始于建校初期，1987年暂停，2000年得以恢复举办。1999年12月，学校设立成人继续教育学院（2003年4月更名为继续教育学院），截止到2007年底共培养了2328名毕业生，其中257名学生取得了相应学科学士学位。

1999年8月，经中国石油化工集团公司人事教育部批准，北京石油化工学院获得招收外国留学生的资格。12月，学校成立国际交流与合作中心（2003年4月改名为国际教育学院）。学校的留学生教育主要以汉语语言教学为主，历年合计招收外国留学生493人，分别来自韩国、挪威、俄罗斯、法国、澳大利亚、日本和瑞典等国。

第二章　专科教育

第一节　教学思想与教学原则

1985至1986年间，学校组织师生学习中央关于教育体制改革的决定和中石化总公司直属院校工作会议的精神，在全校展开“高等专科培养目标和教学改革实践”的研讨活动。组织对毕业生的跟踪调查，同时，深入到有关用人单位了解对专科生的要求，明确高等工程专科教育是一个独立的教育层次，以培养德智体全面发展、具有社会主义觉悟的高级工程应用型人才为目标。在培养计划中，提出应用型人才培养目标。如化工机械专业提出的培养目标是：“为石油化工系统培养德、智、体、美、劳全面发展的具有社会主义觉悟的生产第一线的石油化工机械工程技术应用人才。”

1987年，学校启动了教学计划的修订工作。修订后的教学计划突出专科的特点，提出要加强实践环节，努力做到工程实践环节的教学周数一般不少于总周数的二分之一；强调要突出“专”字，办出专科学校特色。1991年，公布《关于制定教学计划的有关要求》，提出加强习题课、实验、实习、课程设计、毕业设计等实践教学环节，注意应用性、工艺性及综合性实践教学，并在毕业环节中从事工程实践训练。

1987年，学校印发了《关于青年教师参加工程实践的暂行办法》，关于工程实践的范围内容，规定要求各类专业课（含专业基础课）35岁以下青年教师，要结合教学和科研课题以及有关开发项目，深入石化企业，熟悉和了解现代石化企业新生产工艺技术，并将现代石化新生产工艺和新技术引进课堂。

第二节　专业设置与教学计划

一、专业设置

建校初，学校设置有化学工程、化工机械2个专业。1983年，增设工业分析专业；1986年9月，增设高分子化工专业、工业管理工程专业；1989年，增设石油加工专业；1990年，增设化工仪表及自动化专业、电气技术专业；1992年5月，增设工业会计专业；1982至1995年，学校设有化学工程、化工机械与设备、石油加工、工业分析、高分子化工、电气技术、化工仪表及自动化、工业会计等8个专科专业。

二、教学计划

1982年起，学校停办本科只招专科，逐步形成了专科阶段的教学计划。1987年，启动了专科阶段教学计划的制订与修订工作。为达到给石化企业培养应用型人才的目的，要求减少课内学时，增加课外学时，总学时要控制在1800以内；加强政治理论课教学，增加法制课、军训课和劳动课；加强实践环节，加强工程训练，调整理论教学和实践环节的比例。注意结合专业，不断向学生介绍新知识、新技术、新工艺。坚持改革，专业质量要根据生产实践需要确定，课程质量要根据专业特点确定，基础理论教学要以原理的论证转向原理的应用，要统筹安排，进行全过程优化。1991年，提出“注意专科教育的针对性”原则，再次对教学计划进行了修订。

第三节　教学建设与改革

一、教学建设

(一)课程建设

1987年11月，学校启动课程评估工作，首批接受评估的课程是《化工原理》、《物理化学》、《材料力学》、《数学》等四门课程，《物理化学》被评为优秀课程。1991年4月，印发了《教学质量评估办法（试行）》；10月，《高等数学》、《物理化学》、《材料力学》和《中国革命史》4门课程接受了中石化集团公司组织的教学评估专家进行的评估。

(二)教材建设

教材基本是以选用国家指定的教材为主。1986年，学校组织教师参与由中国石化集团公司教育处牵头，由石油化工大专教学指导组、烃加工出版社（现为中国石化出版社）组织实施的第一批石油化工大专教材的编写工作。

(三)实践教学

自1978年办学开始，逐渐组成了一支实践教学队伍，开出了化学工程、化工机械两个专业的绝大部分实验课程。建起了物理、有机、无机、分析、机械、电工、计算机、石油化工、高分子、化工机械等10多个实验室，实验开出率达70.2%。

学校利用地处燕山石油化工厂区的优势，聘请工厂中的专家兼任一些专门性质的课程和指导部分毕业设计，使教学工作与生产实际相结合。1983年春、秋两届毕业生绝大部分分配到燕山石油化工公司工作，公司认为毕业生有较好的基础知识和工作能力。

二、教学改革

(一)严格考试制度，进行高等数学的考试标准化，增加了化工原理和制图的口试，以及实验课单独考核的办法。

(二)贯彻因材施教的原则，加强对优等生的训练和对差等生的辅导。

(三)进行教学过程的改革，提高教学质量。化工系、化机系、基础课部各自抓好一门课的教学质量的评估。因材施教，抓两头，带中间，抓好优秀学生的能力培养。

(四)积极开展机泵拆装课的教学改革实验。利用石化企业的闲置生产设备，把机泵拆装、仪器仪表拆装等作为实践教学主要内容，在高校中较早开出了机泵拆装课。

(五)加强师资队伍工程实践培训。

第四节　教学管理与学籍制度

一、教学管理

（一）教学管理体制与机构设置

学校成立时指定了临时教学管理的负责人，1979年1月设置了教学管理机构——教务处。1986年1月前，实行学校一级管理体制，由教务处具体负责学校的教学管理工作。

1986年1月，学校成立了化工系、化机系、基础部等二级教学单位，教学管理体制逐步变为校、系（部、室）二级管理体制。日常教学工作由主管教学副院长主持；教务处作为校级教学管理机构，具体负责学校日常教学工作的管理。教务处下设教务科、实验实习科、教材科、电教室、计算机室等。系（部、室）教学工作由主管教学的系(部、室)副主任、系教学秘书负责管理。

（二）教学管理制度

表4-2-1　1978至1992年教务处历任负责人一览表

职　务	姓　名	任 职 时 间
负责人	张富元	1979. 1至1981. 11
处　长	王焕恺	1981. 11至1984. 1
负责人	郁浩然	1984. 1至1984. 10
处长（副处级）	郁浩然	1984. 10至1985. 11
处　长	刘素梅	1986. 9至1990. 8
负责人	宋临格	1987. 9至1989. 10
副处长	崔玉明	1989. 10至1990. 8
处　长	崔玉明	1990. 8至1991. 7
副处长	刘金暖	1991. 3至1992. 1
处长（副处级）	刘金暖	1992. 1至1992. 11

1978年8月，制定《北京石油化工专科学校学生管理教育工作的几项规定（试行草案）》，内容包括教师规则、考勤制、学生成绩考核、学生学籍管理等制度。

1983年1月，制定了《岗位责任制》，与教学管理相关的有教务处职责、教师职责和考核依据、实验室人员职责、仪器设备管理制度、教研室的主要任务、教研室主任职责、教师工作量细则、教师外出兼课的几项规定、教务行政管理人员职责以及教务处直属组（室）职责等。

1986年8月之后相继制定《学生学籍管理办法》、《学生实习管理办法》、《考场规则》、《课程规则》、《实验室规则》、《实验室学生规则》、《学生实习管理办法》等教学管理文件，形成了教学管理文件体系。

二、学籍制度

1978年8月，制定《北京石油化工专科学校学生管理教育工作的几项规定（试行草案）》，对招生入学、休学与复学、退学及开除学籍等做了明确规定。1985年4月，制订“学籍管理补充办法（二）”，对原有的学籍管理办法做了修订完善。1991年，制定了《北京石油化工专科学校学生学籍管理规定》，从转学、转系（专业）、毕业等方面对学籍管理做了规定。

第三章　本科教育

第一节　教学思想与教学原则

1978年至1981年，学校共招收了四届本科生。在这一阶段，学校的本科教育教学思想及原则主要是学习借鉴北京化工学院、清华大学等校的教学计划及其成功作法，突出实践教学。

1996年，学校总结升格本科三年来各方面的工作，作出了《关于进一步加强教学工作若干问题的决议》，明确本科阶段学校的办学指导思想和教学工作指导思想。

1997年，在全校范围内开展了面向21世纪教育思想大讨论，进一步确立了把北京石油化工学院建成以工为主，工、经、管相结合的普通高等学校的目标。

2000至2001年，在《北京石油化工学院“十五”时期发展规划》中提出了学校“十五”期间办学的指导思想。2003年3月，在北京石油化工学院第一次党代会上，对学校的办学指导思想做了进一步修订。

2005年，为了适应高等教育从精英教育过渡到大众教育并进一步向普及化教育转变的新形势，学校组织全校师生员工开展办学思想观念大讨论，确立了“三个坚持”、“一个目标”的新的办学指导思想，在2005年制订学校 “十一五”时期发展规划时，又进一步明确了这一办学指导思想，使其成为学校今后一个时期办学的指导方针。这一办学指导思想是：坚持社会主义办学方向，全面贯彻党和国家的教育方针，把培养德智体美全面发展、具有创新精神和实践能力的高级应用型人才作为根本任务；坚持教学工作中心地位，以学科专业建设为基础，以改革和创新为动力，以管理和服务为保障，深化教育教学改革，全面推进素质教育，不断提高教育质量；坚持为首都和行业服务的宗旨，走产学研相结合的道路；把学校建设成以工为主，理、工、经、管、文等多学科相互渗透、协调发

展，具有鲜明工程实践特色的普通高等学校。

第二节　专业设置

1978年10月，二分院设立化工机械、化学工程2个专业。到1993年，北京石油化工学院设置有化学工程、高分子化工、工业分析、石油加工、化工设备与机械、工业自动化、电气技术、会计学等8个本科专业，并于当年开始招生。1994年2月，增设国际贸易、市场营销、高分子材料与工程、化工工艺、机械电子工程5个本科专业。1995年1月，增设应用化学、计算机及应用、计算机软件3个本科专业。1998年，根据中华人民共和国教育部颁布的《普通高等学校本科专业目录》，学校本科专业调整为10个，即：经济学学科的国际经济与贸易专业；工学学科的高分子材料与工程、机械设计制造及其自动化、过程装备与控制工程、电气工程及其自动化、自动化、计算机科学与技术、化学工程与工艺专业；管理学学科的市场营销和会计学专业。

2000年增设英语、热能与动力工程、通信工程、信息管理与信息系统和公共事业管理5个专业；2001年，增设旅游管理专业和环境工程两个专业；2002年增设测控技术与仪器及信息与计算科学两个专业；2003年3月，增设机械电子工程专业；2007年3月，增设油气储运工程专业。学校现有化学工程与工艺、高分子材料与工程、应用化学、热能与动力工程、机械电子工程、测控技术与仪器、过程装备与控制工程、机械设计制造及其自动化、环境工程、信息与计算科学、计算机科学与技术、自动化、通信工程、电气工程及其自动化、国际经济与贸易、会计学、市场营销、信息管理与信息系统、公共事业管理、旅游管理、英语和油气储运工程共22个本科专业，涉及工学、理学、经济学、管理学和文学等五大学科门类。

表4-3-1　学校专业总体布局及其办学历史一览表

学科专业群名称	本科专业名称（1998年后名称）	学科门类	首次招生年度	毕业届别	与之相匹配的重点建设学科	对应的北京市人才培养基地
光机电一体化	机械设计制造及其自动化	工学	1993	1997，2003～2007	机械电子工程（北京市级）	光机电一体化（北京市级） 2007年12月成为教育部“质量工程”全国首批300个创新实验区之一
	机械电子工程		1994	1998～2002		
	过程装备与控制工程		1993	1997～2007		
	电气工程及其自动化		1993	1997，1998，2000～2002 2004～2007		
	自动化		1993	1997～2007		
	测控技术与仪器		2004	无		

续 表

学科专业群名称	本科专业名称（98年后名称）	学科门类	首次招生年度	毕业届别	与之相匹配的重点建设学科	对应的北京市人才培养基地
生态化工	化学工程与工艺	工学	1993	1997～2007	化学工艺（北京市级）	环保与资源综合利用（北京市级）
	应用化学	理学	2000	2004～2007		
环境保护	环境工程	工学	2001	2005～2007	环境工程（校级）	
	热能与动力工程（人工环境方向）		2000	2004～2007		
	公共事业管埋（坏境经济与管理方向）	管理学	2000	2004～2007		
信息工程	计算机科学与技术	工学	1995	1999～2007	计算机应用技术（校级）	信息技术
	通信工程		2000春	2004～2007		
	信息与计算科学	理学	2002	2006～2007		
新材料	高分子材料与工程	工学	1994	1998～2007	材料学（校级）	新材料
现代服务与管理	市场营销	管理学	1994	1998，2002～2005春 2006～2007	技术经济及管理学（校级）	现代服务业
	会计学		1993	1997～2007		
	信息管理与信息系统		2000	2004～2007		
	旅游管理		2001	2005～2007		旅游与外贸
	国际经济与贸易	经济学	1995	1999，2004～2007		
	英语（国际商务方向）	文学	2000	2004～2007		

第三节　培养方案

一、95版教学计划

1992年至1995年，对教学计划进行了三次大的修订。1993年5月至1994年 9 月制定和拟订了1993、1994级本专科各专业教学计划。1994年10月至1995年6月制定了1995级本专科各专业教学计划。该版教学计划的特点是：注重学生的基本素质和自学、创新等能力的培养；既做到整体优化，又体现石化特色和专业特色；加强基础，拓宽专业；注重实践性教学环节；重视计算机应用能力的培养，完善计算机文化基础、技术基础和应用基础三段教学改革；注重工程培养。

二、99版培养方案

1998年，在部分专业进行了教学改革试点的基础上，形成了1999版培养方案。该方案“根据学校的人才培养目标和应用型人才规格的定位，构建加强基础、注重实践、培养能力、提高素质，知识、能力、素质融为一体的培养计划，并通过产学研相结合、校内外教育相结合、理论教学与实践教学相结合、专业内外教育相结合、课内外教学相结合、必修与选修相结合、共性发展与个性发展相结合、教学管理实行目标管理与过程管理相结合，实施培养计划，达到培养目标。”

三、2001版培养方案

学校从1999年下半年开始，对18个专业的培养计划进行修订（含部分新专业培养计划的制定）。到2001年秋，培养计划修订（制订）工作全部完成并开始全面实施。该版培养计划将四年的本科教育活动分为三大模块，即基础教育模块，专业教育模块和包含思想教育、学术活动、文体活动、自选活动等以课外活动为主的综合教育模块。其中，实验课独立设课的课程比例达28.8%，有综合性设计性实验的课程比例达到41.3%。学生的课外活动也被纳入培养计划。实践环节的培养细分为工程实践基础训练、工程实践专业训练、实验和上机课堂教学及课外科技实践训练。

四、2004版培养方案

在坚持2001年培养计划中“模块化、课程系列化、加强实践、知识与能力培养四年不断线”等特色的基础上，2004版培养方案具有以下特点：

普通教育得到进一步加强，普通教育课程学分占总学分的50%左右。在专业教育方面，比较明确地突出主修专业课程（由主干学科基础课、专业方向课组成），力图体现出“专业即课程组合”的理念。进一步完善了学分的计算规则，使学分更加能够体现学生学习精力的分配，为指导学生选读课程起到很好的导向作用；继续加强实践教学的各个环节，各实践教学环节折合的学分占到总学分的比例达30%以上（按新的学分计算规则）。

培养“基本规格+特色”人才，坚持统一性与多样性相结合，遵循横向分层次培养原则，实施因材施教。各专业的选修课学分比例应达到20%～25%以上。在必修课中也逐步设置了不同层次、不同模块的课程。加强综合教育部分的建设。

表4-3-2　2004版培养方案的框架结构表

三大教育类别和知识体系分类		理论教学环节	实践教学环节
普通教育（～90学分）	自然科学与技术基础	数学、物理学、化学与生命科学、工程图学基础、计算机与信息技术基础类必修课程模块和通选课程模块	基础课实验平台、基本技能训练
	人文与社会科学基础	思想道德与政治理论、外语、体育、经济学与管理学基础类必修课程模块和通选课程模块	课程实习、社会调查、马克思主义课程社会实践
专业教育（～90学分）	相关学科基础平台（跨学科基础）	由电工电子、机械基础、计算机应用技术等课程模块组成	相关学科基础实验平台、课程设计、工程训练、科研训练
	主干学科基础平台	根据不同专业而定的，由若干门主干学科基础课程组成	学科基础实验平台、综合课程设计、认识实习、专业实习
	学科方向平台	学科方向必修和选修课程模块	专业实验、专业课程设计、毕业设计（论文）
综合教育（～16学分）	多个平台	军事理论、形势政策、思想教育、学术等各种讲座	军训、学术、文体、公益、科研、竞赛、社会实践等活动

第四节　教学建设与改革

一、课程建设

学校课程建设起步于90年代初，当时有《高等数学》、《物理化学》、《材料力学》和《中国革命史》4门课程分别于1991年、1992年参加了原中石化总公司主要基础课的建设与评估。1993年5月，学校下发了《关于进行优秀课程评选工作的通知》，制定了优秀课程评估指标体系。1994年10月，将优秀课评估改为一类课评估，并再次印发《关于进行一类课评估工作的通知》，正式开始一类课评估工作。1996年4月，制定了《北京石油化工学院课程建设与评估的管理规定》，设立了每年6～10万元的课程建设基金；制定了“九五课程建设规划”。1996年4月，《高等数学》、《物理化学》、《机械原理》和《材料力学》被评为学校首届一类课。1996年5月至1997年9月，在第二届一类课程评估中，物理实验课成为一类课。1997年1月，《高等数学》、《物理化学》、《机械原理》三门课程被评为中石化总公司优秀课程。1998年10月，在学校第三届一类课程评估中，《有机化学》、《思想道德修养》被评为一类课。1998年11月，《思想道德修养》课被评为中国石油化工集团公司优秀课程。

从1997年开始制定课程建设与评估指标体系以后，经多次修改和完善，于2005年初形成了《课程建设与管理条例》、《课程建设评估方案》、《精品课程评选及管理办法》等一系列文件。课程建设工作遵循“规划—建设—评估—选优”的原则，在每个本科专业和各级精品课程、优质课程和重要公共课程中分别设立责任教授岗位和课程负责人，在课程建设中，以“一流教师队伍、一流教学内容、一流教学方法、一流教材、一流教学管理”为标准，大力推进精品课建设。截止到2007年，建成《电工学》、《化工原理》、《环保设备原理与设计》3门北京市级精品课程，共有校级精品课程56门，校级优质课程59门。

二、专业建设

根据石油化工工业发展和区域经济发展的需要，学校在依托办学条件的基础上，适时地进行了专业的调整与改造。现有的专业布局，既体现了石油、石化行业的特色，又满足了社会发展的多样性需求。从1995年开始，部分专业实现了按大类招生，按大类培养。“九五”末期，化学工程及工艺专业和过程装备与控制工程专业成为中国石化集团公司重点建设专业。同时，根据市场对人才的需求和教育规律，在专业改革上继续进行了夯实基础、拓宽专业面、增强适应性的探索，突出了实践教学。

“十五”以来，面对管理体制改革和高等教育新形势，学校提出“改老扶新、扬优支重、服务首都、突出特色”的专业建设方针，形成《关于加强我院学科专业结构调整的决定》，确定了北京石油化工学院本科学科专业结构调整的“六四二工程”规划，即依托北京市重点建设学科和校级重点建设学科，按照在全校构建相互支撑与相互促进的本科学科专业群的思路，将全校22个本科专业组成生态化工、光机电一体化、信息工程、环境保护、新材料和现代服务与管理等6个本科学科专业群，使学校的2个北京市重点建设学科和4个校级重点建设学科与6个本科学科专业群形成一一对应的支撑关系。同时，以重点建设学科与重点建设的本科专业为依托，分别建设环保与资源综合利用、光机电一体化两个北京市人才培养与产学研基地。

到2007年底，学校依托化学工艺和机械电子工程两个北京市重点建设学科，建设有“环保与资源综合利用”、“光机电一体化”两个北京市人才培养与产学研基地；拥有化学工程与工艺、机械电子工程、电气工程及其自动化和环境工程等四个北京市级品牌建设专业。化学工程与工艺是国家级特色专业建设点，机械电子工程、环境工程是北京市特色专业建设点。

三、教学改革

学校以《关于加强本科教学工作提高教学质量的决定》、《关于加强学科专业结构调整的决定》和《关于进一步加强本科教学工作，切实提高教学质量的实施意见》等作为指导性文件，明确了本科教学改革指导思想。

学校重视加强教学基本建设，积极开展教学改革与研究项目立项工作。2000年以来，共承担了7项国家级教改课题和15项北京市级和若干项各级各类学会（协会）及校级教改项目的研究，积极探索工程本科人才培养模式和教育教学方法的改革与创新。围绕“以培养工程应用型人才为目标，以提高教育教学质量为核心”，强化服务首都经济和社会发展的意识，不断转变教育思想观念，为提高教育教学质量奠定思想基础。通过承担“21世纪初一般院校工科人才培养模式改革的研究与实践”和“理工科大学生创新教育体系及其实践基地建设”等教育部教改课题的研究工作，学校在人才培养模式等方面的改革取得丰硕成果。在高等教育出版社出版的《人才培养模式改革研究与实践》、《创新人才培养研究与实践》等教研专著和论文，教学改革获得市级教学成果二等奖3项。

在教学内容改革方面，增加马克思主义实践周，整合“思想政治理论课”的教学内容与课程体系。在大学一年级增设《数学实验与数学建模》课程，多数工科专业将其作为必修课。开设《近代技术物理》等选修课，重点建设设计性、综合性实验项目。外语教学采用“基础英语＋专业英语＋外语分流（二外或提高课）＋英语应用（毕业设计或论文）”的教学模式，使外语学习与应用4年不断线。开设《大学计算机基础》、《计算机程序设计基础》、《多媒体技术与应用》、《网络技术与应用》等必修和限选课程。在各专业还分别开设了CAD绘图、EDA等相关课程与实践环节，使计算机与信息技术的学习与应用4年不断线。学校每学年组织对教学大纲的修订，及时删除陈旧的教学内容，增补新的、体现前沿性的内容。增加实践教学内容，加强综合性、设计性实验项目建设。

在教学方法和教学手段改革方面，探索公共基础课素质教育的新途径；将信息技术引入理论和实践教学过程；推行分层次教学方式试点，大力推进因材施教；改革考核方法；推行双语教学。

第五节　实践教学

一、实践教学管理机构和管理制度

学校对实践教学实行校、教学院（系、部）两级管理体制。教务处负责制订全校实践教学计划，教学院（系、部）具体负责实施实践教学工作。1995年4月，学校将计算机室、电教室、金工车间等组建成立教学实践中心，负责实施全校金工实习等工程教学计划。

学校在2003年进行校内管理体制改革，设立了工程实践教学部（2006年改为工程教育中心），负责实施管理全校工程实践教学（金工实习、电工电子实习等）。教务处负责制定实验、实习、课程设计、毕业设计（论文）等实践教学环节教学计划，教学院、系和工程教育中心负责具体实施。

学校先后制定了《实习工作条例》、《实验教学工作条例》、《课程设计（课程实习）管理条例》、《毕业设计（论文）工作基本要求》等文件，形成了较为完善的实践教学管理制度。

二、实践教学改革

根据学校培养目标，提出构建“以实验与工艺技能训练为基础，以设计为主线，以工程训练、科研训练和社会实践为依托”的实践教学体系，并积极推行实践教学改革。主要包括以下内容：

（一）注重工程训练。为全校工科学生所开设的机械制图课中普遍增加了计算机绘图的教学内容，机械工程系学生的毕业设计用计算机绘图，学生普遍具备了一定的计算机绘图能力；工业分析、化工设备与机械专业分别开设了《仪器拆装》与《机泵拆装》课，学生在校内就能受到以前只有在工厂才能受到的工程实践锻炼。1997年，《化工过程控制实验教学建设与改革》荣获北京市高等教育优秀教学成果二等奖。

（二）实践教学系列课程的改革与整体优化。数理实验中心对《大学物理》实验内容进行了三段式的改革，即验证性实验→自主性实验→综合性、设计性实验。同时在理论课教学中加强演示性实验，并为经管类专业开设了文科物理实验课程；机械基础实验室统一了原来由各门理论课程附属的实验项目，独立开设了包含力学、机械制造、机械设计等实验内容的机械基础实验课程。

（三）以科研促进教学，从科研成果中提炼教学实验项目。机械工程学院将承担国家863项目“智能焊接机器人”的研究成果分解为许多小的模块引入到课程设计中，让学生以研发工程师的身份完成课程设计题目。

（四）发挥科研仪器设备优势，开设与生产实际相结合的专业实验项目。在从事科研的同时，学校还利用原油实沸点蒸馏装置、小型提升管催化裂化装置、小型催化加氢催化重整联合装置等开设了石油加工工艺、有机化工工艺、化学反应工程等专业实验。

近年来，学校不断深化高等工程教育改革，全面推进产学研合作教育，承担了高等理工教育教学改革与实践项目“一般工科院校工程应用型人才培养体系研究与实践”，积极探索产学合作的工程教育模式，共建设稳固的产学研合作教育基地110多家。其中，学校与燕山石化公司合作，开发和共享优质教育资源，建立面向全校及同类型的国内其他高校的工程实践平台，发挥了很好的示范辐射作用。另外，学校加强与相关行业协会的联系，开展了工程师及相关职业资格证书的培训与考试工作，效果甚佳。2007年，学校被中国高教学会产学研合作教育分会授予“全国产学研合作教育实验基地”称号，成为北京地区首家被授予此称号的单位。

第六节　教材建设

一、教材建设机构及其职能

1995年5月，学校成立教材建设委员会，各教学院（系、部）成立教材建设小组。学校教材建设委员会负责审定全校教材建设规划和管理规定，指导各学科（专业）教材建设，指导教材研究和评介，承担学校教材评估和优秀教材评奖等工作。教务处是教材建设与管理的职能部门，由教学建设与改革办公室负责具体工作。

为配合课程体系与教学内容的改革，学校不断完善教材选用、编写、评优、预订等一

系列工作标准和程序。1996年制定了《教材建设与供应规定》。2002年，学校在《关于加强本科教学工作提高教学质量的决定》中，明确了在教材建设方面的具体目标，在《北京石油化工学院教材建设与管理条例》中对教材的规划与编写作了明确规定。

二、教材建设主要成果

建校初，教材建设基本是以选用国家指定的已出版教材为主。1995年6月，学校成立教材建设委员会，9月组织了第一届优秀教材评选工作，评选出优秀教材四种，分别是郁浩然主编的《化工分离工程》和《化工计算》、尹玉英主编的《有机化学》及王伯安主编的《统计学原理教程》。10月，《有机化学》、《化工分离工程》获中石化总公司直属高校优秀教材二等奖。1997年3月，《有机化学》、《化工计算》和佟泽民主编的《化学反应工程》等教材获得中石化总公司1996年科技进步三等奖。

2002年，曾建唐主编的《电工电子基础实践教程（上、下册）》入选国家级“十五”规划教材。

2004年，《电工电子基础实践教程（上、下册）》和蒋力培主编的《单片微机系统实用教程》，被确认为2004年北京高等教育精品教材。

2005年8月，学校有四部教材入选“十一五”国家级教材规划。分别是：经机械工业出版社申报的曾建唐教授主编的《电工电子基础实践教程(第2版)》，经中国石化出版社申报的赵增慧主编的《工程制图》(修订）、张奕林主编的《大学物理实验》（新编）和李树新主编的《高分子科学实验》(新编）。

2006年，有五部教材入选2006年北京高等教育精品教材。分别是：《环保设备原理与设计》(主编：陈家庆)、《三维机械设计实用教程Solid Edge V16》（主编：蔡晓君）、《E D A技术》(主编：李洋)、《国际财务管理》(主编：张超英）和《技术经济与管理》（主编：闫笑非）。

2001年以来，共有50部由我校教师主编的教材进入课堂，为人才培养服务。

第七节　教学评估

一、本科教学工作合格评价(1994至1999年)

1995年4月，原国家教委下发《首批普通高等学校本科教学工作评价实施办法》，正式启动本科教学工作合格评估工作，被评估学校均为1978年以后新建的本科高等学校。北京石油化工学院被列为首批接受评估的高校之一。

1995年8月，成立教学评估办公室，正式启动本科教学评估工作。1997年1月28日，根据实际情况（到1997年只有一届本科毕业生，尚不符合参加教学工作合格评价的学校必须有连续三届毕业生的要求），学校向中石化集团总公司人教部申请将1997年的教学工作合格评价推迟到1999年秋天，教育部正式确定1999年5月对学校进行本科教学工作合格评

价。1999年5月3～8日，国家教育部派出以东北大学王师教授为组长，沈大荣、李金文为副组长的10人专家组对学校进行本科教学工作合格评价实地考察评估。1999年11月1日，国家教育部下发《关于公布青岛建筑工程学院等十二所高等学校本科教学工作评估结论的通知》（教高[1999]14号），根据专家组的考察意见和普通高等学校本专科教学工作评估专家委员会的审议意见，确定北京石油化工学院本科教学工作的评估结论为“合格”，同时公布了专家组对学校本科教学工作的评估意见。

二、本科教学工作水平评估（2003至2005年）

2003年，教育部启动“高等教育质量工程”，把原来的本科教学工作优秀评估、合格评估、随机性水平评估合并为统一的水平评估，并决定从2003年开始，用5年时间，把全国本科高等学校评估一遍。2003年5月，学校成立教学工作水平评价领导小组和工作组，院长佟泽民任组长。7月，成立教学工作评估办公室，设为处级单位。2004年7月召开教育部本科教学工作水平评估动员大会。2005年3～7月，全校开展教育思想观念大讨论，6月13日，由北京市教委组织的北京市本科教学工作水平评估组专家莅临学校进行预评估，来自全国10所高校的9位专家开展为期3天（14～16日）的评估考查。

2005年10月22～28日，教育部派出以宋毛平教授为组长的本科教学工作水平评估专家组一行16人来学校进行实地考察评估。2006年1月6日，学校向教育部高等教育教学评估中心提交“关于《北京石油化工学院本科教学工作水平评估整改方案》的报告”。2006年4月7日，教育部颁布《教育部关于公布中国地质大学(北京)等75所普通高等学校本科教学工作水平评估结论的通知》（教高函[2006]9号），公布了评估结论，北京石油化工学院获得“良好”。6月，在学校校内管理体制改革中，在原教学评估办公室的基础上成立新的处级单位——教学评估与研究中心。2006年12月，学校调整了教学工作水平评估领导小组和工作小组成员，院长郭文莉任领导小组组长，副院长焦向东任工作小组组长。2006年12月，学校向教育部高等教育评估中心提交《北京石油化工学院本科教学工作水平评估整改报告》，完成本科教学评估整改工作。

第八节　教学奖励与教学成果

一、教学奖励

学校先后于1998年、2005年出台了《教学成果评选管理办法》、《教学成果评审和奖励实施办法》、《优秀教学奖评选及奖励办法》、《精品课程评选及管理办法》及《优秀毕业设计（论文）评选办法（试行）》等管理文件，形成了完善的奖励制度。教学奖励主要包括：优秀教学奖，每年评选一次；校级优秀教学成果奖评审，每2年评选一次；青年教师教学基本功比赛，每2年一次；校级优秀教师及教育工作者评选，每2年一次。

二、教学成果

（一）省部级优秀教学成果奖

1989年，郁浩然主持的“关于高等工程专科教育改革的初步实践”项目获得北京市普通高等学校优秀教学成果奖。1993年，郁浩然等完成的“机泵拆装课程建设的研究与实践”获得北京市高等教育优秀教学成果二等奖。1997年，王耀荣等完成的《化工过程控制实验教学建设与改革》荣获北京市高等教育优秀教学成果二等奖。2004年，学校3项教学成果奖获得北京高等教育教学成果奖市级二等奖。分别是：曾建唐等完成的《电工电子基础实践教学综合配套改革和教材建设》（含教材）、罗国华等完成的《开设化学工程与工艺专业综合设计型实验的研究与实践》、郭文莉等完成《理工科大学生创新教育体系及其实践基地建设》。

（二）教师及实验中心、基地类优秀成果奖

2000年，左颖获北京市青年教师教学基本功大赛三等奖。2004年，李彦获北京市青年教师教学基本功大赛三等奖。2007年5月，在北京市第五届青年教师教学基本功比赛中，陈飞获得理工(B)组一等奖及最佳演示奖。2006年，基础化学实验中心成功通过北京市教委组织的评审，成为“北京市实验教学示范中心”。2007年，工程教育中心通过北京市教委组织的评审，成为“北京市实验教学示范中心”；学校被中国产学研合作教育协会授予“全国产学研合作教育示范基地”；工程教育中心教学团队被授予北京市优秀教学团队。

2003年起，学校开始评选教学名师奖，曾建唐教授和陈彦玲教授分别获得2006年、2007年市级教学名师奖。

第九节　教学管理与学籍管理

一、教学管理

（一）管理机构和管理队伍

学校实行校、教学院（系、部）两级教学管理体制。设立校、教学院（系、部）两级教学工作委员会，作为两级教学管理机构。

1997年2月，学校成立教学工作委员会，主管教学副院长任主任。全校的日常教学工作由主管教学副院长主持，有关教学工作的重大决策由教学工作委员会研究决定。教务处是学校教学管理的常设机构，在日常教学管理及质量监控中发挥作用。其下设机构有处办公室、招生办公室、教学建设与改革办公室、实验室与实践教学管理办公室、教务管理办公室、教学质量监控办公室；另设一个附属教辅单位，为教育技术中心。教务处的管理人员中，本科及以上学历者达到90%，中高级职称达到90%。

教学院（系、部）日常教学工作由主管教学的副院长（主任）、教学办公室主任及教学秘书负责管理。

（二）教学管理规章制度和教学质量监控

表4-3-3　1992年至2007年教务处历任领导更迭表

职　务	姓　名	任 职 时 间
处　长	刘金暖	1992.12至1993.2
副处长	刘金暖	1993.3至1993.12
处　长	刘金暖	1994.1至1995.8
副处长	顾　凯	1993.10至1996.4.
副处长	王允亭	1994.2至1997.8
处　长	张存旺	1995.8至2000.1
副处长	丁　明	1997.8至2000.1
处　长	王允亭	2000.1至2003.6
副处长	韩占生	2000.1至2003.6
副处长	吴　波	2002.9至2006.6
处　长	韩占生	2003.6至2007.12
副处长	胡　颖	2003.7至2006.6
副处长	单希林	2003.7至2005.6
副处长	刘红琳	2005.7至2007.12
副处长	陈运辉	2006.6至今
副处长	冀学森	2006.6至今

学校先后制定了《学生学籍管理办法》、《教材建设与供应的规定》、《教学改革和研究立项管理办法》、《本科生学籍管理办法》、《实习工作条例》、《毕业环节暂行规定》、《教师工作规范》、《教学系主任教学工作管理规程》和《教研室主任教学工作管理规程》等教学管理文件。于1999年汇编出版了《北京石油化工学院教学规章制度》。学校遵循“加强管理，向管理要效益”的教学管理理念，秉承“以人为本，全员参与、科学管理、追求卓越”的教学质量管理方针，建立了层次分明、内容健全、适应时代发展的教学规章制度体系，针对各主要教学环节，建立了符合学校办学定位和培养目标的质量标准，使教学运行机制和管理制度更有利于学生的综合素质提高和潜能发挥，在政策和制度上保证了教学质量。成立了由院长任组长的院课堂教学质量监控检查组，负责对全校的课堂教学质量进行监控。1994年以来，每两周开一次教学例会，每学期开一次教学工作会议，定期研究和及时解决教学管理中的问题。每学期进行期初、期中、期末的教学检查。对课程试卷、毕业设计（论文）、教师教案、学生作业等重要教学档案进行定期检查。在《教师

教学工作规程》、《本科学生学习管理条例》等文件中，对教师和学生在考试环节中应遵循的行为规范做了明确的规定。

通过几年来的建设和评估，有力地促进了校内质量评估的规范化、制度化、经常化，学校逐步形成了较为完善的由教学质量宣传教育系统、教学质量文件与质量标准系统、教学质量管理组织系统、教学质量信息采集与分析系统、教学质量诊断与评估系统、教学质量信息反馈与调控系统、教学条件保障系统等组成的教学质量监控与保证体系，为提高教育教学质量，更好地满足国家经济建设和社会发展的需要，办人民满意的大学，提供了强有力的保障。

二、学籍管理

1996年，学校制定《北京石油化工学院本科生学籍管理规定》，为适应升格本科后的新形势，从入学、注册、毕业、学位授予等各个方面对学籍管理做了明确规定。2004年印发《北京石油化工学院学生学习管理条例》。2005年，适应高等教育大众化和因材施教的新形势，国家教育部对原来的学生管理规定进行了重大修订，主要体现在学制、学分等方面的变化，取消了禁止在校大学生结婚的规定。学校以此为契机，对《条例》又进行了比较大的修订，主要包括：

（一）学制、学习年限、在校年限：各本科专业的标准学制为四年。各专业的指导性教学计划均按四学年制定。学校实行弹性学习年限，以便于学生自主安排学习进程。规定最短的学习年限为3年，最长为6年。

（二）学分：学校实行以学分为计量单位衡量学生学业完成状况的教学管理制度，简称学分制。学生在校期间，获得该专业培养方案规定的各类学分和总学分，即可申请毕业。学生在校期间，若参加各种竞赛获奖励、发表高水平论文等，可获得“创新学分”的奖励。

（三）转专业：转专业必须在学校教学资源允许的情况下，本着尊重学生志愿的原则，通过公开考试，择优办理。转专业需要学生本人提出申请，经转出专业所属学院（系、部）同意并经转入专业所属学院（系、部）考核认可，最后由学校教务处批准。

（四）毕业：（1）学生在标准学制的最后一个学期（第八学期），必须向所属学院（系、部）提交书面申请，或申请作为当届毕业生管理或申请延长在校年限，申请应于该学期第四周结束前提交。（2）已累计取得的课程学分占其毕业所需总学分比例达到86%及以上的学生，才具有进行毕业设计（论文）的正式资格。不具有进行毕业设计（论文）工作正式资格的学生，必须申请延长在校年限，否则按结业生或肄业生处理。（3）提前修满培养方案规定的除毕业设计（论文）外的各类课程学分和总学分，且累计平均学分成绩达到80分及以上的学生，可以申请提前毕业。

此外，《条例》还对学习警示、留级、延长在校年限、退学等做了详细规定。

第十节　现代化教学手段

一、历史沿革

1979年1月，成立教务处，负责电化教学工作。1990年9月，电化教学工作划归党委宣传部管理。1993年3月，成立电教中心；同年10月改为电教室，划归教务处。1995年4月，由计算机室、电教室、金工车间等组建成立教学实践中心，为独立处级机构。1997年10月，成立设备与教学条件处，电教室划归其管理。1999年12月，成立现代教育技术中心，为独立处级单位，主管全校现代化教学手段及网络信息工作。电教中心（原名电教室）成为现代教育技术中心的下设机构。2003年6月，电教中心划归教务处管理，改名为教育技术中心，成为教务处的教辅机构。2006年6月，在学校网络中心（2003年6月成立）的基础上成立网络信息中心，为独立处级单位。教务处教育技术中心教室多媒体设施建设与管理职能划转网络信息中心，教育技术中心继续作为教务处的二级教学辅助机构。全校的现代化教学手段由教务处、网络信息中心两个单位共同负责。

二、制度建设

1983年，学校制定《岗位责任制》，规定教务处“负责制定电化教学计划，进行电化教学手段的研制、编修及管理工作”。1996年，学校公布《北京石油化工学院电化教育管理条例》。2000年以后，先后制定了《多媒体教室管理制度》、《多媒体教室使用注意事项》、《多媒体教学设备巡检制度》等管理制度。

三、运用情况

（一）电化教室

到1999年本科教学工作合格评估前夕，学校有电化教室的座位数达到2425个，有录像带400余部。专用电化教室配有电视、投影仪等电教设备。2000年以后，随着电脑和网络的普及，电化教室逐步被多媒体教室所取代。

（二）语音教室

学校在20世纪90年代开始建立语音教室，到本科教学合格评估时，有语音教室2个，座位数78个，面积262.8平方米，设备总值38.13万元。1992年建立外语发射台，覆盖整个校园，每天播音2小时。2000年，学校设置了英语本科专业后，大大增加了语音教学设施的面积。到2007年7月，外语系拥有语言教学实验室12间，面积1097平方米，共计座位数608座。其中包括6台服务器，3个数字化多媒体网络语言实验室，7个多媒体语言实验室，2个网络自主学习中心，368台计算机，2套数码广播系统以及多套语言学习课程软件。此外，还拥有音像图书资料室1个，共有图书音像资料6044册（件），其中，词典类363册，教材参考类3618册，英文资料类1737册，光盘、音像类326件；数码音像编辑工作站1个。所有设备面向全校用于视、听、说等各类语言实践课程的教学工作。

（三）计算机辅助教学与辅助设计

学校自成立起，就重视计算机在教学中的应用，相继开设了C语言、BASIC等计算机课程，并把计算机应用能力作为学生毕业设计考核的重要内容。1990年学校迁址大兴后，机械工程系在国内高校中较早地建立了CAD工作站，在机械制图课中，较早地引入计算机辅助绘图的教学手段。机械工程系在为全校工科学生所开设的机械制图课中普遍增加了计算机绘图的教学内容。全校现共有各类教室96个，座位数10029个，其中多媒体教室占教室总数的87.5%，百名学生配多媒体和语音教室座位数为142个。其他普通教室也根据教学要求配备了投影仪、电视机、功放、扩音等教学设备。所有的理论课程均在多媒体教室授课，大学英语课程均在语音教室内开设，制图课程则在制图专用教室中进行。

将信息技术引入理论和实践教学，多媒体授课日益普及。化学工程学院在高校较早使用ChemCAD网络教育版，自编了部分化工原理实验仿真软件，并引进了多套利用强大数据库支持的具有国内先进水平的仿真软件，贯穿于化工教学环节之中。必修课使用多媒体授课课时均达到40%以上。学校投资56万元，进行的“网络辅助教学平台及课程资源库”建设，已涵盖了上百门课程。

第四章　研究生教育

第一节　沿革

学校研究生教育（联合培养）开始于1993年，包括联合培养硕士研究生和博士研究生。1993年至1998年，学校联合培养研究生主要以导师自主联系为主，教师作为研究生副导师受聘于联合培养学校，研究生在北京石油化工学院主要完成学位论文。1999以后在导师自主联系基础上，学校与联合培养学校建立了校际合作关系。1999年与中国石油大学签订了硕士研究生联合培养协议，研究生论文阶段在学校完成；2000年10月，硕士研究生“全过程”培养正式启动，接受“全过程”培养的学生是河北大学与学校联合培养的2000级硕士研究生；2001年，与北京化工大学签订了硕士研究生联合培养协议，研究生在学校进行全过程培养；2002年，与中国石油大学联合培养的硕士研究生也实现了校内全过程培养。2004年，为适应学科建设需要，学校进行了硕士研究生招生学科专业整合，招生专业限定在化学工艺、机械电子工程、计算机应用技术、技术经济及管理学、材料学等五个学科。联合培养学校主要为北京化工大学和中国石油大学（北京）。博士研究生主要与北京化工大学联合培养，学科涉及化学工艺、材料学、机械电子工程等。2007年12月，学校有在读硕士研究生140人，博士研究生12人。

随着学校研究生教育的发展，导师数量不断增加。硕士研究生导师1999年16人，2000年18人，2001年31人，2002年42人，2003年68人,2007年70人。博士研究生导师1998年1

人，2004年5人，2007年7人。

表4-4-1　研究生联合培养发展历程一览表

时 间	招生数量	联合培养学校	学 科 专 业
1993	硕士（1人）	北京服装学院	化学工艺
1994	硕士（1人） 博士（3人）	清华大学（博士）、西安交通大学（博士）、北京服装学院	机械制造及其自动化（博士）、化学工艺
1995	硕士（2人）	北京理工大学、石油科学研究院	应用化学、机械制造及其自动化
1996	硕士（4人）	北京理工大学、北京化工大学、西南交通大学	机械制造及其自动化、材料学、化工过程机械、计算机应用技术
1997	硕士（2人）	中国石油大学(北京)	化学工程
1998	硕士（6人） 博士（1人）	清华大学（博士） 中国石油大学(北京)	机械制造及其自动化（博士）、化学工程、应用化学、化学工艺、管理科学与工程、计算机应用技术
1999	硕士（5人） 博士（1人）	北京化工大学（博士）、武汉理工大学、中国石油大学(北京)、	化学工程（博士）、机械电子工程、应用化学、化学工艺、环境工程
2000	硕士（21人） 博士（1人）	北京化工大学（博士）、石油科学研究院（博士）、中国石油大学(北京)、武汉理工大学、河北大学、辽宁石油化工大学、西安交通大学	化学工艺（博士）、化学工程（博士）机械设计与理论、企业管理学、工商管理学、计算机应用技术、应用化学、统计学、工业催化、通信与信息工程、管理科学与工程、环境工程
2001	硕士（24人） 博士（4人）	北京工业大学（博士）、北京航空航天大学（博士）、中国石油大学(北京)（博士）、中科院山西煤化所（博士）、北京化工大学、河北大学、武汉理工大学、辽宁工程技术大学	机械制造及其自动化（博士）化学工程与技术（博士）化学工程、工业催化、材料学、计算机应用技术、应用化学、政治经济学、机械电子工程、电力电子与电力传动、控制理论与控制工程
2002	硕士（26人）	中国石油大学(北京)、北京化工大学、河北大学	化学工程、材料学、计算机应用技术、应用化学、政治经济学、机械设计与理论、检测技术与自动化装置、控制理论与控制工程
2003	硕士（35人） 博士（1人）	北京工业大学（博士）、中国石油大学(北京)（博士）、北京化工大学、河北大学	化学工程与技术（博士）、化学工程、化学工艺、材料学、计算机应用技术、应用化学、工业催化、机械设计及理论、检测技术与自动化装置、化工过程机械、金融学、材料学
2004	硕士（47人） 博士（1人）	北京化工大学、中国石油大学(北京)	化学工艺、机械电子工程、计算机应用技术、技术经济及管理学、材料学
2005	硕士（38人） 博士（3人）	北京化工大学、中国石油大学(北京)	化学工艺、机械电子工程、计算机应用技术、技术经济及管理学、材料学
2006	硕士（51人） 博士（2人）	北京化工大学、中国石油大学(北京)	化学工艺、机械电子工程、计算机应用技术、技术经济及管理学、材料学
2007	硕士（45人） 博士（2人）	北京化工大学、中国石油大学(北京)	化学工艺、机械电子工程、计算机应用技术、技术经济及管理学、材料学

第二节　学科专业方向

研究生学科专业设置和培养方案严格按照联合培养学校要求进行，1993年至2003年，研究生研究方向主要围绕导师现有科研项目确定。2003年后，在满足联合培养学校培养方案的基础上，研究生教育与学校学科建设相结合，依照学科发展方向和学科特色开展科学研究。各学科主要研究方向如下：

一、化学工艺

化学工艺学科主要研究石油炼制与化工领域的化学工艺技术、绿色催化技术和燃料清洁化生产技术等，在绿色化工和能源清洁利用技术领域形成了特色，主要研究方向是能源清洁利用与转化技术、环境友好石油化工催化剂与工艺、化工过程强化与资源综合利用、石油化学与精细化工产品开发等。

二、机械电子工程

机械电子工程学科紧密结合国家能源装备现代化以及首都光机电一体化高新技术发展的需要，应用光学、机械、电子、计算机等交叉学科的新理论和新技术开展科学研究，在光机电一体化装备技术领域具有特色。主要研究方向是机器人技术与应用、机电检测与控制、流体技术与装备等。

三、计算机科学与技术

计算机科学与技术学科紧密围绕能源、交通、信息安全等领域开展特色科学研究,运用计算机技术、信号处理技术和现代检测技术，针对能源、交通等领域的特殊问题，进行较深入的研发，主要研究方向是智能检测与信息处理、故障诊断与目标识别、信息计算与智能系统等。

四、技术经济及管理学

技术经济及管理学学科以学校能源工业技术研究平台为依托，在能源技术经济与管理研究领域形成了优势特色。主要研究方向有技术与管理创新研究、资源节约与可持续发展、系统模型与风险评价技术等。

五、材料学

材料学学科注重新材料与生态环境的关系，在环境材料、生物材料、纳米材料、材料表面工程等方向进行深入研究，形成了自身特色，主要研究方向为生物医用材料、环境材料、材料表面强化技术等。

第三节 培养目标

一、培养目标

（一） 掌握马列主义、毛泽东思想、邓小平理论的基本原理；树立正确的世界观、人生观和价值观；坚持四项基本原则；遵纪守法，实事求是，学风严谨；具有良好的道德品质和较强的事业心，立志为社会主义现代化服务。

（二） 在本学科内掌握坚实的基础理论和系统的专门知识，有较宽的知识面；熟悉研究方向的科学技术现状和动向；较为熟练地掌握一门外语，具有从事科学研究、教学工作或独立担任专业技术工作的能力和自学能力；具有勇于创新的科学精神。

（三） 积极参加体育锻炼，具有健康的体魄。

二、学习年限

（一） 硕士研究生的学制为2.5年，学习年限为2～3年。

（二） 在职人员及特殊情况，学习年限可适当延长，延长期一般不超过半年，在职硕士生可延长1年。

（三） 特别优秀的硕士生，提前完成培养计划要求的课程学习和学位论文撰写工作，并符合提前毕业的条件，由本人提出申请，经导师和学院同意后，报研究生院（筹）审批，可提前答辩。

第四节 培养方案

一、培养方案与培养计划

硕士研究生培养方案包括研究方向、学分要求、课程设置、必修环节。

个人培养计划由研究生根据本专业培养方案在导师的指导下制定，应包括下列内容：研究方向、拟修课程科目及时间安排、学术活动及实践环节安排、暂定论文选题 。

二、硕士学位的课程学分要求

硕士研究生课程学习实行学分制，课程总学分不低于28学分，学位课学分不低于18学分。学位课分为全校公共基础课、学科基础课和学科方向及特色课，非学位课可以在本专业培养方案所提供的课程中选择，也可以在本校研究生课程目录中选择。英语课（基础部分）要求通过北京市研究生学位英语考试。硕士专业与本科专业不同者，须补修两门以上相关本科课程。

三、 学术活动和实践环节

硕士生在学习期间需按学校要求参加学术活动，并完成一定量的实践环节，在正规高等学校担任过一门本科以上课程教学者或委培、定向的硕士生可免去实践环节。

四、学位论文

（一）开题报告：开题报告必须由至少三位具有高级职称的教师组成的审核小组审核，提倡邀请外单位专家参加。

（二）中期检查：第五学期初各学院组织中期检查，除符合免检条件的硕士研究生外，不通过中期检查的学位论文不能申请答辩。

（三）硕士学位的学术水平要求

1.化学工程与工艺、材料科学与工程学科的硕士生应有一篇学术论文在国内外核心刊物上发表或被接受；其他一级学科的硕士生要求在公开刊物上发表或被接受。

2.申请一项发明专利得到申请号（研究生为第1发明人或导师为第1发明人、研究生为第2发明人），视同完成发表学术论文的要求。

3.综述文章应在国外刊物上发表，会议文章应被SCI、EI或ISTP收录。

4.研究生发表学术论文的定义为以所属院校为第一完成单位，研究生为第1作者，或导师为第1作者、研究生为第2作者。

5.申请提前毕业的硕士生，其硕士学位的学术水平要求为：化学工程与工艺、材料科学与工程一级学科的硕士生应有2篇学术论文在国内外核心刊物上发表或被接受；其他一级学科的硕士生要求有一篇学术论文在国内外核心刊物上发表或被接受。

第五节 教育管理

一、管理机构

1993年至1999年，联合培养研究生工作由科技处（曾先后名为科技生产处、科研处、科技产业处）兼管，2000年至今，研究生管理实行学校和各教学院（系、部）两级管理，科技处下设研究生管理办公室，设一名副处长专门负责学科建设与研究生管理工作；各教学院（系、部）由院领导和学科带头人组成教学指导小组负责此项工作；各教学指导小组设1名专职管理人员，协助学院完成学籍管理、课程安排、成绩管理等方面的工作。

二、招生

研究生招生纳入联合培养学校的招生计划，由联合培养学校统一负责。博士生导师、硕士生导师参加联合培养学校导师遴选，并列入联合培养学校导师名单中，由考生自由报考，学校参与联合培养学校的研究生招生工作。

三、学位和学籍管理

在学校就读的研究生，其学位管理和学籍管理由所属教学院（系、部）负责。学生完成教学培养规定的各个环节，并通过学位论文（设计）答辩且全面考查合格者，由联合培养学校授予硕士学位并颁发学位证书；中断学业者，若完成培养计划要求的全部课程，成绩合格，将由联合培养学校发给课程学习结业证明。

研究生入学报到时档案、户口、工资及党团关系转到联合培养学校。

第五篇　实验室与实习基地

北京石油化工学院
1978-2008

第一章 沿革

1980年4月，学校建有300平方米的实验室，供无机化学、物理实验课使用；此外还有约60平方米由木板房装配起来的分析化学实验室。1980年至1983年间，学校建成约1100平方米砖结构临时建筑，除部分用作办公用房及仓库外其余供材料力学等机械类课程实验室使用。1982年，3700平方米的新教学楼竣工，化学工程等化工类课程实验室全部搬入。在随后几年里，学校逐步建立起各种实验场所，并配备了基本的实验设施。

1990年学校从燕山搬迁到大兴新校址，先后建立了化工原理实验室、化工设备与机械实验室等15个实验室，但燕化公司仍是学校的主要实习场所。在此期间，学校先后建立了8个校外实习基地，同时在原校址保留了燕山实习校区。1995年4月金工实习车间成立。1996年9月，实验评估领导小组成立。1999年，电工电子实习车间建成。

2000年以后，学校在保持与石化行业密切联系的同时，加大了对实验室和校内外实习基地建设的力度，建成了基础教学实验中心群和一批专业实验室，新建了一批校内外实习基地。2004年，光机电装备技术实验室被认定为北京市重点实验室，成为北京市光机电一体化人才培养与产学研基地的建设单位。2006年至2007年，基础化学教学与实验中心和工程教育中心先后被评为“北京市实验教学示范中心”。

截至2007年12月，学校共有17个教学实验中心（室）和1个北京市重点实验室。其中基础实验中心4个、专业实验室13个；校内外实习基地110多家。

第二章 实验室

第一节 实验室基本情况

1978至1989年，学校在燕山厂区内办学，场地狭小，条件简陋，实验室建设从零起步，在燕山石化公司和中国石化总公司的大力支持下，先后建起了有机化学、分析化学、物理化学、物理、电工、电子、机械原理、化工原理、金属与热处理等16个实验室，还添置了1台MV—400型机，20个微机终端。学校在自建实验室的同时还积极利用燕山厂区内的生产设备及燕化研究院的设备开展实验教学。

1990年搬迁到新校址以后，及时建立了相关课程的实验室。每年拨出专款增添实验设备，并先后建立物理实验室、基础化学实验室、化工原理实验室、化工设备与机械实验室、机械电子实验室、电工与电子技术实验室和会计模拟实验室等15个实验室。1999年，物理实验室、基础化学实验室和电工与电子技术实验室先后通过了北京市教委组织的基础课实验室合格评估。

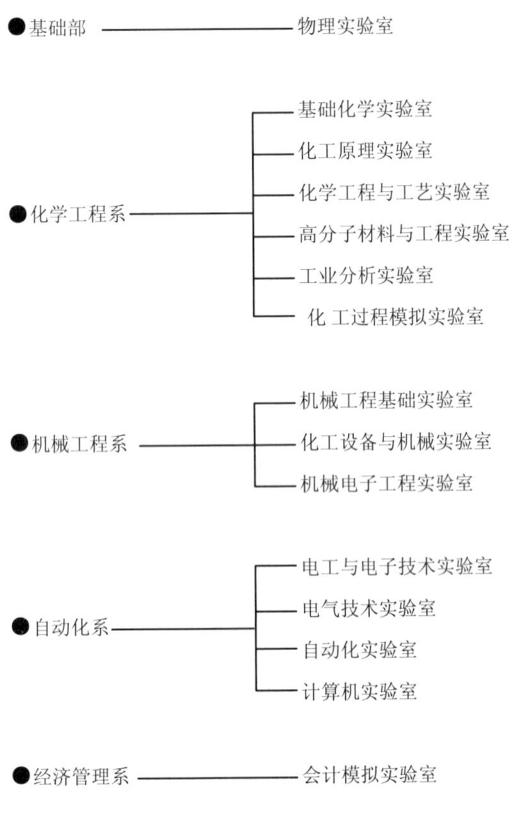

图5-2-1　90年代学校实验室分布图

2000年划转到北京市后，学校利用中央与地方共建经费、北京市专项经费和自筹经费等，构建起了以数理实验中心、基础化学教学与实验中心、电工电子教学与实验室和机械基础教学与实验中心等为代表的基础教学实验中心群，还建设了一批具有较强工程特色的专业实验室。

表5-2-1　北京石油化工学院2007年实验室分布情况一览表

学科专业群	专　业	实 验 室
基础学科		数理实验中心、基础化学教学与实验中心、基础化工教学与实验中心、机械基础教学与实验中心、电工电子教学与实验室
光机电一体化	机械设计制造及其自动化、机械电子工程、测控技术与仪器、过程装备与控制工程、电气工程及其自动化、自动化	计算机辅助设计中心、光机电装备技术北京市重点实验室、机电工程实验室、过程装备与控制工程实验室

续 表

学科专业群	专 业	实 验 室
生态化工	化学工程与工艺、应用化学	化学工程实验室、应用化学实验室、绿色化学与催化材料研究室、现代化工技术研究所
经贸与管理科学	国际经济与贸易、信息管理与信息系统、会计学、旅游管理、市场营销、英语（国际商务方向）	经济管理实验中心、外语教学实验中心
环境保护	环境工程、热能与动力工程（人工环境方向）、公共事业管理（环境经济与管理方向）	环境工程实验室、热能与动力工程实验室、环境经济分析实验中心（人文）
信息工程	计算机科学与技术、通信工程、信息与计算科学	电气与信息技术实验中心、信息工程综合实验中心
新材料	高分子材料与工程	材料工程实验室、纳米材料研究室、环境材料研究室、生物材料
其 他		工程教育中心

第二节 实验室管理

一、管理机构

建校初期，实验室实行由教学单位直接管理的模式。1993年升格为本科院校后，实行了适合本科教学的实验室管理模式。1997年11月，制定了《实验室工作规程（试行）》，对全校实验室实行统一领导，校、教学院(系、部)分级管理，以教学院(系、部)为主的管理体制。自2000年1月学校实施第一次校内管理体制改革以来，经过3次改革，形成了以教务处、资产处、科技处等代表学校进行管理与教学院(系、部)分级管理相结合的实验室管理体制。教务处是学校教学实验室建设与管理的主要职能部门，资产管理处是实验室仪器设备管理的职能部门，科学技术处是国家、省部级重点实验室的建设与管理的职能部门，分别代表学校履行相应的管理职责。

2004年，学校成立实验室工作领导小组，由主管校领导任组长，有关部门负责人及学术、技术、管理等方面的专家为小组成员。其主要职责是代表学校对全校实验室工作统一领导；组织制订实验室建设与发展规划；审查实验室建设项目规划，报请学校行政办公会议审议批准；审议实验室设置、调整方案；考核精密、贵重仪器设备使用效益；实施实验室评估等。

二、实验室管理制度

1983年1月，学校制定了《岗位责任制》，其中包括关于实验、实习管理方面的规定。

1996年，学校印发《北京石油化工学院实验室工作条例》，对实验室建设做了明确规定。如实验室的设置，应当具备以下条件：有稳定的学科发展方向和饱满的实验教学或科研、技术开发等项任务；有符合实验技术工作要求的房舍、设施及环境；有足够数量、配套的仪器设备；有合格的实验室主任和一定数量的专门工作人员；有科学的工作规范和完善的管理制度。实验室建设、调整与撤销，必须经学校正式批准。其建设与整体规划要纳入学校及事业总体发展规划，要考虑环境、设施、仪器设备、人员结构、经费投入等综合配套因素，按照立项、论证、实验监督、竣工验收、效益考核等“项目管理”办法的程序，由学校统一归口，全面规划。

2005年，根据高等教育发展形势的新变化并结合实际，学校下发《实验室工作规程（试行）》，对原实验室工作条例进行了修订，提出要积极创造条件申请筹建国家和省部级重点实验室、工程研究中心、基础课实验教学示范中心，以适应高科技发展、高层次人才培养和提高实验教学水平的需要。2005年，制定了北京石油化工学院《教学实验室评估办法》、《基础课教学实验室建设与管理工作评估标准》、《专业实验室建设与管理工作评估标准》等规定。

第三节　光机电装备技术北京市重点实验室

一、实验室概况

光机电装备技术北京市重点实验室的前身是装备技术研究所，该所成立于1992年5月，是直属学校的二级机构。研究所设有微机控制研究室、装备机械研究室、智能焊机研究室、仿真研究室以及实验车间。该所的成立标志着学校开创了专职科研工作的新局面。2002年10月，学校承建“北京市光机电一体化人才培养和产学研基地”，装备技术研究所承担为北京市培养高素质人才和产学研基地的重任。2004年5月被北京市教委批准成为北京市重点实验室，批准悬挂“北京市重点实验室”标志牌，并实行对外开放。2007年在全市重点实验室中期检查考评中获得优秀成绩。

重点实验室下设特种机器人研究室、现代焊接技术研究室、机电一体化技术研究室、先进过程装备与控制技术研究室、研发中心、实验车间。实验室形成了特种机器人、现代焊接技术、机电一体化技术、先进过程装备与控制技术四个研究方向。该实验室是我国开设机电一体化专业较早的单位之一，是北京市光机电一体化人才培养与产学研基地的建设单位。先后承担多项重大课题，在学校科研工作中实现了多个“第一”意义的突破。

1993年承担了中国石化总公司“翅片管自动弧焊工艺与设备研究”项目，是学校第一个省部级科研项目，其成果翅片管自动弧焊设备为国内首创。为学校机电一体化学科建设奠定了基础，并形成了学术团队。该团队1995年承担了北京市招标科研项目“全自动电磁式铁钉包装机研制”，其成果具有自主知识产权，达到国内领先，国际先进水平。该团队于1996年承担了中国石化集团总公司“顺丁橡胶后处理包装线套袋机械手的研制”项目，1997年通过中石化总公司鉴定，首次解决了大型块状物料生产线自动包装问题并获得中石化科学进步三等奖。

1997年装备技术研究所承担中石化集团公司科研项目“智能控制成套焊接设备的研制”重大科研项目，项目经费200万元，该项目为学校科研史上第一个省部级重大科研项目，成功解决了大型球罐的智能化焊接，开发出无导轨球罐焊接机器人。2000年通过了中国石化集团公司主持的鉴定，成果达到国内领先、国际先进水平。

1999年申报成功国家九五863计划项目“全位置智能焊接机器人研制”，该项目为学校首次承担的国家863计划项目，开启了参加国家高新技术研究行列的先河，所研制的“无导轨全位置光电实时跟踪球罐智能焊接机器人”超过国外有轨道机器人技术，将大型球罐焊接技术向前推进了一大步。此项目成果于2000年通过国家863专家组的验收，该成果已经进行了科技成果转化，其产业化生产对石化行业的巨型球罐及管道焊接自动化具有重要意义。成果荣获北京市科学技术二等奖与中国石油和化学工业协会科学技术二等奖，该奖项填补了学校科研史上在市级奖项的空白。

2002年成功申报国家十五重大863计划项目“水下干式管道维修系统课题之子课题水下干式高压焊接”，水下干式高压焊接实验室整体设计、主要设备技术设计形成了一系列自主知识产权的特有技术，该实验室国内仅此一家。2006年海试的成功，标志着我国水下干式管道维修技术和装备研究取得了重大进展。填补了我国海洋工程维修领域的一项空白，打破了国外技术垄断。

2006年5月，与中国人民解放军总医院、清华大学联合承担北京市重大科技攻关项目“超声引导肝肿瘤微波消融治疗机器人系统的开发”的研究，研制出了医用扶持机器人样机，完成了动物实验，已经进入临床试验阶段。该项目的立项标志着重点实验室特种机器人研究方向跨入医疗设备领域。

目前，在焊接机器人技术研究方向，已开发出具有自主知识产权的系列全位置焊接机器人产品，形成特色，在多个国家重大工程项目中获得应用。其标志性成果为：GDC-1轨道式焊接机器人在国家体育场“鸟巢”工程项目中得到应用，GDC-3管道自动焊接成套设备在宝钢UOE项目中得到应用，RHC-2柔性轨道焊接机器人已在广东韶钢降尘管焊接中得到应用，GTC-2轨道式管道TIG焊接机器人已应用于中海油海底管道维修试验中，BIPT-5全位置无导轨焊接机器人已在中国水利水电三局相关工程中获得应用。为焊接机器人创“中国品牌”打下良好的基础。

二、代表性科研成果

内容详见第六篇第二章第二节《研究机构》。

第三章　实习基地

一、在燕山时期的实习基地

1978至1990年，学校在燕化公司厂区内办学，将周边的工厂和研究院（所）作为实验与实习教学基地。学生到生产一线参加生产实习，与工厂的工作人员一起倒班，直接接触现代石油化工先进的仪器生产设备；其中机械专业学生的实习安排在生产装置的检修时候进行。此外，学校还组织学生拆装机泵，培养学生的动手能力。

二、迁址大兴后的校外实习基地

1990年学校迁址大兴后，加大对校内外实习设施建设的投入力度，其中投资286万元的金工实习车间和投资50多万元的电工电子实习车间相继建成，改善了校内实习基地的条件。在20世纪90年代，燕化公司和其它一些石化系统兄弟单位一直在经费上给予学校较大支持，免费提供教学实验的场所，赠送了多套教学科研仪器、设备，弥补了学校在教学设备上的不足。

中国石化集团公司于1990年印发了《北京石油化工专科学校有关问题纪要》，强调“学校搬迁大兴后，燕化公司仍作为北京石油化工专科学校学生的主要实习场所，在安排学生实习时，要给予优先考虑；学校学生可免费使用燕化公司化工生产模拟装置”。燕化公司成为学校绝大部分专业长期稳定的校外实习基地，并将安排学生实习列入每年度的工作计划之中，学校与燕化公司之间形成了定期协商机制，双方每年定期商讨解决安排学生实习的相关问题。

表5-3-1 各专业校外主要实习基地一览表

实习基地名称	实习专业		签订协议时间
中国石化集团公司北京燕山石化有限公司	炼油厂	过程装备与控制工程，自动化	2002.7
	研究院	应用化学	
	化工一厂	高分子材料与工程	
	合成橡胶事业部	高分子材料与工程	
	聚丙烯事业部	化学工程与工艺，测控技术与仪器	
	化学品事业部	化学工程与工艺	
	营销中心	市场营销，国际经济与贸易，会计学，信息管理与信息系统	
	动力事业部	过程装备与控制工程，热能与动力工程，公共事业管理	
	环保事业部	环境工程	
	电信事业部	通信工程，计算机科学与技术，电气工程及其自动化，自动化，测控技术与仪器	
	建筑安装工程公司下辖各施工厂、机械化施工公司、设备制造公司等	过程装备与控制工程，机械设计制造及其自动化，机械电子工程	

续表

实习基地名称	实 习 专 业	签订协议时间
北京方通正信科技有限公司	化学工程与工艺，应用化学	2005.4
秦皇岛天秦塑胶工业有限公司	高分子材料与工程	2003.11
北京雪花电器集团公司	高分子材料与工程，热能与动力工程	2004.4
北京飚力机电有限责任公司	电气工程及其自动化，机械设计制造及其自动化，机械电子工程	2002.6
北京汇知机电设备有限责任公司	热能与动力工程	2004.3
北京城市排水集团有限责任公司技术培训中心	环境工程	2005.7
北京振兴华龙制冷设备有限责任公司	热能与动力工程	2004.3
北京金卧龙新技术研究所	电气工程及其自动化，自动化	2001.9
北京资源集团	国际经济与贸易，信息管理与信息系统，会计学，市场营销	2005.6
北京格方网络技术有限公司	信息与计算科学	2003.8
北京市门头沟区清水镇人民政府	旅游管理	2004.11
北京市大兴区旅游局	旅游管理	2005.1
黎昌海鲜大酒楼	旅游管理	2004.9
挪中贸易促进会	外语	2004.1

根据各专业实践教学的不同要求，学校在巩固与燕化公司等石化企业密切联系的基础上，本着以服务求支持、互利双赢的宗旨，先后与近100家企事业单位、科研机构签订了长期的产学研协议，建立了稳定的校外实习基地。

三、校内实习基地

（一）工程教育中心

工程教育中心的前身是工程实践教学部，成立于2003年7月，按二级学院建制，直属学校领导。2006年6月，在原工程实践教学部的基础上成立工程教育中心，燕山实习校区归其管理。

2000年以来，学校相继投入271万元购置了包括数控加工中心、数控车床、数控铣床、数控线切割、数控电火花机床、自动焊接等先进设备，使学校的金工实习涵盖了先进制造技术和传统加工内容。该中心能同时容纳120人的金工实习和120人的电工电子工艺实习。

工程教育中心承担着全校各专业的金工实习、电工电子实习和工程认识实习等基础实习教学、工程实践训练和大学生创新教育实践等任务，是面向全校的实习教学与工程训练的校内基地。实践教学内容主要分为基础实习和工程技能训练与创新实践。现已建立面向所有专业的多模块、分层次的基础实习教学课程体系，实行基础实习与工程技能训练、创新实践相结合，课内外教学相结合的教学模式。每学年实习学生约2960人次，年人时数22.6万。

（二）经济管理实验中心

经济管理实验中心成立于2001年，其前身是1993年建立的会计模拟实验室。实验中心的主要任务是负责全校经济管理类课程的实践教学工作和科研开发工作。

实验中心面积300平米，硬件资产总值150万元，软件资产总值50万元。共有计算机190台，服务器4台，股市即时行情接收系统等。实验中心先后引进了国内领先水平的“外贸电子商务模拟实习系统”、“股票模拟交易系统”、“企业经营决策仿真系统”、“电子商务模拟系统”、“会计模拟实习系统”等教学用实验、实习软件，能够同时进行150人的经济管理类专业的课程实习。实验中心为学生开出了涵盖市场营销、会计学、国际贸易、信息管理与信息系统四大专业的各类上机实践课26门，实习项目10个。

第六篇　科学研究与社会服务

北京石油化工学院
1978-2008

第一章　沿革

一、机构沿革

在1978年建校初期的几年间，学校的主要任务是教学工作。学校通过制定职称晋升等相关政策鼓励并引导教师自选课题，撰写论文，积极参加燕山石化公司的论文报告会等科技活动。

1985年3月，学校科研工作归教务处负责。

1987年5月，学校设立了科技开发部作为科技工作管理机构。其职责一是制定有关政策，负责全校的科研管理；二是组织教师寻找科研课题，进行技术开发。

1993年6月，科技开发部更名为科技办公室。10月，科技办公室更名为科研生产处，下设科研管理、综合管理、学科建设、校产企业管理岗位。此时，学校与外校联合培养研究生工作开始，因此相应增加了研究生管理职能。

1994年1月，成立校产办公室，为学校直属机构，校产企业管理职能由科研生产处划归校产办公室。4月，科研生产处更名为科研处。

1998年以后，学校提出“稳住（教学）一头，放开（科研开发）一片”和为教师搞科研创造宽松条件的“放水养鱼”政策。

1999年12月，学校推进内部管理体制改革，精简党政管理机构，合并、合署主体职能相近或任务性质基本相同的相关处室，科研处与校产办公室合并成立科技产业处。

2003年7月，科技产业处名称变更为科学技术处，下设科研管理、综合管理、学科建设、研究生管理、成果与校产管理以及学报编辑部等岗位（或办公室）。

二、历任领导

表6-1-1　科技处历任领导更迭表

机构名称	职务	姓名	任职时间
教务处科研科	科长	万文录	1985.3至1987.4
科技开发部	主任	董晋曦	1987.5至1993.5
科技办公室	主任	董晋曦	1993.6至1993.9
科研生产处（科研处）	副处长	董晋曦	1993.10至1996.8
科研生产处	副处长	袁仲林	1993.10至1994.1
校产办公室	副主任	袁仲林	1994.1至1995.2
校产办公室	主任兼党支部书记	白　荣	1996.9至1996.10
科技产业处	处长	董晋曦	1996.9至2003.6

续表

机构名称	职务	姓名	任职时间
校产办公室	主任兼党支部书记	石　晨	1996.10至1999.12
科技产业处	副处长	周志军	2000.8至2003.6
科学技术处	处　长	丁福臣	2003.7至今
科学技术处	副处长	刘卫国	2003.7至今
科学技术处	副处长	王和平	2006.7至2007.12

第二章　机构与制度

第一节　管理体制与机构

1993年以前，学校工作主要以教学为主，科研项目相对较少，科技开发部负责日常科研管理工作。1993年以后，学校逐步健全了科研管理体制，由院长或主管副院长负责学校科研领导工作；科学技术处作为学校的职能部门，负责全校与科研相关的日常管理，其主要职责包括制定学校科技工作规划以及相关的规章制度、科研项目管理、科技成果转化，学术交流活动等等，同时还负责学校学科建设和联合培养研究生管理工作。二级学院（系）是由院长（系主任）或主管科研的副院长（副系主任）负责本单位科研领导工作，教学科研秘书负责日常管理事务。

为加强学校学科建设和科研工作，学校还成立了相关学术组织：

1984年2月，学校成立了学术委员会，主要职责是：负责审议科研发展规划和科研工作中的重大问题；审议、鉴定科研成果；对科研工作提出建议；协助组织学术交流；协助办好《学报》和其它学术刊物；担任图书馆的学术顾问；对实验室、科研情报建设提出意见；对科研经费及设备更新提出建议；为学术问题提供咨询。至今该委员会仍由学校主管院长及相关学科教授组成，每年定期举行例会。

1990年5月，成立专业技术职务委员会。

2001年4月，校办企业改制工作领导小组成立，负责校办企业改制工作的组织与实施。小组由主管副院长及审计、财务、资产、人事、校产办相关部门负责人组成，产业办牵头对学校校办企业逐一进行改制研讨，制定整改方案。

2003年4月，学科建设工作领导小组成立，负责审议学校学科建设发展规划、学校硕士点申报材料以及学校学科建设项目立项等。小组由学校主要领导和相关学科带头人组成。

2006年1月，学校青年科研基金设立。主要用于支持青年教师开展科学研究。青年科研基金项目由科学技术处组织相关学科教授评审。

第二节　研究机构

一、应用技术研究所

成立于1991年9月，对外名称“思达应用技术研究所”，具有独立核算的法人机构，负责人董晋曦。该所由中国石化总公司企业管理工作部批准成立，是隶属学校的二级机构。设立该所的目的是为了促进教学和学术水平的提高，尽快使学校的科研成果转化为生产力。它的业务范围涵盖了学校当时的主要专业；面向总公司系统所属企业，“进行以石油化工为主，兼顾化工机械、自动控制及电子技术等学科的应用技术研究，以及这些方面的技术转让、小规模的新产品试产销、技术协作和咨询服务”。它除了自行进行一些研究外，还担负着一种“虚拟研究所”的职责，即整合学校各系的科技人力资源，以该所名义对外进行经营。该所承担过燕山石化公司橡胶厂生产过程的仿真模拟培训系统的研究项目，进行过木材自动干燥窑的研制，油田完井增程射孔弹及防砂射孔弹的研制，特种彩票油墨的研制，其中后两个项目产生了很好的经济效益。另外，以该所的名义各系对外承接了大量的科技开发项目，促进了学校科技成果的转化。该所的另一功能是其银行账户一直起着学校科技开发中的财务业务往来的纽带作用，在当时全民经商的情况下，限制了过多公司的出现，对稳定教学秩序，理清财务关系起到积极作用。随着学校的发展和形势的变化，该所于2004年停办。

二、装备技术研究所

成立于1992年5月的装备技术研究所，是隶属学校的二级机构，负责人蒋力培。从最初承接中石化总公司的乙烯合成高压翅片管焊接技术项目开始，逐渐发展成为能够承接国家“863”计划项目，国家“十五”“863”重大项目等多项课题的光机电技术与先进制造技术研发基地。它所研制的“全位置焊接机器人”成功用于北京奥运会“鸟巢”工程建设，国家“十五”“863”计划重大项目子课题“水下干式高压焊接”成功研制出60米水下焊接特种设备，填补了国内空白。该所当前的研究方向已拓展为：焊接机器人技术、现代焊接技术与装备、机电一体化技术、先进过程装备技术等。2002年10月，北京市教委将其命名为北京市“光机电一体化人才培养和产学研基地”。2004年5月，以该所为主体成立的“光机电装备技术实验室”被命名为北京市重点实验室。

三、能源经济研究中心

1994年1月成立经济研究所，2006年6月，更名为能源经济研究中心。它是以经管学院为核心，依托全校相关科研力量组建的一个科研平台。其目标是为地方经济和石化行业发展服务，同时以社会实践的需要和经验，反馈并促进经管学院的教学和改革发展。1994

年1月至1996年10月，朱直平任该所负责人；1996年10月至2006年6月，王伯安任负责人；2006年6月至2007年12月， 陈彦玲任负责人。

研究中心自组建以来，开展了能源经济分析和石油化工技术创新评价等领域的科学研究。为中石化集团公司完成了“中石化企业竞争能力综合评价”、“中石化集团公司技术创新集成管理模式研究”、“不同类型油气藏开发钻井投资模式研究”、“中石化集团非上市公司可持续发展核算系统与方法”等软科学课题。

1998年4月后，研究方向有所拓宽，主要研究方向有三，即能源使用效率与能源替代效率分析、农村可再生能源推广的制度与政策和石油、石化行业经济分析。完成的研究课题《农村能源与生态发展规划》、《“十一五”农村能源建设规划》、“大兴区节能降耗实施方案”等为地方政府主管部门编制发展规划和施政提供了理论依据。研究中心与国家信息协会、国家统计局国际信息中心、中科院系统科学研究院、中国石油大学、北京化工大学、湖南大学、全国高科技绿色能源委员会、日本经济统计学会、挪威纳维克工学院、中石化集团公司等建立了紧密的合作研究关系，成立了联合研究的专家委员会，在石油价格预测、绿色能源推广、能源效率等领域开展广泛合作。

1999年1月和2004年7月，研究成果先后获得中石化集团科技进步三等奖和国家统计局全国统计科技进步三等奖。

四、海洋工程连接技术研究中心

海洋工程连接技术研究中心成立于2006年6月，它是1992年5月成立的装备技术研究所派生出来的隶属学校的二级机构，负责人焦向东。该中心是研究先进连接技术的专业机构，现下设焊接自动化、水下干式高压焊接、水下新型湿式焊接、深水结构摩擦叠焊、深水海管铺设焊接等研究方向。2002年以来，该中心致力于先进水下连接技术与设备研发，取得了一系列自主知识产权的重要科研成果。中心主要科研项目如下：2002至2006年，国家“十五”863计划重大课题子课题——“水下干式高压焊接”；2004至2006年，北京市自然科学基金项目——“干式高压ＴＩＧ焊接电弧行为及其控制的研究”；2006至2007年，国防科工委“十五”重大课题子课题——“核电厂检修水下焊接实验系统与原理样机”。2007至2009年，承担国家自然科学基金项目“水下钢结构修复用摩擦叠焊的连接机理和特性研究”。

海洋工程连接技术研究中心设计并建立了国内唯一的高压焊接实验室，可用于60米水深海底管道高压焊接技术研究，研制的国内首套“海底管道全位置钨极氩弧自动焊机”具备完全自主知识产权，在6个大气压力下焊成的管道接头达到美国焊接学会水下焊接标准AWS D3.6M:1999的最高要求，标志着该设备拥有了“中国造”。

五、其他研究机构

现代化工技术研究所，成立于1985年6月，主要研究方向：反应工程研究、分离工程研究、催化新技术研究及绿色精细化工研究。

绿色化学与催化材料研究所，成立于2001年，主要研究方向：新催化材料开发、绿色催化剂研究、工业加氢精制催化剂的改进以及固体催化剂表征新技术应用等。

长输管道无损检测研发中心，成立于2001年，该中心研制的模拟样机已具备长输管道无损检测所需要的主要技术功能，正在准备工程样机的开发研制。

第三节　规章制度

建校以来，由学校及科研管理机构制定了30项有关科学研究、科技开发、研究生、校办产业等方面的规章制度。1992年9月，印发了《关于设立职务发明奖的决定》，这是学校在知识产权保护方面的第一个文件；1994年6月，印发了《关于科研工作的若干规定》，这是学校科研管理工作的第一个文件；1996年10月，印发了《北京石化学院研究生指导导师工作量暂行规定》，这是学校研究生管理方面的第一个文件；1997年12月，下发《印发〈北京石化学院校办产业管理条例(试行)〉的通知》，这是学校关于校办产业管理的第一个文件；1998年1月，印发了《关于论文发表费用的有关规定》，这是学校第一个关于论文论著方面的管理文件。

表6-2-1　科技处部分管理文件一览表

序 号	文 件 名	发 文 号	发文时间
1	关于设立职务发明奖的决定	［92］校字第68号	1992.9
2	关于科研工作的若干规定	院［94］科字第86号	1994.6
3	北京石化学院科研经费管理规定	科字［95］1号	1995.7
4	北京石化学院科技创收分配规定(试行)	科字［95］2号	1995.7
5	北京石化学院科研项目进度管理的规定	科字［96］1号	1996.1
6	关于参加境外国际学术会议的暂行办法	科字［96］2号	1996.5
7	北京石化学院研究生指导导师工量暂行规定	科字［96］3号	1996.10
8	科研经费(预算)外财务管理实施细则(施行)	科字［96］4号	1996.12
9	印发《北京石化学院校办产业管理条例(试行)》的通知	［97］保字120号	1997.12
10	关于论文发表费用的有关规定	科字［98］第01号	1998.1
11	关于用预算外科研经费支付在职研究生培养费的有关问题的暂行规定	科字［98］02号	1998.6
12	关于参加境外国际学术会议暂行办法的补充规定	科字［98］第03号	1998.6
13	关于预算外科研课题管理费的修改规定	科字［1998］第04号	1998.9

续 表

序 号	文 件 名	发 文 号	发文时间
14	关于加强我院科研工作的实施意见	[98]党字5号	1998.3
15	关于加强科研工作的决定	京石化院［1999］党字第29号	1999.9
16	关于成立我院校办企业改革领导小组的通知	京石化院［2001］科字112号	2001.9
17	北京石油化工学院科技奖励办法（试行）	京石化院科发［2006］12号	2006.1
18	北京石油化工学院科研经费管理办法（试行）	京石化院科发［2006］13号	2006.1
19	北京石油化工学院科研项目管理办法（试行）	京石化院科发［2006］14号	2006.1
20	北京石油化工学院科研基金管理办法（试行）	京石化院科发［2006］15号	2006.1
21	北京石油化工学院专利管理办法（试行）	京石化院科发［2006］16号	2006.1
22	北京石油化工学院关于签订技术合同的规定（试行）	京石化院科发［2006］17号	2006.1
23	北京石油化工学院关于技术保密的规定（试行）	京石化院科发［2006］18号	2006.1
24	北京石油化工学院科技成果转化实施办法（试行）	京石化院科发［2006］323号	2006.12

第三章　课题与成果

第一节　课题与经费

一、课题来源

根据来源不同，科研课题分为自选课题、横向课题、纵向课题。

自选课题　一般由教师根据自己的研究方向及可能前景，自行提出研究课题，经学校科研主管部门组织专家评审后确定立项，并给予少量经费支持。

横向课题　为教师及课题组成员根据生产实际的需求，到厂、矿、公司寻找课题，还有部分课题由学校科研管理部门根据所掌握的信息，协助课题组寻找。这类课题经双方洽谈确定后，由学校出面与厂、矿、公司签订正式研发合同，拨付经费进行研究。

纵向课题　为教师及课题组向政府部门、基金委员会申请而获得的课题，经费由国家财政拨款。

2000年以前，横向课题科研项目主要来自于中国石化总公司以及其下属的厂、矿、公司，如燕化公司，独山子炼油厂，乌鲁木齐石化公司；纵向课题来自于国家基金委、国家科技部。2000年以后，学校科研经费除原有渠道外，又获得了北京市教委、北京市科委、北京自然基金委的支持。

二、部分课题简介

（一）自选课题

由学校经费支持的典型自选课题：1993年支持数理教学部曹晓东进行“指数和估计及其在数论中的应用”研究，其论文发表于《数论学报》等学术刊物上。1994年，支持数理部李林进行“极限环与无穷远性态的研究”，研究结果以专著《无穷远的意义方法和应用》为题发表。

（二）纵向课题

1994年11月，化学工程系尹玉英的“有机化合物分子旋光性的螺旋理论” 是学校获得的第一项国家自然科学基金课题；1999年6月，装备技术研究所蒋力培申请的“球罐全位置智能焊接机器人的研制”是学校获得的第一个“863”计划项目；1997年11月，化学工程系郭文莉申请的“以聚异丁烯为软段的热塑弹性体的合成”是学校获得的第一项国家自然科学基金青年基金项目；2001年2月，孙桂大教授的“石油炼制和基本有机化学品合成的绿色化学”是学校获得的第一项国家“973”计划项目课题。2002年11月，焦向东教授等人的“水下干式管道维修系统”子课题项目，是学校第一项参与国家“863”重大课题的项目。

（三）横向课题

1993年，装备技术研究所的“翅片管自动弧焊工艺与设备的研究”课题获中国石化总公司资助；1996年，机械工程系与燕化公司签订“顺丁橡胶后处理包装线套袋机械手研制”合同，该项目获得中国石化总公司科技进步三等奖；2001年，学校与中石化管道储运分公司共同承担了“长输管道无损检测系统预研究”项目，该项目2004年通过鉴定。

三、经费

1991年，学校获得第一笔科研课题经费6.7万元；1996年，科研经费突破300万元；2001年，达到660万元；2006年，突破1000万元，达到1478万元；截至2007年12月，年度经费达到1260万元。

表6-3-1　历年科研经费一览表

时　间	科研经费到款额（万元）		
	横向课题	纵向课题	经费合计
1991	6.70		6.70
1992	17.65		17.65
1993	14.70	52.00	66.70
1994	64.50	1.93	66.43
1995	33.82	40.00	73.82
1996	347.24	10.80	358.04
1997	296.20	40.00	336.20

续 表

时 间	科研经费到款额（万元）		
	横向课题	纵向课题	经费合计
1998	184.60	12.00	196.60
1999	111.50	31.00	142.50
2000	290.03	174.00	464.03
2001	203.24	457.00	660.24
2002	284.00	457.50	741.50
2003	326.21	290.00	616.21
2004	260.30	373.66	633.97
2005	417.40	192.50	609.90
2006	1235.08	243.00	1478.08
2007	810.75	774.50	1205.85

第二节　科研成果

一、鉴定成果

截至2007年12月，学校共有33项科技成果进行了鉴定。部分鉴定成果列表如下：

表6-3-2　北京石油化工学院部分鉴定成果一览表

序号	成果名称	主要完成人	鉴定形式	鉴定单位	鉴定日期	批准单位	批准日期	批 号
1	196-P型不饱和聚酯树脂的研制	王德生 鲍浪等	会议鉴定	北京燕山石油化工公司	1993.7.6	北京燕山石化公司	1993.7.6	燕化［93］科研鉴字08号
2	异丙基甲苯吸附分离工艺条件研究	佟泽民 吴秉衲等	专家评议	中石化总公司发展部	1994.11.9	中石化总公司	1994.11.16	［1994］中石化鉴字142号
3	射孔弹药型罩γ射线检测仪	史慧生 袁新等	专家评议	中国石油天然气总公司新技术推广中心	1995.11.29	中石油天然气总公司新技术推广中心	1995.11.29	评估意见
4	LF型纤维板用乳化蜡添加剂的研制	李凤艳 刘嘉敏等	专家评议	中石化总公司发展部	1995.7.24	中石化总公司	1995.7.26	中石化鉴字［1995］097号
5	翅片管自动弧焊工艺与设备研究	蒋力培 凌星中等	专家评议	中石化总公司发展部	1996.4.5	中石化总公司技术开发中心	1996.5.6	成果评议意见
6	长水牌新型体育运动器材	于长水等	会议鉴定	北京市科学技术委员会	1996.6.26	北京市科学技术委员会	1996.6.28	鉴字【京科】第626号

续 表

序号	成果名称	主要完成人	鉴定形式	鉴定单位	鉴定日期	批准单位	批准日期	批 号
7	抗氧剂硫化二（叔丁基间甲酚）及其聚合物	吕九琢等	会议鉴定	中石化总公司发展部	1997.3.28	中石化总公司技术开发中心	1997.3.28	
8	由环戊二烯合成多环烯烃动力学研究	佟泽民华栋等	会议鉴定	中石化总公司技术开发中心	1998.2.10	中石化总公司	1998.2.10	中石化鉴字［1998］001号
9	合成粉檀麝香小试放大试验	杨春育晁建平等	会议鉴定	中石化总公司技术开发中心	1998.3.12	中石化总公司	1998.3.13	中石化鉴字［1998］032号
10	顺丁橡胶后处理包装线套袋机械手的研制	孙学俭薛龙等	会议鉴定	中石化总公司技术开发中心	1998.5.15	中石化总公司	1998.5.20	中石化鉴字［1998］070号
11	增效符合射孔技术研究	史慧生袁新等	会议鉴定	中国石油化工集团公司技术开发中心	2000.5.11	中石化集团公司	2000.5.11	中国石化鉴字［2000］第100号
12	无导轨全位置光电实时跟踪球罐智能焊接机器人	蒋力培等	会议鉴定	中国石油化工集团公司技术开发中心	2000.5.26	中石化集团公司	2000.5.26	中国石化鉴字［2000］第243号
13	对二甲苯氧化反应器气含率的实验研究	靳海波佟泽民等	会议鉴定	中国石油化工股份有限公司科技开发部	2003.11.14	中石化集团公司	2003.12.1	中国石化鉴字［2003］
14	对二甲苯氧化反应器流体力学的研究	佟泽民靳海波等	会议鉴定	中国石油化工股份有限公司科技开发部	2003.11.19	中石化集团公司	2003.12.1	中国石化鉴字［2003］
15	内覆不锈钢双金属复合钢管	凌星中等	会议鉴定	嘉兴市科学技术局	2003.12.30	浙江省科学技术厅	2003.12.31	浙科鉴字［2003］第323号
16	长输管道无损检测预研究	佟泽民董晋曦何凤岐等	会议评议	中国石油化工股份有限公司科技开发部	2004.11.18	中石化集团公司科技委	2004.11.18	成果评议意见
17	水下干式高压焊接	焦向东周灿丰等	验收会	海洋石油工程股份有限公司	2004.12.3	海洋石油工程股份有限公司	2004.12.3	“863”项目
18	双金属复合钢管工程放大及应用研究	凌星中等	会议鉴定	中国石油化工股份有限公司科技开发部	2004.12.21	中石化集团公司	2004.12.28	中国石化鉴字［2004］第375号
19	全自动电磁式铁钉包装成套设备	蒋力培焦向东俞建荣等	会议鉴定	北京市科学技术委员会成果奖励办公室	2005.2.28	北京市科学技术委员会	2005.3.2	京科鉴字［2005］第040号
20	对二甲苯氧化反应器(SBCR)传质特性的研究	靳海波佟泽民等	会议评议	中国石化股份有限公司科技开发部	2005.4.29	中石化集团公司科技委	2005.4.29	成果评议意见（201003）

续 表

序号	成果名称	主要完成人	鉴定形式	鉴定单位	鉴定日期	批准单位	批准日期	批 号
21	石油炼制和基本有机化学品合成的绿色化学	孙桂大 周志军 等	验收会	科技部	2005.9.1	科技部		“973”项目
22	硫化二(叔丁基间甲酚)及其聚合物研制扩大试验	吕九琢 等	会议鉴定	中国石化股份有限公司科技开发部	2005.12.22	中石化工集团公司科技委	2005.12.22	中石化股鉴字[2005]第230号
23	环保型高性能电子元件及IC封装用环氧树脂模塑料的研制	杨明山 何杰季 常青等	会议鉴定	广东省科学技术厅	2006.3.21	广东省科学技术厅	2006.3.23	粤科鉴字［2006］第096号
24	环保型高性能热塑性弹性体复合材料	杨明山 何杰季 常青等	会议鉴定	广东省科学技术厅	2006.3.21	广东省科学技术厅	2006.3.23	粤科鉴字［2006］第097号
25	高效复合射孔技术	史慧生 王和平 曹宇欣 等	会议鉴定	北京市科学技术委员会成果奖励办公室	2006.12.13	北京市科学技术委员会	2007.1.22	京科鉴字［2007］第011号
26	射孔压裂控砂技术	史慧生 丁福臣 孙厚利 等	会议鉴定	北京市科学技术委员会成果奖励办公室	2006.12.13	北京市科学技术委员会	2007.1.22	京科鉴字［2007］第012号
27	加氢裂化高压空冷器腐蚀防护技术攻关	任晓光 谢云峰 宋永吉 等	会议鉴定	中国石油化工股份有限公司科技开发部	2007.07.13	中石化股份有限公司	2007.08.13	中石化股鉴字[2007]第35号

二、获奖成果

截至2007年12月，学校先后有52项成果获得各种等级的奖励，部分获奖成果列表如下：

表6-3-3　北京石油化工学院自然科学类部分获奖成果一览表

序号	项目（成果）名称	主要完成人	完成单位	申报奖项	获奖级别	奖励日期	批准单位
1	冬用船舶下水蜡、上光蜡及LF型乳蜡添加剂	李凤艳 刘嘉敏 孙桂大	北京石油化工学院	1996年中石化总公司科技进步奖	三等	1997.1	中石化总公司评委会办公室
2	《有机化学》、《化工计算》和《化学反应工程》	尹玉英 郁浩然 佟泽民	北京石油化工学院	1996年中石化总公司科技进步奖	三等	1997.3	中石化总公司评委会办公室

续 表

序号	项目（成果）名称	主要完成人	完成单位	申报奖项	获奖级别	奖励日期	批准单位
3	硫化二(叔丁基间甲酚)及其聚合物的研制	吕九琢 胡应喜 袁光 鲍浪 刘文涛 徐亚贤	北京石油化工学院	中石化总公司科学技术进步奖	三等	1998.2	中石化总公司科技奖励评审委员会办公室
4	合成粉檀麝香小试放大试验	杨春育 晁建平 焦玉海 佟泽民	北京石油化工学院	中国石油化工集团公司科学技术进步奖	三等	1999.1	中石化集团公司科技奖励评审委员会办公室
5	顺丁橡胶后处理包装线套袋机械手研制	孙学俭 薛龙 董晋曦 张松友	北京石油化工学院	中国石油化工集团公司科学技术进步奖	三等	1999.1	中石化集团公司科技奖励评审委员会办公室
6	绿色石化技术的科学与工程基础	孙桂大	北京石油化工学院	科学技术进步奖	一等	2003	中石化集团公司
7	全位置智能焊接机器人	蒋力培 焦向东 陈强 薛龙 李明利 马洪泽 孙振国 董晋曦	北京石油化工学院	北京市科学技术奖 中国石油和化学工业协会科技进步奖	二等	2005.2.1 2004.12.20	北京市人民政府 中国石油和化学工业学会
8	全自动电磁式铁钉包装成套设备	蒋力培 李晓星 王立 焦向东 俞建荣 于崇水 张甲英 马宏泽	北京石油化工学院	中国石油和化学工业协会科技进步奖	三等	2005.10.12	中国石油和化学工业协会
9	双金属复合钢管工程放大及应用研究	凌星中 陈鸣皋 沈纯厚 王瑞金 王宝山 凌峰 吴波 俞建荣 崔卫韬	北京石油化工学院	北京市科学技术奖 中国石油和化学工业协会科技进步奖	三等	2006.3.29 2005.10.12	北京市人民政府 中国石油和化学工业协会
10	废泡沫塑料热解制苯乙烯改进技术	丁福臣 靳广洲	北京石油化工学院	北京市“彩虹工程”优秀成果奖		2006.6	北京市乡镇企业局
11	北京市双桥燕京中药饮片厂产业信息系统建设	易久 张幸	北京石油化工学院	北京市“彩虹工程”优秀成果奖		2006.6	北京市乡镇企业局
12	集散系统中控制器优化整定软件包的开发	谢祖荣 戴波	北京石油化工学院	中国石化集团科学技术进步奖2006年度燕山石化公司科技进步奖	三等 一等	2007.6 2007.4	中国石油化工集团公司 中国石油化工股份有限公司北京燕山分公司
13	高效复合射孔技术	史慧生 王和平 杨京伟 等	北京石油化工学院	中国石油和化学工业协会科技进步奖	三等	2007.10.18	中国石油和化学工业协会
14	射孔压裂控砂技术	史慧生 丁福臣 袁新 杨京伟等	北京石油化工学院	中国石油和化学工业协会技术发明奖	三等	2007.10.18	中国石油和化学工业协会
15	高性能环保型大规模集成电路封装用环氧树脂模塑料的研制	杨明山 何杰 季常青 等	北京石油化工学院	中国石油和化学工业协会科技进步奖	二等	2007.10.18	中国石油和化学工业协会
16	全自动电磁式铁钉包装成套设备	蒋力培 俞建荣 焦向东 等	北京石油化工学院	中国机械工业科学技术奖	三等	2007.12.30	中国机械工业联合会 中国机械工程学会

表6-3-4　北京石油化工学院其它类别部分获奖成果一览表

序号	项目（成果）名称	主要完成人	完成单位	申报奖项	获奖级别	奖励日期	批准单位
1	中国石化企业竞争能力综合评价	王伯安 朱直平 陈彦玲 陈首丽 闫笑非	北京石油化工学院	中石化集团公司科学技术进步奖	三等	1999.1	中石化集团公司科技奖励评审委员会办公室
2	《浅谈中国优秀传统文化对世界的影响》	刘希明	北京石油化工学院	紫荆花教育科研成果奖中被评为优秀学术论文，同时被收入《当代教育名家论坛》一书		2000.4.16	新世纪国际教育论坛成就颁奖大会
3	《大学生树立正确世界观的障碍及其消除》	罗道全	北京石油化工学院	全国化工高教学会奖	三等	2000.12.12	全国化工高教学会
4	《德育内容的时代特征》	刘希明	北京石油化工学院	全国化工高教学会奖	三等	2000.12.12	全国化工高教学会
5	《关于国家创新体系 的若干思考》	董晋曦	北京石油化工学院	中国高教学会第五次优秀高教研究论文评奖	三等	2001.9	中国高教学会
6	中国石化集团引进高校毕业生工作机制探讨	张　祥	北京石油化工学院	中国石油化工集团公司科学技术进步奖	三等	2003.4.10	中石化集团公司
7	北京市汽车尾气污染统计分析及治理对策	王伯安 吴海燕 陈彦玲 张超英 孙卫民	北京石油化工学院	第七届全国统计科学研究优秀成果奖	三等	2004.7	中华人民共和国国家统计局
8	21世纪初影响高校德育实效性因素及对策 研究	罗道全 杨京伟 陈　红	北京石油化工学院	第五届全国石油和化工行业优秀信息成果(论文资料)奖	二等	2004.11.4	中国石油和化学工业学会
9	北京六合农业发展有限公司综合开发研究	陈彦玲等	北京石油化工学院	北京市“彩虹工程”优秀成果奖		2005.3	北京市乡镇企业局
10	清水镇旅游规划及旅游休闲产业开发	李明伟等	北京石油化工学院	北京市“彩虹工程”优秀成果奖		2005.3	北京市乡镇企业局
11	中国石化集团引进高校毕业生工作机制研讨	北京石油化工学院	北京石油化工学院	中国石油化工集团公司科学技术进步奖	三等	2003.4.10	中国石油化工集团公司
12	北京市彩虹工程	北京石油化工学院科技处	北京石油化工学院	北京市“彩虹工程”优秀组织奖		2005.3 2006.6	北京市乡镇企业局
13	《技术经济与管理》	闫笑非	北京石油化工学院	2006年北京高等教育精品教材		2007.3	北京市教育委员会
14	认识型教学中的大学生音乐——节奏智能培养	童江梅	北京石油化工学院	第二届北京大学生艺术展演艺术教育科学论文	一等	2007.11.1	北京市教育委员会

三、专利申请与授权情况

学校于1992年9月制订了“职务发明奖”条例。自1991年6月申请第一项专利以来，共申报了125项专利，60项获得授权。其中发明专利76项，获得授权24项，处在审查阶段的46项；实用新型专利49项，获得授权36项，审查阶段的12项。1992年7月15日，董晋曦发明的“等温循环汽液相平衡釜”是学校获得的第一项授权专利。

表6-3-5 专利申请及授权情况一览表

年 份	专利申请及授权数量			
	发 明	实用新型	合 计	已授权数
1991		1	1	1
1992	2	4	6	5
1993	2		2	
1996	1		1	1
1997	2		2	2
1998	4	3	7	7
1999	2	3	5	4
2000	2	1	3	3
2001	3	1	4	4
2002	4		4	4
2003	8	3	11	9
2004	9		9	1
2005	4	4	8	4
2006	17	20	37	17
2007	23	15	38	4
累计	83	55	138	66

第四章　出版物

第一节　《北京石油化工学院学报》

《北京石油化工学院学报》的前身是北京石油化工专科学校《教学科研论文集》。1987年10月，学校成立了《教学科研论文集》编辑委员会，王笃之任编委会主任，尹玉英任副主任。论文集每年一期，共出版了七期。

1993年，中国石油化工集团公司及新闻出版署批准出版《北京石油化工学院学报》，为半年刊，非正式出版物（内部刊物）。同年4月成立了《北京石油化工学院学报》编辑委员会和学报编辑部，编辑部行政关系隶属学校科研处。1998年9月，中国石油化工集团公司及新闻出版署批准《北京石油化工学院学报》转为正式学报类期刊，半年刊，同时获得国内外统一刊号CN11—3981/TE。2001年，新闻出版署批准《北京石油化工学院学报》由半年刊改为季刊。1993年至1999年，王秀茹任常务副主编；1999年至2006年，应金良任常务副主编。

《北京石油化工学院学报》是一种自然科学综合性的学术刊物，主要刊登数学、物理学、化学、化学工程及工艺、高分子化工及材料、工业分析、化工设备与机械、机械电子工程、工业自动化及计算机科学等方面的学术论文、科研报告等。

《北京石油化工学院学报》自创刊以来，严格按照国家《出版管理条例》、《中华人民共和国著作权法》、《科学技术期刊管理办法》、《高等学校学报管理办法》、《中国高等学校自然科学学报编排规范》等一系列国家的有关法律和法规进行选题、组稿和编辑加工，创刊以来共出版了15卷40期，并获得多种奖励：1995年获北京高校系统自然科学学报“三优”评比二等奖；1996年荣获中石化总公司优秀科技期刊评比三等奖；2001年荣获中国石油化工集团公司期刊审读评比三等奖;2005年荣获年度北京科技技术期刊编辑学会先进会员称号。

经过十四年的发展，学报的影响因子逐年增加，分别被多家期刊数据库收录。

表6-4-1　引证报告具体数据一览表

项　目	总被引频次	影响因子
2005年	23	0.161
2006年	41	0.237

1995年12月，被中石化集团公司的科技期刊全文数据库收录，并成为中国石化文摘的刊源，被该文摘列为核心期刊。2003年7月，成为中国学术期刊综合评价数据库统计源期刊,同时被中国期刊全文数据库收录。2003年8月,被“万方数据—数据化期刊群”收录。2005年4月，被华艺数位艺术股份有限公司的期刊数据库收录。2005年5月，被重庆维普资讯有限公司“中文科技期刊数据库”收录。2007年6月《北京石油化工学院学报》经中国科学技术信息研究所多项学术指标综合评定及同行专家评议，被收录为“中国科技论文统计源期刊（中国科技核心期刊）”。

第二节 《高教研究》

北京石油化工学院《高教研究》的前身是北京石油化工专科学校《教学科研论文集》。

1993年12月，《高教研究》由中国石油化工集团公司（原中国石油化工总公司）及新闻出版署批准出版，为半年刊，非正式出版物（内部刊物）。同年成立了《高教研究》编辑委员会和编辑部。1993年12月至1995年6月，编辑部行政关系隶属学校高教研究室（校直属机构），金振夏任副主编；1995年6月至2000年1月，行政关系隶属教务处，其中，1995年6月至1998年6月，马裕华任副主编；1998年6月至2000年1月，丁明任副主编；2000年1月至2006年6月，编辑部行政关系隶属科技处，韩占生、应金良任副主编；2006年6月至今，编辑部行政关系划归教学评估与研究中心，闫笑非、陈运辉任副主编。

《高教研究》是北京石油化工学院主办的高等教育研究类的内部学术性刊物。以探索和研究高等教育理论与实践问题、交流学校教育教学改革的成功经验、服务高等教育的改革和学校发展为宗旨，以反映学校高等工程教育和实践特色为基本出发点，是一个广大教职员工共同参与构建的校内教学研究与改革学术交流平台。刊物设有院校研究、学科专业建设、课程建设与改革、教学管理研究、质量监控、教学评估、人才培养模式、工程教育、专业学术研究、教学改革成果介绍等栏目。1993年底创刊，至今已出版26期。

第五章 学术活动与论文著作

第一节 重要学术活动

1990年9月1日，日本富士通电机株式会社的代表一行四人来校参观并就双方技术交流问题举行了会谈。中国石化总公司国际事业公司科技处李树青处长等参加了会谈。

1992年5月11日至13日，中国石化总公司在学校召开了直属高校科技座谈会。

1993年3月9日，学校召开首届科技报告会，大会提交学术论文二十余篇。

1994年9月8日，中国科学院陈俊武院士来校作《石油加工技术的进展》学术报告，同来的还有中国科学院院士、工程院院士闵恩泽，中国科学院院士陆婉珍，中国工程院院士李大东、徐承恩，学校授予五位院士名誉教授称号。

1995年10月31至11月3日，学校共有11项科研成果参加了中石化总公司在广州举办的本系统精细化工技术交易会。

1997年4月3日，台湾新竹清华大学化工系汪上晓教授、台湾张庚大学化工系钱义隆教授来校进行学术交流。

1998年9月11日，台湾东海大学许武军教授来校作了题为“石油化工的新进展”的学术报告。

2001年5月10至15日，在“第四届中国北京高新技术产业国际周及中国北京国际科技博览会”上，学校《无导轨全位置光电实时跟踪球罐焊接机器人》等十多项科研成果参展。

2001年11月14日，中科院院士彭少逸来校做了题为“催化剂在临界状态下作用机理”的学术报告。

2002年5月25至26日，学校承办第二届电磁波波速学术会议，有来自国内外著名大学及学术机构的代表共计40余人到会。

2002年9月22日，北京石油学会第四届青年学术年会在学校举行，两院资深院士侯祥麟、中国工程院院士徐承恩来校，勉励青年科技工作者为我国石化工业多作贡献。

2004年6月24日，联合国环境规划署（UNEP）环境经济研究中心资深经济学家、可持续发展项目组协调人、气候变化政府间科学评估组织（IPCC）项目协作小组组长Kirsten Halsnas女士（丹麦）来学校作学术交流。

2004年11月5日，北京石油协会、北京石油化工学院共同举办清洁燃料技术研讨会。

2006年6月2日至4日，学校主办“现代基础科学发展论坛”国际会议。

2006年12月27日，北京石油学会青年工作委员会成立大会暨农村可再生能源研讨会在学校举行。

2007年4月，举办第一届中挪能源与资源综合利用国际研讨会。

第二节　论文及著作

表6-5-1　2001年至2006年度学校三大科学引文索引排名情况

年　度	学校在国内高校中排名		
	SCI收录	EI收录	ISTP收录
2001	246	101	
2002	302	133	214
2003	230	165	250
2004	226	214	183
2005	223	206	162
2006	235	247	266

表6-5-2 1991年至2007年度全校论文发表情况统计表

发表年	著作			发表论文			国际检索论文		
	专著	编著	教材	国际发表	国内发表	国际会议论文	SCIE	EI	ISTP
1991				1	60				
1992				2	29				
1993	2	1	2	2	99				
1994		6	1	2	135	8		3	
1995		10	1		140	4		4	
1996	1	6	1	1	232	4		4	
1997		6	2	3	194	6		2	
1998		9		4	196	2		1	
1999		6	4		266	5	1	3	
2000		13	2	1	288	14	5	1	
2001		11	4	7	422	16	3	10	
2002	3	5	9	6	461	4	2	8	2
2003		13	14	5	410	12	6	8	2
2004	4	20	2	11	395	20	8	6	5
2005	1	28	3	13	396	28	16	18	17
2006	4	5	13	18	401	28	18	11	8
2007	2	6	5	32	529	102			

第六章 科技服务与校办产业

第一节 科技服务

科技服务由科研主管部门和各二级学院、系、部进行策划管理，并制定相应政策，主要有以下三种服务形式：承接厂矿企业横向科研课题，进行技术服务；把已有成果推向技术市场；为北京地区经济发展出谋划策，促进地方经济发展。

一、横向科技服务

学校最初的科研工作是从为石化企业解决生产中的实际需求的横向科研课题开始的。例如，1992年为燕山石化公司完成的合成橡胶生产过程仿真模拟培训系统软件，在青年工人岗前培训中起到了很好的作用。1995年4月，由佟泽民副院长带队向正在集训的国家女排赠送学校石强厂研制的排球专项训练器，郎平主教练代表女排接受捐赠。1996年完成的顺丁橡胶后处理包装线套袋机械手，解决了包装线装袋过程中工人劳动强度大、费时、费工的难题，该项目1998年获中石化总公司科技进步三等奖。这些技术服务贴近生产实际，很好的解决了生产中的技术难题，产生了直接的社会效益与经济效益。

二、技术推广

科技处于2004年和2005年先后编印了两集《学校科技成果汇编》，介绍了学校60多项科技成果，并在各种相关场合进行散发推介。学校还加入了北京科技协作中心，参加了其组织的各类技术交易会、洽谈会及北京、上海和深圳的国际科技产业博览会等。2001年5月，在“第四届中国北京高新技术产业国际周及中国北京国际科技博览会”上，《无导轨全位置光电实时跟踪球罐焊接机器人》等十多项科研成果参展。2004年5月，参加“第二十一届河北省经贸洽谈会”和“第五届河北廊坊5·18国际商务节”，还组团分别参加了第七届中国北京国际科技产业博览会和2004年嘉兴市科技合作交流会。2005年11月，组团参加了在上海浦东新国际展览中心举办的“第七届上海国际工业博览会”。

三、为地方经济发展服务

2002年以来，学校根据自己在化工、经济、旅游等学科方面的优势，参加了北京市乡镇企业局联合举办的“彩虹工程”项目，为北京周边区县完成了“北京六合农业发展有限公司综合开发研究”、“清水镇旅游规划及旅游休闲产业开发”、“废泡沫塑料热解制苯乙烯改进技术”、“北京市双桥燕京中药饮片厂产业信息系统建设”等研究项目。

以能源经济研究中心为主，先后完成了“北京远郊区县经济发展的比较研究”、“北京都市经济圈竞争能力评价研究”、北京市十五规划项目“京郊循环经济模式研究”等课题。“北京市汽车尾气污染统计分析及治理对策”还获得了国家统计局第七届全国统计科学研究优秀成果三等奖。为学校所在地大兴区完成了“农村能源与生态发展规划”、“十一五农村能源建设规划”、“大兴区节能降耗实施方案”等多项编制工作。完成的“大兴区十一五规划年度评估报告”，为地方政府主管部门提供了政策实施的理论依据。

第二节　校办产业

上世纪80年代，全国高校掀起了校办产业的高潮。其初衷一是实现教学、科研、生产的三结合，更好的为教学服务；二是作为高新技术的孵化器，更快的把一些高技术推向市场；三是获得经济效益，弥补办学经费的不足。学校的校办企业正是在全国的这种热潮下于80年代末办起来的。

1989年8月，学校通过了《关于成立校办工厂筹建组的通知》的决定，任命陈明荣为筹建组组长。1991年3月，聘任陈明荣为校办工厂厂长，工厂产品为轨梁油及润滑油。1991年9月，聘任陈沙鹏为校办工厂厂长。1992年11月学校对校办工厂进行了改制，成立石开实业公司，1993年3月，副院长严庆国兼任石开公司董事会董事长，陈沙鹏任经理。公司以生产润滑油为主。

1991至1997年，学校又先后成立了十几家企业，它们是：石化思达应用技术研究所、装备技术研究所、兴化小卖部、上海石效科技开发公司（学校参股）、石光技术公司、海南八达实业公司（学校参股）、淄博万达利特种气体公司（合作经营，参股）、北京团格文化科技发展中心、北京濠而森技术发展公司、市内招待所、石强新型运动器材厂、娜胜宏销售服务中心、石兴建筑公司、设计所、加油站、石兴伟物资销售中心等。

国务院于2000年提出了对校办产业进行清理整顿，其核心思想是学校要与校办企业脱钩，不能直接管理企业，而应以资产或无形资产投资办企业，以此避免办企业给学校所带来的各种风险。在这一精神和北京市校办产业管理中心的指导下，学校于2001年9月成立了校办企业改革领导小组（副院长徐土旺兼任组长），开始对学校的校办企业逐个论证，进行清理整顿。学校产业改革领导小组根据国家政策和学校意见，在北京市教委校办产业管理中心的指导下，按照程序，请审计、工商、税务等部门，对这些企业逐一进行了清理和完税稽查、固定资产回收工作。2005年底，这些校办企业逐一关闭。2006年初，学校在科技成果转化工作上加大了力度，已经有一些成果的研究人员和相关企业进行接触和探讨，寻求新的发展途径和模式，为学校的社会科技服务工作打开了一个新的局面。

学校校办企业的管理体制较为复杂。如1989年8月，北京石油化工专科学校校办工厂成立，直属学校管理；1993年4月，成立北京石油化工学院招待所，由学校办公室管理直至2002年后归科技产业处管理。1994年校产办公室成立之前，部分企业（包括思达应用技术研究所、装备技术研究所、石光技术公司、石强公司、石开技术公司、石兴公司、团格文化中心、设计所等）归科技开发部（及后成立的科技办公室）直接管理。1994年1月成立校产办公室；6月，制定了校办产业管理条例；10月，召开校办产业工作会议，修改“校办产业管理条例”，明确校办产业发展方向。这一期间，除思达应用技术研究所和装备技术研究所外，其它产业均由校产办公室管理。1999年12月，学校进行管理体制改革，决定撤销校产办公室，其管理功能由科研处与校产办公室合并而成的科技产业处承担。

第七篇　教学单位

北京石油化工学院
1978-2008

第一章 化学工程学院

第一节 沿革

一、机构沿革

1978年建校初期，学校成立了化学教研组。同年10月，设立化学工程专业（包括化学工程专门化和高分子专门化）。1980年7月，成立分析化学教研室；1981年7月，成立工业分析教研室和化学工程教研室；1983年9月，成立化工分析教研室，均直属教务处。这一时期有教职员十余人，1982年来校工作的佟泽民是当时第一位具有研究生学历的化学工程专业教师。1986年1月，化工系成立，下设有工业分析、化学工程和物理化学三个教研室。到1987年，化工系有教职工44名，其中专任教师37名，教辅人员7名。1990年，成立高分子教研室和石油加工教研室。

1993年，化学教研室由基础部划归到化学工程系。1997年初，设立基础化学、物理化学、化工原理等三个课程教研室和化学工程与工艺、高分子、工业分析等三个专业教研室。1999年，化学工程系有教职工78名，其中高级职称23人，中级职称37人，博士5人，硕士38人。

2000年1月，学校调整院、系（部）、教研室行政建制，成立材料与化工学院，下设基础化学教学与实验中心、化学工程系、材料工程系和应用化学系。为推动学科建设和科研工作的发展，材料与化工学院在2000年、2001年先后成立了现代化工技术研究所、绿色化学与催化新材料研究所。

2003年7月，学校调整改革教学科研机构，材料与化工学院下设化学工程系、材料工程系、应用化学系、基础化学教学与实验中心、现代化工技术研究所、绿色化学与催化材料研究所等六个教学科研基层组织。2006年6月，学校进一步整合学科资源，在原材料与化工学院的基础上成立化学工程学院和学校直属的材料科学与工程系。

2007年12月，化学工程学院下设有基础化学教学与实验中心、化学工程系、应用化学系、教学办公室、学生工作办公室等基层组织。开办化学工程与工艺、应用化学两个专业。有教职工57人，其中专任教师45人，另有在学校机关管理岗位工作的“双肩挑”教师6名。专任教师中高级职称的比例为68.9%，具有研究生学历的比例为84.4%。

1993年，化学工程系开始与北京服装学院联合培养硕士研究生。1999年，开始与北京化工大学、石油大学（北京）联合培养博士研究生。之后规模不断扩大，2001年，材料与化工学院实现对硕士研究生的全过程培养。到2007年12月，已累计联合培养硕士研究生78名、博士研究生9名。

化学工程学院党的基层组织最早建立于1986年，即化工系党支部。1995年3月，建立化工系党总支，选举产生了化工系党总支委员会。2000年、2003年，材料与化工学院相继选举产生了两届党总支委员会。2006年10月，化学工程学院召开党员大会，选举产生了新一届党总支委员会，下设3个教工支部、3个学生支部。

二、历任领导

表7-1-1　化学工程学院历任领导更迭表

机构名称	职务	姓名	任职时间
工业分析教研室	主　任	周宏亮	1981至1984
化工专业教研室	副主任	刘素梅	1982至1983
化工专业教研室	副主任	郁浩然	1983至1985
工业分析教研室	副主任	李振亮	1984至1986
工业分析教研室	主　任	马裕华	1985.3至1985.12
化工专业教研室	主　任	佟泽民	1985.3至1985.12
化工系	党支部书记	张存旺	1986.1至1989.2
化工系	副主任	佟泽民	1986.1至1990.8
化工系	副主任	唐瑞昆	1988.9至1989.11
化工系	党支部书记	唐瑞昆	1989.11至1995.3
化工系	主　任	佟泽民	1990.8至1991.7
化工系	主　任	唐瑞昆	1991.12至1996.4
化工系	副主任	顾　凯	1991.12至1993.10
化工系	副主任	张存旺	1992.4至1995.3
化工系	党支部副书记	薛贵翔	1993.5至1995.2
化工系	党总支副书记	高秀云	1995.1至1997.7
化工系	党总支书记	张存旺	1995.3至1995.7
化工系	副主任	薛贵翔	1995.3至1996.9
化工系	兼党总支书记	唐瑞昆	1995.8至1998.4
化工系	副主任	郭文莉	1995.8至1996.12
化工系	副主任	曹长兴	1995.8至1997.1
化工系	主　任	郭文莉	1996.12至1998.10
化工系	副主任	张玉喜	1997.1至1998.1
化工系	党总支副书记	赵盛伟	1997.7至1998.5
化工系	副主任	丁福臣	1998.1至1998.11

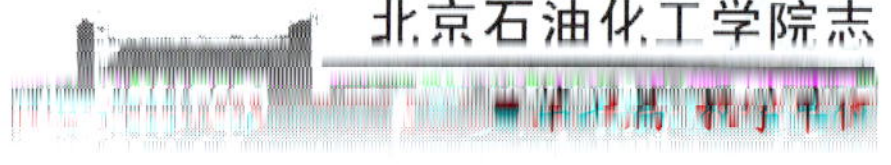

续 表

机构名称	职 务	姓 名	任 职 时 间
化工系	党总支书记	赵盛伟	1998.5至1999.11
化工系	主 任	丁福臣	1998.11至1999.12
化工系	副主任	徐自力	1999.3至1999.12
材料与化工学院	党总支副书记（主持工作）	徐自力	2000.1至2003.4
材料与化工学院	党总支副书记兼副院长	李翠清	2000.1至2003.6
材料与化工学院	院 长	丁福臣	2000.1至2003.6
材料与化工学院	副院长	赵如松	2000.1至2003.6
材料与化工学院	副院长	赵天波	2000.1至2003.6
材料与化工学院	党总支书记	周志军	2003.5至2006.6
材料与化工学院	院 长	赵如松	2003.7至2006.7
材料与化工学院	副院长	李翠清	2003.7至2006.7
材料与化工学院	党总支副书记兼副院长	高 峰	2003.7至2006.7
化学工程学院	院 长	赵如松	2006.7至今
化学工程学院	党总支书记	李翠清	2006.7至今
化学工程学院	副院长	宋永吉	2006.7至今
化学工程学院	党总支副书记兼副院长	高 峰	2006.7至今

三、师资概况

表7-1-2 化学工程学院专任教师职称结构表

年 度	教师总数	正高级职务		副高级职务		中级职务		初级及以下职务	
		人 数	比例(%)	人 数	比例(%)	人 数	比例(%)	人 数	比例(%)
1987	37	0	0	0	0	10	27	27	73
1996	60	2	3．3	13	21.7	32	53.3	13	21.7
2007	45	8	17.8	23	51.1	13	28.9	1	2.2

表7-1-3 化学工程学院专任教师学历结构表

年 度	教师总数	博士研究生		硕士研究生		本科生	
		人 数	比例(%)	人 数	比例(%)	人 数	比例(%)
1987	37	0	0	5	13.5	32	86.4
1996	60	1	1．7	38	63.3	21	35
2007	45	20	44.4	18	40	7	15.6

表7-1-4　化学工程学院专任教师年龄结构表

年　度	教师总数	35岁以下		36～45岁		46～55岁		56岁以上	
		人 数	比例(%)	人 数	比例(%)	人 数	比例(%)	人 数	比例(%)
1987	37	25	67.5	8	21.6	3	8.2	1	2.7
1996	60	40	66.7	6	10	11	18.3	3	5
2007	45	12	26.7	28	62.3	4	8.8	1	2.2

第二节　教学、科研与对外交流

一、教学

（一）专业设置

1978年10月，开设化学工程专业① （包括化学工程专门化和高分子专门化），当年招收第一届本科学生，计41名② 。到1981年，该专业连续招收了四届本科学生③ 。1983年2月，经北京市高等学校分校学士学位联合评定委员会批准，1978级化学工程专业39名毕业生被授予学士学位，是学校最早获得学士学位的学生。

1981年，化学工程专业招收第一届专科生，计34名。1983年，增设工业分析专业，招收第一届夜大专科生，计43名。1986年，开设高分子化工专业，当年招收35名专科生。1989年，增设石油加工专业，招收20名专科生。1991年，与北京化工学院化学工程系合办化学工程本科专业，当年招收30名本科生。

1993年，学校升格为本科院校，化学工程系首次在全国范围内招收本科生，共招收化学工程、工业分析、石油加工和高分子化工四个专业135名本科生。同年，化工系对专业进行整合，组合成化工工艺专业，并开设高分子材料专业。

1995年，化学工程系对专业结构进行调整，将化学工程、化工工艺、石油加工等专业方向合并为化学工程与工艺专业类。高分子化工、高分子材料合并为高分子化工及材料类。1月，新增应用化学专业，12月，根据市场对人才的需求，学校决定应用化学本科专业暂停招生。1998年3月，化学工程、工业分析、高分子化工、化学工程（石油加工）等四个专业获得学士学位授予权，1998年5月和1999年5月，高分子材料与工程专业和化工工艺专业相继获得学士学位授予权。

1994年、1995年、1996年在山东连续招收了三届化工工艺专业的委托培养专科生，此后停止招收专科生。

2000年1月，成立材料与化工学院，开办化学工程与工艺（工科）、高分子材料与工

① 1978年9月，以北京石油化工学校名义招收了一届化工工艺专业中专学生，计38名。

② 1979年2月29日报到入学。

③ 1978年，经北京市人民政府批准，北京石油化工专科学校兼办北京化工学院第二分院。1982年，北京市调整分校，北京化工学院第二分院停办，从1982年开始停招本科生，只招专科生。

程（工科）和应用化学（理科）等三个本科专业。2006年6月，成立化学工程学院，开办化学工程与工艺、应用化学两个本科专业。其培养方案体现了“加强基础、拓宽专业、强化实践、突出能力、面向应用、注重创新，体现素质教育和个性化教育”的方针。

化学工程与工艺专业：以培养具备化学工程与工艺方面的知识，能在化工、炼油、冶金、能源、材料、轻工、医药、食品、环保和军工等部门从事工程设计、技术开发、生产技术管理和科学研究等方面工作的高级工程技术人才为目标。毕业最低修读198学分，其中普通教育89学分，专业教育93学分，综合教育16学分。专业招生规模为120人/年，授予工学学士学位。主要课程有《现代基础化学》、《有机化学》、《物理化学》、《化工原理》、《化学反应工程》、《化工热力学》、《化工过程分析与合成》和《化工设计》。1998年12月，化学工程与工艺专业被评为中国石化集团公司直属高校重点建设专业，2002年“化学工艺”学科被列为北京市重点建设学科，并成为北京市环保与资源综合利用人才培养与产学研基地的主要支撑学科。2005年，该专业获北京市教育委员会品牌专业立项建设。

应用化学专业：以培养具备化学的基本理论、基础知识、基本技能以及相关工程技术知识，受到基础研究和应用基础研究方面的科学思维和科学实验训练，具有运用所学知识和实验技能进行应用研究、技术开发和科技管理工作能力，能在企业、公司、科研机构、高等学校以及行政事业部门从事与化学有关的应用开发、科学研究、教学工作、技术监督及管理工作的高级专门人才为目标。设有精细化工、工业分析两个专业方向。毕业最低修读196学分，其中普通教育89学分，专业教育91学分，综合教育16学分。专业招生规模为90人/年，授予理学学士学位。主要课程有《无机化学》、《分析化学》、《有机化学》、《物理化学》、《化工原理》、《仪器分析》、《精细化学品化学》和《应用化学专业实验》。

（二）课程建设与教材建设

1991年，中石化总公司对《物理化学》等三门课程进行评估，课程建设情况受到专家好评。1996年，《物理化学》被评为校级一类课，1997年1月，又被评为中石化集团公司优秀课程。1998年10月，《有机化学》被评为校级一类课。2004年《化工原理》被评为校级精品课。2005年《无机化学》、《物理化学》、《有机化学》等3门课程被评为校级精品课，《大学化学》等8门课程被评为校级优质课程。2006年《化学反应过程》被评为校级精品课，《化工专业实验》等2门课程被评为校级优质课，《化工原理》被评为北京市精品课程。2007年《实验化学》被评为校级精品课，《石油加工工艺学》等2门课程被评为校级优质课。

1995年12月，郁浩然主编的《化工分离工程》及《化工计算》、尹玉英主编的《有机化学》获得学校首届优秀教材奖。1997年3月，《有机化学》、《化工计算》和《化学反应工程》（佟泽民主编）等教材获得中石化总公司1996年科技进步三等奖。

（三）教学改革

1998年9月，学校决定对98级化学工程与工艺专业两个班进行教学改革试点。改革内容包括深化课程体系和教学内容的改革，加强工程设计能力和实践能力的培养；改革教学中偏重讲授的教学方法，积极探索和实践启发式、讨论式、研究式等师生互动的教学方法，充分利用现代化的教学手段，加大课程信息量，有意识地培养学生的自学能力和创新能力；采用口试、笔试、动手操作、开卷、闭卷、写报告等灵活多样的考试方法，达到提高学生能力和素质的目的。

1999年10月，罗国华主持的《开设化学工程与工艺专业综合设计性实验的研究与实践》被批准为北京市教委教学改革试点项目。该项目结合化学工程与工艺学科特点和学校办学特色，对传统的验证性实验教学模式进行改革，突出综合设计性，使学生的动手能力、综合能力、创新能力得到全面提高。项目于2004年获得北京高等教育教学成果二等奖。

2000年8月，赵如松主持的《石油化工工程实践教学体系的构建与实践》被批准为教育部“新世纪高等教育改革工程”项目。该项目在教改实践中初步构建了以设计为主线的化工实践教学体系，为培养学生实践能力和创新能力创造了良好基础。

2000年，在学生课外科技活动的基础上，启动大学生研究训练计划（URT），突出培养大学生的创新意识和创造能力。

2005年9月，考虑到北京高等教育进入普及化的现实，基础化学教学与实验中心先后对《基础化学》、《有机化学》、《物理化学》等课程实施分层次教学，积极探索因材施教的有效措施。

（四）产学研合作与服务社会

2003年11月，材料与化工学院和秦皇岛天秦塑胶工业有限公司签署协议，共建“天秦新型材料研究室”，并在该公司建立了高分子材料与工程专业的生产实习基地。

2005年3月开始，派出部分应届毕业生到中国航天液体推进剂研究中心进行毕业设计。8月，聘请该中心李亚禄研究员为兼职教授。2005年、2006年共有15名同学在该中心完成毕业设计，6名同学毕业后到该中心就业。双方于2005年8月签署互助合作协议，开展部分合作研究。

2006年10月，在北化恒业精细化学品有限公司（河北省固安县）挂牌成立实习基地。有化学工程与工艺专业和应用化学专业的部分学生在该公司实习，双方计划在精细化工领域开展合作研究。

二、科研

（一）科研论著

1999年，共发表论文63篇，其中26篇在国内核心期刊发表。2004至2005年，共发表论文97篇，其中56篇在国内核心期刊发表，5篇在国外期刊发表。2004年，有7篇论文被三大检索收录，分别是SCIE 5篇，EI 2篇。

2000年12月，尹玉英、刘春蕴完成专著《有机化合物分子旋光性的螺旋理论》。该著作是国家自然科学基金资助的课题的总结，创建的理论引起我国学术界的极大关注。2002年1月，《绿色石化技术的科学与工程基础》（孙桂大编写）由中国石化出版社出版。

2004年1月，《绿色溶剂——离子液体的合成与应用》（李汝雄编写）由化学工业出版社出版。2006年1月，《制氢储氢技术》（丁福臣、易玉峰编著）由化学工业出版社出版。

（二）科研成果

1990年3月，“石油化工工艺计算软件”，转让给燕山石油化工公司教育处，用于燕化工程师进修班的教学。1991年1月，“燕化公司化工二厂苯乙烯装置生产二乙烯基苯可行性研究” 通过了燕化化工二厂验收。1993年5月，由化学工程系和应用技术研究所共同完成的特殊用途“喷涂油墨”生产技术以4万元人民币转让成功，是学校转让成功的第一项科研成果。

1992年以前，化学工程系的年度科研项目数平均在5项以下，年度项目经费平均在10万元以内。1993年后，科研项目及经费呈现逐年递增态势。2000年至今，承担各类纵、横向项目120余项，项目总经费1000余万元。其中国家级项目5项，省部级及来自中国石化集团公司、中国石油天然气集团公司等纵向项目20余项。1992年至今，先后有10项成果通过有关部门鉴定。

三、对外交流

化工学院与美国、英国、德国等国家的高等学校和研究机构建立了合作关系。先后有10余人次到美国麻省理工学院等国外大学和研究机构作各类访问学者，并邀请德国柏林工业大学、挪威科技大学、日本北九州大学等数所国外大学的学者来访和讲学。

表7-1-5 化学工程学院部分教师赴国外访问交流情况一览表

时　间	姓　名	国别与机构	研究与交流内容
1988.7至1988.12	郁浩然	英国帝国理工学院	相平衡与导热性质
1997.10至1998.4	曹长兴	美国麻省理工学院	化工过程模拟与优化
1995.1至1996.1	程宏远	美国马里兰大学	化工热力学
1997.6至1997.12	丁福臣	加拿大能源部研究院	石油加工催化裂化
1995.1至1996.1	顾　凯	美国俄亥俄州立大学	高分子化工
1998.8至1999.2	晁建平	美国南加州大学	有机合成
2000.7至2000.12	孙桂大	德国慕尼黑大学	新型催化材料与催化剂
2004.3至2004.9	靳海波	英国利兹大学	多相流反应
2003.7至2003.10	任晓光	英国爱丁堡大学	气液固三相循环流化床传热强化
2004.8至2004.11	徐　新	挪威科技大学	微制氢技术
2004.11至2005.3	周志军	德国莱比锡大学	催化剂表面结构研究
2005.9至2006.3	葛明兰	美国康涅狄格州立大学	化学工程

第三节　实验室建设与教学科研设施

1980年4月，建有300平方米的实验室，开设无机化学及物理化学的部分实验课。

1981年，化工实验室、物理化学实验室等和其它课程实验室及教室一起挤在面积3700平方米的新教学楼里。无机化学实验室、有机化学实验室、分析化学实验室等分布在面积500平方米简易的平房实验室中。教学科研仪器设备总值不足100万元。

学校从燕山搬迁到大兴后，教学科研用房大为改善。1998年11月，成立了化工过程仿真模拟实验室，有“586”计算机20台。2001年以来，先后购置化工过程仿真教学软件30套、化工过程工艺模拟软件ChemCAD、过程稳态模拟软件Aspen等化工专业软件。2004年，申请“中央与地方共建高等学校专项资金”，为化工仿真中心购置计算机等设备97台套，并将实验室面积扩充到近150平方米，可容纳80名学生同时上机。

2005年，有基础化学实验中心为代表的基础实验室和以化学工程与工艺专业实验室为代表的具有专业特色的专业实验室以及以现代化工技术研究所为代表的研究型实验室。实验室总面积近5200平方米（含原材料工程实验室面积768平方米），教学科研仪器设备总值2000余万元，每年可开出近40门实验课程。

2006年7月，为申报北京市实验教学示范中心，腾出300多平方米的面积作为基础化学教学与实验中心的大型仪器用房。

到2007年12月，实验室面积近4700平方米。教学科研仪器设备总值2500余万元，其中6万元以上大中型仪器设备近70套，总值1100余万元，包括日本岛津X射线衍射仪、美国Nicolet傅立叶红外光谱仪、美国康塔公司物理吸附比表面测定仪、美国Agilent气相色谱-质谱联用仪、美国Agilent液相色谱分析仪、美国热电元素分析仪、日立株式会社荧光分光光度计、高效毛细管电泳液相色谱一体机、原子吸收分光光度计、布鲁克傅立叶光谱仪、大型加压浆态鼓泡塔反应装置、小型提升管催化裂化装置、电阻层析扫描仪等。

1996年12月，学校根据原国家教委《高等学校实验室工作规程》调整实验室设置。化学工程系实验室设置调整为基础化学实验室、化工原理实验室两个基础课教学实验室，以及化学工程及工艺实验室、高分子化工及材料实验室、分析测试中心（筹建）等三个专业课教学实验室。

1997年6月，基础化学实验室通过了北京地区实验室评估专家组的评估，被确定为北京地区首批合格的基础课教学实验室。1998年4月和2000年5月，北京市教委先后授予基础化学实验室、化工原理实验室“基础课合格实验室”证书和铜牌。1999年11月，化工原理实验室通过了北京市教委基础课实验室评估专家组的合格评估。

2006年6月，根据学校科研机构及其基层学术组织机构调整方案，化学工程学院实验室调整为：基础化学教学与实验中心、化学工程实验室、应用化学实验室。9月，基础化学教学与实验中心通过了北京市教委组织的专家组评审，荣获“北京市实验教学示范中心”称号，成为学校首个市级实验教学示范中心。

第二章　机械工程学院

第一节　沿革

一、机构沿革

1978年建校初期，学校成立了制图教研组和机电教研组，有教师3名。1980年7月，制图教研组改制为制图教研室。1981年6月，成立机械基础教研室；7月，成立化工机械教研室。1986年1月，成立化机系，下设化机教研室、机械基础教研室及电工教研室，时有教师28名。

1994年1月，化机系更名为机械工程系，下设化机教研室、机械基础教研室、制图教研室及金工车间，时有教师44名。1995年9月机械工程系增设教学办公室。

2000年1月，学校调整院、系（部）、教研室行政建制，机械工程系更名为机械工程学院，下设化机教研室、机械基础教研室、机电教研室、制图教研室以及热能教研室，时有教师78名。2003年，机械工程学院成立机械基础教学与实验中心。

2007年12月，机械工程学院下设4个系、2个中心及2个办公室，分别是：化工机械系、机电工程系、热能工程系和环境工程系；计算机辅助设计中心和机械基础教学与实验中心；学生工作办公室和教学管理办公室。有教职工82名，专任教师中具有高级职称的比例为52.06%，研究生学历的比例为95.89%。在校学生1664人，其中本科生1524人，联合培养硕士研究生36人，成教生104人。

1994年，开始联合培养研究生工作，当年与西安交通大学和清华大学联合招收3名博士研究生，专业为机械制造及其自动化。随着师资，教学设施等方面的逐步完善，研究生的招生规模逐渐扩大。2002年招生人数增加到10人，其中硕士研究生8人，博士研究生2人；2006年达到16人，其中硕士研究生15人，博士研究生1人。联合培养学校增加了北京航空航天大学、北京工业大学、北京化工大学、北京理工大学和石油大学等。涉及专业有化工过程机械、机械电子工程、机电控制及自动化、机械设计及理论和材料学等。到2007年12月，共培养研究生83人，其中博士研究生9人，硕士研究生74人。

1986年，化机系党支部成立。1997年1月，建立机械系党总支，选举产生了机械系党总支委员会。下设2个党支部，即基础党支部和专业党支部。2003年，机械工程学院选举产生了新的党总支委员会，下设4个教工党支部，4个学生党支部。2005年，又增加了3个学生党支部。2006年10月，机械工程学院召开全体党员大会，选举产生了新的党总支委员会，同年增加教工党支部1个。到2007年12月，机械工程学院党总支下设5个教工党支部，7个学生党支部。

二、历任领导

表7-2-1 机械工程学院历任领导更迭表

机构名称	职　务	姓　名	任 职 时 间
机械基础教研室	主　任	王笃之	1981.6至1986.2
机械制图教研室	主　任	贾淑珍	1981.6至1986.2
化工机械教研室	主　任	金振夏	1981.9至1986.1
化工机械系	党支部书记	王德臻	1986至1988
化工机械系	副主任	金振夏	1986.1至1990.8
化工机械系	副主任	王德臻	1986.1至1988.9
化工机械系	党支部书记	崔玉明	1988至1989.10
化工机械系	副主任	崔玉明	1988.9至1989.10
化工机械系	党支部书记	王燕薇	1989.11至1991
化工机械系	主　任	金振夏	1990.8至1991.8
化工机械系	党支部书记	王凤元	1991至1994.1
化工机械系	主　任	吴达文	1991.12至1994.1
化工机械系	副主任	孙学俭	1991.12至1994.3
化工机械系	副主任	蒋力培	1992.11至1994.1
化工机械系	党支部书记	孙景玙	1994.1至1994.4
机械工程系	主　任	蒋力培	1994.1至1997.7
机械工程系	副主任	李　烨	1994.1至1995.8
机械工程系	副主任	孙学俭	1994.3至2000.1
机械工程系	党支部书记	孙景屿	1994.4至1995.8
机械工程系	党支部副书记	佟秀苓	1995.1至1997.1
机械工程系	副主任	周　海	1995.8至1997.1
机械工程系	党支部书记	李　烨	1995.8至1997.1
机械工程系	党总支书记	李　烨	1997.1至1997.11
机械工程系	党总支副书记	佟秀苓	1997.1至1997.10
机械工程系	党总支书记	周　海	1997.11至2000.1
机械工程系	主　任	张　沛	1997.7至2000.1
机械工程系	副主任	焦向东	1998.3至2000.1

续 表

机构名称	职　务	姓　名	任 职 时 间
机械工程系	党总支副书记	俞建荣	1999.3至2000.1
机械工程学院	院　长	焦向东	2000.1至2002.3
机械工程学院	副院长	刘　录	2000.1至2003.5
机械工程学院	副院长	吴立志	2000.1至今
机械工程学院	党总支书记	俞建荣	2000.1至今
机械工程学院	党总支副书记兼副院长	吴　波	2000.1至2002.9
机械工程学院	党总支副书记	张　超	2002.9至2006.7
机械工程学院	院　长	刘　录	2003.5至今
机械工程学院	党总支副书记兼副院长	张宏雷	2006.7至今

三、师资概况

表7-2-2　机械工程学院专任教师职称结构表

年 度	教师总数	正高级职务		副高级职务		中级职务		初级及以下职务	
		人 数	比例(%)	人 数	比例(%)	人 数	比例(%)	人 数	比例(%)
1987	32	0	0	3	9.4	5	15.6	24	75
2002	53	5	9.43	20	37.74	13	24.53	15	28.30
2007	73	10	13.70	28	38.36	34	46.54	1	1.40

表7-2-3　机械工程学院专任教师学历结构表

学 年	教师总数	博　士		硕　士		本　科	
		人 数	比例(%)	人 数	比例(%)	人 数	比例(%)
1987	32	0	0	2	6.25	30	93.75
2002	53	5	9.43	41	77.36	7	13.21
2007	73	23	31.51	47	64.38	3	4.11

表7-2-4　机械工程学院专任教师年龄结构表

学 年	教师总数	35岁以下		36～45岁		46～55岁		56岁以上	
		人 数	比例(%)	人 数	比例(%)	人 数	比例(%)	人 数	比例(%)
1987	32	22	68.76	1	3.12	8	25	1	3.12
2002	53	27	50.94	19	35.85	4	7.55	3	5.66
2007	73	28	38.35	32	43.85	12	16.43	1	1.37

第二节　教学、科研与对外交流

一、教学

（一）专业设置

1978年10月，开设化工机械专业（三年制专科），招收45名学生。1979年该班由三年制专科改为四年制本科，以后至1981年均录取本科生①。1986年，化工机械专业招收专科生30人。1991年9月经国家教育委员会、中石化总公司批准，与北京化工学院联合招收化工机械专业本科生。

1993年，学校升格为本科院校，化机系首次在全国范围内招收化工设备与机械专业本科生90名。1994年，增设机械电子工程本科专业。1998年，根据国家教育部专业调整，化工机械与设备专业调整为过程装备与控制工程，机械电子工程专业调整为机械设计制造及其自动化专业，当年分别招收本科学生100、104名。2000年，新增热能与动力工程专业。2001年，增设环境工程专业，招收新生62名。2002年，测控技术与仪器专业申报成功，2004开始招生，招生53名。2003年3月，增设机械电子工程专业，当年招收本科生60名。2007年，增设油气储运工程专业，当年招收新生32名。

1978年，学校创办了“七•二一”工人大学，当年招收石油化工机械专业学生32人。2005年2月，计算机辅助设计专业招收成人教育学生27名，计算机科学与技术专业招收21人，学习年限为4年，达到毕业要求，可获得大专文凭。2006年2月，改招计算机应用技术一个专业，当年招生40名。2007年底，成人教育在校生共计104人。学生全部来自北京，以大兴区为主。

到2007年12月，机械工程学院开设有七个本科专业，分别是过程装备与控制工程专业、油气储运工程专业、机械设计制造及其自动化专业、机械电子工程专业、测控技术与仪器专业、热能与动力工程专业、环境工程专业。

过程装备与控制工程专业：以培养具备机械工程、化学工程、流体力学、传热学和管理工程等方面知识，能够在机械、石油、化工、轻工、环保、医药、食品等行业从事工程设计、技术开发、生产制造、生产管理以及工程科学研究等工作的应用型高级工程技术人才为目标。1998年3月，获得学士学位授予权，同时更名为化工设备与机械专业。2000年1月，该专业又更名为现名，并成为中国石化集团公司重点建设专业。该专业主干课程包括机械制图、机械设计、机械原理、流体力学、传热学、过程装备设计基础、过程流体机械、过程装备制造工艺、过程控制、过程设备腐蚀与防护技术、过程设备安全技术等。该专业毕业所需最低修读总学分数为187学分（不含综合教育学分），其中普通教育89学分，专业教育98学分。专业招生规模为90人/年，授予工学学士学位。

机械电子工程专业：以培养具有扎实的数学、物理、计算机及外语基础，掌握微电子技术、计算机控制、现代光学与激光技术和信息技术应用于机械工程领域的专业知识和技

① 1979年、1980年、1981年，化工机械专业分别招收41名、47名、31名本科生。1982年停止本科招生。

能，能够从事机电一体化技术、机电一体化产品的研究、设计、制造、开发的工程能力，具有创新精神的高级应用型工程技术与管理人才为目标。1998年3月获得学士学位授予权。专业主干课程有机械制图、电子技术、控制工程基础、工程力学、机械设计基础、机械制造技术基础、工程光学、单片机原理与接口技术等；还包括主要实践性教学环节，有金工实习、计算机绘图实习、电工电子实习、EDA实习、电子课程设计、机械设计课程设计、科学研究训练、创新设计、认识实习、专业实习、毕业设计(论文)等；主要专业实验有机械基础实验、计算机与控制基础实验、专业综合训练（包括光机电技术综合实验、测试与信息处理实验）等。该专业经北京市教委批准为北京市重点建设学科。该专业毕业所需最低修读总学分数为184学分（不含综合教育学分），其中普通教育89学分，专业教育95学分。专业招生规模为60人/年，授予工学学士学位。

热能与动力工程专业：是跨动力工程及工程热物理、机械工程等学科领域的工程应用型专业。该专业主干课程有理论力学、材料力学、机械制图、机械原理、机械设计、电工电子技术、工程热力学、流体力学、传热学、控制理论、热能测试技术、制冷原理及设备等。2004年7月获得学士学位授予权。主要实践教学环节有：控制基础实验、机械基础实验、电工电子实习、计算机绘图实习、金工实习、科学研究训练、工程热物理基础实验、认识实习、专业实习、专业实验、专业课程设计、毕业设计等。该专业毕业所需最低修读总学分数为184学分（不含综合教育学分），其中普通教育89学分，专业教育95学分。专业招生规模为60人/年，授予工学学士学位。

机械设计制造及其自动化专业：以培养具备机械设计制造基础知识与应用能力，掌握FMS柔性生产加工系统、先进制造技术与设备、CAD/CAM技术等方面专业知识和能力，培养学生的创新设计能力和现代工程意识，能从事光机电产品的数字设计、先进制造、现代管理和新技术研究开发与应用的应用型高级工程技术与管理人才为目标。该专业是1998年根据教育部《普通高等学校本科专业目录》由原机械电子工程专业调整来的，其培养方案和理念沿革了机械电子工程专业教学改革的成果和教学特色。2003年7月获得学士学位授予权。该专业主干课程有理论力学、材料力学、机械制图、机械原理、机械设计、电子技术、单片机原理与接口技术、控制工程基础、机械制造技术基础等，该专业还包括实践性教学环节和专业实验等。该专业毕业所需最低修读总学分数为185学分（不含综合教育学分），其中普通教育89学分，专业教育96学分。专业招生规模为60人/年，授予工学学士学位。

环境工程专业：培养适应国家可持续发展战略以及世界范围内环保产业蓬勃发展的需要，能在各企事业部门和科研机构从事与环保产业相关的规划、设计、施工、管理、教学和科研等方面工作的环境工程学科高级技术人才。2003年，该专业被列为北京市高等学校重点建设专业；2005年6月，立项为北京市高等学校市级品牌建设专业。2005年7月获得学士学位授予权。该专业主干课程有无机与分析化学、有机化学、物理化学、环境化学、高级语言程序设计、工程制图、理论力学、材料力学、环境流体力学、金属工艺学、机械设计基础、环境分析与监测、水污染控制工程、大气污染控制工程、环保设备原理与设计、环保过程测试技术、环境评价与规划、环境噪声控制工程、人工环境与设备、固体废物处理与利用、绿色技术及其应用等。该专业毕业所需最低修读总学分数为182学分（不含综合教育学分），其中普通教育85学分，专业教育97学分。专业招生规模为60人/年，授予工学学士学位。

测控技术与仪器专业：于2002年申报成功，2004年开始招生。培养具备精密仪器设计制造及测量与控制方面基础知识与应用能力，能在国民经济各部门从事测量与控制领域内有关技术、仪器与系统的设计制造、技术开发、应用研究、运行管理等方面的应用型高级工程技术与管理人才。该专业主干课程有电子技术、工程力学、机械设计基础、单片机原理与接口技术、信号与系统、测试技术、控制工程基础、工程光学、精密仪器设计等，该专业还包括实践性教学环节和专业实验等。该专业毕业所需最低修读总学分数为186学分（不含综合教育学分），其中普通教育93学分，专业教育93学分。专业招生规模为60人/年，授予工学学士学位。

油气储运工程专业：于2007年申报成功，培养具备工程流体力学、传热学、油气储运工程等方面知识和工程实践能力，能在国家及省、市的发展计划部门、交通运输规划与设计部门、油气储运生产、管理等部门，从事油气储运工艺设计、技术开发、技术管理及生产管理等方面工作的高级工程技术人才。该专业主干课程包括机械制图、机械设计基础、流体力学、工程热力学、传热学、理论力学、材料力学、油气储运工程、储运管道施工、储运设备强度设计、油库设计、储运设备腐蚀与防护技术等。该专业毕业所需最低修读总学分数为186学分（不含综合教育学分），其中普通教育89学分，专业教育97学分。专业招生规模为60人/年，授予工学学士学位。

（二）课程建设与教材建设

课程建设起步于90年代初，《材料力学》等课程于1991年参加了原中石化总公司主要基础课的建设与评估，受到专家好评。1996年4月，《材料力学》和《机械原理》被评为学校首届一类课。1997年1月，《机械原理》课程被评为中石化总公司优秀课程。2004年，《单片机原理与接口技术》、《工程制图》被评为校级精品课程。2005年，《过程流体机械》、《理论力学》、《材料力学》、《机械原理》等被评为校级精品课程；《机械设计》、《液压与气压传动》、《机械创新设计实验》、《水污染控制工程》、《计算机绘图实习》、《控制工程基础》等被评为校级优质课程；2006年《环保设备原理与设计》、《机械基础实验》、《制冷原理与设备》等被评为校级精品课程；《环保设备原理与设计》还被评为北京市精品课程。2007年，《计算机辅助设计与制造》、《三维造型设计实验》、《工程热力学》等被评为校级精品课程。

2006年，蒋力培和曹建树主编的《单片微机系统实用教程》、蔡晓君和王丽主编的《三维机械设计实用教程》以及陈家庆主编的《环保设备原理与设计》被评为北京市精品教材；赵增慧主编的《工程制图》（修订）入选“十一五”国家级规划教材。

（三）教学改革与实践教学

表7-2-5 机械工程学院教学改革与实践教学情况一览表

时 间	教 改 内 容	教 改 成 果
1991至1992年	机泵拆装实验教学改革	获得北京市教学成果二等奖
1993至1995年	在毕业设计中运用CAD的改革与实践	获得校级教学成果一等奖
1996至2000年	校企合作提高毕业设计质量	获得校级教学成果一等奖
	机泵拆装计算机模拟	获得校级教学成果一等奖
	在机械原理课程中对学生进行素质教育的改革与实践	获得校级教学成果二等奖
	发挥班主任作用 提高英语四级成绩	获得校级教学成果二等奖
1999年	启动大学生研究训练计划（URT）	当年参加教师达26名，学生约80人
2001至2003年	工程力学用英语教学的研究与实践	获得校级优秀教学成果奖
2002年	开设理论力学、材料力学、机械原理、泵和压缩机，过程流体机械等双语教学课程	
2003年	专业技术基础课强化实践教学的改革与实验室建设	获得校级教学成果一等奖
2005年	机械工程学院实验教学体系改革	获得校级教学成果二等奖
	过程装备与控制工程专业实践环节改革与建设	获得校级教学成果二等奖
	环境工程专业《流体力学》及《给排水管道工程课程设计》一体化的改革与实践	获得校级教学成果二等奖
2006年	学院与北京燕山石化公司成立“产学研合作教育基地”，成立实习车间和PLC（Programmable Logical Controller）技术培训实验室	25名学员进行技术培训
	机械基础教学与实验中心启动见习机械设计师资格认证	截至2007年底参加考试人数94人，通过率达64.9%
2007年	环境工程学科专业教学体系优化设置的研究与实践	获得校级教学成果 等奖
	机械基础实验教学改革与实践	获得校级教学成果一等奖
	构建面向现代机电工程应用的创新人才培养体系的研究与实践	获得校级教学成果二等奖

二、科研

1996年，机械工程系教职工在国内外公开刊物上及学校主办的学术刊物上共发表论著19篇。1999年，论文发表数增至83篇，其中36篇在国内核心期刊上刊登。2002至2003年，共发表各类论文94篇，其中51篇在核心期刊发表，6篇论文被SCI、EI、ISTP三大检索收录。2004至2005年，共发表论文83篇（部），其中有70篇在核心期刊发表，6篇被三大检索收录。2006至2007年，发表论著总数为85篇（部），53篇发表在核心刊物上，占60%，另有3部专著。

1992年以前，机械工程系的年度科研项目数平均在5项以下，年度项目经费平均在10万元以内。1993年后，科研项目及经费呈现逐年递增态势。2000年至今，承担各类纵、横向项目120余项，科研进款额达到1900万元。其中国家级项目12项，省部级及来自中国石化集团公司、中国石油天然气集团公司等纵向项目30余项。2000年以来科研进款额情况如下表所示：

表7-2-6　机械工程学院科研进款额一览表

时间（年）	2000	2001	2002	2003	2004	2005	2006	2007
金额（万元）	80	85	96.5	176.71	203.58	307.06	360.93	574.95

1999年，《球罐全位置智能焊接机器人的研制》课题被国家科技部批准，这是学校获得的第一个“863”计划项目。2002年11月，《水下干式管道维修系统》子课题项目，是学校第一项参与国家“863”重点课题的项目。2006年2月，由学校自主研发的智能焊接机器人在2008年奥运会国家体育场“鸟巢”工程主结构的焊接中得到应用。

三、对外交流

机械工程学院与美国、法国、英国、德国、挪威等国家的高等学校和研究机构建立了合作关系。先后有10余人次到美国俄亥俄州立大学等国外大学和研究机构作各类访问学者，并邀请国内外相关高校或学术团体的教授、学者来校讲学。

表7-2-7　机械工程学院部分教师赴国外访问交流情况

时　间（年月）	姓　名	国别与机构	研究与交流内容
1994.10至1995.3	徐林林	美国俄亥俄州立大学	访问学者
1996.11至1996.12	蒋力培	挪威科技大学	学术交流与科研合作
1998.5至1998.6	邓双成	美国3D公司	快速成型技术培训
1998.10至1999.4	吴立志	英国伦敦大学学院	访问学者
2001.7至2001.8	俞建荣	挪威科技大学	学术交流访问
2001.11至2001.12	蒋力培	挪威科技大学等校	机器人、水下焊接项目
2002.4至2002.5	刘　录	莫斯科工业大学	学术交流访问
2003.6至2003.7	蒋力培	德国柏林工业大学　英国Cranfild大学	机器人、水下焊接项目
2004.7至2004.8	刘　录	挪威科技大学　挪威纳尔维克工学院	学术交流访问
2004.7至2004.8	吴立志	澳大利亚奥德莱德大学	学术交流访问
2004.9至2004.12	许月梅	澳大利亚墨尔本理工大学	双语教学培训
2005.11至2007.1	陈家庆	法国石油研究院	国家公派访问学者
2007.4.11至2007.4.30	俞接成	澳大利亚	骨干教师培训
2007.4.11至2007.4.30	赵增慧	澳大利亚	骨干教师培训
2007.4.18至2007.4.29	蔡晓君	德国、法国等高校	工程实践培训
2007.4.18至2007.4.29	曹建树	德国、法国等高校	工程实践培训
2007.10.31至2008.2.11	顾艳红	美国明尼苏达大学	双语教学培训
2007.12.14至2007.12.23	陈　飞	日本京都大学	交流学习

第三节　实验室建设与教学科研设施

1980年至1983年间，学校盖有砖结构临时建筑约1100平方米，其中除办公用房及仓库使用外还包括了材料力学等机械类课程实验室。

1980年，成立机械工程基础实验室，主要设备包括拉伸实验机，动平衡实验机等，占地面积约为350多平方米，总资产约50余万元。1999年11月，机械工程基础实验室通过了北京市教委基础课实验室评估专家组的合格评估。2000年5月，机械工程基础实验室通过了北京市教委合格评估。2003年，更名为机械基础实验中心。2006年6月，更名为机械基础教学与实验中心。2006年9月，机械基础教学与实验中心通过学校组织的专家组评审，荣获“校级实验中心”的称号。实验用房使用面积为1000平方米，设备台件数为775台（件），设备总值810余万元，超过10万元的设备有11台（套）。

1988年，化工机械专业成立实验室。1996年12月，根据原国家教委《高等学校实验室工作规程》调整实验室设置，更名为化机实验室（专业课教学实验室）。主要设备包括内外压实验装置，流化床循环系统，总占地面积约45平方米，总资产约20余万元。到2007年底，占地面积约360平方米，固定资产总值约600余万元。

1992年10月，机电工程实验室成立，1996年12月，更名为机电实验室（专业课教学实验室）。实验室现有面积480平方米，各类教学仪器设备300余台件，固定资产1000余万元。

1999年，计算机辅助设计中心实验室成立。实验室现有面积340平方米，其中机械机房面积约200平方米；三维造型设计实验室，面积约100平方米；产品检验测量中心（与工程实践中心合作），面积约40平方米。总资产达到230余万元。

2002年9月，依托材料与化工学院建成了环境分析与监测实验室，同时建成环境工程水污染控制工程实验室、环保过程测试技术、大气污染控制技术、环保多相流分离技术等4个实验室。2006年6月，根据学校科研机构及其基层学术组织机构调整方案，将其总称为环境实验室。自2002年以来，环境工程系实验室累计获得建设资金600多万元。实验室总占地面积近420平方米，价值超过10万元的设备共计十余套。

2004年，热能与动力工程专业实验室成立，2006年6月，更名为热能实验室。固定资产约为300余万元，总占地面积370平方米。其中，制冷系统实验室建筑面积67平方米；制冷系统故障检测实验室建筑面积48平方米。

1988年，实验室总面积为350平方米，固定资产总额为50万元。1998年，实验室总面积为1900平方米，固定资产总额为200万元。到2007年底，机械工程学院实验室固定资产总额达到3540余万元，总面积达到2970平方米。

第三章　信息工程学院

第一节　沿革

一、机构沿革

1980年7月，学校成立电工教研室。1983年9月，成立计算机教研室。1990年8月，成立自动化系，有教职工16人。下设自动化、电工、计算机三个教研室。1994年，电气技术教研室成立。2000年1月，学校调整教学科研组织机构，自动化系调整为信息工程学院。

2003年7月，学校调整教学科研机构，信息工程学院下设控制科学与工程系、电气工程系、计算机科学与技术系、通信工程系、信息技术基础教研室、电工电子教学与实验中心、电气与信息技术实验中心、教学管理办公室和学生工作办公室。2004年，增设信息工程综合实验中心。

2007年12月，信息工程学院下设教学管理办公室、学生工作办公室；信息技术教学与实验中心、电工电子教学与实验中心；通信工程系、计算机科学与技术系、电气工程系和控制科学与工程系。有教职工77人，专任教师中具有高级职称的比例为41.1%，具有研究生学历的比例为67，1%。共有在校生1151名。其中自动化专业339人，电气工程及其自动化专业234人，计算机科学与技术专业338人，通信工程专业240人。

1996年，开始联合培养研究生工作，当年招收1名硕士研究生，专业为计算机及应用技术。2001年9月，计算机及应用技术专业开始招收“全过程”培养硕士研究生。现有在读硕士研究生24名。2005年，与北京航空航天大学联合培养博士研究生1名。

1990年，自动化系有2个教工党支部和2个学生党支部；1997年1月，成立自动化系党总支，下设2个教工党支部和2个学生党支部；2007年1月，教工党支部调整为6个，学生党支部为5个。到2007年12月，有教工党员36人，学生党员100人。

二、历任领导

表7-3-1　信息工程学院历任领导更迭表

机构名称	职　务	姓　名	任 职 时 间
电工教研室	负责人	不详	1980.7至 不详
计算机教研室	负责人	不详	1983.9至 不详
自动化系	党支部书记	祖国来	1990.8至1995.8
自动化系	副主任	王耀荣	1990.8至1994.1
自动化系	副主任	王德伦	1993.4至1995

续 表

机构名称	职　务	姓　名	任 职 时 间
自动化系	主　任	王耀荣	1994.1至1996.12
自动化系	党支部副书记	肖庆耕	1995.1至1996.12
自动化系	副主任	钱名海	1995.1至1996.12
自动化系	党支部书记	柴　汎	1995.8至1996.12
自动化系	主　任	钱名海	1996.12至1998.3
自动化系	副主任	吴小平	1996.12至1997.10
自动化系	党总支书记	柴　汎	1997.1至2000.1
自动化系	党总支副书记	肖庆耕	1997.1至1997.10
自动化系	副主任	付小美	1997.10至2000.1
自动化系	副主任	杨建华	1998.3至1999.3
自动化系	主　任	杨建华	1999.3至2000.1
信息工程学院	党总支书记	付小美	2000.1至2003.5
信息工程学院	党总支副书记兼副院长	王红梅	2000.1至今
信息工程学院	院　长	杨建华	2000.1至2001.9
信息工程学院	副院长	靳其兵	2000.1至2002.10
信息工程学院	副院长	张晓明	2000.1至2003.7
信息工程学院	副院长	林小竹	2001.12至2003.5
信息工程学院	兼党总支书记	林小竹	2003.5至2003.10
信息工程学院	院　长	林小竹	2003.5至今
信息工程学院	副院长	戴　波	2003.5至今
信息工程学院	副院长	李夏青	2003.7至2003.11
信息工程学院	党总支书记	李夏青	2003.11至今

三、师资概况

表7-3-2　信息工程学院专任教师职称结构表

年　度	教师总数	正高级职务		副高级职务		中级职务		初级及以下职务	
		人　数	比例(%)	人　数	比例(%)	人　数	比例(%)	人　数	比例(%)
1990	15	1	6.6	0	0	7	46.7	7	46.7
2003	58	5	8.6	19	32.7	26	44.8	8	13.9
2007	73	11	15.1	19	26	28	38.4	15	20.5

表7-3-3　信息工程学院专任教师学历结构表

年　度	教师总数	博士研究生		硕士研究生		本 科 生	
		人 数	比例(%)	人 数	比例(%)	人 数	比例(%)
1990	15	0	0	1	6.6	13	87
2003	58	4	6.9	29	50	25	43.1
2007	73	13	17.8	36	49.3	24	32.9

表7-3-4　信息工程学院专任教师年龄结构表

年　度	教师总数	35岁以下		36～45岁		46～55岁		56岁以上	
		人 数	比例(%)	人 数	比例(%)	人 数	比例(%)	人 数	比例(%)
1990	15	12	80	0	0	3	20	0	0
2003	58	23	39.6	27	46.6	8	13.8	0	0
2007	73	33	45.2	30	41.1	7	9.6	3	4.1

第二节　教学、科研与对外交流

一、教学

（一）专业设置

1990年，开设化工仪表及自动化和电气技术两个专业，当年化工仪表及自动化专业招收专科学生27名。1991年，电气技术专业开始招生，当年招收专科生16名。1993年，学校升格为本科院校，化工仪表及自动化和电气技术专业开始招收本科生，当年招收学生共计51名。1995年1月，增设计算机及应用本科专业，当年招收学生70人。2000年2月，增设通信工程本科专业，当年招收学生129人。2000年，电气工程及其自动化和通信工程专业均招收了春季生，共招新生140人。2001年至2002年，自动化专业招收了2届春季生，共计181人。

1978年，学校创办“七•二一”职工大学，仪表自动化专业当年招收学生40名。2001年开始，《计算机科学与技术》的高中起点脱产本专科招生，至2004年结束。2005年由于教育部控制脱产生比例停止招生。

到2007年12月，信息工程学院开设有自动化专业、电气工程及其自动化专业、计算机科学与技术专业、通信工程专业等四个本科专业

自动化专业：原名为化工仪表及自动化，始建于1990年，是校级骨干专业。1998年3月，获得学士学位授予权。以培养具备电子技术、信息科学技术、自动化技术、计算机及

网络技术等较宽广领域的工程技术基础和一定的专业理论知识和技能，能在国民经济、国防和科研各部门从事运动控制、过程控制、机器人智能控制、机电控制、检测与自动化仪表、模式识别与智能系统、系统工程理论与实践、新型传感器、网络与计算机应用技术等领域的分析与集成、设计与运行、研究与开发、管理与决策等方面工作的应用型高级专门人才为培养目标。毕业所需最低修读总学分数为202学分，其中普通教育93学分，专业教育93学分，综合教育16学分。专业招生规模为90人/年，授予工学学士学位。专业主干课程有《电路分析》、《模拟电子技术》、《数字电子技术》、《微机原理》、《接口技术》、《自动控制原理》、《现代控制理论》、《检测技术及仪表》、《过程控制工程》、《计算机控制系统》等。

电气工程及其自动化专业：原名为电气技术，开设于1990年，是北京市品牌建设专业。1998年3月，获得学士学位授予权。该专业设有“电气检测与控制”，“电气技术”两个方向。以培养能够从事与电气工程有关的装备制造、系统运行、自动控制、信息处理、试验分析、技术开发、经济管理以及计算机应用等领域工作的，具有创新精神和实践能力的满足石化行业和首都经济建设需求的工程技术与管理人才为目标。毕业所需最低修读总学分数为203学分，其中普通教育93学分，专业教育94学分，综合教育16学分。专业招生规模为60人/年，授予工学学士学位。专业主干课程有《电路分析》、《模拟电子技术》、《数字电子技术》、《微机原理》、《接口技术》、《自动控制原理》、《检测技术》、《电力电子技术》、《电机学》、《电气控制》等。

计算机科学与技术专业：原名为计算机及应用，开设于1995年，是校级骨干专业。1999年5月，获得学士学位授予权。该专业主要偏向于计算机应用，通过系统的理论课学习和各种实践教学环节，使学生在离散数学、计算机组成原理、计算机网络、操作系统、数据库原理、数据结构、接口技术、软件工程等方面具有深厚的基础理论和宽广的专业知识，接受计算机基本操作技能、专业课程设计、工程实践、科学研究与系统设计方法等专业训练，培养具有在科研院所、大专院校、工矿企业等从事计算机应用系统研制、开发和维护的应用型高级工程技术人才。毕业所需最低修读总学分数为202学分，其中普通教育92学分，专业教育94学分，综合教育16学分。专业招生规模为90人/年，授予工学学士学位。专业主干课程有《电路分析》、《数字逻辑》、《面向对象程序设计》、《数据结构》、《接口技术》、《计算机网络》、《计算机组成原理》、《操作系统》、《数据库原理》、《软件工程》等。

通信工程专业：开设于2000年2月，同年9月，获得学士学位授予权。以培养具有扎实的通信工程专业理论和专业技能，受到科学研究与实际应用初步训练，具备现代通信系统、通讯网络以及各种信息处理系统设计、开发、调试和工程应用能力的应用型高级专门人才为培养目标。毕业所需最低修读总学分数为203学分，其中普通教育93学分，专业教育94学分，综合教育16学分。专业招生规模为60人/年，授予工学学士学位。专业主干课程有《信号与系统》、《数字信号处理》、《高频电子电路》、《电磁场与电磁波》、《现代通信系统原理》、《电路分析》、《模拟电子技术》、《数字电子技术》、《微机原理》、《接口技术》等。

（二）课程建设

2007年底，信息工程学院共建成1门北京市精品课、3门校级精品课、6门校级优质课。《电工学》被评为2004年度北京市级精品课程；《计算机程序设计基础》、《接口技术》和《数字信号处理》分别被评为2005、2006和2007年校级精品课程；《电机学》及《电路分析》被评为2006年度校级优质课程；《计算机组成原理》、《计算机网络》、《数据库技术及应用》以及《数字电子技术》被评为2007年度校级优质课程。

（三）教材建设与教改立项

共出版5部教材，其中《电工电子基础实践教程》（上、下册）2002年被教育部评审为“十五”国家级规划教材，2004年被评为北京市精品教材。《电工电子基础》实践教学综合配套改革和教材建设2004年获北京市高等教育成果二等奖，《EDA技术使用教程》被评为北京市精品教材。

从2000年开始，信息工程学院针对专业教学与实践中亟待解决的问题，逐年申请并获得教改立项。2006至2007年，共获得25项校级教改立项，其中学校重点教改课题5项，一般教改项目20项。

二、科研

1996年至1999年，发表学术论文共63篇。2000年至2007年，发表论文380篇，被SCI、EI、ISTP收录论文18篇。

1995年，王耀荣编写的《微型计算机原理及应用》由电子工业出版社出版，2002年8月，周树杰编写的《计算机应用技术》由北京理工大学出版社出版；2002年9月，林小竹编写的《数字图像处理》由北京理工大学出版社出版；付小美编写的《新编传感器电路设计手册》由中国计量出版社出版；2004年11月，李洋编写的《维修电工操作技能手册》由机械工业出版社出版。

2000年以来，共有7项科研项目通过鉴定；获得6项发明专利，其中已公开的发明专利4项；有12项科技成果被企业采用。2007年底，在研项目11项，其中国家级项目1项，北京市科技发展计划、北京优秀人才资助计划、北京市自然基金重点项目及来自中石化集团公司等企业项目10项。

三、对外交流

1995年以来，信息工程学院邀请国内外专家、教授近20人次来院进行学术交流和举办学术讲座，先后选派7位教师到国外进修学习，10余位学生到国外攻读硕士或博士学位，并和美国休斯顿大学和挪威瑙威克工学院签定了长期的互换访问学者和留学生协议。

表7-3-5 信息工程学院部分教师赴国外访问交流情况

时　间	姓　名	国别与机构	研究与交流内容
1995.2至1995.8	王德伦	美国密歇根大学	访问进修
1995.7.9至7.16	钱名海	新加坡南洋大学	参加学术会议
2000.9至2001.6	张晓明	挪威瑙维克工学院	高级访问学者
2002.9至2004.7	张　克	韩国丽水大学	攻读硕士学位
2003.8至2006.7	周晓正	韩国丽水大学	攻读博士学位
2003.4至2004.4	付小美	英国卡地夫大学	访问进修

第三节　实验室建设与教学科研设施

建系初期，自动化系只有四个实验室，分别是计算机房、电工实验室、模拟电子实验室和数字电子技术实验室。实验设备只有一些简单的实验箱、实验台、电源等，仅能满足学生完成基础实验的要求。2000年以来，在中央专项、北京市专项等资金的大力支持下，共投入1300多万元用于实验室建设与改造。现有实验室总面积约2542㎡，实验设备总值约1400万元，开出实验课65门，开出实验项目221项，年均实验人时数13万。

信息工程学院根据人才培养模式、专业培养方案、课程体系的改革，以教育资源高效、合理配置为目标，以突出重点、兼顾全面、整体优化为原则，于2003年9月制订了实验室建设规划。至2007年12月，形成了面向全校、面向电气信息类专业、面向各专业三个层次的实验室体系。

第一层：重点实验室9个，包括电工实验室、模拟电子实验室、数字电子实验室、计算机原理实验室、计算机网络实验室、控制理论实验室、信号处理实验室、接口技术实验室、EDA实验室。它们有效地支撑起信息工程学院的平台课程，是教学实验体系的基石。电工实验室、模拟电子技术实验室、数字电子技术实验室于1998年11月通过了北京市教育委员会的基础实验室评估，获得“合格实验室”铜牌。

第二层：专业重点实验室4个，包括操作系统实验室、通信原理实验室、电气测量与虚拟仪器实验室、控制工程实验室。这是专业实验室建设的重点，它除满足本科教学外，在研究生培养、学科重点建设方向和科研中发挥着重要作用。

第三层：专业实验室11个，这是专业教学和课群建设的重要支撑条件，也是教师进行科研活动，培养和发展新的学科建设重点研究方向的基地。

信息工程学院现有两个实验中心，分别是电工电子教学与实验中心和信息技术教学与实验中心。电工电子教学与实验中心承担全校15个专业（化、应、高、机、机电、测控、过、热、环、信、科、自、电、通、计）的电工、电子实验和EDA实习；电子设计竞赛培训和课外科技活动等实践教学任务。信息技术教学与实验中心承担着全校所有专业的信息技术基础课程的教学与部分实验教学工作，还承担着全校计算机基础课程的教学改革任务。

实验室主要大型设备有一级倒立摆、二级倒立摆、三级倒立摆、平面二级倒立摆、球杆系统、双旋翼MIMO系统、三容水箱控制系统、频谱分析仪、过程控制实验装置、印刷电路板雕刻机、TDC-3000DCS集散控制系统、电机控制系统实验装置、美国Honey Well 公司进口的系统控制设备、浙大中控JX-300X集散控制系统、实时单回路控制系统、A3000现场系统、AS3010 常规仪表控制系统、AS3020 DDC控制系统、AS3030 PLC现场总线控制系统等。

第四章　经济管理学院

第一节　沿革

一、机构沿革

1986年9月，学校成立管理系，开设工业管理工程专科专业，有教师4名。1992年5月，管理系更名为管理工程系，下设财会教研室和企业管理教研室，开设有工业会计专科专业。1993年6月，管理工程系更名为经济管理系。1994年，成立经济研究所，隶属于经济管理系。2006年6月，经济研究所更名为能源经济研究中心。

2000年1月，学校调整教学科研组织机构，经济管理系调整为经济管理学院，设有会计、市场营销、国际贸易、信息管理四个系。有教职工33人，其中专任教师28人，教辅人员5人。

2007年12月，经济管理学院下设教学管理办公室、学生工作办公室、能源经济研究中心、经济管理实验中心、国际贸易系、信息管理系、工商管理系和会计学系。有教职工74人，其中专任教师55人，教辅人员19人，专任教师中具有高级职称的比例为50.91%，具有研究生学历的比例为70.91%。在校生1563人。

2003年9月开始，招收成人教育学生（专转本）。到2007年，共录取成教生730名，其中已毕业650人，在读生80人。分属会计、国贸、信息管理与信息系统三个专业。

1998年9月，开始联合培养研究生工作。先后与石油大学、河北大学、北京化工大学联合培养统计学、金融学、经济学、技术经济与管理等四个专业的硕士研究生28人，其中毕业13人，在读15人。

1994年1月，经济管理系党支部成立。1997年1月建立党总支。2000年、2003年，经济管理学院相继选举产生了两届党总支委员会。2006年10月，经管学院召开党员大会，选举产生了新一届党总支委员会，下设学生党支部4个，教工党支部3个。

二、历任领导

表7-4-1 经济管理学院历任领导更迭表

机构名称	职 务	姓 名	任职时间
管理系	主 任	宋临格	1986.9至1991.12
管理系（管理工程系、经济管理系）	副主任	朱直平	1990.1至1994.12
经济管理系	党支部书记	柴 汎	1994.1至1995.8
经济管理系	副主任	王宗起	1994.5至 1996.12
经济管理系	主 任	朱直平	1995.1至1996.10
经济管理系	副主任	陈彦玲	1995.8至2000.1
经济管理系	党支部书记	袁仲林	1995.9至1997.1
经济管理系	党支部副书记	赵盛伟	1995.9至1997.1
经济管理系	主 任	王宗起	1996.12至2000.1
经济管理系	党总支书记	袁仲林	1997.1至2000.1
经济管理学院	院 长	王伯安	2000.1至今
经济管理学院	党总支书记	陈彦玲	2000.1至2006.6
经济管理学院	党总支副书记兼副院长	马 葵	2000.1至2006.6
经济管理学院	副院长	荆建林	2000.1至2001.12
经济管理学院	副院长	阎笑非	2000.1至2006.6
经济管理学院	党总支书记	马 葵	2006.6至今
经济管理学院	副院长	景永平	2006.7至今
经济管理学院	党总支副书记兼副院长	韩志勇	2006.7至今

三、师资概况

表7-4-2 经济管理学院专任教师职称结构表

年 度	教师总数	正高级职务		副高级职务		中级职务		初级及以下职务	
		人 数	比例(%)	人 数	比例(%)	人 数	比例(%)	人 数	比例(%)
1986	4	0	0	0	0	0	0	4	100
1992	10	0	0	4	40	5	50	1	10
2000	28	3	10.71	11	39.29	14	50	0	0
2007	55	8	14.55	20	36.36	24	43.64	3	5.45

表7-4-3　经济管理学院专任教师学历结构表

年 度	教师总数	博士研究生		硕士研究生		本科生	
		人 数	比例(%)	人 数	比例(%)	人 数	比例(%)
1986	4	0	0	0	0	4	100
1992	10	0	0	1	10	9	90
2000	28	1	3.57	8	28.57	19	67.86
2007	55	10	18.18	29	52.73	16	29.09

表7-4-4　经济管理学院专任教师年龄结构表

年 度	教师总数	35岁以下		36～45岁		46～55岁		56岁以上	
		人 数	比例(%)	人 数	比例(%)	人 数	比例(%)	人 数	比例(%)
1986	4	3	75	0	0	0	0	1	25
1992	10	6	60	0	0	4	40	0	0
2000	28	10	35.71	11	39.29	5	17.86	2	7.14
2007	55	16	29.09	27	49.09	11	20	1	1.82

第二节　教学、科研与对外交流

一、教学

（一）专业设置

1986年9月，学校成立管理系，开设工业管理工程专科专业，当年招收专科生20名。1992年5月，管理系更名为管理工程系，开设有工业会计专科专业，当年招收专科生两个班41名。1993年6月，管理工程系更名为经济管理系，招收专科生两个班78名。当年开设会计学本科专业，招收学生（专转本）16名。1994年2月，新增国际贸易、市场营销两个专业。2000年2月，增设信息管理与信息系统专业。1993年前，累计培养专科生331名。1993年至2007年，累计培养会计、市场营销、国际贸易、信息管理四个专业的本科毕业生1570名。

到2007年12月，经济管理学院开设有会计学、市场营销、国际经济与贸易、信息管理与信息系统等四个专业。

会计学专业：以培养具有扎实的会计学专业知识，掌握相关的基本能力，胜任各类企事业单位、会计师事务所的会计、财务与审计工作及其他管理工作，具有实际业务实践能力和创新精神的，职业道德水准高的会计学高级专门人才为目标。该专业设有企业会计方向、注册会计师方向。主干课程有《统计学》、《管理信息系统》、《微观经济学》、《宏观经济学》、《管理学》、《会计学基础》、《财务管理》、《财税法规与税务会计》、《中级财务会计》、《审计学》和《成本会计》。1998年3月，获管理学学士学位授予权。该专业毕业最低修读189学分，其中普通教育81学分，专业教育92学分，综合教育16学分。授予管理学学士学位。

市场营销专业：是学校重点学科“技术经济与管理”的核心支持专业之一，以培养具备管理、经济、法律、市场营销等方面的知识和能力，能在企、事业单位及政府部门从事市场分析与研究、营销管理等方面工作的高级市场营销管理人才为目标。该专业设有工业品营销、房地产营销、旅游营销三个专业方向。主干课程有《统计学》、《电子商务》、《管理信息系统》、《微观经济学》、《宏观经济学》、《管理学》、《市场营销学》、《会计学》和《市场调研》。1998年5月，获得管理学学士学位授予权。该专业毕业最低修读190学分，其中普通教育81学分，专业教育93学分，综合教育16学分。授予管理学学士学位。

国际经济与贸易专业：以培养掌握国际贸易业务的相关知识和基本技能，具有较好的外语语言和人际沟通能力，能够在涉外经济部门、外资企业及政府相关机构从事国际经贸业务及管理等工作的具有创新精神的应用型高级专门人才为目标。该专业设有国际贸易、国际金融与投资两个专业方向。该专业主干课程有《统计学》、《管理信息系统》、《微观经济学》、《宏观经济学》、《管理学》、《国际商法》、《会计学》、《金融学》、《国际贸易理论》、《国际贸易实务》、《国际金融》和《外贸英语与商业函电》。1999年5月，获得经济学学士学位授予权。该专业毕业最低修读189学分，其中，普通教育87学分，专业教育86学分，综合教育16学分。授予经济学学士学位。

信息管理与信息系统专业：以培养具有信息管理等方面的知识与能力，具备坚实的计算机应用能力，能从事信息管理以及信息系统分析、设计、实施管理和评价工作的信息管理应用人才为目标。该专业主干课程有《统计学》、《电子商务》、《管理信息系统》、《微观经济学》、《宏观经济学》、《管理学》、《运筹学》、《会计学》、《数据结构》、《面向对象程序设计》、《信息系统分析与设计》和《数据库原理及应用》。2000年5月，获得管理学学士学位授予权。该专业毕业最低修读189学分，其中普通教育82学分，专业教育91学分，综合教育16学分。授予管理学学士学位。

（二）教改立项

教学改革源于任课教师的教学实践，也体现在教材的编写和教改文章中。从2000年开始，经管学院针对专业教学与实践中亟待解决的问题，申请并获得校级教改立项。2006年至2007年，共获得35项教改项目。

表7-4-5　经济管理学院部分教改立项重点项目简况

项目类别	负责人	项目名称	结题时间
重点C	董琳媛	经济管理学院系列课程实践课的改革	2003.09
重点	阎笑非	经济管理专业优秀生培养计划实践研究	2003.09
重点	王宗起	管理学科课程结构与内容体系设计	2004.02
重点	易　久	教学评价管理信息系统	2005.07
重点	潘　浩	毕业设计（论文）过程监控和管理系统的设计与开发研究	2007.11
重点	陈彦玲	经管学院经济管理类课程整合方案研究	进行中

（三）教材及课程建设

1986至1999年，经正式出版社出版的教材共22部；2000至2007年，正式出版社出版的教材78部。其中获市级以上奖励的教材有：《消费心理学》（陈玲任副主编，天津大学出版社1995年12月出版），1999年12月获天津市第七届社科著作三等奖；《技术经济与管理创新》（闫笑非等编著，经济科学出版社2005年出版），2006年获北京市精品教材奖；《国际财务管理》（张超英、吴海燕编写，北京大学出版社2005年出版），2006年获北京市教委评定的市级精品教材。

2003至2007年，经济管理学院有《管理学》、《宏观经济学》、《金融学》、《统计学》、《市场营销学》、《管理信息系统》、《国际金融》、《微观经济学》、《会计学基础》、《公司理财》等10门课程被评为校级精品课；《微观经济学》、《经济学基础》、《会计学》、《会计学基础》、《财务管理》、《公司理财》、《电子商务》、《管理信息系统》、《信息系统分析与设计》、《国际金融》、《运筹学》、《数据库技术与应用》、《管理学》、《财税法规与税务会计》等14门课程被评为校级优质课。

二、科研

1986年至1999年，在国内外公开学术刊物上发表学术论文142篇，著述10部。2000年至2007年，共发表论文397篇。其中，257篇被专业核心期刊登载，核心期刊发表率为65.23%。

1997年至2000年，完成国家自然科学基金重大课题“金融数学、金融工程和金融管理”子项目“国际收支与外汇储备风险预警系统”（国家外汇管理局的合作研究）的计量经济分析工作。1999年至2000年，完成国家863计划项目“金融风险防范决策支持系统”子项目“中国进出口贸易预测模型”的研究工作。1999年至2000年，完成全国教育科学“九五”规划重点课题“面向21世纪人才培养的高等学校教育评估研究”子项目　“当代大学生价值观问题研究”。2000年至2007年，经管学院教师申请并获得的校内外科研项目95项。其中，国家级3项、省部级重点1项、省部级9项。

三、对外交流

经管学院先后与美国、日本、法国、韩国、俄罗斯等国家的十几所大学建立了合作关系。多次邀请国内外专家、教授来校进行学术交流和举办学术讲座，并选派教师进修学习。

表7-4-6　经济管理学院部分教师赴国外访问交流情况一览表

时　间	姓　名	国别与机构	研究与交流内容
1988.6至1989.6	朱直平	加拿大阿尔伯塔大学	访问学者
2002.8至2003.7	索晨霞	挪威纳尔维克工学院	访问学者（国家留学基金委资助），研究方向“供应链与物流管理”
2002.9至2004.9	金　虹	韩国丽水大学	进行项目合作与交流　选派青年教师进修学习
2005.8至2005.11	董　宇	加拿大哥伦比亚大学 加拿大西蒙菲莎大学	北京市教委组织的青年教师双语教学培训
2007.4至2007.4	陈彦玲等	挪威纳尔维克工学院	联合举办了“能源与资源综合利用国际研讨会”
2007.10至2007.10	陈彦玲等	挪威纳尔维克工学院	“中国农村绿色能源问题”项目研讨

第三节　实验室及其他教学科研设施

1993年，成立会计模拟实验室，隶属财会教研室。1996年至1998年，经济管理系扩容微机房，建立了系局域网。2001年，成立经济管理实验中心，承担包括经管学院在内的全校经济管理类课程的实践教学工作。

实验中心下设六个实验室：会计模拟实验室、经济管理实验室、MIS实验室、电子商务实验室、金融与投资模拟实验室、国际贸易实验室。可提供30万机时/学年。中心开设了涵盖市场营销、会计学、国际贸易、信息管理与信息系统四个专业的各类上机实践课26门、实习项目13个。

实验中心面积300平方米，硬件资产总值328万元，软件资产总值78万元。计算机160台，服务器9台，股市即时行情接收系统一套。计算机均连入校园网络，并经由国家教育科研网接入互联网。

实验中心在教学课程的改革实践中，先后引进“国际贸易系统（TMT　、ITS）”、“证券交易实时模拟系统”、“企业经营决策仿真系统”、“电子商务模拟系统”、“会计模拟实习系统”、“审计模拟实习系统”、“卓越经济项目投资决策系统”、“中国金融数据库”、“GUASS、EVIEW统计分析软件”、“金盛ERP系统”、“金蝶财务软件”等教学实验、实习软件，是经管各专业实践实习的基础实验设施和网络平台。

经管学院现有办公用房17间，1000平方米。包括四个系的办公室、教学办公室、能源经济研究中心办公室、实验中心办公室、教师图书室、教师和研究生用科研工作室。现有办公用计算机45台，能够为教师的工作提供即时帮助。

北京资源公司、中关村科技园区大兴生物医院基地、北京大瑞兴钉业有限公司，先后与经管学院正式建立协作关系，作为学生的常设实习基地和教师的科研基地。

第五章　人文社科学院

第一节　沿革

一、机构沿革

1978年建校时，学校设立公共教研室，其中有1名政治课教师。1981年7月，成立政治教研室。1985年7月，政治教研室更名为马列主义教研室。1988年7月，成立思想教育教研室。马列主义教研室和思想教育教研室作为学校直属单位，承担全校马克思主义理论课教学和思想品德课教学。至1992年教师人数达11名。

1993年3月，成立社会科学部，下设马列主义教研室、思想教育教研室和体育教研室；同年10月，撤销社会科学部，恢复马列主义教研室独立建制，思想教育教研室与党委学生工作部合署。这一时期有教职工13人。

1997年7月，恢复社会科学部，下设马列主义教研室、思想教育教研室和文化艺术教研室，教职工人数达到20人。1998年6月，社会科学部基层组织调整为邓小平理论教研室、哲学历史教研室、思想教育教研室、文化艺术教研室和办公室。

2000年1月，撤销社会科学部，成立人文社科部。2002年11月，撤销人文社科部，成立人文社科学院，下设政治理论教研室、德育教研室、公共管理系、旅游系、文化艺术教育中心和办公室。有教职工32人。

到2007年12月，人文社科学院的基层组织有思想政治理论教育中心、文化教研室、艺术教研室、公共管理系、旅游系、教学管理办公室、学生工作办公室。教职工人数增加到50人，其中专任教师从人文社科学院成立时的28人增加到45人，专任教师中具有高级职称的比例为31.1%，具有研究生学历的比例为68.9%。有在校生480人。

1988年成立马列主义教研室党支部。2002年10月，成立人文社科部党总支，下设4个党支部。2003年11月和2006年10月，人文社科学院相继选举产生了两届党总支委员会，下设6个党支部。

二、历任领导

表7-5-1　人文社科学院历任领导更迭表

机构名称	职　务	姓　名	任职时间
政治教研室	副主任	王良忱	1981.7至1985.7
马列主义教研室	主　任	王良忱	1985.7至1991.12

续 表

机构名称	职　务	姓　名	任职时间
思想教育教研室	主　任	肖存荣	1988.7至1993.12
马列主义教研室	党支部书记		1988至1991.12
马列主义教研室	副主任	刘启民	1990.6至1990.12
马列主义教研室	主任兼党支部书记	刘启民	1991.12至1992.3
马列主义教研室	副主任	邢林和	1992.3至1995.1
思想教育教研室	主　任	刘希明	1993.3至1996.12
社会科学部	兼主任	崔玉明	1993.3至1993.10
	副主任	刘启民	1993.6至1993.10
马列主义教研室	主　任	刘启民	1994.1至1996.12
马列主义教研室	副主任兼党支部书记	邢林和	1995.1至1996.12
马列主义教研室	主　任	邢林和	1996.12至1997.7
德育教研室	主　任	刘希明	1996.12至1997.7
社会科学部	兼主任和党总支书记	徐理德	1997.7至2000.1
	副主任	刘希明	1997.7至2002.9
人文社科部	党总支书记、	高秀云	2000.1至2002.12
人文社科部	副主任（主持工作）	刘景嵩	2000.1至2000.6
人文社科部	副主任	陈运辉	2000.7至2006.7
人文社科部	副主任	刘超杰	2000.1至2000.6
人文社科部	副主任（主持工作）	刘超杰	2000.6至2002.9
人文社科部	主　任	刘希明	2002.9至2002.12
人文社科学院	院　长	刘希明	2002.12至2003.7
人文社科学院	党总支书记	高秀云	2002.12至2006.7
人文社科学院	党总支副书记兼副院长	何晓红	2002.12至2003.7
人文社科学院	副院长（主持工作）	赵树海	2003.7至2006.7
人文社科学院	副院长	陈运辉	2003.7至2006.7
人文社科学院	党总支副书记兼副院长	曾卫兵	2003.10至今
人文社科学院	党总支书记	张　祥	2006.7至今
人文社科学院	副院长（主持工作）	王玉海	2006.7至今
人文社科学院	副院长	刘超杰	2006.7至今

三、师资概况

表7-5-2　人文社科学院专任教师职称结构表

年　度	教师总数	正高级职务		副高级职务		中级职务		初级及以下职务	
		人　数	比例(%)	人　数	比例(%)	人　数	比例(%)	人　数	比例(%)
1993	12	0	0	3	24.9	3	24.9	6	50
1997	18	2	11.1	4	22.2	10	55.6	2	11.1
2002	28	3	10.7	6	21.4	13	46.4	6	21.4
2007	45	4	8.9	10	22.2	29	64.4	2	4.4

表7-5-3　人文社科学院专任教师学历结构表

年　度	教师总数	博士研究生		硕士研究生		本科生	
		人　数	比例(%)	人　数	比例(%)	人　数	比例(%)
1993	12	0	0	0	0	12	100
1997	18	0	0	3	16.7	15	83.3
2002	28	1	3.6	12	42.9	15	53.6
2007	45	12	26.7	19	42.2	14	31.1

表7-5-4　人文社科学院专任教师年龄结构表

年　度	教师总数	35岁以下		36～45岁		46～55岁		56岁以上	
		人　数	比例(%)	人　数	比例(%)	人　数	比例(%)	人　数	比例(%)
1993	12	7	58.3	1	8.3	4	33.3	0	0
1997	18	11	61.1	2	11.1	5	27.8	0	0
2002	28	10	35.7	11	39.3	3	10.7	4	14.3
2007	45	16	35.6	25	55.6	2	4.4	2	4.4

第二节　教学、科研与对外交流

一、教学

（一）马克思主义理论课和思想教育课建设与改革

1992年，马克思主义理论课开设《中国革命史》、《马克思主义基本原理》、《中国社会主义建设》等课程，总学时为280学时。思想教育课开设《形势与政策》、《大学生思想品德修养》、《法律基础》、《人生哲理》、《职业道德》等课程，总学时为210学时。

1998年按照中共中央宣传部、教育部下发《关于印发〈关于普通高等学校“两课”课程设置的规定及其实施工作的意见>的通知》，马克思主义理论课所开设课程调整为《马克思主义哲学原理》、《马克思主义政治经济学原理》、《毛泽东思想概论》、《邓小平理论概论》、《当代世界经济与政治》，总学时为236学时。思想品德课所开设课程调整为《思想道德修养》和《法律基础》，总学时为85学时。

2003年以后，陆续对马克思主义理论课和思想教育课进行了改革。2003年，在马克思主义理论课程中，增加了36学时的《“三个代表”重要思想》课程。2005年以来，贯彻落实中共中央宣传部、教育部《关于进一步加强和改进高等学校思想政治理论课的实施方案》，对思想政治理论课课程设置进行了重新调整。即将“两课”整合为4门必修课，即《马克思主义基本原理概论》、《毛泽东思想、邓小平理论和“三个代表”重要思想概论》、《中国近现代史纲要》、《思想道德与法律基础》，总学时为244学时。开设《形势与政策》必修课。同时开设《当代世界经济与政治》等6门选修课。

2006年下半年，为增强思想政治教育的针对性和吸引力，试行学生政治辅导员兼任思想政治理论课教师政策。对于符合教师上岗条件的辅导员，承担一定量的思想政治理论课教学任务。

（二）文化艺术教育

1997年初，学校根据原国家教委关于加强高校文化素质教育和艺术教育两个文件的精神，成立北京石油化工学院艺术教育委员会。同年7月，组建社科部文化艺术教研室。文化艺术教育纳入教学计划，面向全校本科生开设普及性文化艺术类课程。主要开设《大学语文》、《中国古典诗词阅读与赏析》、《中国古典小说专题》、《中国新诗鉴赏》等文学类课程和《应用写作》、《新闻写作》、《公务文书写作》、《经济应用文写作》、《公务员写作》等写作类课程以及《大学美术鉴赏》、《大学美育》、《影视戏剧欣赏》、《大学音乐鉴赏》、《合唱艺术》、《歌剧艺术赏析》、《交响音乐赏析》、《古典芭蕾舞赏析》、《中国舞蹈精品鉴赏》、《视唱与练耳》、《管弦乐器配器与赏析》、《设计艺术鉴赏》、《摄影艺术基础与鉴赏》等艺术类课程。所开课程为全校通选课，其中《大学语文》在1997至2003年为必修课。艺术课教师的理论教学与学生艺术活动相结合，对学生艺术团进行专业性教学、指导与管理，为全校的群众性艺术活动进行指导和服务。

（三）专业设置

2000年2月，经教育部批准，开设公共事业管理专业，当年招收第一届学生90名。2001年3月，增设旅游管理专业，当年招生63人。

公共事业管理专业：以培养具备现代管理理论知识，较好地掌握现代经济与管理的技术操作方法，能在公共事业单位、政府行政管理部门、社会中介组织、科研机构及其它企业单位从事环境经济分析与管理和组织人事管理工作的应用型高级专门人才为目标。设环境经济与管理和组织人事管理两个专业方向。主干课程有：管理学、公共管理学、公共事业管理概论、统计学、微观经济学、宏观经济学、公共财政、公共政策分析、人力资源开发与管理、环境与资经济学等。毕业最低修读189学分，其中普通教育81学分，专业教育

92学分，综合教育16学分。专业招生规模为60人/年，学制四年，授予管理学学士学位。

旅游管理专业：以培养德、智、体全面发展，适应社会主义市场经济和旅游发展需要，掌握现代管理理论和旅游学系统知识，熟悉我国旅游发展方针政策、法规和研究动态，掌握现代旅游管理、旅游资源规划开发、自然生态环境保护发展理论知识能力，成为各级旅游行政管理部门、各类旅游企事业单位从事旅游经营管理、科研、教学、旅游资源规划等工作的适用型人才为目标。设酒店与旅行社管理方向和旅游文化与旅游资源开发两个专业方向。开设的主干课程有：旅游学概论、管理学、微观经济学、宏观经济学、旅游经济学、旅游政策与法规、中国文化史、旅游资源开发与规划、旅游市场营销、饭店管理、旅行社运行与管理等。毕业最低修读191学分，其中普通教育75学分，专业教育100学分，综合教育16学分。专业招生规模为90人/年，学制四年，授予管理学学士学位。

2005年，方正集团职业评估机构从全国1100多所（大、中专）院校（其中高等院校300多所）的旅游专业中，挑选出380家作为样本进行评估，最终评选出社会声誉最好的6所学院，其中人文社科学院的旅游管理专业名列第四。

（四）实践教学

1. 专业实习

表7-5-5　2005年公共事业管理与旅游管理专业实习环节教学计划

专业名称	课程名称	学分/周
公共事业管理专业	计算机基本技能训练	1/1
	工程认识实习B	1/1
	应用统计软件实习	1/1
	暑期社会调查	1/2
	马克思主义实践	1/2
	认识实习	1/1
	管理学	3/3
	专业论文训练	2/2
	ISO14000内审员培训	1/1
	人力资源管理模拟实习	1/1
	毕业设计（论文）	14/18
	专业实习	5/5

续表

专业名称	课程名称	学分/周
旅游管理专业	计算机基本技能训练	1/1
	工程认识实习B	1/1
	暑期社会调查	1/2
	马克思主义实践	1/2
	认识实习	1/1
	旅游专业实习	14/18
	毕业设计（论文）	14/18

2. 公共政治理论课实践教学

表7-5-6　2005年全校公共政治理论课实践环节教学计划

课程名称	学分/周
暑期社会调查	1/2
马克思主义实践	1/2
认识实习	1/1
思想道德修养与法律基础	12学时社会实践

3. 大学生项目研究训练（URT计划）

2004至2007年，人文社科学院10名教师，组织旅游系和公共管理系58名学生参加社会实践，实施大学生项目研究训练（URT计划）12项。

4. 实践教学活动

旅游管理专业与中国国际经济咨询公司、北京黎昌餐饮管理有限公司、北京俏江南餐饮有限公司、北京市大兴区旅游局、全国人大会议中心、北京市门头沟区清水镇政府等12家企事业单位建立挂牌产学研教育实习基地；与中旅大厦、东方君悦大酒店、中青旅北京旅行社、门头沟旅游局等14家企事业单位实习基地签约；与希尔顿酒店、白家大宅门、故宫博物院等40多家企事业单位建立友好合作关系。形成了“面向旅游市场、面向旅游企业、面向学生就业竞争力培养”的实践性教学体系。

公共事业管理专业与大兴区环保局、大兴区民政局、房山区环保局、人民电器厂、金喋有限公司等5家企事业单位建立产学研教育实习签约；与北京市东城区环保局、北京燕山石油化工有限公司、大兴留民营生态农场等9家产学研教育实习基地签约。与物美超市、韩村河等10多家企业建立友好合作关系。

2002和2004年，先后汇编了《大学生暑期社会调查优秀论文集》、《暑期社会调查和马克思主义实践报告选集》；2005年5月，编纂《旅游管理专业学生实践教学成果汇编》

第一辑； 9月，编纂《旅游管理专业学生实践教学成果汇编》第二辑；2006年，编纂《公共事业管理专业实习优秀实习报告集》。

（五）课程建设

1998年10月，《思想道德修养》被评为学校一类课程。同年11月，该课程被中国石油化工集团公司授予中国石油化工集团公司所属普通高校优秀课程。2003年9月，制订《人文社科学院关于合格课程和一类课建设规定》。2004年5月，印发了《人文社科学院课程建设费管理及使用办法》；9月，印发了《人文社科学院领导干部听课制度》；10月，制订了《人文社科学院课程建设规划》。

2004年10月，召开了优质课和精品课建设经验交流会，《马克思主义哲学原理》、《思想道德修养》、《旅游学概论》、《管理学》等7门课程的负责人围绕"两课"、专业课等合格课程和精品课程建设作了汇报和交流。2005年7月，人文社科学院所有课程全部建成合格课程，其中《马克思主义哲学原理》、《旅游学概论》、《思想道德修养》等课程被评为校级精品课，《中国文化史》、《旅游英语》、《管理学》、《环境与资源经济学》、《微观经济学》等课程被评为校级优质课。2006年5月，《形势与政策》、《大学语文》、《当代世界经济与政治》、《环境与可持续发展》等课程被评为校级优质课。2007年5月《中国文化史》、《管理学》等课程被评为校级精品课，《旅行社运行与管理》、《大学音乐鉴赏》等课程被评为校级优质课。到2007年12月，共有5门课程建成校级精品课，12门课程建成校级优质课。

（六）教材建设与选用

有4本教师自编教材、教学参考书，分别是《大学生艺术鉴赏》、《旅游文学》、《世界自然与文化遗产》和《社会主义的来龙去脉》等。

公共基础课教材选用方面，国家规划面向21世纪优秀教材4部；国家重点教材3部；国家示范教材3部；省部获奖教材2部；北京市示范教材2部；国家"两课"示范教材2部；国家"两课"推荐教材5部。2005年对思想政治理论课教育改革后,全部使用国家统一规划教材。

专业基础课、主干课教材选用方面，95国家级重点材料2部；获国家规划优秀教材7部；获省部级规划优秀教材5部；面向21世纪教材48部；教育部推荐高等学校专业核心教材10部；国家十五规划教材11部；新教材24部。

（七）教改项目

人文社科学院成立前，有校级教改立项9项。2002年至2005年,有校级教改立项13项，其中国家教育科学"九五"规划重点课题《整体构建学校德育体系的研究与实践》子课题《21世纪影响德育实效的因素及对策研究》及《旅游管理专业开放式办学模式的研究和实践》为学校重点教改项目。2005年至2007年，有校级教改立项23项，经费21.9万元，其中《德育课教育实效的整体优化》、《全员分层学业指导的理论与实践》、《思想政治理论课改革的研究与实践》、《加强和提高思想政治理论课教育教学实效性研究》及《思想政治理论课内容整合及难点研究》为学校重点教改课题。

二、科研

2002年至2005年，有校级以上研究课题8项，科研经费16.2万元。2005年至2007年有校级以上研究课题18项，科研经费65.3万元；青年科研基金项目7项，经费3.5万元。1993年至2001年，发表学术论文176篇；出版专著7部；参编教材21部。2002年至2005年，发表学术论文151篇；出版专著3部；参编教材8部。2005年至2007年，发表学术论文59篇；出版专著1部；参编教材4部。

2003年10月28日，人文社科学院牵头，会同宣传部、组织部、校办共同主办了学习贯彻“三个代表”重要思想理论研讨会。2003年12月23日，人文社科学院牵头，会同党委宣传部、党委组织部、学校办公室、学生工作部等单位联合举办了纪念毛泽东诞辰110周年理论研讨会。2005年6月，承办“贴近时尚、走进环保——北京石油化工学院‘环保活动周’系列活动”。邀请到了全国政协委员梁从介先生、大兴区环保局长李文影先生。梁从介先生作了《环境保护与公民责任》专题讲座。2005年10月，邀请中国人民大学哲学院马俊峰教授作《哲学与社会和谐发展》专题讲座。

三、对外交流

人文社科学院多次邀请企业及其他高校或学术团体的专家、教授来校讲学，并选派教师进修学习、出国访问。

表7-5-7　人文社科学院部分教师赴国外访问交流情况一览表

时　间	姓　名	国别与机构	研究与交流内容
2003.10.8至10.23	高秀云	挪威纳尔维克学院、德国乔治阿科里克拉技术学院、法国石油研究院	出访商谈合作办学项目
2004.5.9至5.26	赵树海	新加坡克里曼教育中心、澳大利亚南澳州职业技术进修学院、阿得莱德大学、维多利亚州墨尔本皇家理工大学	出访交流办学经验
2005.4至2005.5	陈运辉	挪威瑙维克工学院、德国柏林工业大学机械工程学院、法国亚眠电子电器工程师研究生院、法国石油科学研究院	学习先进的教育体制、人才培养模式，洽谈合作办学事宜
2007.4.11至4.30	刘　啸	澳大利亚珀斯中央技术大学	学习语言，同时学习旅游专业办学经验
2007.4.14至4.27	曾卫兵	澳大利亚中央技术与继续教育学院、新西兰国际理工学院	商谈合作办学相关事宜
2007.5.8至5.22	王玉海	挪威纳尔维克学院、德国杜伊斯堡大学、法国亚眠电子电工学院	交流办学经验，了解本校学生在国外的学习与生活情况

第三节 实验室及其他教学科研设施

2002年人文社科学院组建后，办公用房由8间（每间30m²）增加到11间，总面积达330m²。投资61万元购入教学仪器设备，建有一个面积为90m²的机房。2006年底，投资200余万元专项基金，筹建艺术教育中心、旅游管理专业场景化模拟实验室、ERP沙盘模拟实验、项目小组实习实训平台等具备多功能的人文社科学院实践教学中心，总面积为460m²。

环境经济模拟实验室于2003年2月正式建成使用。拥有2台IBM服务器，1套多媒体设备，66台计算机以及饭店管理、旅行社管理、办公自动化、人力资源管理等软件。所有设备通过校园网与internet网连接。用于《环境评价》、《项目分析与环境经济评价》、《环境经济核算》、《旅游管理》等多门课程的上机实验和环境认识、旅游认识、环境管理学、管理学、专业论文训练等实习，并通过计算机对室外实习所获相关数据进行处理。

实践教学中心由音乐教室、美术教室、综合实训室、旅游管理专业模拟试验室、公共管理专业ERP沙盘模拟实验室5个部分构成。音乐教室内设有整套西洋乐队乐器和10个电钢琴以及一套作曲工作站，可以满足大学生乐团的日常排练和《视唱练耳》课程的教学。美术教室内配有素描静物和画板、画架，有一套哈苏120胶片相机、一套数码单反相机，均配有相应的闪光灯和脚架附件，为大学生美术兴趣小组提供了良好的学习场所和设备。综合实训室内设有多媒体设备及舞蹈训练设备，可以保证大学生舞蹈团的形体训练和日常排练。旅游管理专业模拟实验室内设有视频点播系统、中西餐桌和吧台、教学模拟客房双标间，能够满足餐饮教学和教师示范客房服务与客房整理的需要。公共管理专业ERP沙盘模拟实验室设有模拟企业经营对抗沙盘手工版和电子版、金蝶ERP全套软件，为公共管理专业相关课程和模拟企业经营对抗实习的模拟操作提供便利条件。

第六章 材料科学与工程系

第一节 沿革

一、机构沿革

材料科学与工程系的历史源于1978年建校时开办的化学工程专业（其中包括了高分子专门化），1978年至1981年招收四届本科生，共75名。1986年1月，化工系成立，当年开设了高分子化工专业，招收专科学生35名。1986年至1992年，共培养高分子材料专业专科毕业生147名。1990年9月，化工系成立了高分子教研室。

1993年，化工系首次在全国范围内招收本科生，共招收包括高分子化工在内的四个专业本科生135名，其中高分子化工专业35名。1994年至2003年共培养高分子材料与工程本

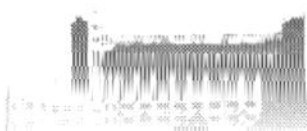

科毕业生756人。1995年，化工系对专业结构进行调整，将化学工程、化工工艺、石油加工等专业方向合并为化学工程与工艺专业类；高分子化工、高分子材料专业合并为高分子化工及材料类。1998年，化学工程系下设有包括高分子教研室在内的6个教研室。

2000年1月，学校调整院、系（部）、教研室行政建制，成立了材料与化工学院，下设高分子材料科学与工程系等三个系及一个实验中心；开设有高分子材料与工程等三个本科专业。当年高分子材料与工程专业招收四个班共120名学生。2003年7月，材料与化工学院基层组织调整为包括高分子材料科学与工程系和绿色化学与催化材料研究所在内的三系、两所和一个教学与实验中心。其中，高分子材料科学与工程系下设高分子教研室和高分子实验室。2006年6月，学校进一步整合学科资源，在原材料与化工学院所属的高分子材料科学与工程系、机械工程学院所属的纳米光电子技术研究与发展中心的基础上成立了材料科学与工程系，为学校直属二级教学单位。开设高分子材料科学与工程专业，当年招生四个班共120人。

到2007年底，材料科学与工程系共有教职工27人，其中专任教师20人，教辅人员7人。专任教师中具有高级职称的比例为65%，具有研究生学历的比例为100%。下设高分子材料与工程教研室、高分子材料与工程实验室、纳米光电子技术研究发展中心（成立于2002年9月）和教学管理及学生工作综合办公室。共有学生458人。

2002年，高分子材料科学与工程系与北京化工大学、北京石油大学开始联合培养材料学专业研究生。至2007年底，毕业硕士研究生18名，在读硕士研究生23名，博士研究生3名。

2006年6月，材料科学与工程系党总支成立。下设1个教工党支部，1个研究生党支部和1个学生党支部。

二、历任领导

表7-6-1 材料科学与工程系历任领导更迭表

机构名称	职务	姓名	任职时间
高分子专业	负责人	鲍　浪	1980.9至1990.8
化工系高分子教研室	主　任	鲍　浪	1990.9至1994.12
化工系高分子教研室	主　任	陆晓中	1995.1至1996.8
化工系高分子教研室	主　任	徐自力	1996.9至1997.8
化工系高分子教研室	主　任	黄继红	1997.9至1999.6
化工系高分子教研室	主　任	晁建平	1999.7至2000.1
材料与化工学院材料工程系	主　任	许晓迪	2000.1至2003.2
材料与化工学院材料工程系	主　任	刘太奇	2003.2至2006.6

续 表

机构名称	职 务	姓 名	任职时间
材料科学与工程系	主 任	顾 凯	2006.6至今
材料科学与工程系	党总支书记	武光明	2006.6至今
材料科学与工程系	党总支副书记兼副主任	黄建平	2006.7至今

三、师资概况

表7-6-2 材料科学与工程系专任教师职称结构表

年 度	教师总数	正高级职务		副高级职务		中级职务		初级及以下职务	
		人 数	比例(%)	人 数	比例(%)	人 数	比例(%)	人 数	比例(%)
1990	8	1	12.5	0	0	5	62.5	2	25
1998	14	3	21. 43	0	0	8	57.14	3	21.43
2006	18	5	27.8	7	38.9	5	27. 8	1	5.5
2007	20	6	30	7	35	7	35	0	0

表7-6-3 材料科学与工程系专任教师学历结构表

年 度	教师总数	博士研究生		硕士研究生		本科生	
		人 数	比例(%)	人 数	比例(%)	人 数	比例(%)
1990	8	0	0	0	0	7	87.5
1998	14	0	0	4	28.6	9	64.3
2006	18	8	44.5	10	55.5	0	0
2007	20	10	50	10	50	0	0

表7-6-4 材料科学与工程系专任教师年龄结构表

年 度	教师总数	35岁以下		36～45岁		46～55岁		56岁以上	
		人 数	比例(%)	人 数	比例(%)	人 数	比例(%)	人 数	比例(%)
1990	8	6	75	0	0	2	25	0	0
1998	14	7	50	5	35.8	1	7.1	1	7.1
2006	18	7	38.9	9	50	2	11.1	0	0
2007	20	8	40	10	50	2	10	0	0

第二节 教学、科研与对外交流

一、教学

高分子材料与工程专业建立于1994年，为校级骨干建设专业。主要面向现代化新材料研发与生产领域，以培养具有高分子材料与工程等方向的基础知识和专业知识，能在高分子材料、环境材料与生物医学材料等非金属材料的合成改性、制备工程和加工成型等领域从事科学研究、技术开发、工艺设计、生产及经营管理等方面工作，有较强的计算机应用能力、外语能力、素质优良、有创新精神的工程技术人才为目标。该专业设有高分子材料制备、环境材料、生物医用材料、复合材料、纳米材料、橡塑加工和聚合物制备工程等方向。高分子材料与工程专业于1998年5月获得工学学士学位授予权。

高分子材料与工程专业基于北京市重点学科——化学工艺、北京石油化工学院重点学科——材料学为平台设置主干课程，并选修生物、环境、仪器等相关学科知识，强化高分子化学与物理、高分子合成、聚合物制备工程、聚合物加工工程等专业核心课程教学，突出高分子聚合工程、材料加工工程、环境材料、生物医用材料等专业方向的自主性。推行理论学习、研究性教学和实践性教学相结合原则。拥有北京燕山石化、秦皇岛天秦产学研基地等实验实习基地，正在形成双语教学、计算机在聚合物合成与加工中的应用等专业特色课程。

该专业开设有《有机化学》、《高分子化学》、《高分子物理》、《聚合物制备工程》、《聚合物成型工艺》、《聚合物加工工程》、《高分子材料研究方法》、《综合实验》、《课程设计》、《计算机模拟与仿真》、《毕业设计（论文）》等课程。2005年7月，《聚合物加工工程》和《聚合物制备与工艺》两门课程被评为校级优质课；2006年，《高分子科学实验》被批准为国家十一五规划教材。2007年5月，《聚合物加工工程》课程被批准为校级精品课，《高分子化学》被评为校级优质课。

1998年，材料科学与工程系与北京绿源塑料有限责任公司开展合作交流并开发实验基地；2003年10月，与秦皇岛天秦塑胶工业有限公司合作成立了“天秦新型材料研究室”，并于2004年6月共同开发了秦皇岛天秦产学研基地；2007年4月，与广东省佛山市聚赛龙工程塑料有限公司合作开发实习基地，该公司还以经理郝源增名义（高分子专业78级校友）设立了每年3万元的聚赛龙奖学金以帮助生活有困难的优秀学生。

二、科研

1992至1998年，高分子材料专业教师主持或参与科研项目13项。2002至2006年，主持或参加了国家863计划项目、国家自然科学基金、国家教委、北京市教委、北京市组织部、北京市人事局等纵向课题7项；主持中石化集团公司、燕山石化公司、上海博格集团等横向项目20余项。发表学术论文70余篇，被SCI、EI、ISTP三大检索收录20余篇，申请专利7项。

2004年10月，《纳米技术应用丛书——纳米空气净化技术》（刘太奇编）由化学工

业出版社出版。2005年5月，金玉顺的《服装造型学》（译著）由纺织工业出版社出版。2006年3月，金玉顺的《服装造型学技术篇III》（译著）由纺织出版社出版。7月，杨明山、陆晓中、戴玉华、赵明等人编写的《塑料改性工艺、配方与应用》一书由化学工业出版社出版。

纳米光电子技术研究与发展中心正在与西安交大、北京理工大学和英国卡迪夫大学开展联合培养博士生及科研工作。

三、对外交流

材料科学与工程系先后与美国、法国、德国等国家的高等学校建立了合作关系，并邀请国内外专家、教授来校进行学术交流和举办学术讲座，选派教师到国外进修学习。

1985年6月，邀请美国纽约州立大学布法罗化工系专长于高分子方面的Paul Ehreioh教授来校讲学。1995年，顾凯赴美国俄亥俄州立大学进行高分子化工方面的国际学术交流。2007年4月，黄建平赴德国海德堡应用科技大学和安哈尔特应用技术大学考察访问。5月，顾凯赴挪威纳尔维克大学及法国亚棉电子技术大学考察访问，武光明赴香港理工大学参加全国工科院校创新工程教育师资培训研讨。2003年至2006年期间，有32人次分别参加了在上海、桂林、深圳等地举行的各种学术会议。

第三节　实验室建设与教学科研设施

1986年化工系成立时，高分子化工专业实验室面积仅有65平方米，是最早的高分子物理、高分子化学基础实验室，有偏光显微镜、密度仪等基础实验仪器。1990年，高分子实验室购置了早期的大型设备GPC，燕化总公司同时支持一批包括DSC、TG、硫变仪、电子拉力机在内的基础实验设备。2001年，材料与化工学院成立，下设材料科学与工程系，实验室面积扩大到150平方米，购置一批包括炼塑机、温度测定仪、计算机在内的总价值约30万元的仪器设备。

2006年6月，材料科学与工程系（学校直属二级单位）成立，建立了高分子物理与化学基础实验室、高分子加工基础实验室、环境材料研究中心、生物医用材料研究中心、高分子工程设计室和纳米光电子技术研究与发展中心等实验室，共占地约1000平方米。其中高物、高化实验室拥有GPC、TG、DSC（差示动态热量扫描仪）、TGR（热失重分析仪）、FTIR（傅立叶红外光谱分析仪）、X射线衍射仪、电子拉力试验机（旧设备）、材料万能实验机、全天候老化箱、双螺杆挤出机等设备和仪器，总价值约500万元。

纳米光电子技术研究与发展中心面积近400平方米，有一批高、精尖的分析和测试设备，如原子力显微镜、激光拉曼光谱议、扫描电子显微镜、PECVD和离子束镀膜机等9套大型仪器设备，总价值约800万元。可充分满足材料专业本科生以及硕士和博士研究生的教学和科学研究的需要，为培养具有系统的科研开发能力和实践能力的人才提供强有力的支撑。

第七章　数理系

第一节　沿 革

一、机构沿革

1978年建校初，学校即成立了数学教研组和物理教研组，有教师8人。1980年7月，改制为数学教研室和物理教研室。1986年1月，基础部成立，数学教研室、物理教研室并入。

2000年1月，学校调整教学科研组织机构，成立了数理部，下设数学教研室、物理教研室、物理实验室和综合办公室。2001年11月，经教育部批准，开设信息与计算科学专业，2002年开始招生[①]。2002年5月，成立信息与计算科学系，时有教师6名。根据专业发展需求，先后引进了一批中青年教师，至2007年12月，信息与计算科学教研室已有教师14名，其中12名教师具有硕士及以上学历，6名教师具有副教授职称，1名教师具有教授职称。其中有北京市中青年骨干教师2名。

2002年7月，数理部机构进行调整，下设信息与计算科学系、数学教研室、物理教研室、物理实验室、行政办公室、教学办公室和学生办公室。2003年7月，数理部更名数理教学部。2003年9月，数理教学部成立了数理实验中心，包括物理实验室、信息与计算科学专业实验室、物理演示实验室等，现代光学技术实验室、薄膜材料实验室成立后也归属于该中心。

2006年6月，数理教学部更名为数理系。

2007年12月，数理系下设数学教研室、信息与计算科学教研室、数理实验中心、行政办公室、教学管理办公室和学生工作办公室。有教职工52人，其中专任教师44人，教辅人员8人。专任教师中具有高级职称的比例占52.2%，具有研究生学历的比例占84.1%。有在校生204名。

1986年1月，基础部成立党支部。1997年1月，成立基础公共课党总支，下设数学、物理等5个党支部。2003年9月，成立数理部党总支，设有数学、物理、信息与计算科学系、数理实验中心4个党支部。2006年10月，成立数理系党总支，设有3个教工党支部和1个学生党支部。

---

①该专业2002年第一届招收学生64名。

二、历任领导

表7-7-1　数理系历任领导更迭表

机构名称	职务	姓名	任职时间
数学教研组	组　长	金海林	1978.12至1980.6
物理教研组（室）	组长（主任）	宋临格	1978.12至1981.1
数学教研室	主　任	金海林	1980.7至1992.
物理教研室	主　任	矫希国	1981.2至1983
物理教研室	主　任	范　璞	1984至1988
基础部	主　任	刘春蕴	1986.1至1989
基础部	党支部书记	尹玉英	1986.1至1988
基础部	党支部书记	郭文莉	1988至1990
基础部	主　任	田　浩	1989至1992
基础部	党支部书记	金海林	1990至1995.8
基础部	主　任	金海林	1992至1995
基础部	党支部副书记	张奕林	1994.12至1999.12
基础部	副主任	邢铁骥	1995至1996
基础部	基础公共课党支部书记	孙景玙	1995.9至1996.12
基础部	副主任	张奕林	1996.1至1999.12
基础部	主　任	邢铁骥	1996.12至1999.12
基础部	基础公共课党总支书记	孙景玙	1997.1至1999.12
数理部	主　任	曹晓东	2000.1至2006.6
数理部	副主任	李　林	2000.1至2003.6
数理部	基础公共课党总支书记	张奕林	2000.1至2003.6
数理教学部	副主任	郭立群	2003.7至2006.6
数理教学部（数理系）	党总支书记	李　林	2003.7至2006.11
数理系	主　任	曹晓东	2006.6至今
数理系	副主任	郭立群	2006.6至2007.12
数理系	党总支书记	曹晓东	2006.11至今
数理系	党总支副书记兼副主任	高德文	2006.12至今
数理系	副主任	金恩姬	2007.12至今

三、师资概况

表7-7-2 数理系专任教师职称结构表

年 度	教师总数	正高级职务		副高级职务		中级职务		初级及以下职务	
		人 数	比例(%)	人 数	比例(%)	人 数	比例(%)	人 数	比例(%)
1978	5	0	0	0	0	3	60	2	40
1990	17	1	5.9	2	11.8	6	35.3	8	47.1
2000	20	3	15	4	20	13	65	0	0
2007	44	2	4.5	21	47.7	20	45.5	1	2.3

表7-7-3 数理系专任教师学历结构表

年 度	教师总数	博士研究生		硕士研究生		本 科 生	
		人 数	比例 (%)	人 数	比例 (%)	人 数	比例 (%)
1978	5	0	0	0	0	5	100
1990	17	0	0	5	29.4	12	70.6
2000	20	0	0	10	50	10	50
2007	44	14	31.8	23	52.3	7	15.9

表7-7-4 数理系专任教师年龄结构表

年 度	教师总数	35岁以下		36～45岁		46～55岁		56岁以上	
		人 数	比例(%)	人 数	比例(%)	人 数	比例(%)	人 数	比例(%)
1978	5	1	20	2	40	2	40	0	0
1990	17	11	64.7	3	17.6	2	11.8	1	9.1
2000	20	8	40	7	35	4	20	1	5
2007	44	19	43.2	18	40.9	6	13.6	1	2.3

第二节 教学、科研与对外交流

一、教学

（一）公共课教学

1. 数学

1978年建校初，数学教研组（室）为全校本科生开设《高等数学》、《线性代数》、

《化工数学》、《计算方法》等课程。1980年，燕山石化总公司教育处委托数学教研室开设了3期高等数学、计算方法补习班；与总厂计算机中心联合开办了3期计算机语言及在化工上应用推广班。1983年，学校委派数学教师兼任课程，与燕山石化总公司教育处、技术处联合开办了3期厂长、工程师级的培训班，历时约2年。同年，受原国家教委委托，数学教研室编写三年制职工高等工业专科学校工科各专业《算法语言教学大纲》，并于12月由高等教育出版社出版发行。1984年至1986年，为中石化总公司等举办多期全国化工系统工厂的工程师培训班。

建校初至1992年，数学教研室先后为本、专科等各类学生开设《高等数学》、《线性代数》、《复变函数》、《化工数学》、《计算方法》、《最优化方法》、《计算机程序语言》等课程。

1993年后，数理系（基础部、数理部）承担了全校各本科专业的数学类课程的教学工作，包括面向工科专业的《高等数学A》、面向经管类专业的《高等数学B》、面向英语专业的《高等数学C》，以及面向全校的《线性代数》、《复变函数与积分变换》、《数学实验与数学建模》、《概率论与数理统计》等必修课程。

2001年至2004年，面向机械设计制造及其自动化和化学工程与工艺2个试点专业，开设了《微积分》、《代数与几何》、《数学建模入门》、《数学建模实践》等必修课程，开设《计算方法》等选修课程。2004年至2007年，面向机械工程学院7个专业、化学工程学院1个专业，开设了《微积分》、《代数与几何》、《数学实验与数学建模》等必修课程。同时，开设《数学建模入门》、《数学建模实践》、《计算方法》等课程作为全校本科生的选修课。

《高等数学》、《线性代数》、《概率论与数理统计》是数学类主要基础课程，也是全校各专业的核心课程。针对2000年开始的高校扩招，以及学生生源的变化等实际情况，数理系及时进行了分层次教学改革工作。从2005年开始，在《高等数学A》、《高等数学B》和《微积分》课程中试行分层次教学工作，按照学生学习程度以及自主选择将学生分为分级班、普通班和期末补习班等三个层次开展教学。

1996年4月，《高等数学》被评为学校首届一类课。1997年1月，《高等数学》被评为中石化总公司优秀课程。2004年，《高等数学》、《线性代数》成为校级首批精品课程。2005年7月，《概率论与数理统计》课程成为校级精品课程。

2. 物理

1978年建校初，物理教研组（室）为全校学生开设《普通物理》课程，180学时。至2000年，物理教研室面向工科各专业开设《大学物理》课程，为120学时，8学分。

2000年至2004年，物理教研室面向理工科各专业开设《大学物理A》课程，120学时，8学分，并在机2000、化2000两个《人才培养模式的改革研究与实践》试点专业进行大学物理教学试点。面向经管学院信息管理类专业开设《大学物理B》，80学时（其中8学时为实验课）。2000年至2003年，面向经管学院其它各专业开设必修课程《大学物理C》，48

学时，2004年该课程由必修课程调整为选修课程。

2002年，对信息与计算科学专业开设《大学物理》，48学时，3学分。2003年9月，该课程学时调整为80学时（其中含8学时物理实验），5学分。

从2005年开始，对《大学物理A》课程实施分层次教学，按照学生学习程度以及自主安排将学生分为分级班、普通班和期末补习班。面向经济、管理类各专业的必修课程《大学物理B》（66学时，其中18学时为物理实验）也实施了分层次教学。将学生分成A、B班。A班为理科班，理论教学48学时，实验教学18学时；B班为文科班，理论教学64学时（增加的学时主要是给学生补习物理基础知识），实验教学18学时。

2004年，《大学物理》被评为校级首批“精品课程”。

3.物理实验

1978年建校初，仅有两个物理实验室，开设的均为基础性物理实验。至2001年，面向全校理工科学生可开出物理实验18项。2001年至2004年，面向机械设计制造及其自动化和化学工程与工艺2个试点专业开设5个设计性实验，面向全校学生开设8个近代物理选修实验，可开出物理实验项目共计29项。2004年至2007年，可开出物理实验达39项，其中17项基础性实验，11项综合性实验，11项设计性实验。物理实验室改革了实验教学体系，修订了实验教学大纲，自主开发出“物理实验网”，实现了实验教学与实验室管理的网络化。同时，物理实验室于2005年开始面向全校学生开放。

1997年9月，《物理实验》被评为第二届校级一类课，同年6月，物理实验室被确定为北京地区首批合格的基础课教学实验室。1998年，《物理实验》被评为中石化总公司优秀课程。1999年，基础课部的教学评价工作得到教育部专家组的好评。其中，《物理实验》为教育部专家组来校测试学生四门课程中成绩最好的两门课程之一。2004年，《大学物理实验》成为校级首批精品课程。2006年9月，自编的《大学物理实验》教材被列入教育部“十一五”规划教材。

4.研究生教学

从2001年开始，数理系承担学校联合培养研究生的数学、物理和自然科学哲学类课程的教学工作。2001年至2004年，为硕士研究生开设了《应用数理统计》、《矩阵理论及其应用》、《组合数学》、《自然辩证法》和《数值分析》等5门课程。2005年以后又增加了《数学物理方程》和《材料物理》2门课程。

2006年9月，首次招收了2名由数理系全过程联合培养的材料物理专业硕士研究生。

（二）信息与计算科学专业建设

2001年11月，信息与计算科学专业获理学学士学位授予权。

从2002年至2007年六年的发展过程中，专业培养方案经过调整不断完善。2004年将“计算机应用软件方向”和“金融工程方向”，调整为“计算数学与应用软件方向”。并在公共基础课平台中去掉了“电工电子技术”课程，将自然科学与技术类通选课程模块的学分全部分配给计算机类课程，加大了计算机类课程的比重。还相应地增加了选修课的学

分，使必修课与选修课的学分比例趋于合理。在专业课程的教材选用上，更加注重知识的理论性与实践应用性的结合。2004年与2005年，分别与北京格方网络技术有限公司、北京泽佳惠远科技有限公司签署协议，建立了2个专业实习基地。

信息与计算科学专业主要开设《数学分析》、《高等代数》、《空间解析几何》、《复变函数》、《微分方程》、《数值分析》、《微分方程数值解》、《运筹与优化》、《数学模型》、《计算智能》和《数据分析》等数学课程；还开设《信息科学基础》、《计算机程序设计语言》、《数据结构》和《数据库》等信息与计算机类课程。此外，为突出训练学生的实践能力，还开设《数学软件实践》、《数值计算实践》和《数据分析实践》等实践性教学环节。2007年5月，专业核心基础课程《数学分析》被评为校级优质课程。

（三）教材建设

1990年，《实用工程数学》（金海林与卢名高合作编写）由石油大学出版社出版。1998年，《线性代数》（邢铁骥等编写）由中国标准出版社出版。2004年，《数学实验与数学建模教程》、《大学数学初步》（李林等主编）由中国林业出版社出版。2006年，《大学物理实验》（张奕林主编），入选“十一五”国家级教材规划。

二、科研

1978年至1993年，这一时期的主要科研成果有田浩等教师的译著及在《数学学报》等刊物发表的学术论文。

1994年至1999年期间，共发表论文109篇。主要论文发表在《Periodica Mathematica Hungarica》、《J. Theorie Nombres Bordeaux》、《FERROELECTRICS》、《工程数学学报》、《功能材料》等刊物。

2000年至今，科研方向包括了计算数学、应用数学、概率统计、金融数学、微分方程及其应用、动力系统、信息处理及应用、复变函数、数论、理论物理、薄膜材料、光纤传感、光学应用等，并逐步形成以王怡教授、武光明教授为学术带头人的材料物理科研团队。主要科研论文发表在《Acta Arithmetica》、《Phys. Lett.B》、《J. Phys.》、《中国科学》、《物理学报》、《ACTA MATEKLLURCICA SINICA》、《光谱学与光谱分析》、《Chinese Physics》、《光子学报》等国内外高级别刊物。

2002年至2007年期间，发表科研论文110余篇，其中被SCI、EI收录20余篇，核心刊物论文50余篇。到2007年底，数理系承担国家留学基金项目1项，联合承担国家自然科学基金项目2项，主持国家统计局科研项目1项，北京市教委科技发展计划面上项目4项，北京市组织部优秀人才培养专项经费资助项目3项。

三、对外交流

从20世纪90年代中期开始，基础部不断加强与教育部各学术组织的联系，参加了多个学会，承办了多项会议，各学科定期派教师参加相关培训，学术研讨会、会员大会等活动。

数学教研室于1993年开始参加“全国化工系统数学研究会”、“全国概率统计研究会”、“北京市一般工科院校数学协作组”等组织。

物理教研室先后参加了“全国化工系统物理教学协作组”、“教育部工科物理课程教学指导委员会”等组织。1997年，学校与北京印刷学院合作承办了北京市物理学会年会。2003年，数理教学部承担了全国大学生数学建模竞赛北京赛区的阅卷组织工作。

在学术交流方面，先后邀请清华大学廖延彪教授、中国科技大学李尚志教授、华南理工大学汪国强教授、北京航空航天大学李心灿教授、北京理工大学叶其孝教授、北京师范大学刘来福教授等国内知名专家、学者来校为教师学生开办讲座。

1989年3月，数学教研室任正民参加了北京师范大学数学系基础数学专业助教进修班为期一年半的学习。1992年，数学教研室教师杜建卫参加了北京航空航天大学应用数学系助教进修班为期一年的学习、1996年又在北京邮电大学信息系进修学习。1996年，中国石化总公司选派李林在美国纽约大学进行为期半年的学术访问。1998年8月，中国石化总公司选派曹晓东在美国依阿华大学数学系进行为期半年的学术访问。2000年、2002年物理实验中心副教授张奕林、高德文分别到清华大学电子工程系作为期一年的访问学者。2002年9月，数学教研室徐丽萍到北大数学学院进修、信息与计算科学系任正民到北师大计算机系进修。2003年9月，数学教研室副教授杜建卫到北京大学数学科学学院信息系作为期一年的访问学者。2003年9月，信息与计算科学系教师董小燕到北大信息科学学院计算机系进修。物理教研室吕爱君到北大物理学院进修。2004年9月，数学教研室副教授吴国民、信息与计算科学系副教授吴春霞到北大经济学院作为期一年的访问学者。数理实验中心副教授金恩姬到北大物理学院作为期一年的访问学者。2004年10月至11月，数学教研室副教授杜建卫在香港浸会大学计算机科学系进行学术访问，研究中药指纹图谱的识别问题。2005年8月至9月，到该校计算机科学系作访问学者。2007年4月，高德文赴欧洲参加了工程实践培训，曹晓东、金恩姬赴澳大利亚参加了英语培训。

第三节　实验室建设与教学科研设施

物理实验室建成于1978年，当时实验室面积约40平方米。1980年4月， 实验室面积扩大到300平方米，可开设物理学的部分实验课，仅限基础性物理实验。至2000年，物理实验室固定资产约110万元，其中物理演示实验仪器约10万元。2001年至2004年，物理实验室开设实验项目共计29项，投入建设资金55.5万元。2004年至2007年，物理实验室面向全校学生开设物理实验39项，近代物理选修实验6项，投入建设资金342万元。至2007年12月，物理实验室面积达1600平方米，拥有固定资产约360万元，各种仪器900余件，标准实验室10间（面积：86～106平方米），40平方米实验室10间。

数理实验中心于2003年9月成立。包括物理实验室、大学物理演示实验室、信息与计算科学专业实验室等三个教学实验室以及薄膜材料实验室和现代光学技术实验室两个用于材料物理和光学领域的科研实验室。

大学物理演示实验室创建于1999年5月，投入资金10万元，面积100平方米，面向全校本科生开设演示实验10余个。到2007年12月，实验仪器经费投入累计230余万元,实验室面积240平方米。已经形成力热、电磁、振动与波、光学与近代等4大演示系列，题目合计200余个，利用自主研发的物理演示实验网选课系统，可演示百余种物理实验现象，并于2005年开始向全校学生开放。

信息与计算科学专业实验室于2003年4月开始组建，投入资金45万元，配有64台计算机及1套多媒体设备，面积110平方米，装配有Mathematica、Matlab、SAS等数学专用软件。2006年4月，投入20余万元建设了第2实验室，有32台计算机，面积60余平方米。

现代光学技术实验室成立于2004年11月，投入资金22万元，购置各类光学仪器31台（套），面积40平方米。共有各类光学仪器58台(套)，固定资产73万元，面积200平方米，能开设10个现代光学实验。主要设备有：光电直读光谱仪，光纤光栅传感实验仪，光栅单色仪，光纤光学与半导体激光器特性实验仪，He-Ne激光器与谐振腔特性实验仪(含F-P干涉仪)，声光效应实验仪，组合干涉仪，组合干涉仪，光纤干涉仪，光学平台，光电器件参数测试仪，红外测温仪等。

薄膜材料实验室成立于2005年10月，投入资金10万元，面积40平方米。现有设备总值计50余万元，面积约100平方米。主要有薄膜制备设备、薄膜性能测试仪器（其中喷雾热分解装置是教师自行开发研制的制膜设备）。

第八章　外语系

第一节　沿　革

一、机构沿革

1978年建校初期，学校设有外语教研组，隶属公共教研室，时有教师6人。1980年7月，外语教研组改制为外语教研室。1986年1月，学校成立基础部，外语教研室并入。有教师7人。

2000年1月，学校调整教学科研组织机构，外语教研室调整为外语部。下设办公室、大学英语第一教研室、大学英语第二教研室、语言实验室。同年2月，教育部批准学校增设英语本科专业（国际商务方向），当年7月开始招生，招收学生35名。2004年7月，向社会输送了首届毕业生。从2000年9月起，外语部除承担全校的大学外语教学工作外，开始承担英语专业本科生的培养任务。当时有教职工19名。2001年9月起，外语部开始承担联合培养研究生的英语教学工作。

2003年7月，外语部更名为外语教学部，同时对基层教学科研组织进行调整，设有综合办公室、英语专业教研室、大学英语第一教研室、大学英语第二教研室、第二外语教研室、外语教学实验中心。同年11月，外语教学部更名为外语系，时有教职工36名。

到2007年12月，外语系下设综合办公室、外语教学试验中心、英语专业教研室、大学英语第一教研室、大学英语第二教研室和第二外语教研室。教学语种有英语、俄语、法语和日语等。英语专业在校生168人，共有8个教学班。有教职工53名，其中专任教师46名，管理人员7名。专任教师中具有高级职称的比例占30.3%，具有研究生学历的比例占63.1%。

2001年12月，外语部直属党支部成立。2006年6月，在直属党支部基础上成立外语系党总支，下设三个基层党支部，其中2个教工党支部和1个学生党支部。

二、历任领导

表7-8-1 外语系历任领导更迭表

机构名称	职务	姓名	任职时间
外语教研组（室）	副组长（副主任）	熊人传	1978至1981.7
外语教研室	主 任	贡 晔	1981.7至1986.1
外语教研室	副主任	戚逸新	1986.1至1992.8
外语教研室	主 任	刘凤山	1992.9至1995.5
外语教研室	副主任	戚逸新	1993.11至1997.8
外语教研室	副主任	朱 凤	1993.11至1995.10
外语教研室	主 任	朱 凤	1995.10至1998.8
外语教研室	副主任	包旭日	1996.10至1997.8
外语教研室	副主任	王迎军	1997.9至1998.8
外语教研室	主 任	王迎军	1998.9至1999.12
外语部	主 任	王迎军	2000.1至2003.6
外语部	党支部书记兼副主任	魏立智	2001.12至2003.6
外语教学部	主 任	王迎军	2003.7至2003.10
外语教学部	党支部书记	魏立智	2003.7至2003.10
外语系	主 任	王迎军	2003.11至今
外语系	党支部书记	魏立智	2003.11至2006.6
外语系	党总支书记	魏立智	2006.6至今
外语系	党总支副书记兼副主任	李 悦	2006.7至今

三、师资概况

表7-8-2 外语系专任教师职称结构表

年 度	教师总数	正高级职务		副高级职务		中级职务		初级及以下职务	
		人 数	比例(%)	人 数	比例(%)	人 数	比例(%)	人 数	比例(%)
1979年	7	0	0	0	0	3	42.9	4	57.1
1986年	11	0	0	0	0	3	27.2	8	72.8
2000年	18	1	5.6	2	11.1	7	38.9	8	44.4
2003年	34	2	5.9	5	14.7	12	35.3	15	44.1
2007年	46	4	8.6	10	21.7	29	63.0	3	6.5

表7-8-3 外语系专任教师学历结构表

年 度	教师总数	硕士研究生		本科生	
		人 数	比例(%)	人 数	比例(%)
1979年	7	0	0	6	85.71
1986年	11	0	0	11	100
2000年	18	3	16.7	15	83.3
2003年	34	11	32.4	23	67.6
2007年	46	29	63.1	17	36.9

表7-8-4 外语系专任教师年龄结构表

年 度	教师总数	35岁以下		36～45岁		46～55岁		56岁以上	
		人 数	比例(%)	人 数	比例(%)	人 数	比例(%)	人 数	比例(%)
1979年	7	2	28.6	2	28.6	2	28.6	1	14.2
1986年	11	6	54.5	3	27.3	2	18.2	0	0
2000年	18	12	66.7	2	11.1	4	22.2	0	0
2003年	34	25	73.5	5	14.7	4	11.8	0	0
2007年	46	31	67.4	10	21.7	4	8.7	1	2.2

第二节　教学、科研与对外交流

一、教学

（一）公共外语课程建设与改革

1.大学英语课程设置

1978级至1981级为本科层次,开设《英语》课，主要是运用电视教学与面授教学相结合的方法。教学进程为四个学期，总学时为246学时。

1982级至1992级为专科层次，从1982年起，开设《基础英语》课，起点从字母开始，教学完全由教师面授。教学进程为三个学期，总学时228学时。

从1986年起，《基础英语》课教学起点有所提高,开始使用清华大学出版社出版的《新英语教程》。教学进程三个学期，总学时228学时。

1993级至1996级有部分班为专科班，大部分为本科班。

从1995年起，开设《大学英语》课，继续使用清华大学出版社出版的《新英语教程》，教学进程为四个学期，总学时280学时。

1997级以后均为本科层次。从1999年起，《大学英语》课的教材改用上海外语教育出版社出版的《大学英语》（修订版），课程设置分为大学英语精读课及大学英语听说课。教学进程为四个学期，总学时改为256学时。

从2006级起，教材改用上海外语教育出版社出版的《大学英语》（第三版）。1999至2006年期间也曾选用教育部推荐的网络化试点教材，包括北京外语教学与研究出版社出版的《新编大学英语》、高等教育出版社出版的《新体验大学英语》、上海外语教育出版社出版的《新理念大学英语》等。

自1999年开始，为经管系和化工系的学生开设英语实践课《大学英语听说训练》（经管系2周、化工系1周）。

2.选修课

自1993年开始，面向全校各专业开设选修课。其中包括第二外语：《日语》、《俄语》、《法语》和《德语》（均为64学时，2003年改为48学时）；还有《英语阅读》（64学时）、《英语提高课》（64学时）、《英语写作》（30学时）、《英语视听课》（48学时）、《翻译理论与实践》（48学时）、《希腊罗马神话》（33学时）、《国际商贸英语》（32学时）、《语言与文化》（32学时）、《西方经典故事选读》（32学时）、《外国影视欣赏》（48学时）、《英美诗歌与散文欣赏》（48学时）、《文秘英语》（48学时）等近20门课程。

3.大学英语分级教学

从1985级起，《基础英语》采取分级教学，分成A、B两个级，分三个学期进行，周学时为4，4，3。

从1986级起，《基础英语》采取分级教学，按学生入学成绩分成A、B、C三个级。

曾为1993级至1999级学生开办滚动班，即每个年级选出60名成绩较好的学生，分成两个班，每个学期滚动一次，优者入班，差者淘汰。

自2000年起，大学英语采取分级教学，分为A（二级起点）班、B（一级起点）班、C（预备级起点）班。每届约10%学生编入A班，80%学生编入B班，10%学生编入C班。

（二）英语（国际商务方向）专业设置

以培养学生成为思想素质好，德、智、体全面发展，英语基本功扎实，口头及笔头表达流畅，具备用英文进行商务谈判的本领和能够用计算机处理文字和数据的能力，在市场经济的竞争中具有较强的竞争力，并能适应社会发展的人才为目标。学生主要学习英语语言、经济贸易方面的基本理论与基本知识，接受在听、说、读、写、译各方面的训练，具有扎实的语言基本功、宽广的知识面、一定的相关专业知识、较强的能力和较高的素质；具有运用英语从事翻译、研究、教学、管理和国际交流工作的业务水平；注重培养获取知识的能力、独立思考的能力和创新的能力。学生完成培养方案规定的课程，通过论文答辩，方可授予文学学士学位。该专业开设的主干核心课程有：《基础英语》、《听力》、《口语》、《高级英语》、《翻译理论与实践》、《英语写作》、《英语论文写作》、《高级视听说》、《国际贸易英语》、《外经贸英语函电》等。

（三）课程建设

2004至2005年，《高级视听说》课程被评为校级精品课，《大学英语》、《基础英语》、《高级英语》等课程被评为校级优质课。2006至2007年《翻译理论与实践》、《英语写作》等课程被评为校级优质课。到2007年12月，共有1门课程建成校级精品课，5门课程建成校级优质课。

（四）实验室建设

隶属基础部期间，语言教学实验设施仅有语言实验室2间，面积180平方米，共计座位数78个。到2007年12月，外语系拥有语言教学实验室12间，面积1097平方米，共计座位数608个。其中包括6台服务器，3个数字化多媒体网络语言实验室，7个多媒体语言实验室，2个网络自主学习中心，368台计算机，2套数码广播系统以及多套语言学习课程软件。此外，还拥有音像图书资料室1个，共有图书音像资料6044册（件）。其中，词典类363册，教材参考类3618册，英文资料类1737册，光盘、音像类326件；数码音像编辑工作站1个。所有设备面向全校用于视、听、说等各类语言实践课程的教学工作。

（五）教改立项

从1996年至2007年，外语系教师共承担校级以上研究课题31项，如：魏立智教授主持的《英语（国际商务）专业的发展研究与实践》、林学明教授主持的《提高大学英语教学质量监控体系运行有效性研究》、贾学勤教授主持的《基础英语教学过程及质量控制模式的研究与实践》和王迎军副教授主持的《高等教育普及化时期大学英语分级动态教学体系的研究与实践》等。

二、科研工作

自1996年以来，教师在完成教学任务的同时，先后承担校级以上研究课题37项；发表学术论文101篇；出版学术著作（含专著、主编、参编、译著）115部，如：魏立智教授的专著《翻译转换论》、译著《投资孩子》、林学明教授的专著《实用英文求职写作》、译著《美国文化背景》、贾学勤教授的论文《语篇信息度的认知分析》、《当代西方语言学理论与实践的人本主义研究取向》、徐坤教授的译著《中世纪蒙古语诸形态研究》、论文《试析莎士比亚戏剧中散文体对白的运用》、王迎军副教授的论文《英汉两种语言表达方式与习惯差异》、《从跨文化角度谈英语习语中的非语言交际表达》等。

三、对外交流

外语系每年聘请2至3名外籍教师任教，主要承担英语专业课和公共外语选修课的教学任务。还多次邀请知名学者、教授来校讲学。

2006年7月14日，邀请美国迪安萨学院（De Anza College）语言艺术系教授Charles Lee来校讲座，并聘其为学校客座教授。2007年3月6日，邀请国际翻译界知名学者、德国功能派翻译理论家Christiane Nord教授进行学术讲座，并聘请其为学校客座教授。在学校的支持下，外语系每年派遣数名教师赴国内外进修学习或进行短期访问。自外语教研室成立以来，至2007年12月，共计有22人次到美国、英国、加拿大、澳大利亚、新西兰、德国、法国、挪威、韩国等国家的高校进行访问、考察和学习进修。2007年5月，学校与美国迪安萨学院（De Anza College）结为姊妹学校合作关系，为教师的出国进修、讲学创造了条件。

外语系注重发挥社会服务功能，利用专业优势积极与大兴区政府合作。如：2006年大兴区西瓜节的翻译工作；2007年与大兴区旅游局、外事办合作举办“‘迎奥运，展风采’——大兴区星级饭店旅游英语大赛”；2007年大兴区商务局招商项目翻译工作等。在服务地方的同时，外语系与大兴区旅游局签订了共建实习基地协议，积极为学生创造实践机会。

第九章　体育教学部

第一节　沿 革

一、机构沿革

1978年建校初期，学校设有体育教研组，隶属公共教研室，当时只有一名体育教师。1980年7月，体育教研组改制为体育教研室。1986年1月，基础部成立，体育教研室并入。

1990年9月体育教研室从基础部分离，成为学校直属单位，副处级建制。1993年3月，

学校成立社会科学部，体育教研室并入。1993年10月，成立军事体育部，恢复体育教研室独立建制。1996年3月，学校撤销军体部，恢复体育教研室。

2000年1月，体育教研室更名体育部。2003年7月，体育部更名体育教学部，下设办公室、公共体育教研室、群体竞技训练中心和场馆器材办公室。

2006年校内管理体制改革，体育教学部设有综合办公室、公共体育教研室、群体活动管理中心、高水平运动队训练与管理中心和体制健康测试与评价中心。至2007年末，有教职工31人，专任教师27人，其中女教师7人。专任教师中具有高级职称的比例占33.4%，具有研究生学历的比例占18.6%。

2007年11月，成立高水平运动队管理中心（副处级单位），作为体育教学部下设机构。

2000年9月体育部党支部成立，隶属基础课部党总支。2003年9月体育教学部成立直属党支部。现有党员24人，其中学生党员8人。

二、历任领导

表7-9-1 体育教学部历任领导更迭表

机构名称	职务	姓名	任职时间
体育组	组长	杜友齐	1978至1980.6
体育教研室	主任	杜友齐	1980.7至1985.8
	主任	任玉春	1985.9至1990.7
体育教研室	主任	任玉春	1990.7至1993.10
军事体育部	第一副主任	任玉春	1993.10至1996.3
	第二副主任	杜友齐	
	第三副主任	孙建华	
体育教研室	主任	任玉春	1996.4至1999.12
	主任助理	沈倬	
体育部	主任	沈倬	2000.1至2003.6
体育部（体育教学部）	党支部书记	张敬军	2000.9至2003.8
体育教学部	主任	沈倬	2003.7至今
体育教学部	直属党支部书记兼副主任	张敬军	2003.9至今
体育教学部	高水平运动队管理中心主任	张敬军兼任	2007.11至今

三、师资概况

表7-9-2 体育教学部专任教师职称结构表

年 度	教师总数	正高级职务		副高级职务		中级职务		初级及以下职务	
		人 数	比例（%）	人 数	比例（%）	人 数	比例（%）	人 数	比例（%）
1979	2	0	0	0	0	0	0	2	100
1990	7	0	0	0	0	2	28.5	5	71.5
1993	10	0	0	1	10	5	50	4	40
2000	16	0	0	2	12.4	7	43.8	7	43.8
2007	27	1	3.7	8	29.7	15	55.6	3	11

表7-9-3 体育教学部专任教师学历结构表

年 度	教师总数	硕士研究生		本 科 生	
		人 数	比例（%）	人 数	比例（%）
1979	2	0	0	0	0
1990	7	0	0	7	100
1993	10	0	0	10	100
2000	16	0	0	16	100
2007	27	5	18.6	22	81.4

表7-9-4 体育教学部专任教师年龄结构表

年 度	教师总数	35岁以下		36～45岁		46～55岁		56岁以上	
		人 数	比例（%）	人 数	比例（%）	人 数	比例（%）	人 数	比例（%）
1979	2	2	100	0	0	0	0	0	0
1990	7	6	85.8	0	0	1	14.2	0	0
1993	10	8	80	1	10	1	10	0	0
2000	16	15	93.8	1	6.2	0	0	0	0
2007	27	16	59.3	10	37.1	1	3.6	0	0

第二节 教学、科研与对外交流

一、教学

（一）课程设置与课程建设

1978年到1990年7月，学校地处燕山，体育教学条件简陋，仅有一块200米土质田径

场，两块篮球土质场地、两块排球土质场地，几组单双杠。由于学校招生规模不大，体育教师的人数相对较少，因此教学内容是根据当时的师资、场地及当地自然条件开设的。主要内容有：田径（跑：短、中长跑；跳：跳高、跳远；投：铅球、标枪、手榴弹）、体操（单杠、双杠、跳跃、技巧）、球类（篮球、排球、乒乓球、足球）、武术、桌球、爬山、游泳、滑冰等项目。这期间，1980年因基建施工，没有了运动场地，第二学期在燕山武装部的支持下，开设了军事体育课。主要内容是59式半自动步枪的构造、性能、拆装、擦拭、射击练习和实弹射击。

1990年9月学校从燕山搬迁至大兴县，当时仅有一块200米土质田径场，三块篮球、两块排球土质场地和一排水泥乒乓球台及几组单双杠。虽招生规模逐年扩大，但受到场地条件限制课程拓展变化并不大，仅增加了健美和健美操课，取消了游泳课。1992、1993年在自浇冰场开设了两年滑冰课，随后因气候原因，滑冰课取消。1995年底，随着学校体育馆竣工投入使用，健美操、乒乓球等课程的教学条件有所改善。

1997年4月底，400米标准田径场建成投入使用，同时竣工五块篮球场和四块排球场。体育教学场地面积有较大提高，教学人员也在逐年增加，教学管理队伍配备较前有所加强，增加了专职教学秘书和主管教学运行的主任助理，但课程变化不大。

2000年1月体育部成立。随着学校招生规模的不断扩大，为满足学生的选择需求和解决场地不足而造成的排课困难，体育部着重在课程拓展上下功夫，开课门数逐年增加。2000年至2007年，课程门数从15门拓展到33门，涉及18个运动项目，建立了较为完整的体育基础、选项、选修课课程体系，课程覆盖1～3年级，在开课门数上走在了全国同类院校的前列。与此同时，运动场地面积拓展到近41000平方米。场地材质从煤渣地面变为橡胶和人造草，附属运动设备也排在国内高校前列。

（二）教学改革及教材建设

2000年以前，由于场地条件、师资队伍状况及体育教育大环境等原因，学校体育教学改革处于比较落后的状态，无教改项目，教师论文发表数量少。2000年以后，随着学校人事和分配制度改革及教师工作任务的具体化，教改工作有了发展。2002年，体育部针对学生中存在的中学体育教育不平衡、农村与城市体育教育不平衡、全国各省市体育教育不平衡等造成的运动能力和基本技能的较大差异，率先在体育基础课上实现因材施教，分级教学模式。

到2007年12月底，完成与在研校级教改项目19项，如《21世纪初一般院校工科人才培养模式改革的研究与实践——体育系列课程的改革与实践》、《体育系列课程改革——体育基础课分级教学的研究与实践》、《北京石油化工学院本科学生体质健康状况检测分析与体育教学改革对策研究》、《对创建篮球选项精品课的实践研究》等。发表论文近200篇，编著教材两部，即《大学体育》（石油工业出版社出版）、《体育与健康》（华东科技出版社出版）。

二、科研

1999年，任玉春、沈倬参加国家级科研课题《中国农村学校体育发展战略研究》的研究工作。2006年，吴爱华主持的《普通高校培养高水平奥运后备人才的实践研究》和袁志国主持的《北京市民身体成分特征及体脂肪率评价方法的研究》两项课题获得北京市委组织部北京市优秀人才培养资助项目。2007年，张健勇主持的《北京市大学生课外体育活动现状及影响因素与管理模式的研究》课题获得北京市委组织部北京市优秀人才培养资助项目。

三、对外交流

2000年以来，学校田径运动员多次参加国际、国内和大学生比赛，与参赛各方进行多方交流，尤其是多次代表国家、北京市和学校参加国际比赛并与对方进行体育文化交流。出访国家和地区包括美国、韩国、意大利、德国、澳大利亚、日本、香港和澳门等。

2000年6月，受北京市人民对外友好协会派遣，组成由郭文莉副院长带队，张敬军担任教练，赴美国参加祖母国际马拉松赛。2001年6月，受北京市人民对外友好协会派遣，张敬军担任教练，赴美国参加祖母国际马拉松赛。2002年6月，受北京市人民对外友好协会派遣，体育部主任沈倬带队，刘长江担任教练，赴美国参加祖母国际马拉松赛。2004年2月，体育教学部主任沈倬带队，参加香港国际马拉松赛。2004年3月，张敬军担任教练，参加在意大利举行的世界大学生越野跑锦标赛。2004年9月，体育教学部主任沈倬带队，参加在澳大利亚悉尼举行的国际马拉松赛。2005年6月，曾旗带队，两名学生代表北京市参加美国“祖母”国际马拉松赛。2006年2月，受北京市人民对外友好协会派遣，张敬军带队，代表北京市民参加日本青梅马拉松赛（30公里）。2006年6月，李春明带队，代表北京市参加美国“祖母”国际马拉松赛。

第三节　高水平运动队

1994年，学校组建了一支以中长跑、竞走项目为特色的学生田径代表队。1994年到1998年期间，运动员是从普通大学生中选拔。人数在10～15人之间，主要参加北京高校乙组比赛。1999年到2002年，部分运动员为体育特长生，队员人数在20～30人之间，参加北京市高校学生田径运动会并连续5年获得乙组团体总分第一名。

2003年后，田径队每年度人数控制在35人，单独编入人文社科学院公共事业管理专业学习，日常管理及思想教育、学习及生活管理等由人文社科学院负责。运动项目包括男女中长跑、男女竞走和男子障碍，参加北京市、全国的大学生比赛和国内外马拉松比赛并取得优异成绩。运动员先后有五人达到国家健将标准、15人达到一级标准。在全国大学生最高水平体育比赛中获得团体及个人冠军11项、市级冠军80余项。

2005年5月，学校在教育部开展的新一轮国家级高校建设高水平运动队评估工作中，与清华、北大等八所大学成为北京市第一批通过评估的学校。11月，学校又通过了教育部专家组对全国申报普通高校建设高水平运动队的三百多所大学进行的综合评估，成为建设高水平运动队的大学。

2007年11月28日，为进一步加强学校高水平运动队学生思想教育与日常管理工作，推动高水平运动队的建设与发展，根据教育部文件精神，经党委批准成立高水平运动队管理中心（副处级单位），作为体育教学部下设机构。中心负责高水平运动队学生从招生、训练、比赛及日常管理、教学管理和就业的全过程培养。高水平运动队建设工作进入了一个新的发展阶段。

第四节　群众性体育活动

1978建校至1990年8月，学校地处燕山，虽运动场地条件简陋，但每年都举行师生群体活动，主要有：冬季长跑比赛，篮、排、足、乒乓球比赛，中国象棋比赛等。中国象棋学生代表队还参加了燕化公司比赛，取得了较好成绩。1986年开始，校教工排球代表队先后两次参加燕化公司职工排球赛，分别取得了第五、第六名。教工男女篮球队、女子排球队、教工桥牌队、学生田径队也先后多次参加燕化公司和燕山区比赛，取得了优异成绩。此外，还组织了教工登山比赛、师生拔河比赛等，丰富了教工的业余生活。

1990年9月迁到大兴后，传统的学生“篮、排、足”三大杯比赛、教工学生运动会、冬季长跑比赛、教工排球赛、学生跳绳、教工拔河比赛得以延续。学生早操、课外活动常年坚持，连续五次在东南郊高校大学生合格标准达标比赛中蝉联冠军；教工桥牌队参加北京高校教师“钟声杯”乙组比赛荣获冠军；教职工田径队先后两次参加北京高校教工“钟声杯”田径运动会，均取得团体和个人名次。

2002年10月以后，随着学校运动场地条件的不断改善，群众性体育活动的开展上了新台阶，校师生田径运动会更加注重全员参与性、趣味性、竞技性、娱乐性、团结协作性相结合，增加了许多非竞技体育比赛项目，使不同年龄段、不同水平、不同身体素质的师生均能参与进来，使运动会成为全校师生的一个盛大节目。师生冬季长跑比赛，由过去个体参与改为团体接力形式，即达到了冬季锻炼目的，也提高了团结协作意识，参与人数越来越多。从2000年起，组织了部分师生参加北京国际马拉松比赛，仅2002年就有1200多人参加该项比赛，并获得高校团体第三名。先后组织师生参加南郊片师生游泳、乒乓球、足球、篮球等比赛，均取得良好成绩。“十五”期间先后组织师生校内外大型竞赛63项，协会和班级活动竞赛常年不断，全民健身蔚然成风。

第五节　教学训练竞赛成果

开展课余体育训练的代表队共有8支，分别是田径、篮球、健美操、国标舞、定向越野、跆拳道、中国式摔跤及乒乓球。田径代表队和篮球代表队是重点建设的队伍，在教练员配备、运动队管理、经费保障、后勤服务等方面都得到了学校和体育教学部的重点扶持。学生运动员始终坚持常年训练，在国际、国内和大学生比赛中取得了优异的成绩，为学校争得众多荣誉，成为学校体育工作的突出特色。

一、田径代表队

田径代表队是开展课余体育训练最早的一支队伍，始建于1994年，队伍以中长跑项目为特色，培养了众多的优秀运动员，运动成绩在北京、全国大学生田径项目上处于领先地位。到2007年12月，共参加国内外各类比赛60次，获得各种奖杯近100座。其中代表国家、北京市参加国际比赛8次，获得冠军1次，亚军2次，季军1次；参加国内体育竞赛23次，获得18项第一名，14项第二名，14项第三名；参加北京市级比赛13次，获得43项第一名，43项第二名，31项第三名。

2002年以来，田径运动员多次代表国家、北京市和学校参加国际比赛，出访国家和地区包括美国、韩国、意大利、德国、澳大利亚、香港和澳门等。

自主培养的运动员衣苗苗2003、2005年两次入选中国大学生代表团参加第22、23届世界大学生运动会，分别获得第六名、第七名。2004年9月，在四年一届的全国大学生运动会上，衣苗苗为北京大学生代表团获得田径甲组冠军作出贡献，本人还获得女子甲组10000米第四名和5000米第六名。同年9月，韩振瑛和衣苗苗在澳大利亚悉尼国际马拉松赛上分别获得女子全程国际组第二、三名。2004年在杭州国际马拉松比赛中衣苗苗获女子全程亚军、韩振瑛获季军。

2005年2月韩振瑛在韩国西龟蒲举行的世界日报杯国际马拉松大赛上获得女子全程总冠军。7月，在161所高等学校参加的第10届全国大学生田径锦标赛中，学校以6枚金牌，3枚银牌和4枚铜牌居金牌榜首位，同时获得男女团体总分第三名。同年在北京国际接力马拉松赛上，学校获得基层女子组冠军和友好男子组亚军。

2006年2月，衣苗苗在日本青梅马拉松赛中，获得女子组第一名。5月，学校首次进入首都高校学生田径运动会高水平组，取得三枚铜牌，获得男女团体第七名。其中中长跑、竞走项群进入前三名。在2006年北京国际接力马拉松赛上，学校获得业余女子组冠军和男子组第四名。

2007年3月，在厦门国际马拉松赛暨首届中国大学生马拉松公开赛上，学校取得大学生女子组第2、4、5名次，男子组第3、4、5名次，同时获得全国大学生马拉松团体冠军。5月，在首都高校学生田径运动会高水平组比赛中，学校取得一枚金牌、三枚铜牌，再次取得男女团体第七名。在中长跑、竞走项群上与清华、科大形成三强对抗之势。

2007年8月张敬军及三名队员入选参加第24届世界大学生运动会，参加女子半程马拉松和男子3000米障碍的比赛，韩振瑛同学获第12名，王燕玲获14名，刘太本获16名。张敬军负责代表团的中长跑竞走项目教练工作。

二、篮球代表队

篮球代表队成立于2002年。2004年和2005年，两次获得北京市高校篮球乙组联赛学院组第二名。2004年10月，获得CUBA北京赛区乙组选拔赛第三名。

三、一般代表队

健美操代表队等六支队伍为一般代表队，队员均为喜欢体育运动的普通大学生，训练主要采取赛前集训的方式进行，参加北京高校的一些大学生比赛。

第十章　继续教育学院

第一节　沿 革

学校的继续教育始于建校初期。1978年8月至1979年1月，受化工部委托，承办了财会班的教学工作①。1978年，学校与北京石化总厂共同创办 “七•二一”工人大学，当年招收在职学生40名。1980年9月，经北京市批准，“七•二一”工人大学正式命名为“燕山石油化学总公司职工大学”，当年招收石油化工机械专业学生32名。1979年，招收电视大学电类专业学生40名。1980年8月，招收电大学生43名。

1983年6月，经北京市高教局批准，北京石油化工专科学校夜大学成立，开设化学工程、化工机械、化工工艺、工业分析等专业。至1986年，共计招收夜大学生167名。

1983年，招收化工分析、化工机械专业干部专修班学生34名。1985年2月，中石化总公司印发《关于北京石油化工专科学校增设石油化工企业管理干部专修科的批复》，批准学校增设石油化工企业管理干部专修科（工科），当年开始招生，学制二年②。1991年10月16日，受河北省南大港石油化工总厂和北京红星润滑油厂委托，学校举办工业经济管理大专班。1993年3月20日至4月23日，为部分石化企业开办第一期石油化工工程师进修班。1995年4月21日，学校佟泽民副院长会见澳大利亚联邦教育部海外学历认证局局长汤姆弗林先生率领的教育代表团，就高校夜大、函大等成人教育开展情况进行了讨论。1998年10月5日至10日，受中国石油化工集团公司技术开发中心的委托，举办了面向石化行业在职工程技术人员的AutoCAD应用技术培训班。

1999年12月,学校成立成人继续教育学院。2003年7月，“成人继续教育学院”更名为“继续教育学院”。1978年至1991年，招生等事宜由学校领导小组主持决定，教务处负责具体招生工作。1992年3月，学校设立招生办公室，继续教育工作转由招生办公室负责。

---

① 财会班有60名学员，来自全国28个省、市、自治区。
② 该班当年只招收了8名学生。根据教育部规定，不足20人不能开班，10月19日，学校接到中石化总公司人事部通知，将8名学员转入抚顺石油学院干部专修科学习。

班主任由化学分析专业教师担任。1999年至2007年，继续教育从招生、教学及管理等各项工作全部由继续教育学院完成。师资来源于聘请的校内、外教师及部分退休教师，酬金由继续教育学院筹措发放。2001年开始，学校各二级学院举办成人高等教育，继续教育学院对其进行管理和监督，负责招生、教学监督检查和证书的审核发放等项工作。

成人继续教育学院成立时，设院长、教学秘书、行政秘书和招生四个岗位，编制4人。后用自筹资金聘任1名退休人员从事学生及党务管理工作。共有教职工5人，其中具有高级职称的2人、中级职称的3人。2003年9月，根据工作需要增聘教务员和招生岗位各一名，管理人员为7人。2006年6月，撤销教务员岗位，教学管理工作由教学秘书负责。

2001年4月，继续教育学院成立团总支，相继召开了三次团代会，至2007年12月，有6个团支部，203人转入团员关系。2001年，成立学生会组织，相继召开五次学代会。2004年，成立了继续教育学院党支部。

历任领导

表7-10-1　继续教育学院历任领导更迭表

机构名称	职　务	姓　名	任职时间
教务处教学科			1978至1983
教务处教学科		刘素梅	1983至1991.12
教务处招生办公室	主　任	李秋燕	1992.10至1995.1
招生办公室	主　任	李秋燕	1995.2至1999.12
成人继续教育学院	副院长	白　荣	2000.1至2003.7
继续教育学院	副院长（主持工作）	徐凤信	2003.7至2006.7
继续教育学院	院　长	徐凤信	2006.7至2007.12
继续教育学院	院　长	任　毅	2007.12至　今

第二节　学历教育

一、专业设置

1999年经中国石油化工集团公司审核批准开设会计、计算机科学与技术及市场营销本专科3个专业。2000年至2004年，经北京市教委高教处批准新增国际经济与贸易、会计学、旅游管理、英语、经济信息管理、信息管理与信息系统、化学工程与工艺、机械设计制造及其自动化及计算机辅助设计共计9个本专科专业。

会计　专科，脱产班学制两年，业余班学制三年。毕业生以到企事业单位从事经济核算与管理等工作为目标。

计算机科学与技术　专科，脱产班学制三年。本专业毕业生以培养从事计算机应用及软件系统设计、研究、开发、维护以及综合应用的一般应用型工程技术人才为目标。专升本，业余班学制三年。要求学生系统、扎实地掌握本专业所必须的计算机基础知识、基本理论和基本技能，具有相邻学科的基础知识；掌握某些方面的专业知识。

市场营销　专科，脱产班学制两年。本专业为企事业单位培养能够从事一般营销策划、市场调研与分析、营销管理等工作的大学专科毕业生。专升本，业余班学制三年。本专业学生主要学习市场营销及工商管理方面的基本理论和基本知识。

国际经济与贸易　专科，脱产班学制两年。毕业生以从事国际贸易及其它涉外经济活动的经营与管理等工作为目标。

会计学　专升本，脱产班学制两年，业余班学制三年。本专业为企事业单位、国家机关培养能从事经济核算与管理等工作的大学本科毕业生，并兼顾培养少数优秀学生报考研究生。

旅游管理　专科，脱产班学制两年。本专业主要学习经济学、现代旅游管理科学、旅游文化和旅游资源环境保护与开发的基本理论知识。

英语　专科，脱产班学制两年。学生主要学习英语语言、经济贸易方面的基本理论与基本知识，受到英语各方面的良好训练。

经济信息管理　专科，脱产班学制两年。本专业以培养适应企事业单位、国家机关从事经济信息系统的一般管理的大学专科毕业生为目标。

信息管理与信息系统　专升本，业余班学制三年；高中起点本科：脱产班学制四年。本专业以培养适应企事业单位、国家机关从事经济信息系统的一般管理的大学本科毕业生为目标。并兼顾培养优秀学生报考研究生。

化学工程与工艺　本科（专升本），业余班学制三年。本专业学生要系统地学习专业必须的自然科学和工程技术科学基础知识。

机械设计制造及其自动化　本科（专升本），业余班学制三年。本专业学生主要学习机械设计与制造的基本理论，微电子技术、计算机技术和信息处理技术的基本知识，受到现代机械工程师的基本训练。

计算机辅助设计　专科，业余班学制四年。本专业学生主要学习计算机辅助设计与制造的基础理论，具有进行机械产品设计、制造及设备控制、生产组织管理的基本能力。

二、教学管理

（一）函授站的建立

2000年，学校首先在河南省设立函授站，并投入专科函授招生计划。到2002年，又陆续在其他省市设立函授站。

表7-10-2　2000至2007年函授站建立情况一览表

函授站名称	联合办学单位	建站时间
河南省函授站	河南省机电高等专科学校	2000
山西省函授站	太原市城建学校	2001
河北省函授站	石家庄财经学校	2001
内蒙古自治区函授站	内蒙古石油化工学校	2002
江西省函授站	南昌大学环境与化学工程学院	2002

（二）二级学院成人高等教育办学情况

二级学院在学校继续教育学院的监督和管理下，开展成人高等教育。

信息工程学院举办成人高等教育从2001年开始，于2004年结束。2005年由于教育部控制脱产生比例而停止招生。办学专业为《计算机科学与技术》的高中起点脱产本专科。山东的本专科学生在山东省信息工程学校读两年，之后转入学校上课。

经济管理学院2002年开始举办成人高等教育。办学地点在丰台北京教育学院分院和学校内。层次为专科，专业为《会计学》、《国际经济与贸易》和《计算机科学与技术》。2002年，在学校内举办了《信息管理与信息系统》专业的高中起点脱产本科班，学生毕业后停止招生。

机械工程学院2001年举办了《机械设计制造及其自动化》专业夜大专升本班，学生毕业后停止招生。2005年开始举办《计算机辅助设计》及《计算机科学与技术》专业夜大专科班。

化学工程学院2001年举办《化学工程与工艺》专业专升本夜大班，学生毕业后停止招生。

（三）管理制度

继续教育学院成立以来，逐步制定和完善了各种教学管理规章制度，其中包括《学生守则》、《学生学籍管理暂行办法》、《脱产（夜大、函授）学生学籍管理暂行办法》、《考场规则》、《教室规则》、《学生学士学位授予工作细则》、《学生违纪处分条例》等。随着在办学过程中不断出现的新情况、新问题，部分规章制度得到逐步修改和完善。

2004年12月，继续教育学院主持召开了函授站和校外教学点的继续教育研讨会，函授站、校外教学点及校内经济管理学院、信息工程学院领导参加了会议。2003、2004和2006年，每年召开“继续教育学院教学计划研讨会”，学校的学科带头人、正副教授和教务处相关人员参加了会议。

三、招生与毕业

表7-10-3　继续教育学院2000至2007年招生与毕业生统计一览表

年份	高中起点专科（人）		高中起点本科（人）		专科起点升本科（人）		总　计（人）	
	招生人数	毕业人数	招生人数	毕业人数	招生人数	毕业人数	招生人数	毕业人数
2000年	50	0	0	0	60	0	110	0
2001年	354	0	100	0	76	0	530	0
2002年	461	20	125	0	63	0	649	20
2003年	0	118	0	0	0	66	0	184
2004年	631	301	81	0	236	98	948	399
2005年	463	220	50	97	282	33	795	350
2006年	310	416	16	98	160	146	486	660
2007年	375	490	19	1	218	224	612	715
合计（人）	2644	1565	391	196	1095	567	4130	2328

四、远程教育

2006年8月，北京市教委正式批复，同意在北京石油化工学院设立中国石油大学（北京）北京现代远程教育校外学习中心。设置的专业有：石油工程、化学工程与工艺、机械工程及自动化、土木工程、会计学、工商管理、计算机科学与技术。学生利用网络在网上完成课件学习、网上导学、网上答疑讨论，并在网上完成课程作业和模拟试题自测。学习中心负责指导学生上网、导学、考前辅导等。2006年秋季开始招生，共计招收学生12名，其中专科8名，专升本4名。2007年春季招收新生75名，其中专科46名，专升本29名。

学校的远程教育分专科阶段和专升本科阶段。采用学分制，每一个阶段在2至6年修完教学计划规定的课程即可申请毕业。设有一名专职人员负责远程教育教学管理，其余由继续教育学院现有管理人员兼任，辅导教师在学校教师中聘任。

五、合作办学

从2000年开始，继续教育学院就成人高等学历教育先后与山东省及北京市部分中专院校和技校合作办学。继续教育学院提供招生计划、教学计划，负责招生、教学管理与监督，负责毕业生资格审核及毕业证书的发放。合作院校负责学生日常管理、教学计划的实施等工作。

2000年5月，与山东省信息工程学校签订了合作办学协议书。山东省信息工程学校负责招生，并在山东省信息工程学校完成前两年的基础课程的学习，第三年转入北京石油化工学院学习。2004年最后一届学生参加考试后停止招生。招生人数共计329名。

2001年4月，与北京市科技进修学院签订合作办学协议书。北京市科学技术进修学院提供学生学习、住宿及教学设施，负责学生的日常管理、教学计划的实施；继续教育学院负责招生录取及毕业生资格审核及毕业证书的发放。2001年至2002年，两届信息管理、会计学、国际经济与贸易专业的学生在北京市科技进修学院就读，2004年学生全部毕业后合作终止。

2002年7月，与北京汇新学校签订合作办学协议书，开展会计学、经济信息管理和计算机科学与技术专业成人高等教育。北京汇新学校负责招生及学生日常管理，经济管理学院负责教学。共招学生510名。

2003年1月，与北京现代艺术学校签订了合作办学协议书。北京现代艺术学校负责招生、学生管理、教学计划实施；继续教育学院提供招生计划、教学计划，负责招生、教学管理与监督、毕业生资格审核及毕业证书的发放。2004年10月，北京现代艺术学校招生的学生参加了成人高考，有17人被信息管理与信息系统专业录取，其中本科9人，专科8人。由于北京现代艺术学校在管理上存在问题，经过协商学生于2005年9月转入学校学习，合作办学协议终止。

2004年4月，与北京市实用高级技术学校签订合作办学协议书。继续教育学院负责北京市实用高级技术学校学生的大学专科学历教育；北京市实用高级技术学校负责继续教育学院学生的培训。2005年至2007年，北京市实用高级技术学校有120名学生被继续教育学院经济信息管理专业录取；北京市实用高级技术学校为继续教育学院的238名学生完成了电子商务师职业技能的培训。

2005年4月，与北京兴华财会学校签订合作办学协议书，继续教育学院与北京兴华财会学校共同招生。北京兴华财会学校负责提供学生学习、住宿及教学设施，负责学生的日常管理；继续教育学院负责招生录取、教学计划的实施及毕业生资格审核及毕业证书的发放。合作办学的专业为国际经济与贸易（脱产）和经济信息管理、会计学（夜大），共招学生315名。

六、教学成果

（一）学生获得学士学位及考取研究生情况

在本科763名毕业生中，获得学士学位的学生257人，占本科总学生数的34%。其中，获得工学学士学位的有149人，获得管理学学士学位的有108人。

表7-10-4　2000至2007年继续教育学院学生获得学位情况一览表

类　别	专　业	获得学位人数（人）
工　学	化学工程与工艺	6
工　学	机械设计制造及其自动化	1
工　学	计算机科学与技术	142

续表

类　别	专　业	获得学位人数（人）
管理学	会计学	22
管理学	市场营销	10
管理学	信息管理与信息系统	76
合　计		257

到2007年12月，在继续教育学院毕业的本科学生中，已考上硕士研究生的学生共有4人。

（二）教师获得教学成果情况

应金良等教师在1990年完成的《石油化工工程师继续教育课程设计》获得中石化总公司优秀教育成果一等奖，1991年完成的化工过程计算软件获得中石化总公司优秀计算机软件三等奖。

1998年，臧福录、应金良主编中国石化集团公司职工培训系列教材——《石油化工工艺工程师必读》，有《物性、数据处理和优化》、《多组分精馏的计算和分析》、《化学反应器的计算和分析》三册书，由中国石化出版社出版。

第三节　非学历教育

短期培训是非学历教育的统称，它包括考前辅导、上岗资格培训、再就业培训、技能等级培训以及在职人员专业培训等。

一、考前辅导班

1999年，在北京大兴县和学校燕山实习基地同时开设了考前辅导班，并同时做了电视广告。参加学习的全部是报考学校夜大学专升本的学员，共计80名。从2001年至2005年，举办了四期专升本考前辅导班，其中2003年由于非典型性肺炎的传播暂停一年。辅导班开设了《英语》、《政治》、《高等数学（一）》和《高等数学（二）》等课程。

二、《电子商务师》培训

2004年，为了增强学生的就业能力，继续教育学院针对2004级信息管理与信息系统专业的本专科学生开展了电子商务师职业技能的培训，培训委托给北京市实用高级技术学校来完成。培训分四期进行，共培训了238人，有139人通过了笔试和实际操作，获得了国家劳动和社会保障部颁发的电子商务师职业技能三级证书。

第十一章　国际教育学院

第一节　沿革

一、机构沿革

1993年，学校设立外事办公室，与校长办公室合署办公。1999年12月，设置独立的涉外管理机构，成立国际交流与合作中心。2003年4月，国际交流与合作中心更名为国际教育学院兼外事办公室，设院长、副院长各一名。国际教育学院作为学校二级教学单位，负责出国留学生的派遣、来华留学生的招生和教学以及管理、外籍专家的管理、港澳台事务的管理等。到2007年12月，国际教育学院下设综合办公室、项目交流与合作办公室、合作办学办公室、留学生办公室、对外汉语教研室及留学生公寓管理中心，共设编制12名。其中本科以上学历占92%，中级以上职称占75%，40岁以下的职工占50%。2004年9月，成立了国际教育学院党支部，有党员5名，隶属于学校机关第一党总支。

二、历任领导

表7-11-1　国际教育学院历任领导更迭表

机构名称	职务	姓名	任职时间
校办公室	外事秘书	宫　军	1986.10至1993.6
外事办公室	主　任	宫　军	1993.6至1999.12
国际交流与合作中心	主　任	宫　军	1999.12至2003.4
国际交流与合作中心	副主任	尹惠明	2002.3至2003.4
国际教育学院兼外事办公室	常务副院长兼主任	宫　军	2003.4至2006.6
国际教育学院兼外事办公室	副院长兼副主任	尹惠明	2003.4至今
国际教育学院兼外事办公室	院长兼主任	宫　军	2006.6至今

第二节　留学生工作

一、招收外国留学生

1999年8月，经原中国石油化工集团公司人事教育部和北京市教育委员会批准，学校获得招收外国留学生的资格。2002年11月，学校通过了北京市教育委员会专家组对留学生工作的评估。2003年3月，经北京市教育委员会批准，学校获得接收港澳台学生的资格。

2000至2007年，累计有来自韩国、挪威、俄罗斯、法国、澳大利亚、日本和瑞典等国家的493名长、短期留学生来校接受汉语言和专业学习。

表7-11-2　历年招收外国留学生统计表

年　份	2000年	2001年	2002年	2003年	2004年	2005年	2006年	2007年	合 计
人数	12	113	89	85	67	61	41	25	493
国家或地区	韩国	韩国 挪威 瑞典	韩国	韩国 俄罗斯 日本	韩国	韩国 法国	韩国 澳大利亚	韩国	

二、教学与管理

对外汉语教学教研室共有教师2名，均为汉语言文学专业的硕士研究生，年龄30岁，中级职称。国际教育学院还长期聘请人文社科学院的中文教授担任教学任务。

留学生的专业教学由学校相关专业教师承担教学任务，外国留学生与在校大学生同堂授课。国际教育学院主要承担汉语语言教学任务，均为20人以内的小班教学，并为每一名留学生配备一对一的在校大学生进行课余语言辅导，并在强化语言和交流的同时给予生活中的帮助。除了正常专业教学和汉语语言教学外，国际教育学院还开设中国文化类课程，如武术、太极拳、剪纸、书法、中国民乐等课程。课余还组织留学生到名胜古迹游学，帮助留学生了解中国的历史和文化。

国际教育学院的留学生办公室负责来校留学生的管理工作，从来华手续办理直至离境回国，全过程均严格按照国家的相关规定进行管理。为加强对留学生的管理，学校还制定了相关的管理制度，如《外国留学生管理条例》、《外国留学生守则》、《外国留学生学籍管理》、《留学生公寓住宿须知》等管理文件。

三、出国留学生派遣

自1997年开始，学校先后与美国、英国、德国、挪威、法国、俄罗斯、韩国、阿根廷、澳大利亚、加拿大、新西兰、印度及香港等国家和地区的高等院校和科研机构建立了合作关系。根据双方合作协议，已派出22名学生赴德国留学，9名学生赴俄罗斯留学，6名学生赴法国留学，22名学生赴韩国留学，3名学生赴美国留学，248名学生赴挪威留学，36名学生赴英国留学，3名学生赴印度留学，3名学生赴新西兰留学，44名学生赴阿根廷留学。

表7-11-3 历年派遣出国留学生统计表

年份	国家	学校	人数				
			本科	硕士	博士	合计	总计
2000年	挪威	纳尔维克工学院	0	0	0	7	7
2001年	挪威	纳尔维克工学院	0	0	0	12	12
2002年	挪威	纳尔维克工学院	9	13		21	31
	美国	休斯顿大学	0	0	1	1	
	韩国	丽水大学	0	2	0	2	
	俄罗斯	莫斯科国立工业大学	5	2	0	7	
2003年	挪威	纳尔维克工学院	26	18	0	44	63
		哈希达学院	9	0	0	9	
		布斯克鲁德学院	4	2	0	6	
	美国	休斯顿大学	0		1	1	
	法国	法国巴黎石油化工研究院	0	1	0	1	
	德国	伊斯堡-埃森大学	1	0	0	1	
	俄罗斯	莫斯科国立工业大学	1	0	0	1	
2004年	韩国	丽水大学		3	0	3	72
	英国	佩斯利大学	1	5	0	6	
	挪威	纳尔维克工学院	12	24	0	36	
		芬马克学院	8	0	0	8	
		布斯克鲁德学院	9	6	0	15	
	俄罗斯	莫斯科国立工业大学	1	0	0	1	
	美国	休斯顿大学	0	0	1	1	
	德国	伊斯堡-埃森大学	0	2	0	2	
2005年	韩国	丽水大学	1	5	0	6	70
	法国	巴黎石油化工研究院	0	1	0	1	
	英国	佩斯利大学	1	13	0	14	
	挪威	纳尔维克工学院	20	13	0	33	
		芬马克学院	4	6	0	10	
	德国	安哈尔特应用技术大学	6	0	0	6	

续 表

年 份	国 家	学 校	人数				
			本 科	硕 士	博 士	合 计	总 计
2006年	韩国	丽水大学	1	4	0	5	93
	挪威	纳尔维克工学院	20	5	0	25	
	法国	法国电子电器研究生院	0	2	0	2	
	英国	佩斯利大学	1	7	0	8	
	德国	安哈尔特应用技术大学	5	0	0	5	
		杜伊斯堡大学	0	4	0	4	
	阿根廷	布宜诺斯艾利斯大学	44	0	0	44	
2007年	挪威	纳尔维克工学院	9	12	0	21	48
		布德学院	0	1	0	1	
	英国	西苏格兰大学	1	7	0	8	
	法国	电子电器研究生院	0	2	0	2	
	印度	韦洛尔科技大学	2	1	0	3	
	新西兰	国立UCOL理工学院	3	0	0	3	
	德国	杜伊斯堡-埃森大学	0	4	0	4	
	韩国	全南大学	2	4	0	6	

第十二章　工程教育中心

第一节　沿革

一、机构沿革

2003年7月，学校成立工程实践教学部，下设综合办公室、工程实践教研室、大学生创新教育实践中心及实习基地①。有教职工总数29人，其中实习指导人员22人（含外聘人员16名）。

2006年6月，为整合工程实践教育资源，学校成立工程教育中心。下设工程实践教研室、工程实训基地、燕山实习校区和大学生创新教育基地四个教学科研基层组织及一个综

① 其中，大学生创新教育实践中心原名“大学生创新教育研究与实践中心”，始建于2000年，隶属教务处。实习基地包括金工实习车间和电工电子实习车间。金工实习车间建于1995年4月，隶属于原教学实践中心，1997年7月，划归原机械工程系；电工电子实习车间建于1999年，隶属于原自动化系。

合办公室[①]。共有教职工43人，其中实习指导人员26人（外聘人员17名）。

2003年7月，工程实践教学部党支部成立。2004年3月，成立工程教育中心直属党支部。2006年10月，工程教育中心直属党支部召开党员大会，选举产生了新一届直属党支部委员会。

工程教育中心是学校实践教学体系的组成部分，面向全校理、工、经、管、文所有专业开展工程实践教学工作，年接待学生约2960人次，年人时数达22.6万；面向全校大学生开展创新教育，组织大学生课外科技创新活动；承担学校在燕山实习校区与燕山石化企业开展产学研合作教育基地的建设工作。2007年，通过北京市教委组织的评审，成为“北京市实验教学示范中心”。同年，工程教育中心被评为“北京市优秀教学团队”。

二、历任领导

表7-12-1 工程教育中心历任领导更迭表

机构名称	职务	姓名	任职时间
工程实践教学部	主任	张沛	2003.7至2006.6
工程实践教学部	党支部书记	宋金山	2003.7至2006.6
工程教育中心	主任	吴波	2006.6至2007.6
工程教育中心	党支部书记	宋金山	2006.6至今
工程教育中心	常务副主任	吴波	2007.6至今

三、师资概况

表7-12-2 工程教育中心专任教师职称结构表

年度	教师总数	正高级职务		副高级职务		中级职务		初级及以下职务	
		人数	比例(%)	人数	比例(%)	人数	比例(%)	人数	比例(%)
2003	3	1	33. 4	1	33.3	1	33.3	0	0
2006	6	1	16.7	2	33.3	3	50	0	0
2007	7	2	28.6	4	57.1	1	14.3	0	0

表7-12-3 工程教育中心专任教师学历结构表

年度	教师总数	博士研究生		硕士研究生		本科生	
		人数	比例(%)	人数	比例(%)	人数	比例(%)
2003	3	0	0	3	100	0	0
2006	6	1	16.7	4	66.7	1	16.6
2007	7	1	14.3	4	57.1	2	28.6

① 工程实践教学部和燕山实习校区整建制并入工程教育中心。

表7-12-4　工程教育中心专任教师年龄结构表

年　度	教师总数	35岁以下		36～45岁		46～55岁		56岁以上	
		人 数	比例(%)	人 数	比例(%)	人 数	比例(%)	人 数	比例(%)
2003	3	0	0	2	66.7	0	0	1	33.3
2006	6	1	16.7	4	66.7	0	0	1	16.6
2007	7	1	14.3	4	57.1	0	0	2	28.6

第二节　教学与科研

一、教学

建校以来，由于校址地处燕山，相关专业教学计划中的金工实习课程均在燕山石化炼油厂金工车间进行，直至1995年4月学校金工车间正式建立。2003年后，工程实践课程全部归入工程实践教学部。2004年至2006年，教学上逐步形成了分层次、多模块的工程实践教学课程体系；建立了可根据专业特点选择的实习实训内容，以及以训练效果为主要考核目标的学分制管理机制；构建了以工程基础实习与工程技能训练和创新实践相结合、课内与课外教学相结合、集中与开放相结合的实践教学模式。所承担的课程涵盖全校学生的工程素质基础训练、工程素质专业训练和工程素质创新训练。

（一）课程设置与课程建设

金工实习车间和电工电子实习车间面向全校不同专业的学生开设不同层次的工程素质基础训练系列课程。课程内容包含先进制造技术、常规切削技术、材料成型技术、电工电子技术、创新训练等五大模块共计28个工种的工程基础实习项目。实习项目包括数控车、多功能数控车、数控铣、加工中心、仿真加工、数控线切割、数控电火花成型、车工、铣工、刨工、磨工、钳工、装配、管工、测量、铸工、冲压、电焊、气焊、氩弧焊、二氧化碳气体保护焊、热处理、机电接触器控制系统设计与安装、普通车床控制线路的演示与分析、通孔安装工艺、表面贴装工艺、基础照明线路安装、机械加工综合训练等。

根据不同专业的人才培养方案，制订出不同层次的工程训练计划。以工程基础训练模块为单位，以实习项目（工种）为基本单元，进行课程建设与教学改革。自编了金工实习指导教案、数控车实习指导书、数控铣实习指导书、数控线切割实习指导书、电工实习之普通车床控制线路实习指导书、电工实习之继电-接触器控制系统实习指导书、电子实习之基础实训指导书、电子实习之 833型超外差式调幅收音机实习指导书、工程认识实习之基础照明线路安装实习指导书等9本实习指导书。自编了工程认识实习概论、金工实习概论、电工实习之继电-接触器控制系统、电工实习之普通车床的继电-接触器控制系统、电子实习之电子元器件与调幅收音机、电子实习之表面贴装元器件与SMT工艺、CAXA数控铣CAD/CAM技术、数控车CAD/CAM技术、机器人技术与实践、工程创造学等10个教学课件。建立了网络化实验教学和教学管理信息平台，实现了教学网络化、智能化管理及网上辅助教学，实现了网上实习预约，实习操作成绩网上登记等功能。

2007年5月，《金工实习》系列课程被学校评为校级精品课。

燕山实习校区作为重要的产学研合作教育基地，负责学校各专业学生在燕山石化企业的认识实习、专业实习、毕业实习等实践教学活动的运行和管理。每年12月，中心根据各专业培养方案，召集燕山石化各企业（炼油厂、化工一厂、聚丙烯事业部、化学品事业部、橡胶事业部、动力事业部、通信事业部、环保事业部、仿真培训中心、研究院、机械厂、聚脂厂等）教育主管共同协商与安排下一年度实习计划，研讨实习教学内容，聘请企业工程师为学生讲课，并在实习过程中定期检查，监控实习教学质量。

工程教育中心与“燕化仿真培训中心”合作，对其“二甲苯临氢异构单元”装置进行投资改造，共同建立了北京石油化工学院燕化仿真生产装置实习车间和PLC控制实验室，开设出了系列专业实践课程，使化学工程与工艺、自动化、过程装备与控制工程、热能与动力工程等专业的学生可以在实习车间进行生产实习，其它各专业可以进行工程认识实习。学生通过直接操控生产装置，在真实的工作环境中进行实习训练，将专业知识与生产实际联系起来，为学生学习专业课奠定了基础，同时它的建立也为教师提供了科学研究的平台。

2007年，学校与北京燕山石油化工有限公司签订了产学研合作教育协议，达成了“一体化建设”的共识，共享优质资源。

为尽快提高工程实践教学水平，工程教育中心多次安排教师外出交流学习，分别到德国、法国、香港和国内清华大学等知名院校学习。2005年6月，请教育部高等学校机械学科教学指导委员会委员兼机械基础课程指导分委员会副主任委员，国家自然科学基金同行评审专家、清华大学基础工业训练中心主任傅水根等教授，来校指导工作。

（二）实践教学与教材建设

大学生创新教育实践基地充分利用工程教育中心的师资、设备和场地，在开设必修创新训练模块课程的同时，面向全校学生开展课外科技创新实践活动，对学生进行工程素质创新训练。开设的创新理论和创新实践选修课程有《机器人技术与实践》、《创造工程学》、《数控车CAD/CAM》、《数控铣CAD/CAM》等，课内与课外相结合，建立了大学生创新教育实践活动平台。

几年来，大学生创新教育实践基地组织并参加了多项校内外科技竞赛活动，并获得多项奖励。2000年至2002年，连续举办三届大学生科技周。期间，学生发表科技论文130篇，开发科研项目85项，举办科技论文报告会38场。2002至2004年间，组织学生参加管理学校FTP网络运行日常事务、设计制作“北京石油化工学院www.bipt.edu.cn主页”第一版、第二版和英文版。2002年6月组织学生参加全国智能机器人大赛，获得全国创新项目二等奖；灭火比赛两项三等奖，科技论文两项优胜奖。2004至2006年组织学生参加全国机械创新设计大赛暨第二、三届首都大学生机械设计创新大赛。2004年11月组织学生参加在上海举行的第五届“广茂达杯”中国智能机器人大赛。12月，组织学生参加首届首都大学生科技节科技作品展。2005年11月组织学生参加第三届“挑战杯”首都大学生课外学术科技作品竞赛，并获奖励。2007年组队15支参加北京市电子设计大赛，其中有9个队获三等奖。2007年10月、12月组织学生先后参加“中国机器人大赛”和“国际机器人大赛”，分别获得二等奖和冠军奖。

2003至2007年，工程教育中心教师发表教学研究论文20篇，由其主编的《工程创新设计与实践教程》获北京市精品教材建设项目立项。除此之外，还参加了《机械原理》等教材的编写工作。

二、科研

2003年至2007年，工程教育中心教师发表科研论文共计38篇。参与编写《创新人才培养研究与实践》、《人才培养模式改革研究与实践》两部专著。到2007年12月，工程教育中心教师主持科研项目5项，参与其它科研项目6项。

表7-12-5　工程教育中心主要科研项目一览表

序　号	项 目 名 称	项 目 来 源	时　间	经　费	负责人
1	太阳能全天候吸附式空调器产品化开发	北京市教委课题	2004.12	9万	吴　波
2	合成橡胶胶块重量智能控制系统研制	燕山石化	2005.03	10万	张松友
3	碳/碳复合材料表面HA涂层的制备研究	北京石油化工学院青年科研基金	2006.12	1万	隋金玲
4	新型复合材料人工骨的临床应用研究	山东省科技发展计划项目（编号2006GG2202009）	2006.12	2万	隋金玲
5	碳/碳复合材料表面HA涂层中超微粒子的组织控制	北京市属市管高等学校人才强教计划项目	2007.01	6万	隋金玲

三、教学科研设施

工程实践教学部成立之初，有实习实训用仪器设备302台套，总值为315万元。其中“数控铣削加工中心”等10万元以上的大型仪器设备5台，总值93万元；可供实习实训场地面积1580平方米。

2006年6月，工程教育中心成立时，有实习实训用仪器设备为668台套，总值627万元。其中“全功能数控车”等10万元以上的大型仪器设备11台，总值223万元；可供实习实训场地面积1996平方米。

到2007年底，工程教育中心有实习实训用仪器设备919台套，总值为1189万元。其中“数控铣”等10万元以上的大型仪器设备15台，总值为306万元；可供实习实训场地面积2226平方米。2007年，与燕山石化公司仿真中心合作，投资148万元改造“二甲苯临氢异构单元装置”，改造后可作自动化、电气工程及其自动化、热能与动力工程专业及机电类、化工类等专业实习教学使用的模拟生产装置。

第八篇　教学条件和设施

北京石油化工学院
1978-2008

第一章 图书馆

第一节 沿革

1978年10月学校图书资料室筹建于燕山校区教学楼内的一间教室，面积约30平方米，室内有两张办公桌，5个书架。工作人员2人。图书资料室作为藏书及读者借还书的场所，隶属教务处。

1979年初，图书资料室搬入学校新建食堂作为临时场所，3月图书资料开始面向学生借阅，4月正式开放；1981年7月迁入办公楼，面积284平方米；1982年教学楼竣工后图书资料室（后更名为图书馆）面积增加至670平方米。下设1个期刊阅览室和社科书、科技书2个书库，2个书库开展图书手工闭架借阅服务。1984年，图书馆为校直属机构，处级单位。下设采编组、流通组、期刊资料组。1979年至1989年间工作人员由4人增加至16人。

1990年9月学校从燕山迁至大兴，图书馆设在主楼一段一、二、三层，面积4181平方米。下设有两个书库：中文书库、外文书库，四个阅览室：科技阅览室、社科阅览室、科技库本工具书阅览室及CA文献及外文期刊阅览室。座位252个，1990年至1999年间工作人员由16人增加到31人。1996年，图书馆设置进行相应改革，将原设置的三个组，更改为采编部、流通借阅部、期刊部，并筹建自动化部。

1998年，7520平方米的图书馆新馆落成。一楼为自习厅、采编部；二楼为中外文书库；三楼为中外文期刊阅览部；四楼为科技参考书、工具书阅览室。阅览共有座位420个（自习室除外）。工作人员增至31人，增设了自动化筹备部。

2000年图书馆增设情报咨询部（2003年更名为信息咨询部，自动化筹备部改为自动化部）。同年6月，图书馆通过了北京市教委的自动化、网络化评估，实现了采访、分编、读者服务、文献检索及馆内办公的自动化和网络化。

2004年，增设康庄阅览室，2005年扩建为图书馆康庄分馆。2005年11月14日康庄分校图书馆开馆，面积为830平方米，图书8000余册，期刊267种。阅览座位264个，其中电子阅览室为40个座位。

2005年学校接受教育部专家本科教学水平评估，图书馆建设被评为“A”。

2006年图书馆有建筑面积8788平方米，设置1个自习室9个阅览室，阅览座位1103个。设置3个书库，同时在各教学院系部设有11个资料室。图书馆下设有采访编目部、流通借阅部、期刊阅览部、自动化部、信息咨询部、馆办公室及康庄分馆。

2007年防盗门禁系统正式启用，从而图书馆由半开放式转变为全开放运行模式，实现了图书借阅一体化。图书馆将原有的自习室、书库和阅览室进行了整合，新建了能源特色书库、能源工程特色阅览室、标准工具书阅览室。

表8-1-1 图书馆历任领导任职情况一览表

机构名称	职　务	姓　名	任职时间
图书馆	负责人	邢若平	1978.10至1984.11
图书馆	馆　长	宋临格	1984.11至1986.9
图书馆	馆　长	姜春英	1986.9至1990.6
图书馆	副馆长、馆长	张树栋	1990.6至1993.4
图书馆	副馆长、直属党支部副书记、书记	窦秀兰	1990.12至1995.4
图书馆	临时负责人	王凤元	1993.4至1993.9
图书馆	临时负责人	金振夏	1993.9至1994.2
图书馆	副馆长	苏萌茂	1994.2至1997.1
图书馆	馆　长	苏萌茂	1997.2至2000.1
图书馆	直属党支部书记	石　晨	1995.9至1996.10
图书馆	直属党支部书记	张万华	1996.10至2000.1
图书馆	馆　长	武光明	2000.1至2006.6
图书馆	副馆长兼直属党支部书记	石　晨	2000.1至2006.6
图书馆	副馆长	李　礩	2003.7至今
图书馆	直属党支部书记	高秀云	2006.6至今
图书馆	常务副馆长	车俊铁	2006.6至今

表8-1-2 图书馆人员构成情况一览表

年　度	人员总数	学　历				职　称			
		中专及以下	大　专	大　学	研究生	初　级	中　级	副　高	高　级
1978	2	2							
1987	11	8	2	1		1	2		
1992	18	5	2	8		13	2	2	
1995	26	6	8	11		13	6	4	
2002	41	8	17	15	1	16	22	3	
2003	46	9	16	18	3	22	21	3	
2004	50	10	15	20	5	24	23	2	1
2005	54	12	15	16	7	29	22	2	1
2006	54	9	14	24	7	16	26	4	1
2007	49	8	11	24	6	15	25	3	1

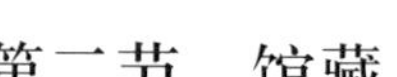

第二节　馆藏

一、纸本资源

建馆初期藏书建设主要以购置与石油化工相关的专业图书为主，包括石油化工、石油化工分析、高分子工艺、化工机械、化工自动化仪表等方面的书籍。为满足教学、科研的需要，从1989年起，开始收藏“CA”，并增加外文期刊的订购。

1982年有中文期刊269种，外文期刊65种，报纸25种，图书39900册。1990年图书数量达7万册、中文期刊576种，外文期刊51种，报纸68种。1992年，通过了北京地区普通高等学校图书馆采访工作的评估，藏书继续贯彻以石油化工专业为重点，并逐步收集和补配工具书、专业系列书、多卷书等。此后，不断修订《图书采访条例》，确立采购方针以学校教学、科研需求为主，以石油化工类图书为重点，兼顾其他。并根据学生人数的增加，针对不同图书的需求，修订图书采购复本数。

1998年图书馆藏书20.09万册，中文期刊483种，外文期刊39种，报纸56种。1999年，学校对遗存旧书进行整理分编入库。2005年，学校加大图书经费的投入力度。2002至2005年间，累计投入图书资料购置经费985万元，生均年购书量超过12册，中外文期刊及报纸分别以每年50种及10种的速度增长，共购置中文图书275464册，外文图书10258册。图书馆的藏书量达到55万册。并于2004年在学校11个院系建立了图书馆资料室。2007年4月图书馆进行了首次大批图书剔旧工作，剔旧图书共计45220册，期刊2010册。到2007年12月，图书馆藏书中纸本图书57万册，中外期刊1053种，报纸120种。馆内资源存储量接近20T。

表8-1-3　图书馆文献入库量、累积量一览表（1997至2007）

年度	中文图书（册）		外文图书（册）		中文合订本（册）		外文合订本（册）		文献累积总量
	累计量	新增量	累计量	新增量	累计量	新增量	累计量	新增量	
1997	107123	3865	19496	0	6882	272	4300	492	137801
1998	112638	5515	19591	95	7402	520	4509	209	144140
1999	129362	16688	22373	2782	8308	906	4950	441	164993
2000	138917	9555	22906	533	9457	1149	5445	495	176725
2001	151881	12556	23314	408	10052	595	6003	125	191250
2002	207258	19872	25332	718	13563	3511	6003	0	252156
2003	269854	62596	27515	2183	14245	682	6144	141	317758
2004	334922	65068	29714	2199	15500	1255	5931	213	386067
2005	482722	147800	35590	5876	16988	1488	6187	256	541487
2006	516770	34048	36566	976	18402	1414	6219	32	577957
2007	529712	12942	37251	685	18971	569	6283	64	592217

二、电子资源

1997年和1998年图书馆分别购置了中国学术期刊当年全文（光盘版）数据。1998年后中国学术期刊改为网络版，图书馆亦改为购置网络版。2000年以后，加大了数字资源的建设力度，逐年增加数据库的购置量。

为弥补图书馆藏书的不足，2004年开展电子图书的制作工作，将图书馆短缺和学生常用的图书制作成电子图书，并在图书馆网页上发布，供教师和学生使用。2003年以来为全面保存学校的特色资源，进行研究生、本科生学位论文全文数据库建设，总计收录研究生论文102篇、本科生论文全文6457篇，已在图书馆主页上发布，供教师和学生检索使用。2004年开始自建电子教案专题数据库，已完成80门课程的电子教案数据库建设工作。

到2007年12月，图书馆电子文献50万册（件）。拥有中文数据库12个，外文数据库13个，购买使用权的电子资源9个、视频数据库3个、考试模拟系统2个、图书馆自建特色数据库8个、网站数据库14个、购置视频流媒体电子资源2万余节、中文电子图书41万册、外文电子图书1.5万册。

第三节　采编

一、采访工作

1978年11月，学校成立 “图书资料委员会”和“图书采集工作小组”，对采访工作进行指导和提供具体意见。图书采购主要依据《科技新书目》、《社科新书目》、《标准新书目》进行预订，把预订书目发给各教研室进行圈阅，然后由采访人员进行汇总、审订，再交新华书店办理。1990年后由校学术委员会兼管此项工作。图书馆先后制定了《图书采访条例》、《图书采购工作制度》、《藏书注销规定》、《图书验收工作规定》等制度。

2000年图书馆实现自动化、网络化后，图书的订购工作逐步实现了在网上进行，由书商在网上通过Email将书目发给采访人员，采访人员在采访子系统内进行查重、订购再通过Email将订购单发给书商，为图书快速到馆提供了便利条件。根据学校专业设置和教学科研的需要，坚持专家、教师、学生初选，采访人员复选，馆长把关的原则，开辟多种渠道让读者推荐新书、提供意见。并采取多种购书的形式让读者参与选书，每月按计划组织专家、教师去书店、书展选书，不定期在图书馆举行书展，为教师、学生参与图书馆选书提供方便。

2004年9月以后，图书馆的文献采购方式由原来图书馆自行与书商建立购书关系为主，改为由学校资产处组织公开招标或委托北京市招标公司进行招标来确定书商。2007年，在采访方针和采访原则等方面进行适当的调整，将特色、特需图书采访作为主要采访方式，以突出图书馆“以工为主，理、工、经、管、文相结合，多学科相互渗透、协调发展、具有鲜明工程实践特色”的馆藏特色。

二、编目工作

1978年图书馆建馆时，即确立使用《中国图书馆图书分类法》进行图书分类。1979年制定了图书馆中外文图书编目工作规程，对现存一万册图书进行分类编目。著录规则按基本著录法，系手工刻印卡片。1980年，图书馆开始建立图书目录体系。1985年，依照《中文普通图书统一著录条例》进行著录，由基本著录法改为标准著录法。1992年采用国家标准《中国文献编目规则》进行著录，完成了期刊合订本的分类、著录、加工的工作，按分类重新进行排架，并建立了2套期刊过刊合订本目录、1套分类目录、1套刊名目录。同年5月，采编部引进了中、外文编目管理系统软件，利用计算机著录、打印账页及卡片等。图书书目数据库开始建立。

1996年，图书馆为实现计算机管理系统做准备工作,依据卡片目录进行回溯建库工作。2000年，建成了图书馆自动化局域网，并完全纳入学校校园网范围，全面实现了文献采访、编目、典藏、流通、查询的计算机管理。完成了中、外文图书的回溯建库工作，建立了馆藏中、外文图书书目数据库。2001年，采编部根据电子资源著录格式开始对CD、VCD、DVD、随书光盘等电子资源进行分编、著录。2003至2004年，整理和健全了中文期刊书目数据库，对13554册期刊合订本进行清理使馆藏和数据库一一对应，使期刊管理工作实现了自动化管理，满足了读者在公共检索系统检索期刊合订本的需求。2003至2005年，彻底整理图书馆无数据遗存旧书，分类、编目、上架12890册。2007年为了满足读者能够及时查阅到随书光盘，改变了以前随书光盘与图书分开分编的方法，随书光盘与图书一起分编，同时上架。

第四节　读者服务

一、图书借阅服务

1978至1983年，图书馆每周开放时间为30小时，图书、期刊采取手工闭架借阅。1990年，图书馆每周开放时间60小时。采取了对教工读者开架借阅，对学生闭架的借阅服务。中外文期刊、报纸、期刊合订本全部实施开架阅览。全年图书流通量9700人次，期刊阅览8000人次。

1994年，正式实施动态夹磁条工作，中文图书书库实施了全面开架借阅。1995年，图书馆阅览室开放时间增加到每周70小时。1995至1996学年，图书流通量达69142册，图书及期刊阅览人数达70094人次。

2000年，图书馆管理实现了自动化、网络化后，读者服务从手工管理时期进入了自动化管理时期，图书馆阅览室开放时间逐年增加到每周86小时，流通借阅时间也由每周40小时增加至68.5小时。2006年12月图书馆调整了读者借书册数和期限，阅览室开馆时间增加到每周89小时。2007年9月图书馆防盗门禁系统正式启用，从而图书馆由半开放式运行模式转变为全开放运行模式，实现了图书借阅一体化。

（一）图书借阅

图书馆设立3个中文书库、1个外文书库；20台设立检索机，开展读者检索、预约、续借等服务。

（二）文献阅览

全馆目前设立9个阅览室。期刊阅览室馆藏1000多种期刊、报纸，阅览室可同时容纳288位读者；科技库本、工具书阅览室提供馆藏5万种科技库本及工具书1万册的阅览，可容纳224位读者；教师、研究生阅览室可容纳49位读者，读者可阅览到最新教学研究用书，可享受自由免费上机服务；考研资料阅览室提供1500册考研资料的阅览；社科书阅览室2004年开始服务，可同时容纳88位读者阅览，提供馆藏社科库本阅览，藏书4万册；特色阅览室有能源工程特色阅览室和标准化特色阅览室，可容纳88位读者，有能源、工程类图书1万7千多册，有国家标准、设计手册等2千8百多册；康庄分馆阅览室拥有图书10000余册，期刊267种，阅览座位224个，其中电子阅览室有56个座位；电子阅览室可容纳148位读者，能提供图书馆电子资源和随书光盘3万张的阅览及上网服务。

（三）馆际互借服务

2000年以来图书馆先后与北京印刷学院、国家教育行政学院、北京建筑工程学院建立了馆际互借关系，在校教师、研究生可办理借阅证。2004年加入图书馆高校联合体的馆际互借，使学校读者可以共享40所高校图书馆丰富的纸本资源和数字资源。2007年图书馆加入了北京高校网络图书馆，36所大学可共享各图书馆资源，持“北京高校网络图书馆通用阅览证”，可在网络图书馆所属阅览室免费阅览该馆资源。

（四）原文传送服务

图书馆加盟中科院文献信息中心全国期刊联合目录系统的建设，同时与科技文献中心、清华大学图书馆建立联系，已获得使用国内500多家图书馆或文献机构馆藏目录的权利，并通过共享系统有偿获取文献。

二、宣传教育服务

（一）馆藏宣传

1996年开办图书导读橱窗。2000年后实行到馆新书周宣传制度，对每周到馆的新书及时打印“新书通报”并对外张贴。2005年在图书馆大厅安装了电子屏，向读者及时通报到馆新书。1997年开始编辑《图书馆通讯》，及时通报新书书目，向读者介绍馆藏及使用图书馆的知识。2004年主要报道图书馆引进的新书刊、新数据库，国内外发展的新动向，开展的新业务以及新近的工作情况。2006年9月进行改版，同时创刊了《图书馆快讯》，主要内容为本馆新书通告、电子新资源等。信息咨询部为方便教师和学生查阅资料，制作了各种新引进数据库使用方法的演示文稿，通过网上发布或E－mail的方式发送给用户。其还为图书馆网上中外文数据库撰写了数据库使用说明。2001年为配合新生入馆教育，图书馆作为教改项目拍摄了《如何利用图书馆资源》电视教学片。

（二）开设课程

1997年图书馆开始承担文献检索课的教学任务。2000年设专职教师承担全院文献检索课的教学，并编写了《信息检索与利用》讲义。

（三）举办专题讲座及活动

为未开设“信息检索与利用”课的学生开办“校园网环境下文献资源检索与利用总览”讲座；配合毕业设计工作开办“毕业设计文献查阅与原文获取”专场讲座及面向毕业生举办如何提交论文的讲座。每年开展新生入馆教育的讲座，为新生介绍图书馆基本知识和入馆须知，进行“如何利用图书馆”的用户教育工作。2005年以后，图书馆每年举办“4.23”世界读书日系列大型宣传活动。

三、参考咨询服务

2000年成立信息咨询部，开始提供文献传递服务、定题跟踪服务、代办课题查新服务及用户教育与培训服务。主要服务内容有：咨询台服务、定题跟踪服务、代办课题查新服务、学科馆员服务、上门主动提供服务 、EI、SCI、ISTP收录检索服务等。

四、其他服务

图书馆还为师生提供复印服务、光盘刻录服务、图书代购服务等。

第五节　自动化、网络化建设

1987年购置四通2402打字机一台，图书目录卡片由手工刻印改为打字机打印。1989年7月购置第一台微型计算机长城0520。1992年5月 采编组引进了采编管理软件，开始使用计算机进行图书著录、打印账页及卡片等。图书书目数据库开始建立。

1994年5月，购置一台386微机作为与清华大学图书馆系统联网之用，实现与清华大学图书馆系统的数据资源共享。1996年7月，为实现全面的自动化管理,依据卡片目录开始进行回溯建库工作。1997年正式筹建自动化部，进行图书馆集成化网络化建设的前期准备工作，包括系统引进软件调研、网络规划等。图书馆拥有微机13台，其中包括1台586，5台升级486。同年，图书馆订购了中国学术期刊(光盘版)理工A、B、C三个专辑，其含刊数1060种，同时配置14光驱光盘塔供读者阅览用，并在图书馆建立中国学术期刊文献二级检索站；流通部读者计算机书目检索查询系统开通，正式对广大读者开通访问Internet网资源服务。1999年7月新图书馆大楼交付使用，与校园网连接光缆通道。

2000年3月成立图书馆自动化部。学校一次性投资41万元，选用了Melinets自动化系统，同时购置了服务器等设备，建立图书馆业务工作网络。2000年6月图书馆网站开通，自动化部制作图书馆主页，可随时更新。图书馆有8台微机可通过校园网进入中国教育科研网和国际互联网。图书馆实现中国学术光盘的校园网检索。同年6月，图书馆通过北京市教委的自动化、网络化评估，集成化各图书馆管理系统开始运行。数字资源约200G。

2001年11月建立多媒体阅览室，配备40台电脑。随书光盘7000种、2万2千多张，供读者查阅使用。2003年7月，学校投入70万元建立视听阅览室，面积90平方米，机器49台，各类光盘3000余张，并于2005年9月全面投入使用。 2004年9月，校园一卡通与图书馆服务器相连，实现全院网络服务并网。2005年11月，建立康庄分馆电子阅览室，配备1台检索机，20台电脑，以及各类电子资源。2005年图书馆内部网络改造完成，改造后的新网络实现了从网络中心光纤接入。2007年图书馆全面投入使用功能更强大的图书馆管理系统——汇文文献信息服务系统。同年对电子阅览室进行了改扩建，使用面积约120平方米，能提供96个机位。现有50台高性能联想电脑，提供光盘刻录、文档打印、信息检索、读者咨询等服务。

第六节　学术研究与对外交流

一、学术研究

1995年至2007年，图书馆职工在《图书馆情报工作与研究》、《专业图书建设》、《情报理论与实践》、《图书情报工作》等刊物及学术年会上共发表论文58篇。2003年至2007年，图书馆职工作为项目负责人共承担了十项科研课题。其中有北京市图工委的《高校主干课程文献保障体系平台构建》、学校教改项目《书刊利用率的调查与研究》、与外单位联合研究的《胜利油田科技档案数据库系统》、《机电及相关专业教参体系的数字化建设》等。

二、对外交流

图书馆是中国高等学校文献保障系统（CALIS）和北京高校网络图书馆的成员馆，除每年定期参加全国或地区的学术年会及各类学术研讨会外，还积极举办和参与大型学术活动的组织工作。2003年12月，举办“北京地区高校创新信息教育研讨会”。2005年6月，协助北京高校图工委秘书处举办北京高校图书馆馆长研讨会。2006年12月，协助北京地区高等学校图书馆工作委员会承办“2006年北京高校图书馆馆长高级研修班”。

图书馆与国家科技文献中心、中国科学院文献信息中心、清华大学图书馆等信息机构建立馆际协作关系，定期派人参加业务培训，开展馆际互借及文献传递服务工作。参加中国图书馆学会、CALIS、北京高校网络图书馆、华北地区高校图书馆协会举办的各种学术交流活动。成为中国石油化工信息学会图书馆分会的主任单位。与石化行业的100多家企业信息机构建立了横向联系，开展承办学术会议、业务培训等工作，并以学会的名义建立了“中国石油化工数字图书馆”网站。主要管理者先后到德国、法国、挪威、澳大利亚等大学图书馆参观学习。同时不定期组织馆内人员到国内较先进的图书馆进行对口学习与参观，先后走访过清华大学、北京大学、北京化工大学、中国传媒大学等多家单位。

第二章　网络与信息化建设

第一节　沿革

1999年12月，学校将计算中心（1985年成立，归属原自动化系）、网络中心（1998年成立，归属原自动化系）和电教中心（1993年成立，归属原设备与教学条件处）进行合并，成立了直属教辅部门即现代教育技术中心（处级建制），并将原三个中心名称分别更改为计算机室、网络室、电教室。共设编制11人，符生寅任中心主任。

2003年7月，现代教育技术中心更名为网络信息中心，由办公室、计算机室和网络信息室组成，设编制11人。原来电教室的多媒体教学设备的建设、管理维护职能划归教务处，宣传与摄录像职能划归宣传部。2005年10月，学校将新建的康庄校区的公用计算机机房和多媒体教学设备管理与维护职能划归网络信息中心管理，成立了康庄教育技术服务部。网络信息中心职能扩大，共设编制16人，符生寅任中心主任。2006年，网络信息中心职能再次扩大，由教务处负责的主校区多媒体教学设备建设与管理维护职能划归网络信息中心管理。网络信息中心由办公室、网络与信息资源部、多媒体教学设备保障部、公共计算机房管理部、康庄校区教育技术服务部等五个部门组成。共设编制21人，符生寅任中心主任。

第二节　校园网与信息化建设

校园网建设开始于1998年，由网络中心负责，当年12月校园网正式开通。1998年、1999年共投入100万元进行校园网建设。2000年3月，学校成立现代教育技术中心全面负责学校校园网与信息化资源建设。校园网经过9年的建设，累计共投入1243万元建设资金，网络硬件平台基本完成，形成了以主楼八层网络主机房为中心，按照星型结构，通过光缆连接到校内各个楼群以及丽园东里住宅区、清源住宅区、康庄分校区的千兆骨干光纤网，同时通过超五类双绞线100M/10M交换到桌面的网络。校园网已经覆盖了全校所有楼群，每栋楼有网络接入，楼内每个房间有网络信息节点。到2007年底，学校共铺设16条多模光缆约7000米，铺设单模光缆两条约8000米，网络信息节点到达9949个，其中办公、科研、教学用信息节点1960个、住宅区信息节点540个，计算机机房信息节点760个，学生公寓的网络信息节点6689个，共购买交换机达到413台，各类服务器22台，防火墙4台。提供的网络服务有DNS(域名解析服务)(bipt.edu.cn)、WWW服务 (www.bipt.edu.cn)、FTP(ftp.bipt.edu.cn)、BBS(bbs.bipt.edu.cn)、EMAIL(mail.bipt.edu.cn)、网络电视、视频直播、视频点播(iptv.bipt.edu.cn)、网络防病毒系统、垃圾邮件过滤系统、邮件防病毒系统、Windows自动更新系统等。2003年9月起，为全校教职员工和学生开设邮件账号，同时建设了校内公文与新闻发布系统、图书管理系统、综合教务管理系统、档案管理系统、教育在线等网络应用系统。

学校制订了北京石油化工学院《十五时期网络与信息资源建设规划》、《十一五时期校园网与信息化建设规划》，形成了包括《校园网管理办法》、《校园网FTP服务管理办法》、《校园网IP地址及域名管理办法》、《校园网电子公告服务管理办法》、《校园网维护办法》、《校园网网络信息管理办法》、《校园网网页管理办法》、《校园网网络用户管理办法》、《电子邮件管理办法》等在内的校园网与信息化建设管理制度体系。

表8-2-1　2000至2007年北京石油化工学院校园网与信息化建设数据

年 份	交换机（台）	服务器（台）	信息点（个）	IP地址（C）	网络服务	邮件用户	安全设备	投入资金（万元）
2000	50	5	794	4个IP	2	0	0	50
2001	72	7	864	4个IP	2	0	1	100
2002	115	11	4907	16	3	200	1	150
2003	145	14	5558	16	5	800	2	242
2004	297	18	7711	48	6	7000	4	179
2005	323	18	8187	48	6	9500	4	216
2006	323	20	9123	48	6	9500	4	100
2007	413	22	9949	50	8	9829	10	206

第三节　公用计算机机房建设与管理

公用计算机机房主要职能是承担全校基础性计算机上机课程的上机教学任务以及每年两次的全国计算机等级考试上机考试任务。

2000年，教学计算机机房按照总体规划，分布实施的建设原则逐步进行扩建，并成立专门的技术规划建设和管理队伍。2001年，投入80万元采购160台公用计算机，建设公用计算机机房两个，共有计算机278台。2002年，建设了统一的公共教学计算机机房管理系统，实现了管理和教学排课的自动化。还建立了公用教学计算机机房《值班人员职责》、《安全管理制度》、《管理规定》、《紧急情况应急预案》、《门禁使用流程》等规章制度，进一步规范公用教学计算机机房的管理和维护工作。2003年，投入52万元更新换代了100台计算机，并完善了公共教学计算机机房管理系统。

2005年，投入180万元建立了3个康庄校区公用计算机机房，共购置346台计算机。康庄校区公用计算机机房承担全校大学一年级所有计算机上机课。2006年，学校投入中央专项100万元，更新了主校区158台计算机。到2007年底，学校共投入410万元建设资金，公用教学计算机机房6个，计算机数656台。

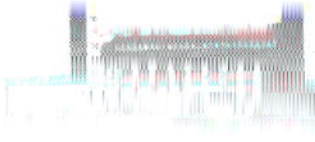

表8-2-2　2000至2007年学校计算机机房、教学计算机台数统计表

年　份	计算机机房（个）	教学计算机（套）	年　份	计算机机房（个）	教学计算机（套）
2000	1	120	2004	3	310
2001	3	278	2005	6	656
2002	3	278	2006	6	656
2003	3	310	2007	6	656

第四节　多媒体教室建设与管理

学校多媒体教室的建设从1998年开始，由电教中心负责，建设了2间多媒体教室。2000年，由现代教育技术中心接管多媒体教室建设与管理任务，按照整体规划，分布建设的原则，逐步建设具有多媒体功能的教室。

2000年，投入45万元建设了4间多媒体教室，并成立电教室作为专门的管理部门进行多媒体教室的管理与维护工作。2001年，投入100万元建设了13间多媒体教室，并开始实行多媒体培训制度。2002年，投入200万元建设了21间多媒体教室，并制订了《多媒体教室管理制度》，对教室使用的归属性和教师使用多媒体设备的培训须知等问题做了规定。2003年底，为配合《多媒体教室管理制度》的实施，下发了《关于办理多媒体教学设备使用证的通知》，要求教师在使用多媒体教学设备前要办理《媒体教学设备使用证》。2004年，投入141万元建设了34间多媒体教室，并制定《多媒体教室使用注意事项》，对教室中多媒体设备使用中应注意的一些常见问题及解决办法和与管理中心的联系方式进行了说明。2005年，采用专向建设资金305万元完成康庄校区33间网络化管理的多媒体教室的建设，5月还制订《多媒体教学设备巡检制度》，规定利用课余时间定期对教学设备进行检测，包括计算机病毒的清理，投影机设备亮度和音响系统的稳定性等方面，及时发现问题和隐患及时处理。2006年，投入98万元改造了21间网络化管理的多媒体教室。2007年投入72万元，对综合楼20个多媒体教室进行网络化管理改造。

从2000年到2007年共投入建设资金889万元，建设了105间多媒体教室，随着部分教室功能的变化，现有多媒体教室91间。成立了为主校区服务的多媒体保障部和为康庄校区服务的康庄校区教育技术服务部，两个部门分别管理和维护两个校区的多媒体教室。

第三章　体育场馆

第一节　沿革

1978年至1990年7月，学校地处燕山，体育教学条件简陋，仅有200米土质田径场一块，土质篮、排球场各两块及几组单双杠。

1990年9月学校搬迁至大兴后，有200米土质田径场一块、土质篮球场三块、土质排球场两块、一排水泥乒乓球台、几组单双杠、几组垒木和几组简易健身器械。

1995年11月，学校体育馆建成投入使用，占地面积3772.53平方米，内有1000平方米篮、排球场，300平方米健身房，上下两层合计近500平方米的武术健美操练习场地，看台近1700座。健美房配备了能满足1个教学班使用的健身器材约15套。

1997年4月，400米标准田径场建成并投入使用（内套足球场为土质，跑道为矿渣），占地面积19500平方米；同时竣工五块土质篮球场和四块土质排球场，占地面积约4200平方米。同年竣工田径场看台，占地面积平方米，内含乒乓球房一座，占地面积778平方米，可同时摆放乒乓球台20座，满足2个班的教学需要。

2002年11月，学校田径场、足球场改造工程完成，改造面积19500平方米，建成橡胶田径场和58毫米人造革足球场。

2004年9月，学校篮、排、网球场改造工程完工，改造面积9942平方米。建成橡胶面层篮球场10块、橡胶面层排球场4块、进口炳烯酸面层网球场2块，同时配备国内最好的篮、排、网球附属设备。学校室外体育教学条件可列在北京市学校前列。

2007年5月，占地面积5034平方米的康庄校区篮、排球场改造工程完成。内含篮球场6块、排球场2块，均为橡胶面层，一定程度上改善了康庄校区体育教学的需要。与此同时，与康庄校区管理部共同使用场地一块（食堂三层），内设乒乓球台16座，利用原浴室改建成为健身房，占地面积近300平方米，摆放健身器械17套，基本上满足了康庄校区武术、健美、乒乓球课程的需要。

截至2007年12月，学校运动场地面积约41000平方米，生均可使用场馆面积为6.40平方米/人。

第二节　场馆管理

体育教学部设有专门的场馆器材管理办公室，有较为完整的相关管理制度，有专门人员负责场馆使用、管理、创收工作。有专人负责对场馆器材等设备的日常维护与维修，经常检查，及时发现、维修或报修，如遇日常维护、维修不能解决的问题，有专人及时与厂家联系，使问题在48小时内得到解决，以保证师生教学、训练的需求。

学校现有场馆使用面积为41000平方米，设备总价值达100.99万元，这些设备器材均在为教学、训练提供服务，满足了开设篮球、排球、足球、乒乓球、羽毛球、网球、武术、散手、跆拳道、健美、健美操、形体修塑训练、瑜伽、体育舞蹈、定向越野、野外生存、马拉松、救护与逃生、手球、铃球等课程的需要，也满足了人才培养和群众性体育运动的需求。每天接纳人数约两千人次。

第九篇 行政管理

北京石油化工学院
1978-2008

第一章　校办行政管理

第一节　沿革

1979年1月，学校成立办公室。主要负责公文管理和制发、文件管理和领导传阅、公章和介绍信管理以及宣传和组织工作。同年10月成立政治处，并制定了办公室工作职责。1984年10月，成立党委办公室，主要工作职能未发生变化。

1986年2月，学校党政工作分开管理，成立“党委工作处”，6月更名为党委政治工作处，下设宣传部、组织部、学生工作部、档案室。同月，成立校长办公室。1989年11月，撤销党委政治工作处，成立党委办公室。党委组织部、党委宣传部、学生工作部独立，成为学校的直属单位。1991年，档案室划归校长办公室。1992年底学校更名为“北京石油化工学院”，“校长办公室”同时更名为“院长办公室”。

2000年，学校机构改革，党委办公室和校长办公室合并成立学校办公室，主要负责学校公文的管理、核稿和制发，机要文件的管理和领导传阅，信访工作，公章和介绍信管理，会议室和报告厅管理及监控，协调学校大型会议和活动以及来访接待等事务性工作。

2003年7月，学校调整党政管理机构设置，综合档案室挂靠学校办公室，学校办公室副主任兼综合档案室主任。2006年6月，再次调整党政管理机构和岗位设置，成立发展规划办公室（简称发展规划室），列编学校行政管理职能部门，与学校办公室挂牌合署。校办公室主任兼发展规划办公室主任，设1个骨干岗。

表9-1-1　学校办公室历任领导更迭表

职　务	姓　名	任 职 时 间
临时负责人	李克新	不详
办公室主任	张凤吉	1981.11至1983.6
党委办公室主任	严庆国	1984.10至1986.9
校长办公室副主任	周海涛	1986.2至1986.9
校长办公室主任		1986.9至1993.3
党委政治工作处处长	徐理德	1986.9至1989.11
校长办公室副主任	杜友齐	1987.9至1988.5
党委办公室主任	徐理德	1989.11至1990.8
校长办公室副主任	宫　军	1990.6至1993.3
党委办公室主任	徐土旺	1990.8至1991.10

续表

职　务	姓　名	任职时间
院长办公室副主任	周海涛	1993.3至1997.1
院长办公室副主任	宫　军	1993.3至1999.12
院长办公室主任	林　骞	1993.3至1994.11
党委办公室主任	王燕薇	1991.10至1996.10
院长办公室副主任	袁仲林	1995.2至1995.9
党委办公室副主任	白　荣	1996.10至1999.12
院长办公室主任	周海涛	1997.1至1999.12
学校办公室主任	丁　明	2000.1至今
学校办公室副主任	曹江秋	2000.1至2002.11
学校办公室副主任	王文杰	2002.12至2006.6
学校办公室副主任兼综合档案室主任	王文杰	2003.7至2006.6
学校办公室主任兼发展规划办公室主任	丁　明	2006.6至今
学校办公室副主任兼综合档案室主任	李　娜	2006.6至今

第二节　文印工作

1979年学校文印工作由办公室统一处理。当时尚未设置专职文书人员，只设有一名机要档案人员，负责机要、档案、文书等工作。机要档案工作人员每周周一、周三、周五到燕化公司机关收发室收取、交换机要文件。设有打字室，配有一台机械打字机，设专职打字员一名负责打印工作。

1983年9月，设置了办公室秘书岗位，其岗位职责是协助主任做好学校政治工作计划；起草、校对校级的文件、请示、报告；做好校领导小组和行政会议记录；做好会议通知；写好校重大活动大事记等。1986年2月，党委工作处、校长办公室成立后，党政分署办公。校长办公室设一名专职文字秘书人员，负责行政系统的文书工作；党的工作系统的公文，由党委政治工作处相关职能部门按相同的办法和程序拟处。2000年1月，党委办公室和校长办公室合并成立为学校办公室，设置一名专职文字秘书人员，负责学校党委系统和行政系统的所有公文。

学校出台了文书工作的相关管理制度。如1994年1月，印发了《中国石油化工总公司公文处理办法》；1994年9月，印发了《北京市实施〈国家行政机关公文处理办法〉细则》；1999年1月，印发了《中国石油化工集团公司公文处理办法》；2004年、2006年又先后对《北京石油化工学院公文处理办法》进行了修订。

2002年4月，学校建立校园网信息平台，实现了网络化办公，学校所有文件、重要通知、各类信息等全部上网，基本做到无纸化办公。

第三节　信访工作

建校初期，学校没有建立信访工作的专门机构和制度，师生员工遇有问题可以直接找校领导反映。1983年3月，学校办公室秘书岗位增加了信访职责。此后，信访工作一直由办公室主任主管，学校办公室秘书兼职负责。1985年1月，信访工作由学校党委书记主管。1994年6月，信访工作调整为由分管安全稳定工作的副书记主管。2004年1月，学校党委书记和行政院长分管党委和行政的信访工作，学校办公室主任具体负责党委和行政的信访工作，办公室设有一位兼职信访干部，处理日常信访工作。

1993年9月，学校在主楼一层设立木制校领导信箱。2003年6月，更换成钢制意见箱，由校办秘书每周一上午开信箱，分类登记后，交由各主管领导批阅。1995年5月，校领导接待制度改为领导轮流定期接待，学校办公室每周设专人负责安排校领导接待工作。2003年开始，学校领导接待日固定在每周一或周二的下午，接待日的具体安排，在学校每周校内会议和活动安排中向全校师生公布。2004年2月，学校办公室在校园网上开设学校领导和校办电子信箱，受理师生员工的电子邮件。3月，学校制订了《北京石油化工学院信访工作条例》。现有的信访渠道有校领导信箱、校领导信访接待日、学校领导和学校办公室电子信箱、本人到学校办公室面谈或通过电话信件、电子邮件给学校办公室信访工作人员以及其它法律允许的形式。

表9-1-2　2004至2007年学校信访工作分类统计表

部　门	信访数	信访请求事项	来　信	来　访	电子邮件	合　计
学　校	8	校外单位纠纷	2	0	0	2
		咨询	0	0	4	4
		感谢信	2	0	0	2
教务处	38	学分绩管理	10	6	0	16
		教务管理	15	4	3	22
学生处	21	学生管理	5	3	2	10
		学生服务工作	7	4	0	11
人事处	8	岗位竞聘	2	0	0	2
		人事管理	1	5	0	6
网络信息中心	2	网络服务	1	0	1	2
康庄校区管理部	6		3	1	2	6

续 表

部　门	信访数	信访请求事项	来　信	来　访	电子邮件	合　计
后勤处（集团）	26	后勤服务	14	4	0	18
		房管问题	4	2	2	8
图书馆	86	图书馆改造	86	0	0	86
外语系	2		0	2	0	2
经济管理学院	1		0	1	0	1
合计	198	0	152	32	14	198

第四节　事务性工作

一、公章和介绍信管理

学校办公室负责学校党政公章的管理、其他部门公章的使用监督以及开据党政工作用介绍信。2004年3月，学校办公室制定了《北京石油化工学院关于学校介绍信使用管理的规定》，修订了《北京石油化工学院印章管理办法》。

二、会议室及报告厅管理

学校迁至大兴后，学校办公室设在主教学楼七层，有会议室4个，同时监控主楼5段3号报告厅的使用情况。2002年11月，综合教学楼报告厅投入使用后，学校办公室负责监控综合教学楼报告厅的使用情况，3号报告厅交由团委管理。2003年10月，学校办公室搬至行政楼后，会议室增加至7个，其中容纳40人的会议室两个、20人的会议室两个、10人的会议室两个，120人的会议室一个。其中第一会议室、第四会议室、第七会议室配备用投影仪，第一会议室和第七会议室还配备有话筒等音响设备。学校办公室负责七个会议室、综合教学楼报告厅的使用和管理，2006年7月，综合教学楼报告厅交由宣传部监控管理。学校办公室于2002年12月，公布了《北京石油化工学院综合教学楼报告厅管理使用办法》。

三、协调学校大型会议、活动及来访接待

学校办公室负责每周全校性会议通知和活动安排以及全校大型会议和活动的协调工作。2002年9月，印发了《北京石油化工学院关于规范学校会议、活动等有关事宜的通知》。

学校的对外接待工作，主要包括对上级单位、兄弟学校和建有协作关系的国外院校的领导等来校视察和访问所做的业务接待、会议接待、以及对在聘讲学的外籍专家、教师的接待。学校不设专职接待工作人员，有关的日常工作由学校办公室兼管；凡重要活动和会议均由学校办公室牵头，会同各有关部门组建临时的公务接待班子，统一安排食宿、交通、会场、参观和其他一切会务事宜。

第二章　财务管理

第一节　沿革

1978年学校设立财务组，隶属总务处。1981年成立财务科，负责财务工作，为校直属科室，由校领导主管。1992年10月，财务科改为财务处。2000年1月，学校进行机构改革，财务处下设会计室、计财室、校产财务、网络室。同年年底，根据业务需要，会计室与校产财务合并为会计室。2003年增设了结算中心。2006年6月，财务处更名为计划财务处。

由于财务任务增加和管理需要，1994年成立了后勤集团财务室，行政上由后勤集团管理；1997年成立了科研财务，1998年归集各校产企业财务成立校产财务，以上三个二级财务在业务上受校财务处的指导和监督。根据学校决定，2000年科研、校产财务归属学校财务，2007年后勤财务归属学校财务。

随着学校规模和财务管理任务要求的变化，财会人员的数量和业务水平发生了很大变化。会计人员由建校初期的2人逐步壮大到现在的17人。学历基本达到了大学专科或本科毕业水平，全部拥有会计人员从业资格证书并具有专业技术职称。其中，具有高级会计师任职资格的1人，中级会计师任职资格的4人，其他中级专业技术职务任职资格的6人。

表9-2-1　财务部门历任领导更迭表

机构名称	姓　名	职　务	任职时间	备　注
财务组	刘俊华	会　计	1978至1979	无负责人
财务组	吕　岩	负责人	1979至1981	
财务科	吕　岩	副科长	1981.9至1985.3	
财务科	吕　岩	科　长	1985.3至1987.3	
财务科	杨　力	副科长	1987.3至1988.12	
财务科	杨　力	科　长	1988.12至1990.5	
财务科	季汉池	科　长	1990.6至1992.9	
财务处	季汉池	处　长	1992.10至1993.9	副处级
财务处	於丽华	副处长	1993.10至1994.7	
财务处	於丽华	处　长	1994.7至1996.9	
财务处	宋金山	副处长	1996.9至2000.3	
财务处	张存旺	处　长	2000.4至2006.6	
计财处	吕德胜	处　长	2006.6至今	
	刘　辉	副处长	2006.6至今	

伴随学校发展，财务管理体制、经费核拨、会计核算以及工作环境等方面均发生了重大变化。1997年会计制度改革前，实行的是统收统支的管理体制，计划内资金据实支付，结余留用，超支不补，计划外用量资金专项报批，专款专用。会计制度改革后，实行的是以收定支的“大收大支、收支平衡”的综合财务预算管理体制。记账方式也由增减和收付演变为借贷法，并由手工记账发展到现在的财务网络电算化。年核算资金量（包括专项）由40多万元增加到2亿元左右，办公面积由30平方米左右扩大到现在的200多平方米。

除工会、食堂财务单独核算外，财务部门负责全校所有结算和核算的会计业务。财务部门不仅对财政资金进行收支会计核算，还对科研、经营等其他收支行为进行会计核算。同时，对北京市专项资金项目申报、收费、国家助学贷款、物价、纳税等进行管理。除以上业务外，财务部门还积极配合资产部门进行清产核资工作，接受审计部门的财务审计和监督。

财务处于2003年开始与深圳发展银行北京海淀支行合作开发了电子支付系统（校园一卡通），电子支付系统是学校财务在市属市管院校中最早开发和使用的单位。2007年，在设置会计账套基础上又增加了预算管理科目账进行经费控制，是北京市属院校较早尝试使用的单位。

第二节　财务管理状况

一、财务管理体制

学校财务制度实行“统一领导、集中管理”的校长负责制。1978年成立的财务组在行政上由总务处代管，没有正式建账，经费来源为燕山石油化学总公司投入和财政补贴，会计核算由燕山石油化学公司行政处代管，所有会计业务由会计人员到燕山石油化学总公司行政处进行代报账。1979年，学校建立账簿并进行会计核算。2000年以前，学校属于企业办学，但经费受政府财政部门管理，实行企业和事业单位双重会计制度，由于管理体制的限制和会计核算的局限性，财务工作侧重于记账、算账和日常业务的处理。1997年会计制度改革后，学校实行事业单位会计制度。2000年划转北京市后，实行事业单位和高等学校会计制度，财务工作的重心也发生了转移，财务管理范围从单纯的会计收支核算，发展到完全实行了会计电算化管理，实行的是以收定支，收支平衡的综合预算财务管理体制，对全校所有经济业务进行结算、核算和决算及相关管理，为管理者提供报表数据等会计信息。近几年财政拨款额度急剧增加，特别是专项资金的增长幅度较大，相应地增加了会计工作任务。

为保障教学、科研和后勤保障工作的正常运转，学校根据预算收入情况，首先安排纳入预算范围的支出，凡未纳入预算范围的支出，在没有落实资金来源的情况下，一律不安排支出。

2003年，学校举办了全校财务工作会议，学校中层以上干部及部分会计人员出席了会议，会议研究确定了财务管理和经费指标分配及后勤经费使用等方面文件，明确了财务管理的原则及意义。2005年，财政资金结算开始实施国库集中支付的财政授权支付和财政直接支付两种结算方式。

二、制度建设

在严格执行国家的财经政策同时，财务部门结合学校实际情况陆续制定了一些相关规章制度：1979年2月，制订《财务报销的暂行规定》；1983年6月，制订《关于医药费开支的暂行规定》，1983年9月，制订《财务人员岗位责任制》；1984年3月制订《关于控制本市差旅费的暂行规定》；1993年4月，制订《固定资产管理制度》；1996年制订《大额资金使用管理规定》；1997年12月，制订《北京石油化工学院国有资产管理规定》和《北京石油化工学院财务管理体制规定》；1995年和1997年还另外制订了19项相应的岗位职责及管理规定。

为使学校的财务管理和会计核算有章可循、有法可依，财务部门对原有制度进行了修改和完善，并结合实际相应制定出台了一些制度规定。2002年4月，制订《北京石油化工学院专项经费管理办法》。2003年3月，制订《北京石油化工学院财务管理规定》、《交通费与差旅费指标分配及管理办法》、《基本支出预算定额指标分配及管理办法》和《后勤保障经费指标分配及管理办法》；11月，制订《北京石油化工学院收入和收费暂行管理办法》。2004年3月，制订《北京石油化工学院市内出差差旅费开支标准的补充规定》。2005年4月，制订《关于零余额用款额度账户资金使用中的注意事项》。随着管理的需要和形势的变化，财务部门已起草和正在制订的规章制度将陆续出台。

第三节　学校经费的来源与使用

一、经费来源及结构

2000年划转到北京市前，学校经费来源主要是企业投入、财政补贴、学费住宿费收入，虽然也有科研收入和创收，但数量很少。

1979年至1984年经费由财政部和燕山石油化学总公司分别投入，1985年至1990年经费由财政部、中石化集团公司和北京燕山石油化工公司分别投入，1991年至1999年经费由财政部、中石化集团公司分别投入，2000年之后经费由北京市财政局投入。由北京燕山石油化工公司代管期间，北京燕山石油化工公司每年额外投入5万元的资金用于学校发展，同时职工享受与燕化公司职工相同的福利待遇。学校迁到大兴后，燕化公司于1991年停止了投入。划转到北京市，中石化集团公司对学校一次性赞助投入7500万元,分三年到账，主要用于学校基础建设和职工福利。

划转到北京市后，学校资金来源主要是财政拨款、学费住宿费收入及科研创收收入。根据北京市的有关政策，除基本经费投入外，专项经费的支持资金量有了大幅度增长。伴

随着教育体制改革和学校人事管理体制改革的深入，资金筹措渠道多元化使学校创收和科研能力亦相应的增强，创收资金量也有了一定的增长。校产企业由于国家及学校相关政策调整等因素，现已撤销或停止经营。

表9-2-2　北京石油化工学院1979至2007年财政拨款及收入情况表　　单位：万元

项目 年度	财政拨款			预算外收入			合计
	小计	基本经费	项目经费	小计	学费	住宿费	
1979	40.45	40.45	0	0	0	0	40.45
1980	23.62	23.62	0	0	0	0	23.62
1981	66.11	66.11	0	0	0	0	66.11
1982	23.94	23.94	0	0	0	0	23.94
1983	88.66	56.76	31.90	0	0	0	88.66
1984	60.52	60.52	0	0	0	0	60.52
1985	242.70	242.70	0	0	0	0	242.70
1986	119.00	119.00	0	0	0	0	119.00
1987	201.00	201.00	0	0	0	0	201.00
1988	203.00	203.00	0	0	0	0	203.00
1989	305.00	305.00	0	0	0	0	305.00
1990	470.00	470.00	0	0	0	0	470.00
1991	401.00	401.00	0	0	0	0	401.00
1992	671.00	671.00	0	29.00	22.00	7.00	700.00
1993	787.00	787.00	0	54.00	48.00	6.00	841.00
1994	1221.00	1221.00	0	28.00	0	0	1249.00
1995	1490.00	1490.00	0	154.00	0	0	1644.00
1996	1681.00	1681.00	0	231.00	201.00	30.00	1912.00
1997	2065.00	1785.00	280.00	386.00	346.00	40.00	2451.00
1998	2734.00	2623.00	111.00	429.00	352.00	77.00	3163.00
1999	2900.00	2900.00	0	673.00	558.00	115.00	3573.00
2000	2280.00	1480.00	800.00	1211.00	1034.00	177.00	3491.00

续 表

项目/年度	财政拨款			预算外收入			合计
	小计	基本经费	项目经费	小计	学费	住宿费	
2001	4870.00	2380.00	2490.00	2071.00	1819.00	252.00	6941.00
2002	6955.00	3217.00	3738.00	2684.00	2322.00	362.00	9639.00
2003	8318.00	4025.00	4293.00	3789.00	3306.00	483.00	12107.00
2004	10515.00	6437.00	4078.00	3999.00	3400.00	599.00	14514.00
2005	14958.00	6881.00	8077.00	3970.00	3364.00	606.00	18928.00
2006	15726.00	6537.00	9189.00	4006.00	3341.00	665.00	19732.00
2007	16732.00	10308.00	6424.00	3389.00	2823.00	566.00	20121.00

二、经费支出情况

学校1979年教育事业支出仅为29.45万元，随着学校整体预算收入的增加， 2006年教育事业支出（包括专项）已达16850万元，是建校初期的572倍，是1996年的1962万元的8.6倍。因学校教育事业规模发展迅猛，所需财力支出也需要相应增加。由于财政预算资金只能基本满足维持学校正常教学及日常支出，没有安排发展所需的相应资金。在保证正常开支外，学校利用中石化集团公司一次性赞助资金和财政补贴资金兴建了大学生公寓，缓解了学生住宿紧张状况，同时，积极寻求专项资金来解决学校发展及教学过程中的实际困难，这几年项目支出由2001年的583万元激增到2006年的5901万元，2007年申报批复的资金量已达上亿元。

表9-2-3　北京石油化工学院1979至2007年支出情况表　　单位：万元

项目/年度	教育事业支出			项目/年度	教育事业支出		
	基本经费	项目经费	小计		基本经费	项目经费	小计
1979	29.45	0	29.45	1988	214.00	0	214.00
1980	14.13	0	14.13	1989	346.00	0	346.00
1981	61.04	0	61.04	1990	443.60	0	443.60
1982	24.39	0	24.39	1991	441.00	0	441.00
1983	56.55	0	56.55	1992	671.20	0	671.20
1984	64.83	0	64.83	1993	787.01	0	787.01
1985	224.30	0	224.30	1994	1221.00	0	1221.00
1986	132.90	0	132.90	1995	1560.00	0	1560.00
1987	211.00	0	211.00	1996	1962.00	0	1962.00

续 表

项目 年度	教育事业支出			项目 年度	教育事业支出		
	基本经费	项目经费	小　计		基本经费	项目经费	小　计
1997	2270.00	280.00	2550.00	2003	9697.00	4907.00	14604.00
1998	2710.00	30.00	2740.00	2004	11573.00	4323.00	15896.00
1999	3458.00	0	3458.00	2005	11519.00	5990.00	17509.00
2000	6794.00	0	6794.00	2006	10949.00	5901.00	16850.00
2001	6022.00	583.00	6605.00	2007	13948.00	9094.00	23042.00
2002	7208.00	4796.00	12004.00				

三、固定资产变动情况

建校初期，学校规模较小，房屋产权归燕化公司所有，固定资产价值极为有限，账面价值仅为35万元。随着学校搬迁规模的扩大和基建项目的交付使用，1992年固定资产已激增到2787万元，尤其1996年更是增加到了10376万元。2000年归属北京市后，随着学生公寓、综合教学楼等工程的竣工以及教育设备贷款购置教学设备的增加，当年达到了21298万元。到2006年末，学校固定资产总值已达44799万元，比2000年翻了2倍多，是建校初期固定资产总值的1280倍，比10年前净增资产34423万元。

表9-2-4　北京石油化工学院1979至2007年固定资产增减变动表　　单位：万元

年　份	金　额	年　份	金　额	年　份	金　额
1979	35.00	1989	954.00	1999	13234.00
1980	50.00	1990	653.01	2000	21298.00
1981	101.90	1991	736.00	2001	22118.00
1982	132.80	1992	2787.00	2002	24339.00
1983	231.80	1993	2886.00	2003	27680.00
1984	269.90	1994	3182.00	2004	31440.00
1985	210.40	1995	3566.00	2005	34541.00
1986	432.00	1996	10376.00	2006	44799.00
1987	734.00	1997	10703.00	2007	51705.00
1988	537.00	1998	13004.00		

第三章　人事管理

第一节　沿 革

1986年10月之前，学校没有设立专门的人事机构，人事管理职能由学校政治处与办公室兼管。1986年10月，设立人事处，下设劳资科、师资科、人事科三个部门机构。1991年以后，人事处保留科级机构，设立了劳资管理、师资管理、档案管理及内勤岗位；1999年12月，根据学校机关机构改革方案成立人才交流中心，负责开发学校人力资源，收集和发布人才需求信息，提供人才交流政策咨询，为转岗分流人员提供就业服务，人才交流中心作为学校附属单位由人事处代管。2000年2月，根据机关编制核定及岗位设置，设置了劳资管理岗位、技术干部管理岗位、社会保险与统筹管理岗位、档案管理岗位。

2007年，人事处调整了岗位编制，设置了劳资管理岗位、人事管理A、B、C岗位、社会保险与统筹管理岗位和人才培训与人才交流中心岗位。作为统一管理学校人事工作的行政办公机构。人事管理的主要职能是贯彻落实党和国家关于人事工作政策法规和学校的有关决定，制订和完善学校人事工作的规章制度并组织实施、监督执行，负责学校的师资队伍建设，负责人员的引进、调配、考核、奖惩、管理等工作，负责学校的机构、编制管理工作，负责劳动工资管理、福利待遇、社会保障等有关工作，负责学校人才交流中心的日常管理等有关工作。

1991年，经学校党委研究决定，对原行政二党支部重新调整划分，成立人事、教务、图书馆三个支部，具茂青任人事处党支部书记，杨玉久任人事处党支部副书记。1995年6月，人事处党支部改称为机关党总支三支部，杨玉久任支部书记。1999年11月，赵盛伟任党支部书记。2006年7月，人事处党支部归属机关一党总支，徐自力任支部书记。

表9-3-1　人事处历任领导更迭表

职务名称	姓　名	时　间	职　级
政治处临时负责人（组织人事）	姜春英	1979至1986.9	科　级
人事处副处长	顾　凯	1986.10至1987.12	正科级
人事处处长	具茂青	1988.4至1991.9	副处级
人事处处长	林　骞	1991.12至1992.10	副处级
人事处副处长	杨玉久	1991.9至1993.12	正科级
人事处处长	具茂青	1992.10至1993.9	副处级
人事处处长	具茂青	1993.9至1995.8	正处级

续 表

职务名称	姓　名	时　间	职　级
人事处副处长	杨玉久	1994.1至1997.2	副处级
人事处处长	杨玉久	1997.2至1999.1	正处级
人事处处长	赵盛伟	1999.11至2003.1	正处级
人事处处长	徐自力	2003.4至今	正处级
人事处副处长	吕德胜	2003.7至2006.6	副处级
人事处副处长	胡　颖	2006.6至今	副处级

第二节　定编

定编是遵照学校基本教育规模编制和标准进行核定，编制标准以生师比和生员比作为核定各类人员编制的基础。

从建校至1990年前，按照企业管理标准定编。1979年1月，建立政治处、教务处、总务处、办公室、中专部和各专业教研组。1980年根据北京市委对普通大学分校机构设置的有关规定，学校设立的3处1室，定编131人。1985年教育部同意学校规模为在校学生不少于1200人，以此作为定编变动依据。1986年6月，中石化总公司下达《关于进一步办好北京石油化工专科学校有关问题的通知》，就领导体制、机构设置及编制等七个方面的问题进行了说明。1988年12月，根据中石化总公司指示精神，学校设置以下机构及定员：教职工人员编制606人（按在校生2000人），教职工和学生比例为1∶3.3；教学人员266人；实验工作人员及图书馆资料人员100人；政治工作人员47人；行政管理人员及工勤人员193人；劳动服务公司、实验实习工厂暂不列入编制。

2000年1月，学校先后进行教学科研机构调整和机关机构改革，设置机关党政群机构十四个、教辅与研究单位六个、附属单位九个、教学科研单位八个。原则上按二级学科设置系（所），相关学科组织二级学院（部），建立学院二级管理体制。

为了进一步深化人事制度改革，转变用人机制，提高办学效率，从2001年下半年开始，学校开始对部分新进人员实行人事代理管理制度。

2003年，学校制订了《北京石油化工学院党政管理、教辅机构调整改革和岗位设计方案》，并进行机构调整。按照“总量控制、微观放权、规范合理、精简高效”的原则，核定人员编制。加强编制管理，以师生比作为核定各类人员编制的基数。教师总数应占全体教职工总数的50%以上，党政管理机构人员编制原则上控制在教职工总数的20%以内。对编制实行动态管理，每年根据学校发展要求及在校生规模核定各单位人员编制。随着后勤社会化改革的推进，后勤实体逐步与学校分离，单独制定相应的人员编制及管理政策。

2005年，按照“按需设岗、择优聘任”的科学考核、合约管理的原则，学校深化了机构和人事分配制度改革，重点调整了机关部门和院系设置，逐步下移管理重心，继续实行干部和管理人员竞争上岗。

2006年，学校制订了《北京石油化工学院人员编制核定及管理办法（试行）》和《北京石油化工学院党政管理与教辅机构调整改革方案》。为实施人员分类、岗位分级管理奠定了基础。通过对各类人员编制的合理使用和规范管理，有效控制学校人员编制总量，优化各类人员结构，在基本编制数内，控制学校生源比、生师比，分别在（8～10）∶1和（15～17）∶1。教师编制占学校基本编制数的比例达50%～60%；教辅编制占学校基本编制数的30%～20%；管理编制控制在学校基本编制数的20%以内；校部机关党政管理人员编制控制在学校基本编制数的12%～15%。2007年3月，在学校临时人员中试行人才派遣制度，规范了临时用工制度。

第三节　考 核

学校每学年对教职工进行考核。考核按聘任合同进行，以在岗业绩为主，考核结果存入个人档案，作为调资、奖惩、解聘、续聘的依据。

一、考核组织及其职责

1989年学校开始定期对教师进行业务考核，并成立校级教师业务考核委员会。1990年撤销教师业务考核委员会，教师业务考核工作由各行政单位领导负责，全校教师业务考核工作由人事处师资科统一管理。2001年6月，学校根据国家人事部《事业单位工作人员考核暂行规定》制定《北京石油化工学院教职工考核暂行办法》，并成立非常设性考核委员会，办公室设在人事处，负责处级以下教职工的考核工作，组织部负责处级干部的考核工作。各二级单位建立考核工作小组，负责本单位的考核工作。

二、历年考核工作情况

1990年以前，学校实行企业化管理，根据燕化公司总体绩效目标制定相关标准，并与每年的工资晋级、评优等工作相结合，部署教职工的考核工作。

1990年以后，每年由教研室对教师的政治思想表现、教学科研工作、进修等方面进行一次全面考核，考核结果可以作为选送进修、职务资格评定、破格晋升的依据。

1999年，制定《教师教书育人考核与奖惩办法》；2001年，制定《北京石油化工学院教职工考核办法》、《北京石油化工学院处级领导干部考核办法》（试行）；2003年，制定《北京石油化工学院处级领导干部考核办法》。

2001年6月，学校制定《北京石油化工学院教职工考核暂行办法》，按照北京市事业单位考核办法进行教职工年度考核工作。2001年至2007年，每年均在暑假前完成教职工年度考核工作，考核结果分为优秀、合格、基本合格、不合格等四个档次，优秀率核定为单位教职工人数的15%以内。

2006年5月，学校为了进一步强化教职工岗位意识，完善合约管理机制，根据有关文件要求，按照“以人为本、量质结合、客观公正、注重实绩”的原则，以聘用合同和岗位聘任协议约定的职责和任务为依据，以考核品德、能力和业绩为重点，对2003～2006学年聘期期满的教职工进行了聘期考核。

第四节　人才流动与引进

一、引进人才政策

1991年学校成立引进人才小组，负责人才的引进工作。为完善教职工的流动管理，从1994年起，制订了《关于学院引进高、中级专业人才和接受各类毕业生的有关规定》、《关于加强教职工调动工作管理的补充规定》、《关于加强教职工流动管理的有关规定》、《关于加强教职工流动管理的补充规定》、《关于加强教职工流动管理的暂行规定》、《北京石油化工学院加强人才引进工作的暂行办法》、《北京石油化工学院引进人才住房补贴管理办法》等一系列文件。

2007年5月，为加强“十一五”期间人才引进工作，学校制定了《北京石油化工学院师资队伍人才引进实施办法》，对引进人才的指导思想、原则和目标，引进人才的层次和范围，引进人才应具备的基本条件，引进人才的基本形式及有关待遇，引进人才的工作程序及组织实施等相关问题作了详细、明确规定。

二、历年引进人才情况

1989年学校引进第一位教授。1994年，学校授予闵恩泽、陈俊武、陆婉珍、徐承恩、李大东5位院士为“北京石油化工学院名誉教授”称号。1995年，学校聘请国内外兼职教授23人、客座教授1人、科技顾问1人。2000年，成立了人才交流中心。从1999年本科教学工作合格评价后至2001年，共引进高级职称教师27人，填补了学校个别学科专业的学术带头人的空白。

2001年在学校人才引进和培养政策的引导下，在学校300名任课教师中，具有高级职称的教师比例达到43.3%

2002年7月至2005年11月，因为学校办学规模的扩大以及本科教学水平评估建设的需要，学校加大了教师引进的力度，先后引进教师194人，占学校专任教师队伍的42.6%。其中62.7%的博士和51.8%的硕士是近三学年内引进的。通过“人才强校”战略，加大人才引进和培养的力度，到了2005年，学校已拥有教职工836人，其中专任教师476人，专任教师中具有正高级职称者46人，副高级职称者154人，

2004年，引进各类人才71人，其中教授2人，博士19人，留学归国人员1人。2005年，通过“人才强校”战略，学校加大人才引进和培养的力度，使具有硕士和博士学位的专任教师比例从2000年7月的49%增加到2005年7月的71.9%，其中博士学位的比例从8%增加到

15.8%。2005年10月至2006年12月，学校共引进博士学位教师11人，具有硕士学位教师91人，引进教授2人，副教授3人。目前专任教师总数达到482人，教授43人，副教授156人，其中具有博士学位的教师94人，占专任教师的比例为19.5%。

第五节　工　资

一、工资制度改革

1978年至2000年，学校一直执行燕山石化公司、中石化总公司、中国石化集团公司的企业工资制度。1984年，试行以等级工资为主的分解工资制，简称为“等级分解工资制”；从1987年起改称为“结构工资制”；1993年，将结构工资制转换为岗位技能工资制；1994年，在岗位技能工资单元外建立基础工资单元，作为辅助工资；1994年9月实行院内津贴，教师实行课时津贴，专业技术干部、管理岗位人员和工人实行业绩津贴；1995年，修订院内津贴分配方案及实施办法，教师实行课时津贴加基础津贴。

2000年12月，学校印发《关于实行事业单位工资制度的通知》，停止执行中国石化集团公司企业工资制度，改为执行北京市事业单位工资制度，并按相关政策进行工资套改。按照不降低教职工实际收入的原则，将原石化企业档案工资即基础工资、岗位工资、工龄工资（简称“三项和”）套改为事业单位档案工资即职务工资和津贴（简称“两项和”），套改前的三项和高出套改后两项和的部分，增设保留工资项目。原工资结构中的院内津贴（职务补贴）、书报费、洗理费、交通费、远郊费、副食补贴、误餐补贴、水电补贴、医药补贴等项目继续保留。自2000年12月1日起实行套改后的工资标准。2000年12月1日以后调入的人员直接套事业单位的工资，不再享有保留工资。2000年12月开始按照事业单位工资增长机制,每年在考核称职(合格)的基础上,实行每两年工资正常晋升。

2006年，国家改革事业单位工资制度。2006年11月，根据《关于事业单位工作人员收入分配制度改革的实施意见》（京工改办[2006]3号）文件精神，学校下发《北京石油化工学院工作人员收入分配制度改革实施方案》，对2006年7月1日在册的正式事业编制和人事代理制工作人员实施收入分配制度改革，建立岗位绩效工资制度。岗位绩效工资由岗位工资、薪级工资、绩效工资和津补贴四部分组成，其中岗位工资和薪级工资为基本工资，管理人员、专业技术人员、技术工人分别按照相关政策进行基本工资套改。根据岗位类别和单位部门性质的不同，实行工资分类管理。基本工资执行国家统一的政策和标准，绩效工资根据单位部门性质实行不同的管理办法。按照京工改办{2006}12号文件规定，从2006年当年起计算，年度考核结果为合格及以上等次的工作人员，每年增加一级薪级工资，并从次年的1月1日执行。

二、工资的发放

2000年之前，教职工工资由学校财务处直接发放现金，2001年以后，教职工工资由中国工商银行和北京市商业银行（现北京银行）统一代发，2006年12月起，职工工资由中国建设银行代发。

第六节　福利与奖励

一、公费医疗

1992年以前，教职工享受公费医疗，医疗费用实报实销，符合规定的家属可报50%。1992年，为保证教职工的基本医疗，有效地利用卫生资源，学校印发《公费医疗制度改革方案（试行）》，根据教职工年龄或工龄档次，自负不等比例的医药费，自负部分最高限额不超过平均工资的5%。1997年5月，根据北京市公费医疗改革，学校制定并印发了《北京石油化工学院公费医疗改革方案》，根据工龄调整了个人负担比例，并不再报销职工家属医药费。2001年1月1日，学校正式纳入北京市市级大专院校公费医疗管理，并制定了教职工公费医疗改革实施办法。2005年5月，学院结合公费医疗改革方案的执行情况，制定《北京石油化工学院公费医疗管理规定》。对享受公费医疗人员的范围、就诊规定、指定医院、报销程序和报销比例等作了详细规定。2007年12月，学校进一步修订了公费医疗管理规定，对医疗费报销程序、报销比例等有关条款进行了修订。

二、住房补贴

1986年3月，学校首届教职工代表大会在燕山（原校址）召开，代表们对职工的升级考核、工资调整、住房分配、生活福利等问题，进行了认真的讨论，并制定了解决措施。1992年11月，提出了房租改革方案。1995年2月，学校成立了房改工作领导小组，徐士旺同志任组长。1998年1月，第二届教代会第二次会议召开，会议通过了学校分房委员会拟订的“北京石油化工学院教职工住房分配管理办法。”

学校分别于1990年、1991年、1998年、2000年、2001年进行了住房分配，通过这几次较大规模的分配和调整，改善了教职工的居住条件和环境。2000年11月1日起学校实施住房月补贴。

2001年北京市大兴县住房制度改革办公室批复同意学校2001年集资建房实施办法。2002年，学校停止住房实物分配，逐步实行住房分配货币化，实行发放住房补贴。无房的新老教职工月住房补贴标准为：职工当月标准工资×年度月住房补贴系数。2003年，成立北京石油化工学院住房补贴工作领导小组。

三、住房公积金

学校从1995年7月1日为教职工建立住房公积金。

四、养老保险

1998年7月，学校由中国石化总公司统一组织，以一户整体管理方式参加北京市企业职工基本养老保险，执行统一政策。2000年3月，学校作为国家全额拨款事业单位划转到北京市管理。2003年11月1日起，剥离出基本养老保险社会统筹范围，实行事业单位退休制度。

五、职工疗养

职工疗养费由学校工会组织发放。从2001年以后，学校每年暑期组织部分教职工到北京教工疗养院进行短期疗养。

六、体检

建校以来，学校不定期为全体教职工及离退休人员进行健康体检。1990年学校搬迁至大兴后，每年定期进行健康体检，已成为一项制度落实，特别是2004年以后，对体检结果进行汇总、分析、公告。

七、奖励

（一）政府特殊津贴

1990年，党中央、国务院决定给做出突出贡献的专家、学者、技术人员发放政府特殊津贴。臧福录（1992年）、郁浩然（1992年）、应金良（1993年）、吕廷海（1993年）、王耀荣（1993年）、蒋力培（1994年）、杨春育（2000年）、焦向东（2006年）等先后获政府特殊津贴殊荣。

（二）中国石化集团公司（中石化总公司）授予的奖励

1995年，张富元被评为中石化总公司“劳动模范”。

1996年，曹晓东被授予“中石化总公司优秀青年知识分”称号。

1997年，王伯安被授予“中国石油化工总公司有突出贡献的科技和管理专家”称号。

2000年，蒋力培被评为中国石化集团公司“劳动模范”。

（三）北京市优秀教师、先进工作者、首都五一劳动奖章

1995年至今，先后有7名教师获得北京市优秀教师荣誉称号。分别是邢铁骥（1995年）、张敬军（1997年，北京市优秀青年教师）、杨春育（1997年）、陈彦玲（2004年）、靳海波（2004年）、任晓光（2006年）、邢林和（2006年）。

2000年，曹晓东被评为北京市先进工作者。

2004年蒋力培获得“首都五一劳动奖章”荣誉。

（四）北京市高等学校教学名师奖

2003年，北京市教委开始组织高等学校教学名师评选表彰。2006年，曾建唐荣获第二届北京市高等学校教学名师奖。2007年，陈彦玲获第三届北京市高等学校教学名师奖。

第七节　离退休管理

一、沿革

北京石油化工学院教职工退休始于1979年，离休始于1987年。1999年11月以前，离休干部和退休的局级干部由组织部代为管理，退休的其他教职工由校工会代为管理，组织各种活动时由组织部和工会共同负责。1999年12月，学校设立离退休工作办公室，孙建华任离退休办公室主任。2002年1月，党委印发《离退休工作管理办法》，2007年1月，制定印发《离退休工作制度》。2006年6月，学校调整离退休工作办公室的设置方式，离退休工作办公室与组织部挂靠合署，张超任离退休工作办公室主任兼党委组织部副部长。同年6月，离退休教职工党总支部（简称离退休党总支）成立，10月召开离退休教职工党员大会，张超当选为离退休党总支书记。

2000年以来，离退休教职工人数逐年增加，2000年12月92人，2001年12月115人，2002年12月123人，2003年12月132人，2004年12月150人，2005年12月166人，2006年12月182人，2007年12月197人。人员构成情况详见表9-3-2、表9-3-3。

表9-3-2　北京石油化工学院离休人员统计表

类别 \ 人数 \ 年份		2000年	2001年	2002年	2003年	2004年	2005年	2006年	2007年
行政级别	处级待遇	1	1	1	1	1	1	1	1
行政级别	科级待遇	1	0	0	0	0	0	0	0
技术职称	副高职	1	1	1	1	1	1	1	1
合计		3	2	2	2	2	2	2	2

表9-3-3　北京石油化工学院退休人员统计表

类别 \ 人数 \ 年份		2000年	2001年	2002年	2003年	2004年	2005年	2006年	2007年
专业技术干部	高级	32	45	46	49	59	66	73	78
	中级	17	21	23	27	28	30	33	38
	其他	0	0	0	0	1	1	3	3
行政干部	局级	3	3	3	4	5	7	7	7
	处级	15	18	19	19	20	23	24	26
	科级	1	2	5	5	5	5	6	7
	其他	3	4	4	4	4	4	4	6
工人		18	20	21	22	25	28	30	30
退休人员合计		89	113	121	130	148	164	180	195

二、离退休人员活动

每逢春节，在学校领导的带领下，离退休工作办公室的工作人员带着慰问品对全体离退休人员进行慰问。学校每年召开离退休教职工座谈会，举办形势报告会等，采取各种方式使离退休教职工真正做到老有所学、老有所乐。

2003年12月学校成立了关心下一代工作委员会。部分离退休教职工退休后利用自身的政治优势和业务专长继续为学校和社会做贡献，在学生党员发展、学生党课教育、学生心理健康教育、教学和科研工作中发挥着重要作用。

学校每年组织离退休教职工外出参观游览，2002年和2003年，学校分别组织90名离退休教师（副教授以上）到平谷教师休养院休养。

2004年4月，组织部分离退休教职工参加首都教育系统首届“育新杯”老年乐趣味运动会，取得了集体第四名的成绩；2005年4月组织6名离退休职工参加北京市教育系统离退休教职工乒乓球比赛；2006年5月组织太极拳（剑）协会成员24人，参加北京市高校老同志“科学健身、创建和谐、迎奥运800天”健身项目表演赛，获得最佳表演奖；2006年12月，组织离退休教职工参加学校“忆峥嵘岁月，颂和谐社会”歌咏比赛，获得第二名。

2001年1月学校把学生宿舍3号楼201室辟为临时离退休教职工活动室，学校为活动室配备了乒乓球台1张、麻将桌1张、椅子4把、三座排椅2排、三屉桌1张，供学校全体离退休教职工活动使用。2002年1月在丽园家属区西侧为离退休教职工建立40平米的临时活动室。

第四章　资产管理

第一节　沿革

学校于1979年成立总务处，下设有采购组，负责全校教学、日常工作等所需材料、试剂、办公用品、设备的采购供应工作。1981年成立行政科，隶属于总务处，分管基建和物资供应工作。1985年，成立基建供应科，隶属于总务处，继续完成学校在燕山的基建项目的管理和物资供应工作。陆续建立了劳保、文具库，工具、材料库和玻璃、器皿、试剂库。

1990年，办学规模逐年扩大，所需设备材料明显增加，材料类物资采购由总务处行政科负责，设备类物资采购供应计划由教务处实验实习科负责，采购供应工作由基建处设备材料科负责。1992年3月，成立了物资处，於丽华任物资处处长，1993年3月，宋金山任副处长。物资处下设设备科、材料科和物资管理科三个科室，隶属总务处的库房转移到物资处。1993年10月，学校调整机构设置，撤销物资处，成立物资办公室，挂靠总务处管辖。宋金山任主任。1996年6月，撤消物资办公室，原物资办公室职能由后勤服务中心和教学实践中心承担。1997年10月，学校成立设备与教学条件处，王允亭任副处长，下设设备科、材料科。2000年1月，学校机构改革，撤销设备与教学条件处，成立资产管理处，王美茹任处长，下设资产计划、资产管理和资产统计三个岗位。2006年6月，张存旺任资产管理处处长，编制为6人。资产管理处工作分为采购管理、资产管理两条主线，负责采购管理2人，负责资产管理3人。

经过近30年的改革与建设，资产管理部门规范了物资采购、验收、上账、管理等工作程序，建立了固定资产总账、仪器设备账、低值耐用品账、家具账、使用部门明细账等各类账目，制定了各项资产管理规章制度。

第二节　物资设备管理

物资设备管理的主要工作是物资设备采购管理和资产管理。在物资设备管理工作中，贯彻、执行国家和上级单位制定的法律、法规，宣传上级文件精神，制定了一系列学校物资设备管理办法，主要包括《北京石油化工学院物资采购管理办法》、《北京石油化工学院仪器设备管理办法》、《北京石油化工学院国有资产管理办法》、《关于后勤服务公司国有资产租赁等有关问题的规定》、《北京石油化工学院校内商业用房招商及管理办法(试行)》等。

一、物资设备采购工作

物资设备采购主要工作内容包括搜集整理物资设备采购立项材料、采购计划、批示、系统完善各项技术指标、组织招投标工作、与供应商签订供货合同等全过程监督控制管理工作。

建校初期，教学单位制定教学用品计划，实验室制定实验用设备、仪器、材料计划，总务处制定办公、劳保用品计划，由总务处行政科负责物资设备采购、供应。1985年总务处成立基建供应科，物资设备采购供应、管理工作主要由该科负责。

1990年以后，物资设备采购供应工作由多个部门负责，教务处实验实习科负责收集、汇总、审批设备采购计划，基建处设备材料科负责采购供应工作，总务处行政科负责材料类物资采购、入库、发放等工作。1992年成立物资处。物资设备采购管理工作由物资处负责，包括收集物资采购计划，审核、报批，安排采购人员采购。1993年物资设备采购管理工作由物资办公室负责，1996年撤销物资办公室后，物资设备采购管理工作由实践教学中心和后勤服务中心负责。1997年成立设备与教学条件处，负责国有资产的管理，包括制定采购计划，设备和实验室低值易耗品的采购，设备管理及报废等。2000年，成立资产管理处，物资设备采购管理工作由资产管理处负责，购买物资设备经费逐步由计划拨款过渡到申报专项拨款，物资采购数量和经费明显增加，采购形式主要是校内自行组织招标。2003年开始，购买物资设备经费主要来自申报专项拨款，物资采购逐步开始施行政府采购，政府采购计划内项目必须政府采购，政府采购计划外项目可自行采购或委托招标中介机构采购。2006年以后政府加大了政府采购力度，尤其是2007年政府采购资金数额占到70%，另外30%也按照政府采购方式采购，对于≥50万元项目需要在北京财政综合办公平台财政专网申报立项，报送采购设备清单，批准后与采购中介机构签订委托协议，项目负责人提出货物需求数量与技术要求，报送采购中介机构，由采购中介机构组织招投标，确定供应商，学校与供应商签订供货合同。

表9-4-1　2000至2007年与供应商签订合同情况一览表

年　份	数　量	金　额（万元）
2000	13	154. 87
2001	53	732. 95
2002	126	2129. 82
2003	131	2389. 57
2004	96	3000. 06
2005	199	4045. 15
2006	203	4505. 56
2007	417	7595. 01

二、资产管理工作

资产管理工作主要包括物资设备到货后进行资产验收上账，对学校占有、使用的固定资产实施监督管理，建立、健全固定资产账目，组织产权登记及清产核资，固定资产和低值耐用品管理软件的使用、日常维护和网上查询，固定资产的统计、上报和报表汇总，仪器设备、家具的校内外调剂和调拨，大型精密贵重仪器设备的考核及使用建档，对固定资产处置（报废、报损、报失）等工作。

建校初期，学校所用办公用品均由石化总厂供给，填写领料单，从总厂行政科库房领取。1979年，学校开始设有材料类实物库房，采购人员购入的物资直接入库，使用人领取所需物资需先到物资管理部门开出库单，再到库房办理出库手续，领取物资。自1991年开始，资产管理部门建立了固定资产（仪器设备）账。

2000年，取消了库房。仪器设备由资产管理处按照北京市有关规定进行采购，低值耐用品、消耗材料、化学试剂等由使用单位自行购置，购入的固定资产和低值耐用品，使用人凭购置发票，经资产管理处实物验收后办理入账手续。2003年，资产管理处集中管理招投标文件、合同、固定资产统计资料等各类档案材料，并报送学校档案室存档。2002和2005年，学校组织了两次资产清查，以账对物，以物对账，在摸清家底的基础上，处理盘亏、盘盈物资。2002年，学校大型、精密仪器设备管理额度从2万元提高到5万元，2006年又提高到10万元，2003年10月对≥10万元的贵重仪器设备实现了网上资源共享。并对大型贵重仪器设备进行建档管理，档案资料包括该设备的立项书、论证报告、购置合同、发票复印件、设备装箱单、保修单、设备简介等，2005年编纂了北京石油化工学院《大型仪器设备简介》一书。

表9-4-2　1991至2007年仪器设备总值增长一览表（500元以上）

年　份	台　套　数	金　额（万元）
1991	195	86.00
1992	398	204.75
1993	502	322.66
1994	645	405.65
1995	870	570.78
1996	1131	770.52
1997	1263	964.88
1998	1355	1306.93
1999	2254	1704.73
2000	3148	2069.11
2001	5154	2851.05
2002	10613	5458.09
2003	14843	8057.67
2004	18817	10043.02
2005	24524	13564.17
2006	30650	16709.29
2007	36974	22104.79

第五章　治安保卫

第一节　沿革

建校初期，保卫工作由学校办公室管理。1982年5月，学校任命徐河为保卫工作负责人，1983年4月，成立保卫科，徐河任副科长。1988年12月徐河任科长。1992年10月成立保卫处、党委保卫部，一个机构两块牌子，由保卫处处长孙建华兼任保卫部部长。1993年3月，孙建华任保卫处副处长，同年10月，康锡富任保卫处副处长。1992年10月至1995年4月期间，没有明确保卫部负责人。1995年4月，由保卫处副处长康锡富兼任保卫部副部长。1997年2 月，康锡富任保卫处处长兼保卫部副部长。2003年7月，李福田任保卫处副处长。2006年6月，保卫处更名为安全保卫部（处）,下设政保科、治安管理科、安全管理科、综合管理科，有保卫干部7人，石晨任安全保卫部（处）长，李福田任保卫处副处长。1988年6月，学校成立 安全管理工作领导小组。1995年4月，成立学校治安保卫委员会，办公室设在保卫处，保卫处处长康锡富任办公室主任。以党总支为单位建立二级治保会17个，分别由各系、处党政一把手负责。1997年3月，治安综合治理委员会与治安保卫委员会合并，由治安综合治理委员会统筹负责，办公室设在保卫处，保卫处处长康锡富任主任；1998年健全十七个二级治安分会，有成员85人。

1983年9月，学校制定保卫科岗位责任制。1996年1月以后，陆续制订北京石油化工学院《校园治安综合治理规定》、《治安综合治理规定目标管理责任书》、《校园治安管理规定》等制度。完善各项规章制度，制定了保卫处工作人员言行规范以及各种专项事件处理预案。保卫处在校园治安综合治理、创建安全单位，防火、防盗、处理突发事件等诸多方面取得了成绩。1996年至2001年，连续6年获北京市公安局集体嘉奖， 2006年再次荣获集体嘉奖。

第二节　国家安全、保密和校园治安

一、国家安全和保密

（一）政保工作

1994年5月，成立北京石油化工学院国家安全领导小组，办公室设在保卫处。1995年4月成立了北京石油化工学院稳定工作领导小组。2006年12月，成立网络信息与计算机安全管理领导小组。在学校党委的领导下，保卫处（部）认真落实上级文件精神，维护国家安全，了解各类危害国家安全、利益的有害信息，及时做好基层维护安全稳定工作，确保校园安全稳定。

（二）保密工作

1984年9月，成立学校保密委员会。1992年10月，制定了学校密级划分管理规定。1993年1月，制定了保密工作制度，同时建立了29人参加的保密工作网络，党委办公室主持日常工作。2006年12月，调整了保密委员会领导小组，下设办公室，安全保卫处副处长任办公室主任。

二、校园治安

（一）治安管理

重点打击校园盗窃案件、校园周边环境整治，加强重点部位和特殊岗位的管理。为推动校园治安管理，1996年1月，先后制定了《校园治安综合治理规定》、《北京石油化工学院保卫委员会工作条例》、《暂住外来流动人口管理规定》、《学生宿舍安全管理规定》、《重点防火部位管理规定》、《校园经商管理办法》《大型文体活动和公共安全管理规定》、《校园治安处罚条例》、《校园治安综合治理一票否决权暂行规定办法》，建立校园三级管理网络，明确了院、系（部）、科（室）三级治安管理的责任、目标、考核办法和奖惩条例。

2007年6月，制定或修订了学校《安全稳定工作分解任务书》、《安全稳定工作目标责任制考核办法》、《二级教学、科研单位安全稳定工作考核指标体系》、《机关、教辅单位安全稳定工作考核指标体系》、《后勤服务集团安全稳定工作考核指标体系》、《安全稳定工作责任事故追究制度》、《安全稳定工作机动经费使用管理办法》、《关于“一票否决”及考核评比扣分标准》等。

（二）安保队伍建设

1992年3月，组建校卫队，聘用北京市文安保安公司8名队员。1993年7月，改聘北京燕山区保安公司8名队员。1996年9月，聘大兴保安公司10名队员。1997年9月，停止使用保安公司人员，学校自行组建校卫队，直属保卫处管理，负责门卫、巡逻、维护校园治安工作。2003年9月，重新聘用大兴保安公司队员35名，负责门卫、巡逻、防火、防盗、防突发事件、维护校园安全保卫工作。保安人员，现增至45人（含康庄校卫队人员）。

（三）学生治安服务队

1994年12月，学生会成立学生保卫部，同时各系学生会设系学生保卫部。1995年1月，制定《学生治保工作条例》，1995年7月起，成立学生寒暑假和重要时期护校队，分片包干治安防范任务。1995年10月，成立学生群防自治委员会，1997年，更名为学生公寓自治管理委员会。2007年，成立学生治安服务队，人员12名。

（四）技术防范设施建设

学校技术防范监控系统主要现状：2002年，以单项监控、门禁系统为目标建立了图书馆监控室16个点位，同时对三个家属区安装了门禁对讲系统，两项共计投资70万。2003年一期工程投入93.8万建立（校本部丽园东里家属区）79个监控点位。2006年二期工程投入76.8万建成。2007年三期视频监控系统建设投资142.246万建成。四期工程也将在2008年实施。学校技防覆盖率现为35%，根据《北京石油化工学院安全稳定工作“十一五”规划》，经过三、四期投资建设以后，校园和学生宿舍技防覆盖率将接近80%，技术防范监控系统一期工程建成并运行至今，基本建成了以数字技术为支撑的分区集中式视频安防系统，形成人防、物防、技防三位一体的格局，现已与北京市公安局安全信息网络管理系统实现了联接。

第三节 消防、交通安全和户籍管理

一、消防管理

学校防火安全工作一直由保卫科（处）负责，从1990年6月开始，保卫处设1名专职消防干部。1987年11月，成立学校防火安全领导小组。1988年1月，成立教职工义务消防队。1995年9月起，在各系每个年级学生班确定一个班为义务消防班。义务消防队（班）每年坚持两次培训演练。从1996年开始防火领导小组办公室设在保卫处，保卫处领导任主任。1995年3月各二级单位成立了防火安全领导小组。消防工作推行院系两级管理和院、系、科、岗位责任制，消防组织网络正式建立。

1987年9月，制订灭火器材配备及管理文件；1995年，制定《防火安全奖励办法 》，《实验室防火规定》,《防火安全管理规定》、《关于使用电炉的几项规定》、《若干部(岗)位防火安全规定》和《关于安全用电管理及违章用电处罚规定》；1997年7月，各系（部、科）制订了本单位的防火安全细则。

二、交通安全管理

交通安全工作一直由保卫处(科)管理。1987年1月，成立北京石油化工专科学校交通安全工作领导小组，由副校长任组长，办公室主任和车队队长任副组长；1988年6月，保卫科长任副组长。1992年3月，学校建立交通安全委员会，交通安全委员会办公室设在保卫处。2006年12月重新调整了交通安全委员会成员，学校党委副书记任主任。

1995年制定《交通安全管理规定》、《校园交通安全管理规定》、《自行车行人交通安全管理规定》、《机动车、非机动车交通违章事故处理规定》及安全委员会主任、副主任、安全员、汽车队、驾驶员、各系部处直属单位行政领导岗位安全责任制等一系列文件，使交通安全的宣传教育、制度的落实达到了经常化。

1993年，在校内设置了交通标志，有单行、限速、禁止鸣笛等；2004年，增设了减速带，人行横道线，增设隔离柱；2005年，实施了校园总体规划方案，规划了7个停车场（同时规划了学校家属区停车场），共设置了294个车位线、2个车位锁、停车场标志7套，使校园部分地段成为步行区。

三、户籍管理

学校从1978年招生开始接学生、教师的集体户口，由总务处行政科负责办理，户口落于北京石化总厂（现燕化公司）向阳派出所。1984年师生户口由学校保卫科负责办理。1990年学校迁至大兴后，户口转至大兴县公安局黄村派出所。1996年，改为清源路派出所管理。2005年9月，改为大兴区公安局户证中心管理。安全保卫处设有一名专职户籍管理员，负责全校集体户口人员的入户、迁移及身份证的办理，集体户口中女教工新生儿的入户，户口的改派及协助补办户口迁移证等业务。

第六章　档案管理

第一节　沿革

一、综合档案管理

建校初，文书档案和机要档案合并管理，归属党委工作处领导，由1人负责管理。1989年11月归属党委办公室领导。1990年8月成立综合档案科，归属校长办公室领导，定编1人。1991年5月，党委会决定综合档案科和机要合并办公，归属党委办公室领导，定编2人。2000年学校机构改革，机要档案室归属学校办公室领导，定编1人。2003年7月，成立综合档案室，由学校办公室副主任兼任综合档案室主任，增设2名专职档案管理人员。主要负责学校档案管理和开发档案信息资源。9月，购置了“南大之星”档案网络管理系统（高校版）。学校各单位、各部门均设有1名领导负责档案工作，设1名兼职档案员。学校现有38个立档单位，40名兼职档案员。

综合档案室下设2个分室，即声像档案分室和实物（体育奖杯、奖牌）档案分室，分别设于党委宣传部和体育教学部。综合档案室建筑面积172平方米，其中库房面积120平方米。现有计算机、复印机、打印机、扫描仪、装订机、空调机、碎纸机、刻录机、数码相机等主要设备。室存档案总数8932卷，实物档案499件。

二、人事档案管理

1986年10月，学校正式成立了人事处，人事档案归人事处管理，定编1人。1990年7月之前，学校领导干部的人事档案由燕化公司管理。学校由燕山搬迁至大兴后，学校领导干部的人事档案由中国石油化工集团公司企干处管理，处级干部、教职工的档案由学校人事处管理。2000年后，学校领导干部的人事档案由北京市教育工委管理，处级干部及教职工人事档案仍然由学校人事处管理。现有人事档案库房面积90平米，存人事档案1000份。

三、学生档案

1980年，成立学生工作部，学生档案归属学生部门管理，设1人兼职管理学生档案。2003年，开始由专人负责学生档案的管理工作。2004年增设专门学生档案室，面积为30平方米。2006年6月，学校机构改革，学生档案管理归属大学生服务中心，设1人专职负责管理。现存学生档案6981卷（纸质），其中在校生档案6332卷、非在校生档案635卷、死亡和失踪学生档案14卷。

第二节　综合档案管理

学校自2003年成立综合档案室以来，根据学校改革和发展的实际情况，不断健全和完善档案工作的各项规章制度。现行的档案管理工作规章制度有《北京石油化工学院档案管理办法》、《北京石油化工学院不归档的文件规定》、《北京石油化工学院各部门归档范围及保管期限》、《北京石油化工学院建设项目档案整理与验收实施细则》等。

综合档案室档案实体分类及室藏情况：

文书类档案954卷，包括党群类和行政类。主要内容有：学校历届党代会材料、党委和行政文件、工作计划和总结、党委和行政会议记录、学校大事记、工作简报、信访材料、各类重要会议的文件材料、纪委、监察、审计室、资产管理处、图书馆等部门的文件资料。

基建类档案209卷，主要内容有：学校基建总体规划、学校总平面图、工程设计的可行性研究、工程勘察报告、设计任务书、设计图纸、工程决算报告及教学楼、学生宿舍楼、家属楼的建筑竣工图纸、施工审批文件和验收鉴定等文件材料。

财会类档案7407卷，主要内容有：学校财务管理规定、计划、总结、请示、批复等文件，会计报表，总账、日记账、固定资产明细账等会计账簿，会计凭证、工资表等。

设备类档案171卷，主要内容有：仪器、设备说明书，仪器、设备管理的规章制度、综合统计性材料等。

教学类档案365卷、各类资料341盒，主要内容有：教学工作计划、总结、教学评估材料、教学执行计划、招生计划、新生录取花名册、毕业生成绩单、学生基本情况卡、教学任务书、教学日历、开课目录、调课单、国家外语考试材料、学籍处理材料等。

声像类档案108盘录像带，主要内容：学校及各部门组织召开的各类重要会议、重大活动、外事、外宾来访、教师的精品课程等。

实物类档案499件，主要有：1993年学校由专科转为本科、1998年二十周年校庆时上级领导题词、上级主管部门及其他兄弟院校赠送的礼品；废旧公章及体育奖杯、奖牌。

第三节　人事档案管理

1996年，按照上级部门有关规定，实行人事档案三室（档案室、阅档室、办公室）分开的工作制度。

2001年，学校对新入校人员实行聘用合同制和人事代理制，在聘用合同期限内受聘人员的人事档案关系存放在市区（县）人才交流中心或市教育系统人才交流服务中心。

2003年，学校实施教职工全员聘用工作。凡签订聘用合同的教职工实行人事档案社会存档和人事代理制度。人事档案社会存档由学校与教育系统人才中心合管。人事代理制教职工的人事档案关系存放在社会人才交流机构。对于不辞而别、超假逾期不归、无正当理由的长期离岗人员，在学校完成通知送达仍不回学校的离岗人员，学校根据有关规定将其档案向社会失业保险经办机构移交。

2006年7月，学校成立了由学校党委副书记和副院长担任组长的干部人事档案审查工作小组，制定了干部档案审核工作具体实施方案。将原来35平米一间的档案室，改善为两间档案管理用房，增设了阅档室，面积扩大到90平米；将档案管理审核工作费用列入学校基本预算，保证了档案管理经费的投入。仅2007年就投入了十余万元，更新了档案柜和档案用品，新添了计算机及附属设备、阅档办公家具等。

从2001年至今，学校先后与北京市人才服务中心、人事部全国人才交流中心、北京市教育系统人才服务中心建立了存档工作关系，目前存档情况：

人事部全国人才交流中心：46份档案；北京市人才服务中心：31份档案；北京市教育系统人才服务中心：4份档案。

人事处每年都进行清理和装订教职工的人事档案，完善教职工简况表的计算机管理，健全教职工的卡片、台账及有关资料的收集，坚持人员基础数据台账记录制度。

现行的人事档案管理工作规章制度有《北京石油化工学院关于人事档案和技术档案管理的暂行规定》、《人事档案的收集、保管和销毁制度》、《人事档案的传递制度》、《人事档案查阅工作制度》等。建立了干部人事档案名册、人事档案转递（出）登记本、销毁材料登记本等八种档案管理簿册。

第四节　学生档案管理

对于学生档案的管理，学校一直严格执行国家相关管理规定和学校的相关政策，2004年8月学生处正式制定了《关于学生档案管理的暂行办法》，2006年11月大学生服务中心正式制定了《学生档案室安全制度》，2007年6月再次修订了档案管理办法，并下发了《本科生档案管理办法》。

学生档案的日常管理工作包括：学生档案的接收、查阅、借阅、归档、转递、及留存等工作。凡在籍本科学生，在校学习期间，档案均应转入学校管理，毕业时，按规定转出。学生毕业时，应归档的材料有：高校学生登记表、高校毕业生登记表、学习成绩单、就业通知书、体检表、学位证复印件、还款确认书、入团材料、入党材料、优秀毕业生登记表、荣誉称号登记表（市级、校级）、大学生献血登记表、学籍变动情况等。

第五节　档案利用

一、学校综合档案利用

为使档案室的库存档案能够充分地开发利用，提高档案的利用率，同时为保持纸质档案的完整性，综合档案室与企业合作，于2005年11月至2006年7月，将学校1978年至2002

年党政文件、工作简报等纸质档案扫描成电子版档案，扫描完成336卷、近6万页，并逐条著录至档案管理软件中相应的档案条目下。2007年12月与北京航星科技公司合作，将基建图纸2600余张进行扫描，刻录成光盘存档（DVD、VCD各式各5套），便于查询。综合档案室依照《北京石油化工学院档案管理办法》对室存档案进行了分类、整理、著录，为各单位、各部门进行档案查询提供了方便、快捷的服务。

随着档案意识的不断增强，越来越多的师生员工自觉走进档案室，查阅、利用档案。

表9-6-1　综合档案利用情况统计表

年　份	利用人次	利用卷次
1993	94	145
1994	70	182
1995	168	140
1996	188	160
1997	86	126
1998	162	226
1999	41	80
2000	71	147
2001	82	156
2002	138	241
2003	150	190
2004	121	223
2005	146	297
2006	183	366
2007	302	709
合计	1941	3356

二、人事档案利用

人事处在调整工资，职务任免，继续进修，晋升职称，投靠子女，子女落户，亲属关系证明，办理退休，办理教师资格证等方面，经核对人事档案提供相关证明和复印件2004至2007年共7071余份。

三、学生档案利用

表9-6-2 学生档案利用情况统计表

年 份	利用人次	利用卷次
2003年	39	520
2004年	36	1617
2005年	39	1638
2006年	41	1674
2007年	45	1690
合 计	200	7139

第七章 监察和审计工作

第一节 沿 革

一、监察工作

1989年5月，经北京石油化工专科学校党委、行政研究，成立学校监察室，与纪委为一个机构，两块牌子，负责行政监察工作。1993年3月，成立北京石油化工学院监察室，为学校行政监察的日常工作机构。监察室与纪委合署办公。监察室的主要任务和职责是：贯彻执行党和国家有关行政监察工作的方针、政策和法规条例；检查监察对象贯彻执行国家法律、法规、政策以及学校决议、决定和规章制度的情况，并依法保护其行使职权；受理对监察对象违法违纪行为的检举、控告，按照监察程序组织调查违法违纪行为；受理监察对象对行政处分不服的申诉；负责组织对监察对象进行遵纪守法、保持清正廉洁的教育；上级和学校规定的监察室应履行的其他职责。历任主要负责人详见表9-7-1。

表9-7-1 监察机构历任领导更迭表

机构名称	职 务	姓 名	任职时间	级 别
监察室	副主任	徐土旺（兼）	1989.5至1990.8	科 级
监察室	主 任	张振凯（兼）	1990.8至1992.11	科 级
监察室	主 任	曹玉京（兼）	1992.11至1997.10	处 级
监察室	主 任	张宝贵（兼）	1997.10至2000.1	处 级
监察室	主 任	杨玉久（兼）	2000.1至今	处 级

二、审计工作

1990年8月，学校党委任命张振凯同志为审计科科长，归学校办公室领导。1993年6月，成立审计室。1999年12月，调整为纪委、监察、审计合署办公，审计室独立行使内部审计职权，归党委副书记领导。根据中华人民共和国审计署4号令《内部审计工作的规定》，2003年4月，机构归校长主管。审计室在校长领导下，依照国家法律、法规和规章制度，对学校财务收支及有关经济活动的真实性、合法性、效益性进行审计监督。其职责主要包括：制定和完善学校内部审计制度；对学校资金管理及有关经济活动进行审计监督；对学校内部资金管理进行研究、分析，促进学校财经管理水平的提高，为学校领导决策提供依据；对学校的经济活动提供咨询、服务和业务指导；维护学校的权益，提高教育资金管理的规范性和效益性。历任主要负责人详见表9-7-2。

表9-7-2 内部审计机构历任领导更迭表

机构名称	职务	姓名	任职时间	级别
审计科	审计科科长	张振凯	1990.8至1993.3	科级
审计室	监察室、审计室主任（兼）	曹玉京	1993.3至1993.10	处级
审计室	审计室副主任	张振凯	1993.12至1994.1	正科级
审计室	审计室主任	张宝贵	1994.1至1997.10	处级
审计室	审计室副主任	佟秀苓	1997.10至2000.1	处级
纪监审合署	审计室主任	陈新环	2000.1至2001.10	处级
纪监审合署	审计室主任	陈竹	2001.12至今	处级

第二节 监察工作

行政监察机构建立以来完成的主要工作，参见本志第十三篇第七章纪律检查工作。

第三节 审计工作

根据法律、法规和相关规定，结合学校实际情况，审计室先后制定了《内部审计工作规定》、《基建、修缮工程审计暂行办法》、《项目经费审计办法》、《干部经济责任审计操作规程》等制度13项。

从最初负责财务大检查，发展到现在，审计室已经开展了多种形式的审计监督工作。主要包括：学校财务预算、决算和收支审计；领导干部任期（离任）经济责任审计；固定资产的管理及使用情况审计；校办企业资产、负债和损益情况以及清算审计；基建、修缮工程项目审计；项目经费审计；学校内部控制调查和审计。（审计工作的具体情况参见表

9-7-3）同时还完成了收费审计、待摊投资审计、后续审计、审计检查、审计调查等工作44项；参与招投标监督、基建工程付款会签、财政检查、政策咨询服务等多项工作。针对审计中发现的问题，提出了改进工作的意见和建议，为领导决策提供了依据。

表9-7-3　1990至2007年审计工作一览表

序　号	审计项目	数量（件）	金额（万元）	审减额（万元）
1	基建、修缮工程审计	110	13531	622
2	财务收支审计	13	180272	0
3	项目资金审计	32	4204	45
4	预算执行情况审计	5	26056	0
5	领导干部经济责任审计	33	4689	0
6	校办企业审计	13	84	0
7	其它审计	44	0	0

第八章　康庄校区管理部

康庄校区始建于2001年，2002年9月开始投入使用（为学校2002级男生提供住宿）。2005年9月19日，正式成为学生学习、生活的相对独立的校区。2005级的部分学生、2006级全部学生及学校成教学院学生共计2500余人在此学习生活。

康庄校区占地面积34703平方米，建筑面积46500平方米。共有教室31间，座位数为4300座，另有语音室5间、教师教研室1间、计算机机房3间、综合报告厅1个及6个篮球场地。

康庄校区图书馆800多平方米，现有224座阅览室，246种期刊，20种报纸，图书8000余册，计算机17台，学生可免费利用电子图书资源。

康庄校区管理部于2005年5月正式成立，是学校党委和行政派出独立设置的处级单位，负责康庄校区的日常管理和正常运转。同时协调学校机关处室、教辅单位、教学单位和后勤服务等工作，独立设置党、群、团等组织。任毅同志任康庄校区管理部主任；单希林同志、史开武同志任康庄校区管理部副主任。管理部共设编制6人（其中重点岗位3人，骨干岗位2人，一般岗位1人）。

2006年5月至6月，学校机构改革，康庄管理部主要负责维护正常教学运转、后勤保障、校区稳定，协调相关部门的工作。编制变更为5人（其中重点岗位2人，骨干岗位2人，一般岗位1人）。

第十篇　后勤管理与服务

北京石油化工学院
1978-2008

第一章　沿 革

一、机构沿革

学校于1979年初成立总务处，主要负责学校房屋管理、宿舍管理、水电气维修及生活服务、物资采购供应和基本建设、交通运输和医疗保健等方面的工作。至1990年，总务处先后组建了行政科、基建供应科、伙食科、校医室、车队和劳动服务公司，承担了学校在燕山时期全部后勤管理和服务工作。

1990年搬迁到大兴县后，后勤各项服务管理和设施逐渐配套，总务处负责的后勤服务保障工作范围逐步扩大。机构上保持传统的后勤管理机制，在保留行政科、伙食科、校医室的基础上，增加了校园管理科和实习基地，承担着全校物资供应、供电、供暖、供水、房管维修、饮食供应、绿化卫生、医疗服务、燕山实习生活保障、宿舍教室保洁等管理和服务工作。

1991年3月，学校开始实施“伙食科经济承包责任制”。1993年12月，学校党委对总务处的体制进行改革，实行“小机关、大服务”，小机关为总务处，大服务是指成立后勤服务中心。总务处与后勤服务中心分别建立党支部，服务中心设有财会业务和专职财务人员。1994年6月，后勤服务中心与学校正式签署经费承包协议。

1999年，国务院转发了教育部等部门《关于进一步加快高等学校后勤社会化改革的意见》，北京市关于《北京高等学校后勤社会化改革规划》出台，为适应高等教育事业的发展和社会主义市场经济规律，2000年初，学校对后勤的体制进行了改革。成立总务基建处（甲方），为学校行政职能部门，负责协调学校教学、科研、管理和师生生活的后勤保障工作；负责学校后勤管理规划、计划、组织核算、监督和考核管理工作；代表学校与提供后勤服务的实体形成经济契约式甲乙方关系。后勤服务中心更名为后勤服务公司（乙方），是经营学校后勤资产、负责和承担学校后勤服务工作的经营和服务实体。后勤服务公司下设经理办公室、财务办公室等11个科室（中心）。

2002年7月，后勤服务公司更名为后勤服务集团；成立北京石油化工学院后勤服务集团董事会和后勤服务集团监事会；总务基建处更名为后勤管理处和基建办公室。2005年8月，后勤服务集团通过“环通认证公司”认证专家组进行的质量管理体系认证现场审核，获得IS09001—2000质量管理体系证书。2006年6月，后勤服务集团与后勤管理处挂牌合署，简称后勤处（集团），并对机构进行调整，下设办公室等12个科室（部、中心），燕山实习校区归属工程教育中心。2007年2月，后勤集团财务部日常经费业务划转到学校计财处。后勤处（集团），按照甲乙方关系运作，通过经济契约方式实现后勤服务，稳步推进后勤社会化改革。后勤服务集团设立董事会、监事会，实行董事会领导下的总经理负责制。后勤服务集团围绕教学中心工作，遵循“三服务、两育人”的宗旨，坚持“稳定、规范、发展”的工作原则，逐步开放后勤服务市场，引进社会规范服务企业，创建新型后勤服务保障体系。

1980年5月，总务处成立党支部；1995年3月，后勤成立党总支。截止到2007年12月底，后勤处（集团）共有在编员工70人（其中流动编制3人）、非在编员工229人。党员40人（含非在编员工党员5人）。

二、历任领导

表10-1-1　后勤历任领导更迭表

机构名称		姓　名	职　务	职　级	任职时间
总务处		苏增宝	负责人		1979至1981.11
总务处		陈志高	处　长	副处级	1981.11至1989.5
总务处		苏增宝	副处长	正科级	1981.11至1987.2
总务处		杜友齐	副处长	正科级	1988.5至1989.5
总务处		杜友齐	处　长	副处级	1989.5至1990.8
总务处		康锡富	副处长	正科级	1990.6至1993.10
总务处		王美茹	副处长	正科级	1990.8至1991.4
总务处		苏萌茂	副处长	正科级	1991.4至1993.3
总务处		张宝贵	处　长	副处级	1991.7至1993.3
总务处		张宝贵	处　长	正处级	1993.3至1994.1
总务处		王德生	副处长	正科级	1993.3至1994.1
总务处		任　毅	副处长	正科级	1993.3至1994.1
总务处		王德生	副处长	副处级	1994.1至1995.2
	后勤服务中心	任　毅	经　理	副处级	1994.1至1996.10
总务处		张万华	副处长	副处级	1995.1至1996.10
总务处		李建脑	副处长	副处级	1995.1至1996.10
	后勤服务中心	陈怀勇	副经理	副处级	1996.3至1996.10
总务处	后勤服务中心	任　毅	副处长兼经理	副处级	1996.10至1997.1
总务处	后勤服务中心	李建脑	副处长兼副经理	副处级	1996.10至2000.1
总务处	后勤服务中心	陈怀勇	副处长兼副经理	副处级	1996.10至2000.1
总务处	后勤服务中心	任　毅	处长兼经理	正处级	1997.1至2000.1
	后勤服务公司	任　毅	经　理	正处级	2000.1至2002.7
	后勤服务公司	魏　强	副经理	副处级	2000.1至2002.7

续 表

机构名称		姓 名	职 务	职 级	任职时间
总务基建处		宋金山	处 长	正处级	2000.1至2003.7
总务基建处		张国瑞	副处长	副处级	2000.1至2002.7
后勤管理处		宋金山	处 长	正处级	2002.7至2003.7
	后勤服务集团	任 毅	总经理	正处级	2002.7至2003.7
	后勤服务集团	魏 强	副总经理	副处级	2002.7至2003.7
后勤管理处		任 毅	处 长	正处级	2003.7至2005.9
	后勤服务集团	魏 强	总经理	正处级	2003.7至2005.9
	后勤服务集团	冯建强	副总经理	副处级	2003.7至今
后勤管理处	后勤服务集团	魏 强	处长兼总经理	正处级	2005.9至2007.11
	后勤服务集团	刘长江	副总经理	副处级	2005.11至2007.6
后勤处	后勤服务集团	徐凤信	处长兼总经理	正处级	2007.11至今

表10-1-2 后勤基层党组织历任领导更迭表

机构名称		职 务	姓 名	任职时间	备 注
总务处	党支部	书 记	苏增宝	1980.5至1982.2	1995年3月，后勤成立党总支，下设3个党支部；1996年10月，后勤党总支调整，下设4个党支部；2000年1月，总务基建处划为机关第7党支部，2000年9月，后勤服务公司换届，下设5个党支部；2003年11月，后勤集团党总支换届，下设4个党支部；2006年10月，后勤集团党总支换届，下设5个党支部；2007年11月，基建处党的关系由机关第一党总支划入后勤党总支。
总务处	党支部	书 记	陈志高	1982.2至1990.8	
总务处	党支部	书 记	张宝贵	1990.8至1994.1	
后勤服务中心	党支部	书 记	张振凯	1994.1至1995.3	
后 勤	党总支成立	书 记	张万华	1995.3至1996.10	
后 勤	党总支	副书记	张振凯	1995.3至2000.9	
后勤服务公司	党总支	书 记	张振凯	2000.9至2002.7	
后勤服务公司	党总支	副书记	魏 强	2000.9至2002.7	
后勤服务集团	党总支	书 记	张振凯	2002.7至2005.9	
后勤服务集团	党总支	副书记	魏 强	2002.7至2005.9	
后勤处（集团）	党总支	书 记	张振凯	2005.9至2007.11	
后勤处（集团）	党总支	副书记	魏 强	2005.9至2007.11	
后勤处（集团）	党总支	书 记	贠天祥	2007.11至今	

第二章　后勤管理

学校后勤工作是一项基础性和保障性的工作，其核心内容是保障与服务，承担全校水、电、气、医疗、交通、通讯、校园规划、伙食管理、公寓管理、绿化卫生、房产、维修、物资供应、专项修缮工程等方面的后勤保障工作。

第一节　房屋管理

建校初期，总务处下设有生活组（1981年成立行政科），负责学校房屋的管理。主要负责房屋分配、调整与维修。

一、教学与办公用房的分配管理与维修

（一）教学与办公用房的分配、调整

1978年春，学校在燕山凤凰亭接收了石化总厂为学校调整的综合教学楼一栋（2040平方米），当年，新建食堂、实验室、浴室交付使用。生活组根据房源情况和办学的需要，制定出房屋分配预案，经学校领导小组批准，组织实施。

1981年至1986年，3860平米教学楼，凤凰亭小学后院平房，中院车库平房相继完工交付使用。行政科本着先教学后办公的原则组织调整分配。

1990年学校搬迁时，根据中国石化总公司与燕山石油化工公司有关学校搬迁纪要的精神，教学楼移交给燕化公司。办公用房、学生宿舍作为学校实习基地使用。凤凰亭南里教工宿舍楼（2500平米）在1995年移交燕化公司管理。

1987年学校在大兴征地建设新校址，陆续兴建了锅炉房、配电站、大车库、实验楼、多功能食堂、教学主楼和学生宿舍楼。1990年，建设初具规模。行政科会同学校有关部门对房屋的使用进行分配，暑假期间整体搬迁到新校址。边建设边教学，截止到1996年，一期建筑面积达70932.6平方米。为了满足逐步扩大办学的需要，1994至2005年间对教学与办公用房进行了多次调整。

（二）教学与办公用房的维修

1978至1990年，行政科下设维修班，学校用房的水、电、气的零星维修任务由维修班负责，土建维修及改造工程由基建供应科组织施工。

1990年学校搬迁大兴后，水、电、气的零星维修仍由行政科维修班负责，因学校还在建设时期，土建维修由基建处负责。1994年，学校对后勤进行机构改革，成立后勤服务中心，下设有综合部、动力部，综合部负责学校房产的水、气零星维修任务，动力部负责供电和通讯的维修任务。2000年以后，随着建校时间的延长，土建等综合维修开始出现，即

基础设施专项改造工程。2002年，后勤服务公司更名为后勤服务集团，下设有动力维修中心，承担着学校房产的水、电、气零星维修任务和专项改造工程。

2005年，后勤管理处与后勤服务集团合属办公，成立了房屋管理与修缮工程办公室，负责学校公用房屋修缮和房改房使用管理工作；单身公寓管理工作；职工住房公积金、住房补贴、购房公积金贷款、物业费、供暖费管理工作；后勤基础设施改造工程项目的计划、申报、招标、监管实施和验收总结工作；水、电等能源节约工作等。

二、教职工住宅的分配管理与维修

（一）教职工住宅的分配、调整

1978年，学校多数教职工是石化总厂从各厂、院、公司调入学校工作，不涉及住房问题，办学所需从外地调入专业教师的住房问题，石化总厂给予大力支持，投资建设平房和调整简易楼房作为临时周转房。1982年，石化总厂为学校新建一栋45套住宅楼（凤凰南里4号楼）竣工，学校成立了分房领导小组，制定了分房条例，并由总务处行政科组织实施。

1990年5月，学校印发《北京石油化工专科学校教职工住宅分配管理条例》、《一九九〇年学校搬迁教职工大兴住宅分配细则》。学校在清源西里建设的教师住宅楼共168套竣工，分房工作由总务处负责，当年暑假学校整体搬迁，部分教职工住宅相继入住。8月，学校印发《市区住宅分配方案》，对车道沟小区12套、马甸裕中西里5套房源进行了分配。11月，印发《关于住房分配调整和管理的决定》，对大兴清源西里的教工住宅进行了第二批、第三批分配。1993年清源西里住宅分房结束。

1995年，学校启动房改工作，制订《1994年向职工出售公有住宅楼实施办法》。2月，学校房改工作领导小组成立。同年6月，制订北京石油化工学院《住房公积金制度实施细则》、《关于允许职工按成本价购买公用住宅楼的补充规定》、《售出住宅楼房的管理和维修办法》。1995年7月，总务处房管建立了全院教职工住房公积金。8月制定了《北京石油化工学院教职工购买公有住宅楼房分期付款办法》，11月学校还制定了《关于学校提高住房租金的实施办法》。以上文件的出台，使得公有住宅出售、管理有了可操作的依据。当年共售清源小区房改房136套。

1998年7月，学校向教职工出售丽园东里12、13号楼124套教工住宅；清源23、24、25号楼房改房171套，其中45套是调整住房。同年12月制定了《北京石油化工学院1998年集资建房实施办法》。

2000年1月，学校印发《北京石油化工学院教职工住房分配管理办法》，5月，丽园东里11号楼60套教工住宅进行分配。4月印发《北京石油化工学院集资建房实施办法》，10月北京大兴区住房制度改革办公室批复同意学校2001年集资建房实施办法，并提出具体操作意见。2001年共调整分配出售丽园东里和清源西里小区教工住宅226套。

2002年9月，学校制订《北京石油化工学院引进人才住房补贴管理办法》，10月，成立住房补贴工作领导小组，同时启动了职工住房补贴工作。11月，丽园东里14、18号楼96套教工住宅竣工，教工相继入住。12月，学校印发《北京石油化工学院关于教职工住房装修、搬迁暂行规定》。

2006年2月后勤房管部门办理了丽园东里家属区14、18号楼公产证手续；9月完成丽园东里家属区11、12、13、16号楼公产证手续，并为全校职工集体申报了交通银行公积金联名卡。9月，后勤处（集团）编制调整，房管科并入房屋管理与维修工程办公室。

（二）教职工住宅的维修

学校在燕山时期，教职工住宅的维修是由产权单位来负责，学校在燕山凤凰南里4号住宅楼水、电、气维修由行政科维修班负责，其公共部分土建维修由基建供应科定期组织维修。1990年搬迁大兴后，在清源西里新建的三栋住宅楼和1998年后在丽园东里新建的六栋住宅楼的水、电、气维修工作由后勤维修班承担。其公共部分土建维修先后由基建处、行政科、综合部、动力维修中心、房屋管理与修缮工程办公室组织实施。

第二节　能源管理

学校在燕山时期所用水、电、石油液化气均由石化总厂管网、电网（低压）供给，凤凰亭地区由炼油厂负责管理，学校每月按用水、用电数量以托收方式付给炼油厂费用。冬季供暖由炼油厂负责交换站的管理，集中保障凤凰亭地区取暖问题，学校以托收方式付给炼油厂费用。以上业务由基建供应科负责管理。

搬迁大兴后，用水由大兴市政供水管网供给全校用水；用电由大兴高压电网（自建变电站）供给全校用电；学校自建锅炉房解决取暖、食堂、洗澡用气问题。以上业务先后由基建处、行政科、节能办、动力部、动力维修中心负责管理。

一、供水

1990至1994年学校使用基建期间临时水指标。为了加强节水工作的管理，1992年6月，成立节能领导小组及办事机构节能办公室，办公室设在总务处行政科。1992年至1994年期间，逐步配齐了二级水表，定期查表，随时监控，发现跑、冒、滴、漏现象，及时报修处理。为了节约用水，充分利用废水，2004年学校投资150万元新建的中水处理工程竣工，每小时处理量为20立方米，2004年1月正式移交给后勤服务集团负责运行管理，并通过北京市节水办公室验收。

1995年6月，北京市高校节水监测站对学校水系统进行了水平衡测试；1995年12月21日，大兴县节水办正式下达学校1996年用水指标为18万立方米；1999年12月，学校通过北京市“节水型单位”验收。随着学校办学规摸的逐步扩大，用水指标也在逐步增加，2007年，大兴区节水办公室核定学校用水指标为34万立方米。

二、供电

学校搬迁大兴后，配电室隶属总务处行政科，负责全校的教学、科研、实验、生活及职工住宅区等用电供应。配电室于1990年8月建成。1994年1月成立后勤服务中心，配电室隶属后勤服务中心动力部。1990年至1994年10月属临时供电阶段， 1994年10月17日正式供电。10月19日，双路供电投入运行。电源来自清源小区开闭站10kV，有213、223电路。配电室变压器安装容量为1260kVA（S7—630/10/0.4 变压器 2台），高压开关柜12台、低压开关柜10台、电容器柜4台。配电室现有高压电工6人，每天24小时值班。

1999年8月，图书馆配电室投入使用，变压器安装容量630kVA。2002年9月，配电室进行了增容改造，高压配电室安装S9—M—630kVA—10/0.4kV型变压器2台；图书馆安装SCB9—1250kVA—10/0.4kV干式变压器2台；安装10kVkYN28A3型高压开关柜15台及中央信号箱1台；高压配电室安装0.4kV GGD型低压开关柜21台；图书馆配电室安装0.4kV GGD型低压开关柜8台，“户表”安装0.4kV GGD型低压开关柜6台；高压配电室安装电容器柜4台，计512kVAR；图书馆配电室安装电容器4台，计800kVAR，合计1312kVAR。

供电运行方式：10kV进线为双电源互锁单母线，分段运行母联手动方式备用投入0.4kV系统运行方式（高压配电室）、单母线分段母联手动备用方式运行。改造完成后，变压器安装容量为2510kVA。

供电范围：高压配电柜2台630kVA变压器，供主教学楼、1-3号实验楼、金工车间、门卫路灯、水泵房、中水、1-4号学生公寓、浴室、车库、锅炉房、维修班、食堂、体育馆用电。

图书馆1250kVA变压器，供图书馆、科技楼A、B座、综合楼、 锅炉房循环泵和1号6吨汽炉、5～6号学生公寓用电。

户表1250kVA变压器（不属学校供电容量），供丽园小区11-14号、16号、18号楼用电。

三、供暖

1990年，锅炉房建成，有四台4吨锅炉，其中1台为蒸汽炉，3台为供暖热水炉，负责师生饮用开水供应、浴室用水和冬季供暖。1998年，锅炉房增加1台6吨锅炉。2000年暑假，锅炉房扩建改造，安装1台6吨锅炉、1台3吨燃油蒸汽锅炉和2个开水加热罐及一个蓄油罐；重建开水房，解决师生的洗澡和饮用开水用气，食堂开始使用蒸汽。2002年9月，康庄大学生公寓建成，建设有彩板锅炉房，安装了两台2吨燃油蒸汽锅炉，成立康庄锅炉班，负责康庄校区饮用开水、洗浴和食堂用汽供应。2004年12月，校内锅炉房更换2台6吨锅炉投入运行；2006年1月，更换2台6吨蒸汽锅炉； 9月，康庄校区2台燃油锅炉改为燃气锅炉； 9月，校内锅炉房和康庄校区锅炉房同时进行太阳能热水工程改造，太阳能水箱净容积分别为80吨、60吨，10月正式投入使用。校内锅炉房现有1台3吨燃油蒸汽锅炉和6台6吨锅炉（其中2台蒸汽炉、4台热水炉）。供暖面积由1998年前的74442平方米增加到2007

年的159298平方米。

1990年，锅炉房隶属于总务处行政科，负责全校供暖、师生饮用开水、浴室用水任务；1994年，锅炉房隶属后勤服务中心动力部的班组，有职工3人；2005年，校内和康庄校区锅炉房隶属于后勤处（集团）动力与维修服务中心。康庄校区锅炉房现有两台2吨燃气蒸汽锅炉，负责康庄校区食堂和洗澡用汽。2006年9月，康庄服务中心成立，锅炉房隶属于康庄服务中心。康庄校区取暖由康盛园锅炉房集中供暖。

第三节　学生宿舍管理

学校创建初期，学生宿舍管理工作由总务处负责。1981年6月，学生宿舍隶属的总务处行政科，负责安排学生住宿、检查宿舍卫生、床上用品（床单、枕巾）的定期换洗和宿舍评优工作。为了加强学生宿舍的管理工作，1986年11月，成立了学校宿舍管理委员会。

1990年8月，总务处行政科下设宿舍管理组负责学生宿舍的管理工作，并制定了《宿舍管理制度》。1991年3月，宿舍管理组更名为宿舍管理班；1992年9月，总务处设立校园管理科，负责学生宿舍管理、教室管理服务和校园绿化、卫生清扫工作。1994年1月，校园管理科更名为住宿部，隶属后勤服务中心，负责学生、单身教工的宿舍管理工作。同年3月，学校成立单身宿舍管委会。1997年1月，住宿部划归学生处领导，更名为学生处学生宿舍管理科。

2000年1月，后勤服务中心更名后勤服务公司，学生宿舍管理科隶属后勤服务公司，更名为学生公寓管理服务中心。2000年7月，学校与原北京化纤厂和中建一局机械化公司签订协议，分别租用5513平方米和4500平方米的单身宿舍楼，解决2000年秋季招生住宿问题，即南区公寓和北区公寓。为保证学生校外住宿的条件，利用暑假对校外公寓进行粉刷、安装传呼系统和电话、改造照明系统、更新自行车棚、新建门卫室、配备公寓物品、建开水房并安装两台开水锅炉。2002年8月，对校内宿舍进行改造，粉刷宿舍、内铺地砖、更换塑钢窗并改造宿舍大厅和南门。

2002年9月，康庄大学生公寓竣工，首批入住1200名学生。2003年12月19日，康庄大学生公寓通过北京市高校标准化学生公寓验收。2004年8月，校内新学生公寓5号、6号楼竣工，学生正式入住。2004年8月，学校连续四年租用的学生宿舍（南区）撤租，所有家具、设备撤回；2005年9月连续五年租用的学生宿舍（北区）撤租，所有家具、设备撤回。2006年4月，康庄校区2号学生公寓竣工，6月女生正式入住。

2006年8月，康庄学生公寓保洁工作由“新星雨保洁公司”承担。2006年9月后勤处（集团）下属机构增设康庄服务中心，全面负责康庄校区后勤服务工作。

学校学生公寓现有校本部学生公寓36474平方米和康庄校区学生公寓27751平方米，共安排研究生、本科生和继续教育学院学生住宿6929人。

第四节　计划生育管理

学校计划生育工作，负责贯彻国家、北京市计划生育政策、法规的宣传及学校计划生育管理规定的贯彻执行；组织实施学校计划生育有关工作人员的学习培训；负责育龄群众（包括：正式职工、合同职工、在校大学生）有关生殖保健、避孕节育知识的宣传、咨询和服务；负责《计划生育目标管理责任书》、《雇佣外地来京人员计划生育目标管理责任书》的签订工作；负责《生育服务证》、《独生子女父母光荣证》的领取；负责调出、调入人员婚姻状况、独生子女情况登记和介绍信转移；负责避孕药具的购买、发放，药具使用率和有效率的统计；负责独生子女光荣费、奶费、托幼费、医药费补贴、独生子女父母奖励费、独生子女节日补贴发放工作。

1982年2月，学校成立计划生育领导小组，具体业务由医务室负责，学校印发了《关于计划生育的暂行规定》。1989年3月，学校将计划生育工作和献血工作纳入到生活管理委员会工作范围；5月，印发《计划生育工作职责范围》、《计划生育管理规定》、《计划生育承包责任书》、《一九八九年北京石油化工专科学校计划生育目标管理指标》。

1995年10月，计划生育工作划归到总务处，设专人负责计划生育工作。12月，在各单位、各部门建立计划生育小组。按照上级要求，1995年，为全校育龄女职工建立了育龄妇女卡，实行了数据库动态管理，掌握并随时调整变更学校育龄妇女的基本信息和计划生育基本情况。

1996年1月，设立计划生育专项经费。1月26日，计生办根据北京市《关于调整工作餐等有关开支标准的通知》精神，调整学校婴幼儿补贴费由原来的每月20元增至40元。

1996年，学校与大兴计生委开展“计划生育手拉手”活动，每年由学校主管院领导与各部门行政一把手签订《计划生育目标管理责任书》和《雇佣外地来京人员计划生育目标管理责任书》，年底对完成目标任务的单位和个人给予表彰或奖励。

2000年11月，计划生育工作划归总务基建处。11月8日，学校实施与大兴区黄村镇签署的《黄村镇、北京石油化工学院城乡手拉手奔小康协议书》。并将黄村镇三间房村三家独生子女贫困户作为拉手帮扶对象，每年学校都以不同形式对拉手对象开展各种帮扶活动，此活动已经持续8年。

2001年3月，计划生育工作划归学校工会管理。2001年5月，学校计生办实施教职工独生子女每人每年补助医药费150元。9月，学校工会印发《关于独生子女医药费补贴的通知》。2003年4月，学校佟泽民院长与北京市大兴区清源街道签订《大兴区二〇〇三年度计划生育目标管理责任书》。

2003年9月，计划生育工作划归后勤管理处。12月，学校根据北京市计生委《关于落实〈北京市人口与计划生育条例〉规定的有关奖励等问题的通知》，实施对2003年之前男年满60周岁、女年满55周岁（工人年满50周岁），已领取独生子女父母光荣证的职工给予一次性奖励每人1000元。共为26人补发了“独生子女父母一次性奖励费”，计26000元。

2005年3月，印发《北京石油化工学院计划生育管理办法》。2006年4月，学校实施为配偶户籍在外地的男职工办理《生育服务证》，并协助办理子女随父户口迁移手续。

2005年9月，计划生育工作划归后勤处（集团）管理。

第三章　后勤服务与社会化

学校后勤服务社会化主要有餐饮服务、维修服务、交通运输服务、医疗保健服务、物业管理服务等。

第一节　餐饮服务

一、饮食服务中心基本情况

饮食服务中心是后勤处（集团）下属的经济实体。校本部食堂建筑面积5700平方米，拥有2000个座位。饮食服务中心设有基本伙食服务的一食堂（含教工餐厅）、经营服务的二食堂（含清真餐厅）、风味小吃的三食堂、主食加工班、餐具消毒班、菜肉粗加工班。现有员工72人，其中在编职工10人。

康庄校区学生食堂使用面积3408.12平方米。2006年9月开始营业，由引进的长青餐饮公司和呱呱餐饮公司负责经营。

二、餐饮服务

1978年春，石化总厂投资扩建食堂，使其总面积达600平方米，于1978年秋季交付使用。1981年6月，由总务处行政科负责筹备开办食堂。1981年12月，经燕化公司协调，东炼四食堂与学校食堂联合办伙，共同满足双方人员的就餐需要。一年后，东炼新建四食堂竣工回迁开业，学校开始独立开办食堂。

1990年，大兴新校址多功能食堂交付使用，并于6月份试开伙。8月，学校食堂全部搬迁到大兴新校址。1991年2月，校领导听取总务处关于食堂承包方案的工作汇报，确定食堂自3月1日起实行承包。随后学校印发了《伙食科经济承包责任制实施办法》。

1993年12月，总务处进行体制改革，成立后勤服务中心，伙食科更名为饮食部，并成立伙食管委会。

1995年7月10日，食堂计算机饭卡售饭系统正式投入运行，同时停止使用饭票。1996年3月，学校调整了伙食管理委员会。

2000年1月，伙食部更名为饮食服务中心（隶属后勤服务公司）。为改善就餐环境，2000年暑假，后勤服务公司对食堂一、二、三餐厅和教工餐厅进行大面积改造、装修。安装空调，封闭外楼梯，更新餐桌椅，新增了不锈钢餐盘，取消碗筷就餐形式。改造后食堂采用蒸汽制作主食。食堂三楼投资34万元，改造成集餐饮、卡拉OK、舞厅为一体的多功能娱乐餐厅。

2002年9月30日，康庄校区彩板房临时食堂建成并开始营业。12月6日，北京市教委副主任杜松彭等领导为康庄“殷实餐厅”揭牌。

2004年暑假，后勤服务集团对校本部食堂进行了改造，新增就餐面积180平方米，新增300平方米粗加工间。调整操作间布局，增建部分附属用房，改造电源系统，更换货运电梯，清洗排烟系统，消除了安全隐患。2004年9月，饮食中心利用原有菜窖新建两座冷库；对菜窖进行增层建设，加盖彩板房236平方米，作为饮食服务中心办公用房。将食堂旧冷库改造为200平方米的小餐厅。

为了探索高校后勤多种服务模式，进一步开放后勤服务市场，2006年7月14日，康庄校区食堂进行对外招商招标。经学校招标小组对九家投标公司进行审核，最后“长青餐饮公司”和“呱呱餐饮公司”中标，负责康庄校区学生的餐饮供应。

第二节　维修服务

1979年1月，总务处成立。总务处下设行政组，行政组下辖维修班，负责学校零星维修工作。1981年6月，行政组被取消，另设行政科，维修班由行政科管理，继续承担学校的零星维修任务。

1990年，后勤各项设施逐渐配套，总务处负责的后勤服务保障工作范围逐步扩大，但在机构上仍保持传统的后勤管理机制，由行政科继续负责房管维修。

1992年5月，学校制定了《住宅维修有偿服务制度》；1993年3月，维修班归属石开公司管理，1994年4月，石开公司维修班归属后勤服务中心综合部管理；1999年3月，配电室负责供电运行，维修工作移交维修部。

2000年6月，维修班隶属于动力与修缮服务中心，负责对学校管辖区域内的教学、办公及学生宿舍、职工住宅楼的水、电、暖、房屋等基础设施进行经常性维护和维修。截至2007年，维修面积达221551平方米。维修班设有报修电话，24小时设有值班员，随时提供维修服务。

维修班现共有工作人员16人，其中在编职工3人，合同工13人（水暖工6人、电工2人、木工3人、中水操作2人）。

第三节　交通运输服务

建校初期，设有车班，隶属总务处行政科，有驾驶员7人，机动车6辆；1979年2月，总务处下设行政组，车辆管理工作归入行政组。

1988年，车队分成客车班和货车班，客车班隶属校长办公室；货车班隶属总务处。

1989年10月，学校决定将客车班和货车班合并，组成直属车队，有驾驶员11人，机动车12辆。1995年1月车队隶属总务处。

2000年，车队更名为运输服务中心，隶属后勤服务公司，负责为学校师生提供车辆运输服务。为确保班车运输安全、正点，运输服务中心对服务的关键过程实施了有效控制。

截至2007年12月，车队共有17名司机，其中正式员工8人，临时员工9人。有机动车27辆，其中轿车16辆，大客车8辆，货车3辆。

第四节　医疗保健服务

学校医务室始建于1978年10月，面积为16平方米，隶属总务处，医务人员1名，负责学校教职员工的医疗保健工作。

1983年，随着学校的发展壮大，面积调整为42平方米，医务人员增至4名。设有诊室、药房、治疗消毒室，服务项目有内科、外科、中医、换药、注射、预防保健等。

1990年学校搬迁大兴后，校医室面积扩大为205平方米，医务人员增至8名。设有挂号室、药房、一诊室、二诊室、换药、注射室；1994年医务室面积扩大为410平方米。

1998年3月，北京市大兴县卫生局颁发《医疗机构执业许可证》，单位名称为“北京石油化工学院卫生所”；2000年6月，医务室更名为医疗保健服务中心；2004年4月，医务室被评审为北京公费医疗定点机构。

医疗保健服务中心现有医务人员12人，负责全校教职员工、学生的医疗保健工作。具体工作职责为：常见病、多发病的检查、诊断、治疗，教职工的定期体检，新生入学和毕业班学生的健康体检、预防免疫注射；此外还负责公费医疗的改革和管理，常见病、多发病的预防和宣传，校内食堂的卫生监督及传染病防治。

第五节　物业管理服务

建校初期，校园绿化、卫生保洁工作由总务处行政科负责。1990年搬迁到大兴县新校址后，仍由总务处行政科负责校园绿化、卫生保洁工作。

1992年9月，总务处成立校园管理科，负责校园绿化、道路清扫、教室保洁、宿舍保洁工作；1994年，成立后勤服务中心，设立校园部，负责校园绿化、道路清扫、教室保洁、垃圾清运、化粪池清掏工作；1998年7月，学校丽园东里教师住宅小区建成，卫生保洁工作由校园部承担；2000年，校园部更名为物业管理服务中心，隶属后勤服务公司。

2002年9月，康庄大学生公寓竣工交付使用，首批入住1200名学生，学生公寓管理服务中心负责保洁工作。2005年9月，康庄教学楼竣工交付使用，教室保洁工作由“新星雨保洁服务公司”承担。

物业管理服务中心负责校园、教学区和家属区内公共区域的环境清洁、绿化养护等服务工作。按照校园建设初期的“春有花，夏有荫，秋有果，冬有景”的校园绿化美化总体规划方案，经过近20年建设，形成了树荫、草坪、花坛、景点、甬道、绿廊为一体的“花园式”校园环境，实现了三季有花、四季常青。到2007年12月，物业管理服务中心有正式员工4人，临时员工56人，承担着35578.09平方米教室和实验室保洁任务、81917.31平方米的绿化养护和道路保洁任务。2007年5月15日，校内1－3号试验楼、医务室和后勤楼保洁工作由“新星雨保洁服务公司”承担。

1995年2月，学校荣获北京市“花园式单位”称号；1996年12月，学校被中共北京市委教育工委、北京市教委授予 “文明校园”荣誉称号；1998年10月，学校被评为中国石油化工集团公司“最佳绿化庭院”单位；1998年和1999年，被大兴县评为年度“绿化美化先进单位”；1999年,学校被评为“首都全民义务植树红旗单位”；2000年至2007年，学校被北京市爱国卫生委员会授予“卫生先进单位”称号。

第十一篇　国际交流与合作

北京石油化工学院
1978-2008

一、沿革

建校初期由学校办公室兼管外事工作。1993年6月成立外事办公室，与学校办公室合署，学校办公室副主任兼任外事办公室主任。随着学校对外交流与合作的不断发展，1999年12月学校设置独立的涉外管理机构，成立国际交流与合作中心。2003年4月，国际交流与合作中心更名为国际教育学院兼外事办公室。

到2007年底，学校派出各类教师出国进修、讲学、考察访问、合作研究、参加国际学术会议等总计386人次；派出出国留学学生396名；聘请外籍专家68人次；聘任外籍客座教授16名；接待来访外宾524人次；招收长短期外国留学生493名。

二、对外校际交流与合作

学校与挪威、乌克兰、俄罗斯、美国、韩国、法国、英国、墨西哥、德国、加拿大、阿根廷、澳大利亚、新西兰、印度，以及香港地区的部分高等院校和科研机构签署合作协议。合作形式主要有开展科研合作，互派教师进修、讲学，培养留学生等。

表11-1-1　1993至2007年学校与其他国家和地区大学或科研机构签订协议一览表

序　号	国家或地区	高校名称（中英文）	协议签署日期
1	挪威	挪威科技大学 Norwegian University of Science and Technology	1995.11.6 1996.9.13
2		纳尔维克工学院 Narvik University College of Norway	1996.12.20 2001.10.10 2003.3.31 2004.10.13 2007.5.22
3		挪威FEM公司 the FEM Engineering AS,Norway	1997.11.15
4	美国	默斯金根学院 Muskingum College	2000.5.23 2001.4.11
5		马歇尔大学 Marshall University	2002.3.12
6		休斯敦大学 University of Huston	2002.8.3
7		迪安萨学院 De Anza College	2007.5.8
8	韩国	丽水大学 Yosu National University	2001.8.10 2004.10.15
9		全南大学 Chonnam nafiohal university	2007.11.12

续 表

序 号	国家或地区	高校名称（中英文）	协议签署日期
10	法 国	马恩河谷大学	2002.1.22
11		巴黎石油研究院（ifp）	2003.3.19
		法国劳动部全国职业培训协会 AFPA	2003.1.21
12		法国亚眠电气电子工程研究生院 Eocle Superieure D'ingenieurs en Electrotechnique et Electronique	2004.11.19 2006.6.6
13	俄罗斯	莫斯科国立工业大学“斯坦金” Moscow National University of Technology(STANTIN)	2002.4.8
14		门捷列夫化工学院 I.D.MENDELEYEV University of Chemical Engineering	2002.5.26
15	英 国	佩斯利大学 University of Paisley UK	2002.6.25 2004.2.26 2004.11.1
16		提塞德大学 University of Teesside Business School	2004.6.24
17		世界学习咨询机构 Study World Ltd	2003.4.16
18	德 国	埃森经济与管理应用科技技术大学（FOM） Fachhochschule fuer Oekonomie und Management	2002.12.5
19		乔治阿科里科拉应用技术大学 Technischer Fachhochschule Georg Agricola zu Bochum	2003.3.21 2004.2.23
20		安哈尔特应用技术大学 Anhalt University of Applied Sciences	2004.6.7
21		柏林工业大学控制与操作研究所(TUB) Institute of Process and Plant Technology,Berlin University of Technology	2005.3.7
22	阿根廷	布宜诺斯艾利斯大学 Facultad de Agronomia de la Universidad de Buenos Aires	2005.10.17
23		阿根廷国际教育协会 Asociacion Internacional de Estudios	2005.10.17
24	加拿大	加拿大新康理工学院 Xinco Technology College of Canada	2004.9.23
25		康奈斯托加大学 Conestoga College Institute of Technology and Advance Learning	2006.5.11
26		普加利公司	2000.9.17
27	澳大利亚	澳大利亚中央技术大学 Central Tafe of Australia	2006.4.13
28	香 港	汇知教育机构 Qualied Education Organization	2003.9.19

续 表

序　号	国家或地区	高校名称（中英文）	协议签署日期
29	新西兰	新西兰Ucol理工学院 Universal College of Learning	2006.12.22
30	印　度	中印教育与科技联盟 Sino-india Education & technolgy Allince	2007.3.15
31		韦洛尔大学 Vellore Institute of Technology	2007.4.18

三、国际学术交流

1991年，学校获得了外籍文教专家聘请资格。到2007年底，学校共聘请外籍文教专家68人次，派出140名教师到国外参加相关培训、进修与学术交流，聘请国外专家、学者、教授共94人次来校讲学。授予了16名客座教授，他们来自美国、挪威、英国、加拿大、德国、韩国、法国等不同国家的高等学校和研究机构，定期访问学校，从事学术交流和科研合作活动。

四、友好往来

（一）外宾来访

学校开展与其他国家和地区高校和科研机构的合作与交流，迄今累计接待来访外宾524人次。代表团分别来自日本、乌克兰、哈萨克斯坦、也门共和国、澳大利亚、挪威、美国、泰国、加拿大、印度尼西亚、韩国、英国、俄罗斯、法国、南非、西班牙、德国、荷兰、阿塞拜疆、阿根廷以及香港和台湾地区。

(二)出访团组

学校每年都派出数个出访团组到其他国家和地区高校和科研机构考察、访问，迄今累计出访的团组共156批次、386人次。到访过日本、澳大利亚、挪威、美国、加拿大、韩国、英国、俄罗斯、法国、西班牙、德国以及香港地区。

五、出国留学派遣

学校根据合作协议，分别派遣学生到挪威、美国、韩国、英国、法国、德国、俄罗斯、阿根廷留学。历年派遣的出国留学生统计如下：

表11-1-2　历年派遣出国留学人数统计表

年份	国家	学校	人数				
			本科	硕士	博士	合计	总计
2000年	挪威	纳尔维克工学院				7	7
2001年	挪威	纳尔维克工学院				12	12
2002年	挪威	纳尔维克工学院	9	13		21	31
	美国	休斯敦大学			1	1	
	韩国	丽水大学		2		2	
	俄罗斯	莫斯科国立工业大学	5	2		7	
2003年	挪威	纳尔维克工学院	26	18		44	63
		哈希达学院	9			9	
		布斯克鲁德学院	4	2		6	
	美国	休斯敦大学			1	1	
	法国	法国巴黎石油化工研究院		1		1	
	德国	伊斯堡-埃森大学	1			1	
	俄罗斯	莫斯科国立工业大学	1			1	
2004年	韩国	丽水大学		3		3	72
	英国	佩斯利大学	1	5		6	
	挪威	纳尔维克工学院	12	24		36	
		芬马克学院	8			8	
		布斯克鲁德学院	9	6		15	
	俄罗斯	莫斯科国立工业大学	1			1	
	美国	休斯敦大学			1	1	
	德国	伊斯堡-埃森大学		2		2	
2005年	韩国	丽水大学	1	5		6	70
	法国	巴黎石油化工研究院		1		1	
	英国	佩斯利大学	1	13		14	
	挪威	纳尔维克工学院	20	13		33	
		芬马克学院	4	6		10	
	德国	安哈尔特应用技术大学	6			6	

续 表

年份	国家	学校	人数				
			本科	硕士	博士	合计	总计
2006年	韩国	丽水大学	1	4		5	93
	挪威	纳尔维克工学院	20	5		25	
	法国	法国电子电器研究生院		2		2	
	英国	佩斯利大学	1	7		8	
	德国	安哈尔特应用技术大学	5			5	
		杜伊斯堡大学		4		4	
	阿根廷	布宜诺斯艾利斯大学	44			44	
2007年	挪威	纳尔维克工学院	9	12		21	48
		布德学院		1		1	
	英国	西苏格兰大学	1	7		8	
	法国	电子电器研究生院		2		2	
	印度	韦洛尔科技大学	2	1		3	
	新西兰	国立UCOL理工学院	3			3	
	德国	杜伊斯堡-埃森大学		4		4	
	韩国	全南大学	2	4		6	

第十二篇　党建工作

北京石油化工学院
1978-2008

第一章　沿革

一、党组织体系

建校初期，党的日常工作由石化总厂党委领导。1983年12月至1989年12月，学校成立临时党委。1990年1月19日，经中共北京燕山石油化工公司委员会批准，成立中共北京石油化工专科学校委员会。1990年10月24日，经北京市委组织部批复，同意将学校党组织关系由燕化公司党委转北京市委教育工委，党的日常工作由教育工委领导。1990年1月至2007年1月，学校共召开了5次党员大会或党员代表大会。

1979年1月，成立学生党支部，这是学校建立的第一个党支部。1995年2月，学校开始组建党总支。3月，完成化工系、后勤、机关3个党总支的组建工作。至2007年12月，学校共有12个党总支、3个直属党支部、75个党支部。

1986年1月，建立系一级领导班子，设立化工系、化机系、基础部并成立支部委员会。1978年10月至1989年12月，副处级以上干部由燕化公司党委任命。1981年5月，燕山石油化学总公司党委同意副科级干部由学校任命；1983年12月以后正科级干部由学校临时党委任命。1990年1月至1992年12月，副处级干部由校党委任命；1993年1月以后正处级干部也由校党委任命。至2007年12月，学校共有现任处级干部78名。

1981年1月至2007年12月，共发展2596名党员。学校每年都制定发展党员工作计划。1979年9月，北京市委教育工作部，明确北京高校各分院党的领导小组行使党委职权，可以发展党员。1978年6月至1983年10月，预备党员由学校党的领导小组审批，1983年11月以后由临时党委审批，1990年1月以后由党委审批。1995年3月，成立党总支，学生预备党员授权党总支审批。1993年6月，开始在大学生中实行由团组织推荐优秀团员入党。到2007年12月底，学校共有党员1358名。

二、党委的办事机构

1979年1月学校成立学生工作部。1979年10月，成立政治处，政治处的职能主要包括组织工作、干部工作和纪律检查工作。1980年10月，学生工作部与团委合署办公。1984年10月，成立党委办公室。1986年2月，成立党委工作处，统一管理组织部、宣传部、学生工作部。6月，党委工作处更名为党委政治工作处。1989年11月，撤销党委政治工作处，分别设立党委办公室、党委组织部、党委宣传部、党委学生工作部。1993年10月，党委学生工作部和思想教育教研室合为一个机构。1995年4月，成立党委保卫部，与保卫处合署。1999年12月，学生处、团委与学生工作部合署办公，党委办公室与院长办公室合署办公，成立学校办公室，一套机构，两种职能。1991年4月，成立业余党校，业余党校办公室设在党委组织部。1988年12月，将统一战线工作列入党委组织部职责范围，明确了组织部人员编制为3人（含统战）。2005年3月，学校成立党委武装部。2006年6月至今，党委下设机构：学校办公室、发展规划办公室（合署），组织部、统战部、党校办公室（合署），宣传部、学生工作部、学生处、大学生服务中心、武装部（合署），安全保卫部、安全保卫处（合署）。

1989年11月，撤销党委政治工作处，成立党委组织部。组织部建制持续至今。

表12-1-1　中共北京石油化工学院党委组织部历任领导更迭表

职　务	姓　名	任 职 时 间
副部长	徐土旺	1989.11至1993.4
部　长	徐土旺	1993.4至1994.10
部　长	林　骞	1994.10至1998.10
部　长	曹长兴	1998.10至2006.6
部　长	周志军	2006.6至今

第二章　党员大会和党员代表大会

1990年1月19日，召开中国共产党北京石油化工专科学校第一次党员代表大会。刘国仁作题为“加强党的建设，坚持社会主义办学方向，为学校稳定发展而奋斗”的工作报告。出席大会的正式党员43人，选举产生并经上级党委批准第一届党委委员6人，纪委委员5人。党委委员为（按姓氏笔划排序下同）刘国仁、严庆国、陈志高、张富元、郁浩然、徐土旺。刘国仁为党委书记。纪委委员即刘国仁、杨力、陈志高、具茂清、崔玉明。刘国仁兼纪委书记，陈志高为纪委副书记。

1994年11月30日，召开中国共产党北京石油化工学院党员大会。出席大会的正式党员169人。张富元作题为“深化改革，团结奋进，提高质量，争创一流”的工作报告；崔玉明作纪律检查委员会工作报告。选举产生并经上级党委批准第二届党委委员5人，纪委委员5人。党委委员为严庆国、张富元、郁浩然、林骞、崔玉明。张富元为党委书记，崔玉明为副书记。纪委委员即杨玉久、张宝贵、顾凯、徐理德、崔玉明。崔玉明兼纪委书记。1995年10月，增补张宝贵为纪委副书记。

1999年1月23日，召开中国共产党北京石油化工学院党员大会，出席大会的正式党员265人。孙桂大作题为“抓住机遇，求真务实，团结奋进”的工作报告；周海作纪律检查委员会工作报告。选举产生并经上级党委批准党委委员7人，纪委委员5人。党委委员为孙桂大、严庆国、佟泽民、周海、徐土旺、郭文莉、曹长兴。孙桂大为党委书记，周海为副书记。纪委委员即杨玉久、佟秀苓、周海、赵盛伟、徐理德。周海兼纪委书记，杨玉久为纪委副书记。

2003年3月21日至3月22日，召开中国共产党北京石油化工学院第一次代表大会[①]，出席大会的正式代表122人。牛继升作题为“与时俱进，加快发展，为开创学校工作新局面而努力奋斗”的工作报告；纪律检查委员会工作报告以书面形式提交大会审议。选举并经上级党委批准第一届委员会委员9人，纪委委员7人。党委委员为牛继升、刘仲仁、佟泽民、周海、赵盛伟、徐土旺、郭文莉、曹长兴、焦向东。牛继升为书记，刘仲仁、周海为副书记。纪委委员即丁明、杨玉久、吴波、佟秀苓、陈竹、陈彦玲、周海。周海兼纪委书记，杨玉久为纪委副书记。

2007年1月5日至1月6日，召开中国共产党北京石油化工学院第二次代表大会，出席大会的正式代表121人。牛继升作题为“提高质量，突出特色，为实现学校全面协调可持续发展而努力奋斗”的工作报告；纪律检查委员会工作报告以书面形式提交大会审议。选举产生并经上级党委批准第二届委员会委员9人，选举纪委委员7人。党委委员为牛继升、刘仲仁、张肃建、周海、周志军、赵盛伟、郭文莉、曹长兴、焦向东。牛继升为书记，刘仲仁、曹长兴为副书记。纪委委员即丁明、杨玉久、吴波、佟秀苓、张肃建、陈竹、陈彦玲。张肃建为纪委书记，杨玉久为纪委副书记。

第三章　干部队伍建设

第一节　沿 革

校级领导干部的任免，1978年6月至1985年4月，由中共北京石油化工总厂党委和中石化总公司党组批准。1985年4月至2000年1月，由中国石油化工集团公司党组批准。2000年1月以后，学校党委正职由北京市委批准，副职由市委教育工委批准；行政正副职由北京市人民政府批准。

处级领导干部的任免，1978年6月至1990年1月，由中共北京石油化工总厂党委批准。1990年1月至1992年12月，副处级干部由学校党委批准；1993年1月以后，正副处级干部都由学校党委批准。

1995年9月，党委制订北京石油化工学院《领导班子和领导干部管理工作若干规定》，共18章90条。处级干部任免的程序为：广泛听取群众意见（民意测验、民意测评），组织部门考核，领导班子集体讨论决定。选拔任用干部，经过民主推荐，提出测评考核对象，党委或组织部确定考核对象。换届时，民主推荐按照领导班子职位的设置全额推荐。个别提拔，按照拟任的职位推荐。民主推荐的范围：民主推荐系级领导干部人选，参加范围是所在单位的全体教职工。民主推荐机关职能部门处级领导干部人选，根据职能

①北京石油化工学院成立后，从第一次党员代表会开始，党代会、党委会届次重新排定。

部门的职责和工作范围，在相应范围内进行民主推荐。民主推荐的程序：制定推荐工作方案，公布所需岗位的职务、任职条件、推荐范围和要求；召开推荐会，个别谈话、填写推荐表等方式进行推荐；组织部汇总推荐情况并向党委汇报。干部任免：系级领导干部在考察前，在系党政领导班子中酝酿。职能部门的处级领导干部人选，须征求分管领导的意见。处级领导干部的任免，由党政领导提名，广泛听取群众意见，组织部门考核并提出意见，党委讨论决定。行政干部由学校院长签发，党群组织的领导在换届时，按党章和工会章程办理。

1999年12月，校党委推行公开选拔竞聘上岗的干部制度改革。党委分别制定校机关和教学科研单位处级领导干部公开选拔竞聘上岗工作方案，成立公开选拔聘任工作领导小组和处级领导干部选拔竞聘评议组。工作方案包括公开选拔聘任原则、任职条件和资格、聘任程序等，实行竞聘演讲、投票推荐、提出考核人选、组织考察，党委会讨论决定聘任人员，行政领导由校长聘任，党委职能部门领导由党委任命。新任的处级领导干部试用期一年。同年制定《处级领导干部任期目标责任书》，明确处级领导干部的岗位职责，任期规定为三年，在同一个职位上任职一般不超过两个任期。处级领导干部任职三年一滚动。2000年12月，制订《关于提拔任用领导干部征求纪委意见的暂行办法》，对拟提拔人选，组织部就其个人是否廉洁，对所管理的单位、部门党风廉政建设抓得是否有力，征求纪委的意见。2002年12月，制订《党政干部任前公示制实施办法》（试行）、《处级党政领导干部任职试用期实施办法》（试行）。对拟提拔担任学校正副处级党政领导职务的人选，实行任职前公示。新任处级领导干部一年试用期满，由组织部对干部进行考核，考核胜任现职的，由校党委研究审定后，组织部按有关规定和程序下达正式任职通知。2003年9月，制订《北京石油化工学院处级党政领导干部选拔任用工作条例》，2004年10月，对这一条例重新作了修订，修订为《北京石油化工学院处级党政领导干部选拔任用工作实施细则》。2006年4月，制定《干部职位说明书》，规范干部职位职责、职位权限、工作关系、考核绩效指标、任职条件和资格；经济责任书的制订和签署，规范领导干部廉洁从政的行为和学校的经济责任审计工作。2006年5月，制订《关于党委会讨论处级干部任免实行票决制的办法》，通过票决制决定处级干部的任用。按照干部选拔任用基本程序，党委成员对任免事项进行充分讨论，党委书记根据多数人的意见决定票决的范围，对争议较大的暂不进行表决。赞成票超过应到会人数半数的即获得通过，并形成任免决定。赞成票未超过应到会委员半数的人选，作否决处理，一年内不再提名为同一职位人选。

党委制订的《领导班子和领导干部管理工作若干规定》，对处级领导干部的考核、民主评议、谈话、汇报、交流、回避、奖惩等管理工作提出要求。在原来不定期考核的基础上，建立处级党政领导干部考核制度，从1995年起每年进行一次干部考核工作。考核程序：干部个人作述职总结；广泛听取意见，包括个别访谈，同级测评，所属测评；有关职能部门评价；形成干部考核材料。考核材料包括主要工作成绩，主要优点、缺点和不足，民主测评情况。从德、能、勤、绩四个方面，按优秀、称职、基本称职、不称职四个档次对处级干部进行综合评价，并反馈考核结果。

2001年1月，制订《处级领导干部考核办法（试行）》。考核采取主管校领导打分、群众测评和组织考察三结合的办法进行。考核采取量化标准，以百分计，其中群众测评占50%，组织部考核占30%，领导打分占20%。考核分四个档次，优秀、良好、合格、不合格。考核优秀的处级干部，党委通报表扬，岗位津贴上调其相应职级岗位津贴的10%。2001年试行一年。2002年，党委完善《处级领导干部考核办法》，除实行年度考核外，增加届中和届满考核。年度考核按照优秀（考核分数90分以上）、良好（考核分数70分以上不满90分）、合格（考核分数60分以上不满70分）、不合格（60分以下不含60分）四个档次衡量与认定。不合格或考核末位的处级干部，组织部和分管校领导向本人提出诫勉，年度考核连续两次不合格或考核末位予以免职。2003年1月，再次修订《处级领导干部考核办法》，根据处级领导干部在不同单位、岗位和职位上所承担的责任、义务、工作范围、工作对象的不同，实行分类考核，具体内容有区别，考核内容为德、能、勤、绩，廉五个方面。考核分定性考核、定量考核两部分。定性考核不合格的（定性考核测评不合格票的得票率超过30%），视为考核不合格。考核优秀的处级干部，奖励一个月的相应处级管理岗位津贴。

校党委每年制定处级干部培训计划。举办专题研讨班和短期培训班，坚持计划调训与自主参训，党校培训与在职学习相结合，鼓励干部在职学习，组织干部参加新知识、新技能的培训。组织处级以上领导干部定期参加市委党校和市委组织部组织的研讨班、进修班、培训班。选派优秀处级领导干部出国进修、考察。

1995年4月，制定《关于加强党的建设的三年（1995—1997）规划》，做出系级领导班子中心组学习的规定，系级中心组每两周学习半天。要求处级领导干部每年上交一篇理论学习论文。2001年10月，制定《2001—2005年干部教育培训规划》，明确校、院（部）的后备干部在聘任领导岗位之前，要进行理论培训和上岗培训，提出评选处级干部优秀理论学习论文。从2003年开始，每年组织部都聘请校内有关专家，对处级干部上交的理论学习论文进行评审，对于获得优秀理论学习论文的处级干部，党委给予通报表扬。

2004年1月，建立处级领导干部培训手册。2004年6月，制定学校《2003—2007年干部教育培训规划》，抓好处级干部5年内3个月以上的脱产培训，干部集中学习时间每年不少于18天。2007年1月，制定学校《2006—2010年干部教育培训规划》，设立干部培训专款，随学校财政收入增长逐步提高。7月，制定《干部教育培训工作暂行规定》。

第二节　校级领导班子和队伍建设

一、班子配备

建校初期，石化总厂党委成立由张万欣、王焕恺、张凤吉三人组成的学校筹建领导小组。1978年12月，中共北京石油化工总厂党委决定林源兼任党委书记，张万欣兼任院长。

1979年1月，刘忠忱任学校领导小组成员。

1980年1月，陈斐、袁尔卓任北京化工学院第二分院领导小组负责人。10月臧福录任学校领导小组成员，行政主要负责人。

1983年10月，吴仪兼任北京石油化工专科学校党委书记，臧福录任校长，李杰任党委副书记。11月，张富元、张孟邦任副校长。12月，经中石化总公司批准组建北京石油化工专科学校临时党委，由吴仪、臧福录、李杰、张富元、严庆国五位同志组成，吴仪兼任党委书记，李杰任党委副书记。

1985年11月，张立文任北京石油化工专科学校党委书记，刘国仁任党委副书记，免去吴仪兼任的党委书记、李杰任的党委副书记职务。张富元、郁浩然、严庆国任副校长，免去臧福录校长职务。

1990年2月刘国仁任党委书记兼纪委书记，免去张立文学校党委书记职务。1991年4月，张富元任学校党委书记兼纪委书记，免去刘国仁党委书记兼纪委书记职务。

1993年2月，张富元任北京石油化工学院党委书记，郁浩然任院长；崔玉明任党委副书记兼纪委书记；严庆国、佟泽民任副院长。1994年10月，徐土旺任北京石油化工学院副院长。

1998年10月，孙桂大任北京石油化工学院党委书记，周海任党委副书记兼纪委书记；免去张富元党委书记，崔玉明党委副书记、纪委书记职务。佟泽民任北京石油化工学院院长，郭文莉任副院长；免去郁浩然院长职务。

2001年8月，牛继升任北京石油化工学院党委书记，免去孙桂大党委书记职务。2002年11月，刘仲仁任北京石油化工学院党委副书记。12月，赵盛伟任北京石油化工学院副院长。2004年6月，张肃建任北京石油化工学院纪委书记，免去周海纪委书记职务。2005年7月，郭文莉任北京石油化工学院院长，免去佟泽民院长，徐土旺副院长职务。

2006年2月，曹长兴任北京石油化工学院党委副书记，免去周海党委副书记职务；周海、焦向东任北京石油化工学院副院长。4月，根据市委组织部《关于2006年调整补充局级领导班子后备干部工作的意见》（京组发[2006]4号）和市委教育工委关于调整补充局级后备干部工作通知精神，组织后备干部调整补充工作。根据民主推荐结果，经党委研究，向市委组织部推荐了1名正校级后备干部和5名副校级后备干部人选。

2007年1月，学校召开第二次党员代表大会，选举产生了中共北京石油化工学院第二届委员会和新一届纪律检查委员会。中共北京石油化工学院第二届委员会第一次全体会议选举牛继升为书记，刘仲仁、曹长兴为副书记；新一届纪律检查委员会第一次全体会议选举张肃建为书记。11月，韩占生任北京石油化工学院副院长。

至2007年12月，学校领导班子由9人组成，党委书记、副书记和纪委书记4人，院长、副院长5人。班子平均年龄为49.11岁，其中45岁以下3人，占33.3%，46至55岁4人，占44.4%，55岁以上2人，占22.2%；均具有高级专业技术职务，其中6人是正高职，占66.7%；6人具有研究生学历，占66.7%，其中3人为博士研究生；有2位女干部，占22.2%，1位少数民族干部，占11.1%；有1位非中共干部，占11.1%；专业结构涵盖了学校主干专业，理工、政法、人文互补，管理专长满足了班子分工的需要。

二、制度建设

校党委印发和制定了一系列关于加强校领导班子建设的文件和制度，主要文件制度有《关于贯彻六中全会精神加强党员领导干部思想作风建设的决定》（1990年6月）、《关于加强学校领导班子思想作风建设的决定》（1992年3月）、《领导干部廉洁自律十条规定》（1993年11月）、《关于认真执行几项重要制度的通知》（1997年5月）、《关于加强两级理论学习中心组理论学习的有关规定》（1998年4月）。

1992年3月，制定《领导干部政治理论学习制度》、《党委会会议制度》、《党员领导干部民主生活会制度》、《考评领导干部制度》、《干部管理制度》、《联系群众制度》、《廉政制度》、《同领导干部谈话制度》。1997年5月，制定《会议制度》、《领导干部联系基层和群众制度》等八项制度。每周一下午，为院党政领导接待群众时间，建立院党政领导责任区。2006年12月，印发《关于扩大党内民主，严格组织生活的实施意见》，2007年6月，印发《中共北京石油石油学院委员党风廉政建设责任制实施细则（修改）》、《关于党委会讨论处级干部任免实行票决制的办法》、《重大事项决策咨询制度（试行）》。

第三节　处级领导班子和队伍建设

1988年10月，校临时党委组织副处级以上领导干部参加燕化公司党委组织的学习贯彻十三大精神和《中共中央关于加强高等学校思想政治工作的决定》的培训班。

1990年，根据北京市组织工作会议精神和燕化公司党委《关于全面考察厂、处级干部的意见》，党委从4月开始，用一个月的时间，对学校现职副处级领导干部进行一次全面考察。8月，制定领导干部目标责任书。

1993年11月，党委印发《关于在副处级以上干部中实施“五个一”制度的通知》，要求处级干部每月至少到学生宿舍一次，与一名学生谈一次话，到课堂听一次课，到学生食堂用餐一次，调查研究一个问题。

1995年9月，党委制定《北京石油化工学院领导班子和领导干部管理工作若干规定》；颁发《关于加强民主集中制的实施意见》。

1996年6月，党委制定《北京石油化工学院关于重要干部任用的工作办法（试行）》。1999年12月，党委进行干部人事制度改革，采取竞争上岗方式在全校范围内公开选聘处级领导干部。党委制定了《机关处级干部公开选拔聘任实施方案》、《教学科研机构处级领导干部公开选拔聘任实施方案》和《北京石油化工学院处级干部任期目标责任制》、《北京石油化工学院处级领导干部实行试用期制办法》等文件。通过方案的组织实施，完成了处级领导班子和干部的换届工作。竞争上岗的56名处级干部中，有47位干部变更了岗位和职位，27位年轻干部走上处级领导岗位，12位处级干部进行轮岗交流。35岁以下的干部占22%，36～50岁的占63%，50～55岁的占15%；具有研究生以上学历的占49%，本科学历的占37%，大专以下学历的占14%；具有高级职称的占55%，中级职称的占43%，中级以下职称的占2%。处级领导干部任期为三年。

2000年3月至5月，根据中共北京市教育工委《关于在高等学校系处级以上领导班子和领导干部中深入开展“三讲”教育的意见》（京教工[2000]6号）的精神和有关要求，党委制定《北京石油化工学院“三讲”教育实施方案》，集中三个月的时间在全校处级以上领导班子和领导干部中开展了“三讲”教育活动。7月，印发《关于进一步贯彻执行民主集中制原则的实施意见》。12月，印发《北京石油化工学院提拔任用领导干部征求纪委意见的暂行办法》。2001年1月，印发《北京石油化工学院处级领导干部考核办法（试行）》。

2002年12月，印发北京石油化工学院《处级领导干部实行试用期实施办法（试行）》、《处级领导干部实行任前公示制办法（试行）》。2003年1月，印发《北京石油化工学院处级领导干部考核办法》和《中共北京石油化工学院委员会处级党政领导干部选拔任用工作条例》。6月，党委进行处级领导班子和领导干部的换届调整选拔聘任工作。对8个二级单位领导班子进行换届调整，完成66名处级领导干部的选拔聘任。换届调整后，有10名处级干部进行轮岗交流，11位青年干部走上处级领导岗位，18名副处级干部提拔为正处级，5位处级干部因年龄原因担任处级非领导职务，3名处级干部予以免职。

2004年4月，印发《北京石油化工学院处级以上领导干部廉洁自律规定（试行）》。10月，印发《北京石油化工学院处级党政领导干部选拔任用工作实施细则》。12月，印发《北京石油化工学院处级后备干部队伍建设实施办法》。

2005年3月，举办“处级领导干部行政管理与执行专题培训班”，同时举办“学习贯彻《实施纲要》加强项目管理制度建设培训班”。3月至6月组织部分处级干部参加由市委教育工委和北京市高校干部培训中心在北京大学举办的“高等教育管理高级研修班”。

从2003年起，选派处级干部参加市委组织部举办的处级以上干部英语培训班。

2005年2月至3月，在全校范围内进行了处级后备干部推荐选拔工作，党委讨论审定28名副处级后备干部。

2006年3月，学校党委组织4个检查组，深入13个单位进行处级领导班子贯彻执行民主集中制检查工作。

2006年，完成《干部职位说明书》的制定工作，进一步规范干部职位职责、职位权限、工作关系、考核绩效指标、任职条件和资格。制定《北京石油化工学院处级党政领导干部管理办法》。制定《关于党委会讨论处级干部任免实行票决制的办法》。制定《中共北京石油化工学院委员会关于对党员领导干部进行诫勉谈话和函询的暂行办法》和《中共北京石油化工学院委员会关于党员领导干部述职述廉的暂行规定》。6月至7月，党委进行处级领导班子和领导干部换届聘任工作。换届后，有处级领导干部共78人，平均年龄为43岁（比换届前下降了2岁）。35岁以下处级干部占14.1%，36～50岁的处级干部占73.1%，

50岁以上的处级干部占12.8%；具有研究生以上学历和取得硕士学位的占51.3%；具有副高职以上职称的占60.3%；妇女干部占23.1%；少数民族干部占6.4%。4至11月，党委委托校审计室对负有经济责任的处级领导干部进行了任期经济责任审计。

到2007年12月，学校共有处级领导干部77位，其中正处级领导干部占57.1%，副处级领导干部占42.9%，平均年龄为 45.1岁，其中35岁以下6人，占7.8%，36～45岁46人，占59.8%，46岁以上25人，占32.5%；其中有高级专业技术职务的49人，其中16人是正高职，占20.8%；38人具有研究生学历，占49.4%，其中9人为博士研究生；有19位女干部，占24.7%；6位少数民族干部，占7.8%；有3位非中共干部，占3.9%。

第四章　党的组织建设

第一节　沿 革

1979年1月，建立学生党支部。1995年1月至1997年7月，组建8个党总支，教学单位党支部建在教研室、机关党支部建在处室。建立党委、总支、支部三级责任制，制定《党总支、党支部工作职责》。建立《党总支（支部）工作考核评估标准和办法》。党总支、直属党支部每年向党委汇报工作一次。党委对党总支、直属党支部每2年考核评估一次。

党支部制订年度党员发展计划，负责做入党积极分子的培养、教育、组织发展工作。1981年7月，在教职工中发展2名新党员。1982年，在学生中发展3名新党员。1991年5月，业余党校对入党积极分子进行集中培训，同年，党委聘任兼职组织员协助做党员发展工作。

1982年6月，在党内开展“争优创先”活动，并进行“七一”表彰优秀共产党员活动。1988年，增加评选先进基层党组织的内容；1996年增加评选优秀党务工作者的内容；2001年以后改为两年评选表彰一次。

1989年8月，进行民主评议党员工作。每隔2年进行一次，或在上级党组织安排下进行。

党总支每届任期三年，学校分别于1997、2000、2003、2006年按照换届选举的程序，进行党总支和直属党支部的换届选举。通过民主程序产生党总支、直属支部委员会和书记、副书记。

第二节　党的基层组织建设

校党委下设党总支、直属党支部，党总支下设党支部。

1979年1月，建立学生党支部，党员7人，由政治辅导员任支部书记。这是学校建立的

第一个党支部。而后，又相继建立教务处、总务处2个教职工党支部。3个党支部共有党员37人。党支部每月开展四次党日活动，第一周支委会、第二周支部党员大会、第三周党小组会、第四周党课。

1980年4月，成立政治处党支部。教务处、总务处、政治处、学生4个党支部进行党支部选举工作。共有党员37人。

1986年1月，学校在建立基础部、化工系和化机系3个教学单位的同时，完善了党支部的设置。设立机关一支部、机关二支部、机关三支部、基础部支部、化工系支部、化机系支部、团委支部、总务处支部等8个党支部。共有党员65人。

1988年马列教研室党支部成立。11月，学校9个党支部(即机关一支部、机关二支部、机关三支部、基础部支部、化工系支部、化机系支部、总务处支部、基建处支部、马列教研室党支部)完成改选工作。共有党员99人。

1990年10月，学校有10个党支部，即化工系党支部、化机系党支部、基础课部党支部、总务处党支部、基建处党支部、车队党支部、校办工厂党支部、行政第一党支部、行政第二党支部、政工党支部，共有党员114人。1993年4月，党委批复化工系党支部、化机系党支部，基础部党支部，自动化系党支部、管理系党支部、社科部党支部、人事处党支部、总务处党支部、车队党支部、石开公司党支部、行政第一党支部、行政第二党支部、政工一党支部、政工二党支部、老干部党支部15个党支部的选举结果。共有党员174人。

1995年3月至6月，党委开始并完成化工系党总支、后勤党总支、机关党总支等3个党总支的组建工作。2月，党委制订印发《关于加强党的建设的三年规划（1995—1997年）》。9月，印发《党总支、党支部工作职责》、《关于加强民主集中制的实施意见》。

1997年1月，成立基础公共课部、机械系、自动化系、经管系党总支。7月成立社会科学部党总支（下设马列教研室党支部、思想教育教研室党支部、宣传部党支部、学生工作部（处）团委党支部）。健全了党委、党总支、党支部三级党的组织机构。12月底，学校共有8个党总支、5个直属党支部和24个总支下属党支部。共有党员327人。7月，中共北京市委办公厅转发市委组织部、市委教育工委《关于实施〈中国共产党普通高等学校基层工作条例〉的办法》的通知，党委制定《中心组学习制度》、《党总支、党支部工作制度》、《党总支、党支部工作职责（修订）》，制订印发《党总支（支部）工作考核评估标准和办法》。8月，印发《关于进一步加强党的建设的意见》。

1999年12月，制订印发《关于加强和改进思想政治工作的实施意见》。2000年6月，化工系等5个教学单位党总支更名，更名为材料与化工学院党总支、机械工程学院党总支、信息工程学院党总支、经济管理学院党总支、人文社科部党总支。7月，党委印发《关于进一步贯彻执行民主集中制原则的实施意见》。12月底，学校共有8个党总支、4个直属党支部和38个总支下属党支部。共有党员441人。

2001年12月，成立外语部直属党支部。

2002年6月至10月，按照市委教育工委的意见，党委开展了党建和思想政治工作评估指标体系的试评估工作。印发《关于加强党建和思想政治工作的意见》。10月，人文社科学院单独设立党总支。将宣传部、学生工作部（处）、团委党员的组织关系转到机关党总支。

2003年7月，成立体育教学部直属党支部和工程实践教学部直属党支部。

2004年3月，根据《北京普通高等学校党建和思想政治工作基本标准（试行）》，党委制定《二级学院（系、部）党建和思想政治工作基本标准（试行）》。印发《关于在全校开展党建和思想政治工作“达标创先”活动的通知》。4月29～30日，召开学校党的建设工作会议。4月，印发《中共北京石油化工学院基层党支部工作条例》。6月，印发《关于进一步加强基层党支部建设的若干意见》。12月，对各党总支、直属党支部和党委职能部门的党建和思想政治工作进行集中检查。

2006年，学校深化校内管理体制改革进行党政机构调整，在外语系直属党支部的基础上成立外语系党总支。撤销材料与化工学院党总支，成立化学工程学院党总支和材料科学与工程系党总支。数理教学部党总支更名为数理系党总支。撤销工程实践教学部直属党支部，成立工程教育中心直属党支部。成立离退休教职工党总支部。将机关党总支调整为两个党总支，组建以党政管理职能部门党员为主的机关教辅单位第一党总支和以学生工作部门、教学管理研究部门和教辅等单位党员为主的机关教辅单位第二党总支。

2006年9月初至10月中旬，学校各党总支、直属党支部进行了换届选举工作。选举产生了15名党总支书记和7名党总支副书记，其中8名为新任党总支书记，4名新任党总支副书记。11月党委制定印发《关于加强和改进学校基层党支部组织建设的意见》。2007年，印发《教学院（系）党建和思想政治工作基本标准（试行）》、《机关党总支委员会工作考核评估标准（试行）》、《教工党支部委员会工作考核评估标准（试行）》和《学生党支部委员会工作考核评估标准（试行）》。

2007年底，学校共有党总支12个、直属党支部3个、总支下属党支部75个。共有党员1358人。

第三节　党员队伍建设

一、党员队伍状况

学校党员队伍不断壮大，党员由1979年的37人发展到2007年底的1358人。1979年教工党员30人，占教职工总数的18.9%；学生党员7人，占学生总数的4.6%。2007年底，教职工党员483人，占教职工总数的57.9%，学生党员704人，占学生总数10.8%；女性党员占教职工党员总数的47.2%。

二、党员发展与构成

1981年1月至2007年12月，共计发展党员2596名，1981年发展党员2名，2007年发展

党员478名。从2007年发展新党员的结构上看，教师党员占2.1%，干部党员占1.5%，学生党员占96.4%。新发展党员中学生党员占多数。截至2007年12月，学生党员占学生总数的10.8%。

制定发展党员的制度及规定。1991年4月、1995年2月，分别制订学校《发展党员三年规划》；1995年4月制定《发展党员工作程序及要求》、《关于党总支审批学生党员的工作程序》、《入党积极分子培训规程（试行）》、《发展党员公示制》；2000年11月，编印《发展党员工作手册》，实行发展对象和预备党员转正两个公示制度；2004年5月，党委印发《关于进一步做好我校发展党员工作的若干意见》、《二级学院（系、部）党组织发展党员工作责任制》、《学校2004—2007年党员发展规划》、《关于进一步做好推荐优秀团员作党的发展对象工作的意见》；2004年12月，党委印发《中共北京石油化工学院发展党员工作程序（试行）》，组织部制定《发展党员票决制实施意见（试行）》，接受预备党员发展和预备党员转正中推行票决制；2006年3月，组织部制定学校《关于贯彻落实发展党员公示制度的实施意见》。

1991年5月党委开始聘任兼职组织员协助做组织发展工作。

三、党员教育

1.坚持理论学习

1987年，在党员中开展以坚持四项基本原则，反对资产阶级自由化为重点的宣传教育活动；1989年4月至5月，组织开展党员形象党员标准大讨论；1990年9月，开展系列党课教育，对党员进行马克思主义基本理论、建设有中国特色的社会主义必须坚持党的领导等方面的教育；1992年，组织党员学习邓小平同志南巡讲话；1994年12月，组织党员学习《邓小平文选》第一卷第二卷；1995年4月，开展党员“双学”（学习邓小平建设有中国特色社会主义理论和《中国共产党党章》）教育活动，用三年的时间，抓好三个专题教育。开展学习英模“塑造共产党员形象、塑造人民教师和教育工作者形象、塑造社会主义大学形象”的活动；2000年5月，开展理想信念教育并在领导干部中开展“三讲”教育和警示教育；2001年10月，组织党员学习江泽民“七一”讲话。2002年底，开展学习党的十六大精神活动。2003年9月，开展“三个代表”重要思想的学习活动。2005年9月至11月开展保持共产党员先进性教育活动；12月，开展保持共产党员先进性教育“回头看”活动，印发《关于建立健全保持共产党员先进性长效机制实施方案》。2006年11月，党委印发《关于加强党员经常性教育的实施意见》。

2.加强理论培训

1980年，举办贯彻落实十一届五中全会精神党员学习班。1988年12月，组织学习贯彻十三大精神和《中共中央关于加强高等学校思想政治工作的决定》的党员轮训班。1999年9月，举办党员培训班，2001年4月举办党总支书记、副书记培训班。2002年11月，举办《加强和改进高校党的基层组织建设》的党支部书记培训班。从2002年起，每年举办学生预备党员培训班；2004年4月，举办党支部书记培训班。

3.编辑学习文选

共编辑学习文选20余册，达150余万字。此外，还编辑了《WTO与中国高等教育》、《“四五”普法读本》、《高等学校教育法规和文件选编》、《公民道德建设实施纲要学习辅导材料》等。

4.通过组织开展多种多样、丰富多彩的活动，对党员进行潜移默化的爱党、爱国、爱社会主义教育

组织党员参观建党八十周年大型展览、纪念长征胜利七十周年展览、复兴之路大型主题展览、爱祖国爱北京逛北京一日游；在重大节日如建党八十周年、建国五十年、香港回归组织文艺汇演、召开党员座谈会、举办知识竞赛、放映爱国主义影片；开展“爱心助困手拉手”、“为党旗增辉，为评建添彩”、“宣传奥运进社区”、“农民工子弟学校义务支教活动”等系列主题活动，组织部分党员干部参观西柏坡、井冈山、韶山冲以及渣滓洞、白宫馆等教育基地。

5.民主评议党员

1989年8月，开展评议党员和处置不合格党员工作；1991年12月，开展民主评议党员工作。此后，每2年开展党员民主评议工作，民主评议党员工作分思想发动，学习文件、个人总结，民主评议四个步骤进行。党员评议以支部为单位，个人总结，群众评议。填写《民主评议党员登记表》。

第四节　党校建设

学校业余党校于1991年4月成立。业余党校建制归党委序列，暂不设专门机构。业余党校校长由党委书记兼任，业余党校副校长由校长兼任，业余党校教务长由组织部长兼任，业余党校副教务长由宣传部副部长兼任。业余党校办公室设在党委组织部，日常工作由组织部负责。

业余党校的主要职责：培训入党积极分子、预备党员、党支部书记、中层干部；培训中青年骨干教师和管理骨干；围绕国际国内出现的新情况、新问题，开展学术理论研究与讨论；宣传马列主义、毛泽东思想、邓小平理论、“三个代表”重要思想和党的路线、方针、政策。业余党校的主体班次是入党积极分子培训班、预备党员培训班、党支部书记培训班、中层干部理论学习班。入党积极分子培训班每年举办一期，党员、干部培训不定期办班。

1991年5月，举办首期入党积极分子培训班。

1995年3月，学校党委制定《关于进一步办好业余学校的意见》，提出业余党校的培训原则“少而精、分层次、重实效”。并对业余党校的领导及工作机构进行适当的调整，业余学校校长由党委书记兼任，业余党校教务长由组织部长兼任，设副教务长4人。

1996年9月，开始对学生入党积极分子实行了校、系两级培训。各党总支负责办学生申请入党积极分子培训初级班，业余党校负责办提高班。1999年之后，随招生规模扩大申请入党积极分子增多，每年举办两期学生申请入党积极分子培训提高班。

2002年9月，业余党校设专职副校长主持党校日常工作，并调整业余党校领导成员由党委书记任党校校长、组织部长任常务副校长，设立由6人组织成的校务委员会。12月，取消专职副校长，党校日常工作由常务副校长主持。

2003年9月，学生申请入党积极分子培训提高班，由党校和学生工作部承办。

2004年12月，党委制定《中共北京石油化工学院委员会关于加强党校建设的若干意见》，对申请入党积极分子培训班、预备党员培训班、党支部书记培训班、中层干部培训班、中青年骨干教师培训班的教学目的、主要学习内容、教学形式、学制、承办单位做出规定；制定《关于加强北京石油化工学院党校建设的若干意见》，对党校培训内容、培训方式、培训师资提出要求，党校工作形成完善的工作机制。党校培训内容：主要学习马列主义、毛泽东思想、邓小平理论和“三个代表”重要思想，《中国共产党章程》、《关于党内政治生活若干准则》，学习党的基本理论、基本纲领、基本路线、基本知识，学习中组织部组织编写的《入党教材》，学习经典著作《共产党宣言》、《论共产党修养》等。党校培训方式坚持四个结合：一是学员自学与辅导讲座相结合，二是集中学习与讨论相结合，三是课堂教学与社会实践相结合，四是个人总结与典型交流相结合。党校培训师资：初级班师资由院系党政主要领导、离退休骨干理论教师担任；提高班师资由学校党委书记、副书记、政治理论课教授、学生工作部部长担任。

从2005年4月开始，教职工申请入党积极分子不再参加学生入党积极培训班，由党校会同组织部每年举办一期教职工申请入党积极分子培训班。

1994至2006年，党校共举办23期学生申请入党积极分子培训班，培训结业学员6579人；举办16期教职工申请入党积极分子培训班，培训结业学员208人。

第五章　思想政治与精神文明建设

第一节　沿革

学校的思想政治和精神文明建设工作在校党委的领导下，主要由党委宣传部负责协调。

1978年至1985年底，宣传工作归属学校办公室，由宣传干事负责全校性的宣传事务。

1986年2月，学校成立党委工作处，统一管理宣传部、组织部、学生工作部、档案机要科的日常业务工作和学校的思想政治教育工作。6月，党委工作处更名为党委政治工作处。徐理德任政治工作处处长，李克新任宣传部部长。

1989年11月，党委政治工作处撤销，设立党委宣传部，成为学校的直属单位，李克新任宣传部副部长。

1990年7月，学校从燕山搬迁到大兴以后，徐理德兼任宣传部长和学生工作部部长。

1991年2月至2003年6月，徐理德任宣传部部长。1997年7月，学校将党委宣传部、人文社会科学部、学生工作部(处)、团委合并成立一个党总支，徐理德兼任人文社会科学部主任和党总支书记。1997年7月至1998年7月，高秀云任宣传部副部长。

2003年6月至今，何晓红任宣传部长。2005年7月，学校成立新闻中心，何晓红兼任新闻中心主任。2006年6月，学校党政管理与教辅机构调整改革，撤销宣传部附属的宣传教育中心，其业务职能并入学校新闻中心。新闻中心为学校对外宣传的窗口，列编学校直属教辅机构，与党委宣传部挂牌合署。

党委宣传部是在校党委的领导下，主管全校宣传思想教育工作。主要职责有：围绕党和学校的中心工作以及主要任务，负责制订党委理论学习中心组和全校教职员工政治理论学习计划，组织全校领导干部的理论教育与培训，协同党委组织部和纪委对党员进行党性党风党纪教育；及时了解和把握全校教职员工的思想政治动态，有针对性地开展形势政策教育与法制教育，并对学习情况进行检查、督促；负责指导与协调大学生思想政治课的改革与建设，组织思想政治理论课教师开展理论与实践问题的研究；负责校报、晨曦新闻网、广播台和橱窗等校内宣传媒体，围绕党和学校的中心工作，加强与新闻媒体的联系与沟通，策划、组织、撰写有关宣传学校重大活动的文章在新闻媒体上刊发和播出；负责全校重大活动的摄影，摄像和视频新闻制做；负责全校有线电视的管理与维修。

第二节　思想政治建设

一、师生员工的思想政治教育

建校之初，恰逢党的十一届三中全会召开，广大师生思想十分活跃，但认识并不统一。在这一阶段主要是组织干部、党员和教师学习党的十一届三中全会文件，学习《中国共产党中央委员会关于建国以来党的若干历史问题的决议》。

1980年至1982年，全校宣传思想工作的主要任务是继续宣传贯彻党的十一届三中全会精神及中央对北京市提出的四条建议，加深教职工和学生对党的基本路线的认识。组织全校师生认真学习和贯彻五届全国人大三次会议精神和邓小平同志在政治局扩大会议上的重要讲话；组织干部和师生学习社会主义经济理论，充分认识党和国家领导制度改革和经济体制改革的重要意义。同时，在全校教职工中进行为教学服务的思想教育；对青年教职工和学生进行共产主义道德教育传统爱国主义的教育；坚持三会一课的学习制度，并开展“双争当”活动。

1983年，根据中共中央和北京市委的指示精神，党委提出要把组织学好《邓小平文选》作为一件头等大事，对中层以上领导干部、党员和师生员工的学习提出了不同的计划和要求。1983至1986年，通过专题讲座和组织各种学习班，组织党员干部和师生主要学习了《中共中央关于整党的决定》、《党员必读》、《十一届三中全会以来重要文件简编》、《毛泽东同志论党的作风和党的组织》、《中共中央关于经济体制改革的决定》、《中共中央关于社会主义精神文明建设指导方针的决议》。

1987年，根据中宣部和北京市委的要求，主要组织全校教职工认真学习《建设有中国特色的社会主义》和《坚持四项基本原则，反对资产阶级自由化》两本书。以这两本书为基本教材，通过辅导报告、讨论和测验等形式，统一全校教职工特别是党员干部的思想，正确领会改革、开放同坚持四项基本原则的内在联系，全面正确地理解和贯彻执行党的十一届三中全会以来的路线、方针、政策。1987年5月，政治工作处要求全校各级领导干部，特别是政工干部和学生工作干部，要理论联系实际，紧密结合自己的工作进行学习，并每年提交一篇学习心得。1987年3月和1988年3月，学校召开了第一次和第二次思想政治工作研讨会，并出刊《北京石油化工专科学校思想政治工作论文集（第一集1987—1988）》。

1989年平息政治风波后，按照市教工委和中石化总公司的部署，分别组织全体党员学习十三届四中全会文件和邓小平同志的重要讲话，深入开展形势政策教育，举办学生骨干学习班和党支部委员学习班，并成立思想政治教育领导小组，召开思想政治工作会议，把学习教育和整顿党组织结合起来。广大师生员工联系思想实际，认真反思，对这场风波的起因、性质，党和政府所采取措施的正确性及老一辈革命家、人民解放军所起的关键作用等问题的认识都有不同程度的提高。大家一致拥护党中央新的领导班子，拥护党中央对赵紫阳所犯错误的处理决定，认识到稳定压倒一切，要继续改革开放。

1991年至1992年，宣传部分期分批组织学习班，对学校青年教工进行了政治理论培训，主要是进行形势政策、党的历史知识教育和爱国主义教育，并组织到焦庄地道战遗址、卢沟桥和留民营参观学习。

1992年初，邓小平视察南方发表重要谈话。党委提出深入学习邓小平谈话精神，是当前对干部和教职工进行思想政治教育的头等大事。2月，宣传部、学生工作部、团委研究决定，在全校团员青年中开展以“社会主义好”为主题的大型教育活动，为期半年。5月，学校召开党建、思想政治工作会议，对团员青年的教育活动达到预期目标。

1996年至1997年，江泽民提出讲政治、讲正气、讲学习的系列讲话，学校以此为契机，进行学风、校风、校纪和社会公德教育，组织全校师生讨论并制订了学校及各部门教师行为规范。

1998年1月，党委提出《关于进一步加强学生思想政治工作的实施意见》。4月，制定《关于加强两级理论学习中心组理论学习的有关规定》。5月，党委提出《关于推进邓小平理论“三进”工作加强“两课”建设和改革的实施意见》，并成立主要由学生参与的邓小平理论学习会，9月提出《关于落实〈中共中央关于在全党深入学习邓小平理论的通知〉精神，推动全院邓小平理论学习的实施意见》，将学习邓小平理论推向新的高潮。

1999年，《中共中央国务院关于深化教育改革全面推进素质教育的决定》颁布，学校号召党员干部及全校师生员工认真学习文件精神，深入探讨高等教育改革发展的大趋势，并认真学习教育部、北京市教育工委关于高校管理体制改革的文件和讲话精神，全面迎接教学工作合格评价活动。

2000年至2002年，以学习邓小平理论、江泽民同志“三个代表”重要思想为重点，组织党员、干部和师生学习《公民道德建设实施纲要》，组织党员干部学习党的十五届六中全会《中共中央关于加强和改进党的作风建设的决定》，同时在全校范围内开展“四五”普法的宣传教育，组织师生学习有关法律法规，分层次分期分批组织学习班，开展崇尚科学反对邪教的教育，并对《教师文明行为规范》做了进一步的修订。

2003年至2004年，以贯彻落实党的十六大、迎接十六届四中全会的召开、迎接2005年的教学评估工作的精神为主线，以纪念毛泽东同志诞辰110周年、邓小平同志诞辰100周年、建国55周年、第20个教师节为契机，抓住“新北京、新奥运”的战略机遇，积极宣传学校第一次党代会精神，在全校范围内兴起学习贯彻“三个代表”重要思想的新高潮，并把“三个代表”重要思想贯穿到教书育人、服务育人、管理育人的全过程中。

2005年，提出保持共产党员先进性教育活动和教育部本科教学工作水平评估“两手抓、两不误、两促进”的方针，在党员中开展“为党旗增辉、为教评添彩”的学习实践活动，认真落实《中共中央国务院关于进一步加强和改进大学生思想政治教育的意见》精神，在全校开展了“学校教育、育人为本，德智体美，德育为先”的思想政治理论学习。

2006年1月，召开大学生思想政治教育工作会议，制订《德育大纲》，全面落实中央关于加强和改进大学生思想政治教育的工作。党委组织广大党员干部学习贯彻科学发展观，学习《江泽民文选》，围绕建立共产党员先进性教育长效机制，积极开展社会主义荣辱观、构建社会主义和谐社会等重大理论的学习，组织了纪念长征胜利70周年参观、建党八十五周年知识竞赛和十六届六中全会知识竞赛，进一步提升了广大党员的素养。

2007年，深入贯彻落实科学发展观，学习贯彻党的十六届六中全会精神，迎接宣传贯彻党的十七大精神，开展“迎奥运、讲文明、树新风，携手共建和谐校园”活动，全面贯彻落实学校第二次党员代表大会精神，迎接北京高校党建评估，全面推进思想政治建设。

为便于组织教职工学习中共中央、国务院召开的重要会议，领导的重要讲话和中央的有关方针政策，也便于日后查阅，1999年开始，党委宣传部及时编辑《学习文选》，作为教职工和党员思想教育的辅助材料，并发放到每位教师党员手中。截至2007年，共编辑《学习文选》51册，400余万字。其中，《“四五”普法读本》、《人才工作专集》、《WTO与中国高等教育》、《学习党的十六大文件专集》、《构建社会主义和谐社会专集》、《加强大学生思想政治教育、师德建设专集》、《社会主义荣辱观教育专集》、《学习〈江泽民文选〉专集》、《领导干部作风建设 社会主义核心价值体系专集》等，深受广大教职工的欢迎。

二、党员的党性、党风和党纪教育

1978年12月，中共十一届三中全会召开，在全校党员中广泛深入地进行一次党的基本知识的教育，组织党员对照自己的思想和行为，开展批评和自我批评。

1982年，中共十二大召开，开展了以学习新《党章》为主要内容的党员教育活动，主要学习新《党章》的特点和意义、党的性质和指导思想、加强党的建设的重要意义，为下一步的整党做了思想上的准备。

1984年4月至1985年3月，根据中共北京燕山石油化工公司党委的意见，学校开始全面整党，主要通过学习《中共中央关于整党的决定》，把整党同改革结合起来，在全面完成统一思想、整顿作风、加强纪律、纯洁组织的同时，也使广大党员受到一次党性、党风、党纪的教育。

1990年，按照中共十四届四中全会要求和市委部署，进行党员重新登记工作，针对当时的社会环境和党员的思想实际，着重进行了坚持社会主义道路、坚持人民民主专政、坚持全心全意为人民服务的宗旨、坚持民主集中制和严格遵守党的政治纪律等专题的教育。6月，党委组织贯彻六中全会精神，加强党员干部思想作风建设。

2000年5月至6月，在学校党员中开展理想信念教育，在党员领导干部中开展警示教育活动。6月，印发《关于深入学习贯彻江泽民同志“三个代表”重要思想的通知》，在学校掀起新的学习高潮。9月，在全校师生中开展“四个如何认识”学习活动，解决和澄清师生员工中存在的一些思想疑虑和深层次问题，帮助师生做到“四个正确认识”。

2003年至2004年，党委组织在人事部门开展以公道正派为主要内容的“树组工干部形象”的集中学习教育活动，广大党员干部以身边先进人物为榜样，提高了贯彻执行党的基本路线的自觉性，坚定了社会主义、共产主义理想信念。2004年，学校纪委、党委组织部宣传部联合印发关于在全校开展学习贯彻《中国共产党党内监督条例（试行）》和《中国共产党纪律处分条例》的通知。

2005年到2007年，组织全校党员干部深入贯彻落实科学发展观，积极开展保持共产党员先进性教育活动，开展党风廉政建设宣传月活动，号召广大党员干部加强党风建设，树立社会主义荣辱观，全面学习贯彻党的十七大精神，积极构建社会主义和谐社会和谐校园。

三、围绕学校教育改革发展的宣传思想工作

建校初，许多干部和教师觉得办学条件多不具备，又缺乏办大学的经验。为此思想政治工作的重点是通过组织形势政策教育和政治理论学习，使干部和教师树立信心，明确办学思路，提高教学质量，培养又红又专的应用型人才，批判教学脱离实际、脱离学生实际的倾向。

1983年，组织教职工学习中共十二大文件，以增强办好学校的信心和决心，提高工作积极性。围绕落实党的知识分子政策和统战政策，在各级干部中广泛进行学习和宣传，包

括在后勤工人中进行了尊重知识、尊重知识分子的教育，提高了广大职工为教学、科研服务，为知识分子服务的自觉性。

1985年，《中共中央关于教育体制改革的决定》颁布。组织教职工学习贯彻，并把改革教学内容、教学方法、教学制度和提高教育质量列为十分重要而迫切的任务。学校80年代中期至90年代初的教育教学改革，始终以此为指导思想而持续进行。

1989年至1990年，为贯彻易县中层干部会议精神，实现学校整体顺利搬迁，组织开展“共渡难关、多做贡献、搞好搬迁”的大讨论，并进一步凝聚师生力量，为学校的进一步发展积极献言献策。

1992年，经国家教委批准，学校正式命名为北京石油化工学院。以贯彻落实中共中央［1990］12号文、国家教委科委〔1991〕2号文和中石化总公司〔1991〕教字271号文件精神，落实把德育放在首位，坚持社会主义办学方向，培养社会主义的建设者和接班人，并加强思想教育课程建设。

1996年3月江泽民发表谈话，提出全国教育面临的两个主要转变，要求教育适应现代化建设对各类人才培养的需要，提高办学质量和效益。此后两年学校在办学过程中贯彻落实。

1998年，《邓小平教育理论学习纲要》出版发行，《高等教育法》颁布，这是教育战线具有重要意义的大事，学校开展了邓小平教育理论思想的学习讨论，举办党总支书记培训班，组织专题报告。

1999年至2002年，党委组织学校师生员工学习《中共中央国务院关于深化教育改革全面推进素质教育的决定》和江泽民在北京大学、清华大学、中国人民大学和北京师范大学发表的重要讲话精神，并举办辅导报告，使广大师生进一步明确教育的战略地位、高等学校在知识经济时代的历史使命和教育工作者肩负的神圣职责。

1999年下半年，宣传思想工作以配合学校迎接教育部本科教学工作合格评价为重点，在师生员工中广泛开展“我为迎评作贡献”的活动，为学校一次性通过教育部本科教育工作合格评价营造思想舆论氛围。

2000年2月，学校划归中央与北京市共建，以北京市管理为主，学校走上快速发展之路。此后宣传思想工作与北京市教委及其他高校宣传工作同步，以推动学校跨越式发展为主。

2004年至2005年，宣传思想工作以配合学校迎接教育部本科教学水平评估为重点，2005年3月在学校范围内开展教育思想观念大讨论活动，并编写《北京石油化工学院教育思想观念大讨论文集》。发动校训、校歌征集活动和校园文明用语征集活动，凝练出“宁静致远、务本维新”的校训和“实事求是、与时俱进、勤奋实干、自强不息”的学校精神，并制作“教学成果展”、“体育成果展”、学校宣传画册、《携手并肩创辉煌》宣传片、《媒体看石化》，使师生员工了解学校近年来发生的明显变化，从而增强责任感和使命感，为教评营造思想舆论氛围。

2006年至2007年，围绕学校第二次党员代表大会的召开和北京高校党建评估达标检查验收，广泛宣传树立社会主义荣辱观、构建和谐校园的主题，加强了校园文化建设，制作了党代会、党建评估宣传网站，拍摄了党建宣传片，策划了两次大规模的党建成果展，为党建工作的顺利开展提供了有力的思想和舆论保证。

第三节　宣传阵地建设

建校之初的宣传阵地建设主要是板报、简报和即时的广播，宣传栏是主要的宣传阵地。1993年，广播台成立，学校有了正式的校园媒体。1995年《北京石化学院报》创办，2004年开通晨曦新闻网。此后，依托报纸、网络、广播，形成了学校立体化建设的舆论宣传阵地。

一、《北京石化学院报》(校报)

《北京石化学院报》是北京石油化工学院党委和行政的机关报，宣传报道对象为本校师生员工，主要报道学校的中心工作和各项活动。1995年7月，《北京石化学院报》正式创刊，由吴达文具体负责，挂靠宣传部。1997年划归宣传部，1999年教育部对北京石油化工学院进行教学合格评价后，《北京石化学院报》固定为半月刊，4开4版（要闻版、综合新闻版、校园视点、文艺副刊）。1997年至2003年徐理德兼任主编，有责任编辑1人。有时扩大版面或出版专刊。2006年11月15日，《北京石化学院报》200期出版，并由此改为彩色版。截至2007年底共出刊222期。2003年至今何晓红任主编。

二、晨曦新闻网

晨曦新闻网于2004年9月3日开通，开设了15个专题，以“客观、全面、及时”为新闻报道理念，以“为学校师生服务、为学校建设发展鼓劲”为报道宗旨，全面见证和记录学校的发展。2007年7月，晨曦新闻网新闻阅读点击率突破500万人次。

三、广播台

学校成立初即设有广播站，一开始为有线广播。1990年迁至大兴区后，设有配套的有线广播系统。1993年，广播台正式成立，主要配合形势进行宣传。2004年底开始对广播线路进行改造，主校区实行有线无线相结合。2005年9月，康庄校区实现数字化无线广播。至此，广播台由最初的两人轮流转播新闻，发展到目前的新闻组、访谈组、专题组、音乐组、海报组、办公组六个完善的组织，由学生独立做节目，并实习自动播放。

四、宣传橱窗

建校初期，在燕山校区学生宿舍和办公楼前设立了三组宣传橱窗。1990年后，在学生食堂前与基建设施配套设立了多组宣传橱窗和黑板报栏。2002年改建为不锈钢橱窗，在食堂前设了2组新闻宣传橱窗，在主要干道旁设了14组院系宣传橱窗。2004年在食堂前改建了5组大型宣传橱窗，同时在各教学楼增设了60多个不锈钢阅读报栏和宣传刊。2005年在康庄设了3组新闻宣传橱窗和20个报栏。宣传橱窗由党委宣传部统一管理，制订了橱窗使用登记制度。橱窗内容除配合国家重大活动的宣传外，主要展示学校各方面工作的成果、表彰先进等。

五、视频新闻

学校在燕山时期拍摄有视频资料，但一直没有做过视频节目。1993年开始，制作了《奋进中的北京石油化工学院》、《为了美丽的家园》的校园专题，2003年拍摄了《直挂云帆济沧海》的中英文宣传片，制作了精品课系列视频。2004年起正式制作即时报道的校园视频新闻，通过校园网播出。到2007年底，制作教学评估、硕士学位申报、党建评估等宣传片和各类新闻视频约30余部，生动直观地宣传了学校的改革和发展。

六、工作简报

1999年教育部本科教学合格评价工作起，党委宣传部开始专门编写专项《工作简报》，以后又编写了第一次党代会、抗击非典、教学评估、第二次党代会、党建评估、校庆30年等专项工作简报约100余期。

第四节　精神文明建设

“精神文明建设”的概念是改革开放之初提出来的，与北京石油化工学院的建设发展相同步。建校初期，恰逢中共十一届三中全会召开，学校开展了学雷锋活动和“五讲四美”活动，并表彰活动中涌现出来的先进个人和集体。对学生进行了系统的爱国主义、集体主义、社会主义的思想教育。

1983年起，举办党员新党章学习班、青工轮训班，从中国近代史、党史、工人运动史入手，进行了“三爱”教育。同年3月，在学生中开展“五讲四美三热爱”为主题的系列教育活动，以文明礼貌月和“五月鲜花歌咏比赛”为契机，深入开展社会主义精神文明教育。

1984年，根据市委、市委教育工作部和燕山公司党委的安排，开展“全民文明礼貌月”活动。在认真学习《北京城市建设总体规划》基础上，开展“做文明教职工、文明学生、创文明单位、建文明城市”的大讨论，治理“脏、”、“乱”、“差”，开展“三优一学”活动。

1985年，党委印发《关于组织全校师生员工学习法律常识的通知》，在全校范围内开展普法教育，全校师生员工增强了法制观念，提高了学法、用法、守法的自觉性。继续开

展“创文明单位、争当文明个人”活动。

1986年，中共十二届六中全会做出了《中共中央关于社会主义精神文明建设指导方针的决议》。学校政工处首先进行学习，并按不同层次组织全校师生员工学习《决议》。在领会《决议》精神的基础上，制订了学校加强精神文明建设的措施，并开展《我为学校精神文明建设进一言》和《学习决议一得》征文活动，举办了学习精神文明建设指导方针决议的知识竞赛和“月评最佳好事活动”。

1990年，市委教育工委、市高教局下发《关于北京高等学校开展‘文明校园’建设的意见》。学校成立“文明校园”建设领导小组，研究“文明校园”建设的总体设想和具体实施办法。并于1996年获得“文明校园”荣誉称号。

1995年，中共中央下发了《关于进一步加强和改进学校德育工作的若干意见》和《爱国主义教育实施纲要》。为贯彻落实文件精神，学校召开德育工作会议，要求树立全员德育意识，建立全方位德育格局，寓德育于培养学生的全过程，创造有利于学生发展的德育环境，加强和改进学校的德育工作，全校还开展了“做合格公民、做文明大学生”的活动。

1996年，中共十四届六中全会做出了《关于加强社会主义精神文明建设若干重要问题的决议》，江泽民同志在会上发表了重要讲话。学校党委发出号召学习《决议》精神和讲话精神，加强精神文明建设，并连续在校报刊发《学习〈中共中央关于加强社会主义精神文明建设若干重要问题的决议〉导读》。中石化集团副总经理李毅中来校围绕“精神文明建设”召开座谈会并发表重要讲话。5月，学校与大兴县长子营乡留民营村及中国人民抗日战争纪念馆签署《精神文明共建协议书》。

1997年4月，印发《北京石油化工学院社会主义精神文明建设规划（1997至2000）》。对学校精神文明建设面临的形势、指导思想、奋斗目标、主要任务、条件保障做了详细阐述，并提出要切实加强领导，确保精神文明常抓不懈。同年，党委制订了《关于进一步加强师德建设的实施意见》。

1998年，为加强学生思想政治工作，努力提高学生的政治觉悟和思想道德素质，在十五大会议精神和十四届六中全会决议精神的指导下，制订了《关于进一步加强学生思想政治工作的实施意见》。同年，为进一步用马列主义、毛泽东思想和邓小平理论武装学生，充分发挥马克思主义理论课和思想品德课在高校德育中的主渠道和主阵地作用，制订了《关于推进邓小平理论“三进”工作，加强“两课”建设和改革的实施意见》。

1999年，为了贯彻党的十五大精神，落实第三次全国教育工作会议精神和《中共中央国务院关于深化教育改革，全面推进素质教育的决定》，校党委制订了《关于全面推进素质教育的实施意见》。同年，为贯彻落实《中共中央关于加强和改进思想政治工作的若干意见》，党委制订了《关于加强和改进思想政治工作的实施意见》。

2001年中共中央印发《公民道德建设实施纲要》，2003年中共中央文明委印发《关于深入贯彻党的十六大精神，进一步加强公民道德建设的意见》，校党委要求各单位高度重视，结合实际，努力推动公民道德建设向纵深发展，并修订了《教师文明行为规范》。

2003年，学校成立精神文明建设委员会，进一步统筹全校的精神文明建设工作。2005年，成立了师德建设领导小组，全面加强师德建设。

2006年，胡锦涛同志提出“八荣八耻”讲话，学校及时组织宣传教育，并举办社会主义荣辱观辩论赛、演讲比赛，在全校范围内掀起学习社会主义荣辱观的高潮，举办了“忆峥嵘岁月、颂和谐社会”大型教职工歌咏比赛。学校获得大兴区文明单位称号。

2007年，围绕迎接“新北京、新奥运”，开展“迎奥运、讲文明、树新风、携手共建和谐校园”活动，开展校园禁烟，全面推进和谐校园建设。

第六章　党的统一战线

第一节　沿　革

建校初期至1988年，统一战线工作由哪个部门负责未做明确规定，1988年12月将统一战线工作列入学校党委组织部职责范围。1988年至今，统战部一直与组织部合署，一个机构两块牌子，组织部长兼统战部长。学校党政主要负责人分管统战工作，各总支（直属支部）设统战委员，负责本单位统战工作。

截至2007年12月，学校有九三学社支社一个民主党派基层组织。有在职民主党派成员23人，其中民盟4人、民进4人、农工5人、致公1人、九三9人，占在职教职工总数的2.7%；离退休民主党派成员8人。有党外高级知识分子98人，占全校高级知识分子总数的39.8%。有在职少数民族教职工59人，占全校在职教职工总数的7%。少数民族本科生397人占在校本科生总数的6.2%。

表12-6-1　党委统战部历任领导更迭表

职　务	姓　名	任 职 时 间
党委政治工作处处长（兼）	徐理德	1988.12至1990.1
组织部部长（兼）	徐土旺	1990.1至1994.11
组织部部长（兼）	林　骞	1994.11至1998.11
组织部部长（兼）	曹长兴	1998.11至2006.6
组织部部长（兼）	周志军	2006.6至今

第二节　统战工作

学校统一战线工作的主要对象是：民主党派成员；无党派高中级知识分子；台湾同胞、港澳同胞、国外侨胞及其眷属、少数民族知识分子；特别是有成就、有影响的党外代表性人士，各级人大代表、政协委员，民主党派组织负责人，学科带头人或重要业务骨干等。学校统一战线工作的主要职能是：了解情况，综合研究，掌握政策，协调关系，培养新人，举荐人才。学校统一战线工作的主要任务是：凝聚力量，团结一切可以团结的人，调动一切积极因素，团结一切可以团结的力量，同心同德，群策群力，为学校的改革发展和稳定服务。

一、做好民主党派工作

1990年至2006年，民主党派共发展新成员22人，其中九三学社成员9人，民进成员3人，民革党员1人，民盟成员4人，农工党员5人。对民主党派成员过组织生活在时间上给予保证，交通费用给予报销。对学校民主党派组织的重要活动提供场所和资金保障。

每学期召开1至2次座谈会，通报情况，征求意见，根据工作需要，邀请民主党派组织负责人和无党派代表人士参加学校召开的工作会议、干部会议和重要的大型活动。

二、支持鼓励党外代表人士积极发挥参政议政的作用

1997年，学校有1位非党高级知识分子当选北京市第十一届人大代表。1994至2006年，学校有4位民主党派和无党派人士代表当选为大兴区政协委员。2006年，学校有1位民主党派人员当选九三学社大兴区委副主任、大兴区人大代表并当选大兴区第三届代表大会常务委员会委员。1名民主党派人员被推荐为校级后备干部，15名党外知识分子被列入学校党外代表人士培养队伍。

三、认真传达学习全国、北京市民族、宗教工作会议精神

为加强党委对民族、宗教工作的领导，2006年，学校成立民族、宗教工作领导小组，由学校领导任组长，各职能部门领导任小组成员负责领导和协调解决民族宗教工作相关事宜；尊重少数民族的风俗习惯，与后勤部门协作，办好回民餐厅；开展马克思主义民族观、宗教观和党的民族、宗教政策的宣传教育工作。

四、加强党外知识分子工作

学校党委按照“统筹兼顾，全面安排”的方针，落实党外代表人士的选拔、培养、安排和使用。2000年至2003年，学校处级干部中非中共党员干部的比例一般保持在10%左右，2004年至2007年非中共党员处级干部占3.9%。组织非中共党员处级干部参加北京高校干部培训班、北京市委组织的专家培训班，2000年至2007年培训的党外处级干部共152人次。

第三节　民主党派

多年来，学校各民主党派成员在校党委领导下，发挥参与学校民主管理和民主监督的作用，按照宪法和各自的章程，独立自主地开展工作和活动。围绕学校的根本任务和中心工作开展活动，为学校的改革、发展和稳定做出贡献。

建校初期至2004年，学校只有民主党派成员，没有民主党派基层组织。1990年九三学社在学校发展了第一个民主党派成员。1990至2006年民主党派成员由2人增至31人。其中，在本校发展的新成员22名，外单位调入9人。2005年1月，九三学社北京石油化工学院支社成立，是在学校成立的首个民主党派基层组织。

截至2007年，有在职民主党派的成员23人，其中民盟4人、民进4人、农工5人、致公1人、九三9人，占在职教职工总数的2.7%；离退休民主党派成员8人，其中民革1人、民盟5人、九三2人。九三学社支社一个民主党派基层组织。

第七章　纪律检查工作

第一节　沿革

建校初期至1987年2月，纪律检查工作由学校领导小组、临时党委负责，并于1983年9月将纪律检查工作列入组织部门工作责任制。

1987年2月，经中共北京燕山石油化工公司委员会同意，北京石油化工专科学校设专职纪检员。1990年3月，中共北京石油化工专科学校第一次代表大会选举产生纪委会，委员5名。1994年12月，中共北京石油化工学院第二次党员大会选举产生纪委会，委员5名。1999年1月，中共北京石油化工学院党员大会选举产生纪委会，委员5名。2003年3月，中共北京石油化工学院第一次代表大会选举产生纪委会，委员7名。2007年1月，中共北京石油化工学院第二次代表大会选举产生纪委会，委员7名。

纪委在学校党委和北京市纪委、市委教育纪工委领导下开展工作。主要任务与职责是：维护党的章程和其他党内法规，检查党的路线、方针、政策和决议的执行情况，协助学校党委加强党风建设和组织协调反腐败工作。对党员进行遵纪守法教育，做出关于维护党纪的决定；对党员领导干部行使权力进行监督；检查和处理党的组织和党员违反党的章程及其他党内法规的案件，按照有关规定，决定或取消对这些案件中的党员的处分；受理党员的控告和申诉；保障党员的权利。学校纪委会设专职干部1至3人，负责纪委日常工作。

表12-7-1中共北京石油化工学院纪律检查委员会历任领导更迭表

职 务	姓 名	任 期	职 务	姓 名	任 期
			专职纪检员	苏增宝	1987.2至1990.3
纪委书记（兼）	刘国仁	1990.2至1991.4	纪委副书记	陈志高	1990.3至1992.3
纪委书记（兼）	张富元	1991.4至1993.2	纪委副书记	曹玉京	1992.3至1994.12
纪委书记（兼）	崔玉明	1993.2至1998.10	纪委副书记	张宝贵	1995.10至1999.1
纪委书记（兼）	周 海	1998.10至2004.6	纪委副书记	杨玉久	1999.1至今
纪委书记	张肃建	2004.6至			

第二节 纪律检查工作

一、纪委会及监察室建立以来完成的主要工作

1989年5月，经北京石油化工专科学校党委、行政研究，成立学校监察室，与纪委为一个机构，两块牌子。因纪委会与监察室合署办公，故纪检监察工作合并介绍。

（一）党风党纪教育

1.党纪条规教育

1990年以来，协助党委每年在党员和干部中开展党纪条规教育，定期组织党员和干部参加党纪条规学习和测试，进行案例教育、专题教育等。先后组织党员和干部学习了党中央颁布的《中国共产党党内监督条例（试行）》、《中国共产党纪律处分条例》等党内法规，会同宣传部编印并下发了《党风廉政建设专集》学习文选。组织党员和干部收看了有关辅导报告及录像片，还开展了参观、讲座和主题教育等形式多样的典型示范和警示教育活动。创办了纪检监察审计网页。

2.廉洁自律教育

1993年以来，协助党委贯彻中央纪委二次全会部署的在全国开展反腐败斗争的三项任务，即领导干部廉洁自律、查处违法违纪案件、纠正行业不正之风，并作为历年工作任务。同时协助党委组织召开领导班子民主生活会。1994年以后，每年定期召开一次校（系）处领导班子和成员廉洁自律专题民主生活会。根据中央纪委五次全会精神，抓好领导干部个人收入申报、礼品登记、个人重大事项报告以及清理通讯工具等工作，并制定了相应的制度。

1997年以来，协助党委组织全校党员干部学习贯彻党中央颁布的《中国共产党党员领导干部廉洁从政若干准则（试行）》等党内法规性文件，并结合学校实际陆续制定了具体措施。2000年至2001年，协助党委开展了“三讲”教育活动和“三讲”教育“回头看”活动。结合成克杰等重大案例，会同组织部、宣传部开展了对党员的理想信念教育和对领导干部的警示教育活动。2005年，为加强学校管理的制度化规范化建设，在处级以上干部中

组织开展了以加强项目管理制度建设为题的专题培训活动；协助党委开展了保持共产党员先进性教育活动。2006年，配合处级干部换届工作，组织开展以“树立社会主义荣辱观，争做廉洁自律好干部”为题的党课教育以及依法治校理教、加强财务管理和招投标管理等内容的专题培训，并对新任处级干部进行集体廉政谈话。

2007年，协助党委组织党员和干部学习了胡锦涛总书记在中纪委七次全会上的重要讲话和温家宝总理在国务院第五次廉政会议上的重要讲话。在全校党员和领导干部中开展了以“加强作风建设，促进社会和谐”为主题，以处级以上领导干部特别是各单位党政一把手的教育为重点，以贯彻落实民主集中制、严格执行“三重一大”制度、严肃财经纪律为主要内容的党的作风教育。协助党委开展了党建和思想政治工作评建工作。

3. 党风廉政建设教育

2001年以来，每年均开展“党风廉政建设宣传教育月”活动。通过讲党课、专题讲座、收看警示录像、参观展览等不同形式的教育，将党风廉政建设日常教育和重大案例教育相结合，开展征文活动，在校报上开辟“纪监审之窗”栏目，使党员领导干部受到廉洁自律和遵纪守法教育。

（二）制度建设

协助党委制定了一系列党风廉政建设的规章制度（详见本节“二、学校制定的主要相关文件”），并汇编成册。

成立了党风廉政建设责任制领导小组，根据工作需要和人员变动，及时调整和完善组织机构。党委每年将党风廉政建设和反腐败工作任务进行分解，并将党风廉政建设责任制落实情况作为对各级领导干部和各单位考核的重要内容。纪委会同有关部门，每年对各单位落实党风廉政建设责任制情况进行检查，党风廉政建设和反腐败工作领导体制和工作机制逐步建立。

2000年以来，协助党委每年年初组织召开党风廉政建设工作会议，传达上级有关精神，部署学校年度党风廉政建设工作任务。

（三）监督检查

1. 处级领导干部签订廉政责任书

2000年，在完成处级干部聘任工作后，学校领导首次与处级干部签订了《党风廉政建设责任书》。此后，在每次完成处级干部换届调整后，学校领导均与新一轮处级干部签订《党风廉政建设责任书》。

2. 招生监督工作

2000年以来，建立了招生工作责任制度，每年与招生工作人员签订廉政责任书，加强对招生工作人员的纪律教育，规范招生工作的管理，并全程参与招生监督工作。

3. 招投标监督工作

2002年以来，坚持参与基建工程、修缮工程、大宗物资、仪器设备和图书采购的招标过程，对各项招投标工作实施监督，并与所有招投标项目签订廉政责任书。

4. 治理教育乱收费和治理商业贿赂工作

2003年，学校建立了治理教育乱收费联席会议制度，主要是清理和规范教育收费、服务性收费、代收性收费和执行“收支两条线”规定情况的检查。逐步建立和完善收费公示、收费巡查、责任追究以及收费审计等制度，使学校收费进一步公开化、规范化和制度化。此后，每年组织相关部门对学校的收费行为进行检查和整改。组织了治理商业贿赂自查工作。

5. 信访和查处案件工作

1990年至2007年12月，受理群众信访100多件次（含部分重复件）。在此期间，党纪处分1人、政纪处分2人、通报批评1人。

二、学校制定的主要相关文件

根据党章和党内法规，结合学校实际，先后制定了《中共北京石油化工学院委员会党风廉政建设责任制的实施细则》、《北京石油化工学院“三重一大” 工作制度实施办法》、《中共北京石油化工学院委员会关于贯彻落实〈建立健全教育、制度、监督并重的惩治和预防腐败体系实施纲要〉的工作意见（2005—2007年）》等文件。

第八章　人民武装

第一节　沿革

建校初期，由学校办公室兼管武装工作，主要是组织学生开展兵器课、射击预习、实弹射击及双拥工作。

1986年至1993年，学生军训工作由学生处负责。1993年10月，学校成立军体部，设一名副主任具体负责军训工作。1996年3月，军体部撤销，原军体部军训职能由学生处负责。2005年3月，学校成立党委武装部和军事理论教研室，学生工作部（处）部长兼武装部部长，团委书记兼副部长。武装部与学生工作部（处）、团委合署办公。8月，学校印发《学生军训工作条例（试行）》，条例规定了军训内容、时间、学分、组织管理及缓训、免训、补训条件等规定。11月，学校成立了学生征兵工作领导小组，印发《关于应征入伍学生优抚待遇及相关问题的规定》。2006年6月，在学校处级领导干部换届聘任工作中，党委任命专职武装部部长一名，团委书记兼任副部长一名。

党委武装部的主要职责是贯彻执行党的路线、方针、政策，认真履行好北京市国防教育协会会员单位职责，积极开展国防教育，增强师生国防观念，培养爱国主义精神和国防安全意识；负责在校大学生的军事技能训练和军事理论课，并与学生工作部（处）、团委一起做好巩固军训成果工作；在地方主管部门领导下，做好征兵、预备役登记、兵役登记及民兵整组训练及人防工作；做好拥军优属、拥政爱民工作，增进军政、军民团结。协助有关部门落实国家有关政策，解决好优抚对象工作和生活中的困难；做好军民共建工作，促进军地建设，加强军民团结。

第二节　武装部工作

一、学生军训

学生军训分为军事技能训练和军事理论课两部分。

1.军事技能训练

1986年11月，85级学生60人在中国人民解放军38军334团进行军训；1987年7月，1986级学生120人在中国人民解放军防化团军训；1988年7月至1991年7月，87级、88级、89级、90级学生先后在北京市昌平大学生军训营地进行军训；1992年7月至1993年6月，91级、92级学生先后在北京武警四支队进行军训；1993年9月至1999年9月，分别有93级460名学生、94级568名学生、95级563名学生、96级693名学生、97级547名学生、98级500名学生、99级764名学生在校内军训，北京武警七支队承训；2000年9月至2003年9月，先后有2000级1537名学生、2001级学生和2002、2003级3698名学生在校内军训，38军66058部队承训；2005年5月，2004级1556名学生在校内军训，中国人民解放军66289部队承训；8月，60名补训学生在中国人民解放军38军66289部队军训；9月，2005级1581名学生在中国人民解放军66176部队军训；2006年8月，2006级学生1552人，32名补训学生在北京大兴高校学生军训基地军训，中国人民解放军66318部队承训；2007年8月，2007级1597名学生，分为15个连，在北京大兴高校学生军训基地军训，中国人民解放军66081部队承训。

2.军事理论课

从2004年第一学期开始，学校将军事理论课（共计36课时，同军事技能训练一起共占2学分）正式纳入必修课，由国防大学第二大学生军训教研室进行授课。教学内容包括中国国防、军事思想、军事高技术、高技术战争、世界军事、军兵种知识等。2004至2007年，分别有1610名、1653名、1589名、1595名学生学习了军事理论课。

二、征兵、民兵和招收飞行员工作

2004年12月，学校有3名学生光荣应征入伍，其中材料科学与工程学院学生1名、人文社科学院学生2名。2006年12月，材料科学与工程系有1名学生光荣应征入伍。2007年12月，学校有3名学生光荣应征入伍。

2006年3月，按照大兴区武装部关于民兵整组工作的统一安排，学校组建了第一支学生民兵连应急分队，共120人。8月25至29日，应急分队民兵在大兴民兵训练基地即大兴高校学生军训基地进行了集训。2007年3月，学校对民兵应急分队进行了整组。

2006年3月，2名学生赴石家庄参加了北京空军招飞局初选。2007年3月，6名学生在北京空军选拔中心参加了招收飞行员的初选，2名同学通过初选赴石家庄参加了复检。

三、升国旗教育

2000年12月，学校组建国旗班开始对师生进行升国旗爱国主义教育；2003年8月，制定了《北京石油化工学院升国旗暂行管理办法》；2007年3月，康庄校区成立国旗班，共计12人；5月，国旗班参加北京高校国防教育协会主办的国旗班检阅式，被评为“优秀国旗仪仗队”。

四、拥军优属

学校拥军优属工作2006年底前由保卫处负责，自2006年底转入党委武装部。按照解放军总政治部、国家教委、民政部、北京市人民政府关于拥军优属和拥政爱民的部署，学校党委多年坚持在春节期间开展多种形式的拥军优属活动。慰问军属，给复转军人赠送纪念品，并定期到国防大学对给予学校军事理论课重大支持的教授进行慰问。

五、其他工作

2004年10月23日，43名学生在防化指挥工程学院参加了中央电视台军事益智节目“红军蓝军”的录制。2005年4月6日，与国防大学第二大学生军训教研室举行国防教育共建签字仪式，两校正式成为国防教育合作单位。2005年10月16日，为纪念北京高校学生军训20周年，北京卫戍区、北京市教委在丰台体育场联合召开了首都庆祝学生军训20周年大会，组织200名学生参加了纪念大会。2006年6月，学校武装部组织了北京高校国防教育协会第二小组军训工作研讨会，会议在北京市斋堂学生军训基地举行。2006年12月，学校组织50名学生到清华大学，观看北京高校国防教育协会为纪念“一二•九”运动举办的大型文艺晚会“红旗颂”。

第十三篇 群众团体

北京石油化工学院
1978-2008

第一章　工　会

学校工会组织的正式建立始于1986年4月，在此之前，学校未设立工会工作机构，工会工作由燕山石油化学总公司工会直接领导，学校设专门工作人员具体负责。校工会是由广大教职工自愿参加的工人阶级的群众组织，在学校党委和北京市教育工会的双重领导下开展工作。主要职责包括协助党委开展教职工思想政治教育工作；参与学校民主管理、民主监督工作和推进校务公开；在维护学校总体利益的前提下，代表和维护教职工的合法权益；负责女教职工工作。校工会设立经费审查委员会，并下设女教职工委员会、青年工作委员会。截至2007年12月，有二级分会组织13个，会员886人，其中女会员455人。

第一节　教代会、工代会

北京石油化工学院教职工代表大会（以下简称“教代会”）和工会会员代表大会（以下简称“工代会”）下设教学科研工作委员会（2000年以前为“教师工作委员会”）、提案工作委员会和生活福利工作委员会。

1986年4月，北京石油化工专科学校首届教代会召开。大会正式代表34人。选举产生主席团9人。会议决定将“团结、勤奋、求实、创新”八个字作为学校校风，将每年四月一日作为校庆日。同日，选举产生第一届工会委员会5人，苏增宝任工会副主席。

1986年12月，第二届工代会召开。选举产生第二届工会委员会5人，唐瑞昆任工会副主席。

1989年3月，第三届工代会召开。选举产生第三届工会委员会5人，王德臻任工会副主席。

1992年11月，第二届教代会暨第四届工代会召开，大会正式代表61人。选举产生主席团9人，提案工作委员会5人，教师工作委员会5人；选举产生工会委员会7人，工会经费审查委员会3人，王美茹任工会副主席。

1996年10月，第三届教代会暨第五届工代会召开，大会正式代表74人。选举产生主席团9人，提案工作委员会6人，教师工作委员会5人；选举产生工会委员会8人，工会经费审查委员会3人，王美茹任工会副主席。会议通过了“勤奋”为北京石油化工学院校训和“每年十月的最后一个星期日为校庆日”两项提案。

2000年6月，第四届教代会暨第六届工代会召开，大会正式代表85人。选举产生主席团11人，提案工作委员会9人，教学科研工作委员会10人，生活福利工作委员会6人；选举产生工会委员会9人，经费审查委员会3人，周海任工会主席，佟秀苓任工会副主席。

因学校教学评估等原因，经学校党委和北京市教育工会同意，原定2005年的“双代会”换届工作推迟到2006年，与2006年年会合并召开。

2006年5月，第五届教代会暨第七届工代会召开，大会正式代表116名。选举产生主席团13人，提案工作委员会10人，教学科研工作委员会9人，生活福利工作委员会7人；选举产生工会委员会9人，经费审查委员会3人，张肃建任工会主席，佟秀苓任工会常务副主席。

工会历任主要负责人更迭情况见下表。

表13-1-1 北京石油化工学院工会历任领导更迭表

职　务	姓　名	任职时间	职　务	姓　名	任职时间
			工会副主席	苏增宝	1986.4至1986.12
			工会副主席	唐瑞昆	1986.12至1988.9
			工会副主席	王德臻	1988.9至1991.4
工会主席	崔玉明	1993.7至1996.10	工会副主席	王美茹	1991.4至2000.2
主管工会工作		1996.10至1998.10			
工会主席	周　海	1998.10至2006.5	常务副主席	佟秀苓	2000.2至今
工会主席	张肃建	2006.5至今			

第二节　教代会、工代会工作

工会承担着学校“双代会”的工作机构职能。在学校党委和上级工会领导下，依法开展工作。

一、参与学校民主管理与民主监督

1986年3月召开首届教代会时，第一次向教代会代表征集提案。自此，历届教代会均将向教代会代表征集提案作为会议重要内容之一。2002年起，教代会每年均采取公开办公的方式，组织承办提案的职能处室与代表现场沟通。2006年起，将代表提案和承办单位答复意见在校园网上全部公开。2007年起，将网上公示的提案由“虚名制”改为“实名制”，并开展了“双代会”优秀提案和优秀承办件评选活动。

自1986年以来，教代会先后讨论通过了学校提出的教职工聘任、升级考核、工资调整、住房分配、公费医疗管理、生活福利等一系列重要规章制度。

二、围绕学校中心开展工作

开展“三育人”活动。每年或隔年在“教师节”组织开展以“师德建设”为核心、自下而上的 “三育人” 评选表彰活动，并将先进集体和个人的事迹通过大会、校园网、宣传橱窗等方式予以宣传。

开展青年工作。校工会与教务处等部门于1993年组织了学校优秀教学竞赛；1994至2007年期间，又先后组织了三届校级优秀教学评比和四届校级青年教师教学基本功比赛，并在1995至2007年期间，组织参加了五届市级高校青年教师教学基本功比赛。组织青年教职工到延安、西柏坡、井冈山、大兴庞各庄镇、红旗渠等地参观学习，进行国情考察。采取座谈会等方式，对青年教师道德思想、工作及生活状况进行调研，并向学校和市教育工会反映。2007年底，成立了工会青年工作委员会。

配合学校本科教学迎评促建开展工作。2005年，在全体工会会员中组织了“教评知多少知识问答”活动。组织开展了“工会与教学评价”特色活动，对各分会申报的14项特色活动方案，校工会给予支持经费13000余元。

三、“送温暖”工作

在历年传统或重大节日，校工会均组织全校性的“送温暖”活动，并在农历年三十，看望在岗值班人员，在“三八”妇女节，为女教工组织特色讲座和座谈活动，在中秋节组织青年教工联欢等。每年对劳动模范和身患重病及其他特殊困难的教职工进行慰问或给予生活补助。

自2000年起，校工会为全校教职工办理了“安康互助保险”，为女教职工办理了“四大癌症疾病保险”，先后获得北京市教育工会互助保险工作三等奖和二等奖。2000 年10月，创办了“教职工消费合作社”。与周边的中小学和幼儿园建立合作关系，几年来，为居住大兴地区的近300名教职工解决了子女入学入托问题。

四、文体活动

开展群众性文艺活动。先后举办了“迎新舞会”、新年联欢和春节团拜会、“五月鲜花歌咏比赛”、放映爱国主义影片等多场大型文艺活动。此外，还开展了一系列主题文艺活动：1993年举办了“庆祝毛泽东诞辰100周年文艺汇演”；1997年举办了“迎香港回归歌曲演唱会”；2005年底举办了新年教职工卡拉OK比赛并首次开展校园“十佳歌手”评选；2006年举办了“忆峥嵘岁月，颂和谐校园”歌咏比赛；2007年底，再次举办新年教职工卡拉OK比赛和校园“十佳歌手”评选。

自建校以来，校工会与体育部共同组织了25届教工运动会，并每年开展全校性的教职工冬季长跑和排球比赛活动。先后组织了乒乓球、羽毛球、广播操、桥牌、太极拳、登山等一系列健身活动。校工会还组建了健美操、歌咏、羽毛球、排球及太极拳等文体协会。2007年，首次开展了“十佳健康之星”评选活动。

五、工会建家工作

1994年，北京市教育工会授予校工会“合格教工之家”称号；1996年，授予“先进教职工之家”称号；2003年，授予“北京市优秀教职工之家”称号；2004年，市总工会授予校工会“北京市模范教职工之家”称号。

机械工程学院分会、图书馆分会和化学工程学院分会分别于2000年、2004年、2006年获“北京市模范教职工小家”称号。截至2007年底，学校13个分会中，“北京市模范教职工小家”3个，占分会总数的23.1%；校级“优秀教职工小家”1个，“先进教职工小家”5个，“合格教职工小家”4个，分别占分会总数的7.7%、38.4%、30.8%。

第二章　共青团

第一节　沿 革

1979年1月，北京化工学院第二分院组建团组织，石晨负责团的工作。

1980年10月21日至22日召开了共青团北京化工学院第二分院第一次代表大会，选举丁宝福等7位同志为团委委员，丁宝福任团委副书记，主持共青团工作。

1984年4月25日，召开共青团北京化工学院二分院第二次代表大会，选举林骞等7人为团委委员，林骞任团委书记，郭文莉任团委副书记。

1987年3月24日，召开共青团北京石油化工专科学校第三次代表大会，选举林骞等7人为团委委员，林骞任团委书记，高秀云为副书记。1988年7月，高秀云主持团委工作。

1989年4月17、18日，召开共青团北京石油化工专科学校第四次代表大会，选举高秀云等7人为团委委员，高秀云任团委书记，1991年3月，增补郭孟谦为副书记。1991年8月，党委任命赵盛伟同志为代理团委书记。

1992年4月20、21日，召开共青团北京石油化工专科学校第五次代表大会，选举赵盛伟等7人为团委委员，赵盛伟任团委书记，郭孟谦任团委副书记。1995年1月16日，张尧斌同志任团委副书记。

1996年6月25日，召开共青团北京石油化工学院第一次代表大会。出席本届团员代表大会代表150人，列席代表26人。选举张尧斌等7人为团委委员，张尧斌任团委书记。

2000年6月，学校人事和管理体制改革，团委与学生工作部（处）合署办公。张尧斌任团委书记兼学生工作部副部长。

2002年9月11日，贠天祥任团委副书记，主持工作。

2003年7月，党委研究决定贠天祥任团委书记兼学生工作部副部长。

2003年12月13日，召开共青团北京石油化工学院第二次代表大会，出席大会代表150人，列席代表30人。选举贠天祥等7人为团委常委。贠天祥任团委书记，史开武任团委副书记。2006年12月，增补万一为团委副书记。

2006年6月，团委与学生工作部（处）、武装部合署。

2007年12月底，全校有团总支11个，团支部226个，团员6272人。

表13-2-1　北京石油化工学院历任团委书记更迭表

届　数	姓　名	任职时间	备　注	
第一届	丁宝福	1980年10月至1984年4月	副书记主持工作	共青团北京石油化工二分院委员会届数
第二届	林　骞	1984年4月至1987年3月		
第三届	林　骞	1987年3月至1989年4月		共青团北京石油化工专科学校委员会届数
第四届	高秀云	1989年4月至1991年8月		
	赵盛伟	1991年8月至1992年4月	代理团委书记	
第五届	赵盛伟	1992年4月至1996年6月		
第一届	张尧斌	1996年6月至2003年7月		共青团北京石油化工学院委员会届数
	贠天祥	2003年7月至2003年12月		
第二届	贠天祥	2003年12月至2007年11月		
	万　一	2007年11月至今	副书记主持工作	

第二节　团的工作

一、团的思想建设

（一）开展“达标创优”和团内主题教育活动

自1980年10月成立团委以来，学校团组织每年三月开展“学雷锋，创三好”竞赛活动。1982年上半年，根据上级团组织有关精神，团委在全校团员中开展了合格共青团员教育活动。

1989年5月和10月，结合“五四运动”70周年和庆祝建国40周年，利用宣传橱窗、绿风小报、板报征文等多种形式对广大团员进行了以“五四光荣传统与当代青年责任”为主题的历史传统教育；以“改革与责任”为主题的爱国主义教育；结合开展达标创优活动进行了团员意识教育；结合纪念“一二·九”，举办了“弘扬革命传统、发扬爱国主义精神、勇挑振兴中华重任”的展览。

1991年至2002年，团委每年举办“五·四”学生表彰会及五月鲜花歌咏比赛。在会上对获得优秀团员、团干部、团支部的个人和集体颁奖。

1997年在喜迎香港回归之际，开展“忆百年史，激爱国情、树强国志”的主题教育；1998年组织开展“我与改革开放同行”主题教育，纪念改革开放20周年；为了纪念邓小平同志逝世 1 周年和周恩来诞辰100周年，组织开展“追寻伟人的足迹”系列教育活动；1999年以“为了中华民族的伟大复兴”为主题庆祝建国50周年；2000年以“新世纪、新青年”为主题迎接新世纪；2001年纪念建党80周年，组织开展了“在党的光辉照耀下健康成才”主题教育活动。

1997年3月至12月，在全校范围内组织“首都大学生形象”大讨论活动。活动主题是：加强基础道德文明修养，争做“首都文明大学生”。

1999年5月8日，以系、班、宿舍名义以抗议信、招贴画、抗议口号等形式抗议美国为首的北约悍然轰炸我国驻南联盟大使馆的粗暴行为和罪恶行径。5月9日，经北京市公安局批准，150余名学生代表到美国驻中国大使馆游行示威。

2002年11月16日，团委和学生会举办了主题为“共同的发展”首届学生会发展论坛，团市委、学校有关领导及学生干部代表约200人出席了论坛。

2003年1月，大学生“十六大精神进社区”宣讲团的队员们分赴丰台区东高地、云岗、长辛店的42个社区宣讲十六大精神及2008北京奥运会规划、北京市党代会的主要内容。

2003年4月20日，抗击非典工作伊始，团委便向全校团员学生发出“白衣天使，我们与您同行”的号召，举办“白衣天使，我们与您同行”为主题的征文活动。

2005年9月至12月，在全校团员青年中开展以学习“三个代表”重要思想为主要内容的增强团员意识的主题教育活动。

2006年3月至12月，与学生工作部共同开展“践行八荣八耻”主题教育活动。10月，组织近200名学生骨干参观“伟大的壮举、光辉的历程”纪念长征胜利70周年大型展览。

（二）创新思想建设的宣传阵地

1988年团报《绿风》创刊，开始了共青团宣传载体的创建。1990年《团内生活》创刊，1996年团报《超越》创刊，2002年《青年时讯》创刊，2003年创办《青年在线》网站，在实践中不断拓宽宣传阵地和载体的建设。

2004年9月，共青团组织试行信息上报排行榜制度。

2004年10月，团委正式启动团内工作简报制度。

（三）“推优入党”工作

1993年6月9日，召开全校学生党员大会，对学校“推优入党”工作提出了具体性建议。

2004年12月，团委同党委组织部共同颁发了《关于进一步做好推荐优秀团员作党的发展对象工作的实施意见》，规范了条件、程序和标准。截至2007年底，共推优12615人。

（四）校园文化活动

团委坚持开展经常性的文化宣传活动，如举办板报、专题讲座、征文、演讲、书画、摄影等活动和竞赛评比，以及节日常规性的文体活动，如校园歌手选拔赛、计算机技能大赛、歌曲演唱会、文艺演出等。截至2007年12月，共举办了六届“校园文化节”，三届“学生科技论文报告会”，七届“科技活动周”，两届“大学生科技学术节”，十一届“社团活动月”，二十二届“五月鲜花”歌咏比赛，两届“韵律操”大赛，十二届“大学生辩论赛”和十一届“大学生安全知识竞赛”等活动。

二、团的组织和队伍建设

院（系）团组织内部设立了办公室、组织、宣传、志愿者工作部等部门。院（系）团组织还指导院（系）学生会、学生社团、学生科技协会、学生志愿者等学生组织开展工作。初步形成以共青团组织为主体、以学生会组织和学生社团组织为两翼的“一体两翼”工作格局（表13-2-2）。

表13-2-2　北京石油化工学院共青团、学生会、学生社团机构设置一览表

团委

校学生会
办公室
组织部
宣传部
志愿者工作部
项目部
文体实践部
国旗班
学生组织

化学工程学院学生会
机械工程学院学生会
信息工程学院学生会
经济管理学院学生会
人文社科学院学生会
材料科学与工程系学生会
外语系学生会
数理系学生会
继续教育学院学生会

化学工程学院团总支
机械工程学院团总支
信息工程学院团总支
经济管理学院团总支
人文社科学院团总支
材料科学与工程系团总支
外语系团总支
数理系团总支
青年教工团总支
继续教育学院团总支
研究生团总支

研究生会
大学生科技协会
大学生志愿者协会
大学生艺术团
学生社团联合会

一体两翼工作格局

（一）团的各级组织建设

自1980年10月召开第一届代表大会以来，各院（系）设立团总支，各班设学生团支部。1978年至2000年，在化工系、机械系、自动化系、经管系相继组建团总支。1995年5月，团委制定了《北京石油化工学院团建三年规划》，1994年组建了青年教职工团总支，1999年在成人教育学院设立了团总支，2005年成立了研究生团总支。随着学校规模扩大和院（系）名称的更迭，团的组织也相应变化。

每年“五四”前，在全校团员中都要开展为期一个月的团员教育评议活动。在团员教育评议的过程中，评选出“十佳团支部”、“优秀团支部”、“优秀团员”、“优秀团干部”、“十佳”优秀集体和个人等，在“五四”期间或学年学生表彰大会上进行命名表彰。1978年至2006年期间，共有1669名优秀团员、397名优秀团干部和216个先进团支部受到表彰。

（二）业余团校培训班

1989年至1996年，举办了七期学生干部培训班，累计培训学生干部700人次。

1995年10月12日，召开了业余团校成立暨第一期培训班开学典礼大会。自1996年至2006年，累计举办业余团校培训班十期，培训人数1445人。

2003年3月起，先后有六位学生干部被录取为首都大学生新世纪英才学校学员（由团市委、市学联等单位主办，致力于培养优秀青年人才的机构）。2005年起，每年有四名主要学生干部参加首都暑期高校学生骨干培训班。

2005年起，团委每年下半年举办新生团干部基础团务知识培训班。

（三）团的制度建设

1996年9月20日，团委印发了《北京石油化工学院共青团组织生活条例》。

2000年以来，团委修订了共青团北京石油化工学院委员会《工作条例》、《管理条例》、《组织生活条例》、《基层团组织管理条例》、《团支部工作条例》、《团支部工作考核条例》、《团员处分条例》、《新生团支部工作指导办法》、《先进个人和集体评选办法》、《团、学组织信息上报制度及奖励条例》、《组织信息上报积分排行制度》、《关于开展“联系服务基层行动”活动的实施意见》。

（四）学生社团的建设

学生社团从1991年的“书画协会”、“足球协会”发展到“街头联盟”、“学生红十字会”等49个组织，期间重点改进了内部的管理模式和活动考评模式，逐步建立了依托学生社团联合会（由团委社团部改组）、大学生科技协会、大学生志愿者协会、大学生艺术团等五个学生组织管理社团，保证了每个社团都有一位指导教师，有一个挂靠单位，有一项特色活动，有一定经费保障。形成了大学生艺术团、大学生科技协会、大学生志愿者协会、学生社团联合会、爱心社、蓝天社、校大学生记者团等几个比较有影响的社团。

1998年3月，召开了学生社团工作会，明确围绕“文明校园建设，迎评促建抓基础，艺术节抓活动”的原则来开展工作。2004年5月，成立学生社团联合会，召开第一次全体委员会议，讨论通过了《北京石油化工学院学生社团联合会章程》和《北京石油化工学院学生社团联合会管理条例》。

2006年6月9日，团委举办了“与学校同发展，与祖国共成长”学生理论社团研讨会。

三、社会实践和志愿服务活动

从1987年到2006年，团委组织学生参加各种大型活动。

1999年，参加国庆50周年庆典集体舞和游行，并获得“国庆50周年庆典活动优秀组织奖”。

2001年，参加第二十一届世界大学生运动会的志愿者服务、文化节演出，并荣获北京市教工委和北京市教委共同颁发的“先进集体”荣誉称号。

2003年，组织28名师生组成主题为“关注西部发展，情系西部教育”暑期大学生“三个代表”重要思想宣讲实践团。北京团市委授予学校“2003年度首都高校社会实践先进单位”称号，授予学校实践团“2003年度首都大学生社会实践优秀团队奖”。

2004年8月，组成关注西部社会实践团，参观考察玉门油田，开辟了玉门社会实践基地；考察玉门小金湾乡民族学校，访查了解受学校捐赠的失学儿童的家庭情况，被北京市授予优秀团队称号。

2006年5月24日，团委举办“滴滴血，点点情”——中华骨髓库造血干细胞捐献活动，共有100多名同学参加。

2006年7月，“弘扬长征精神，缅怀革命先辈，激发报国之志，争当时代先锋”社会实践考察团前往革命圣地延安，接受爱国主义教育。

2006年8月，成立了奥运志愿者工作领导小组，颁布了《关于启动学校北京奥运会、残奥会赛会志愿者报名工作的通知》，组织大学生踊跃参加报名。

2003年至2007年，大学毕业生志愿服务西部计划共有20人，服务北京基层的共有33人。

第三章　学生会

第一节　沿革

北京石油化工学院学生会是在学校党委和行政领导下的代表全校学生的群众组织，接受北京市学生联合会的领导，并在学校团委的指导和帮助下开展工作。

学生会聘请团委专职干部担任学生会秘书长。学生会秘书长代表团委对学生会工作进行指导和帮助。校学生会现设主席1名，副主席3名，其中1名兼任校学生会康庄校区分会主席。并下设办公室、秘书处、学习部、生活部、文艺部、宣传部、体育部、外联部、保卫部等9个部门，并设有分支机构——校学生会康庄校区分会。

各教学院（系）学生会是校学生会的下属机构，受所在教学院（系）党组织和校学生会的双重领导，并接受所在教学院（系）团组织的指导和帮助。

第二节　学生代表大会

1980年1月10日，学校第一届学生代表大会召开，出席会议的代表五十人。校学生工作负责人严庆国做了题为《全面开展学生工作，为树立良好的校风而奋斗》的报告。会议明确了学生代表大会与学生会的性质、任务和职责。学生干部任期一年，学生代表大会一年召开一次。学生会下设学习部、宣传部、体育部、生活部和文艺部等五个部门，并制定了各部门的具体任务。会议选举产生了第一届学生会，郑宇当选学生会主席。

1981年3月，第二次学生代表大会召开，选举赵维江为学生会主席。

1982年3月9日，第三次学生代表大会召开，参加大会代表65名，选举赵维江为学生会主席。

1983年3月，第四次学生代表大会召开，选举郭文莉为学生会主席。

1984年4月3日，第五次学生代表大会召开，选举陶烈为学生会主席。

1985年4月，第六次学生代表大会召开，选举韩燕非为学生会主席。

1986年3月，第七次学生代表大会召开，选举王艳丽为学生会主席。

1987年3月3日，第八次学生代表大会召开，选举杨杰为学生会主席。

1988年3月22日，第九次学生代表大会召开，选举权宜军为学生会主席。

1989年3月14日，第十次学生代表大会召开，选举刘力刚为学生会主席。

1990年3月6日，第十一次学生代表大会召开。校党委书记刘国仁讲话，对新一届学生会提出希望和要求。李海珍当选为学生会主席。

1991年3月26日，第十二次学生代表大会召开，通过了《北京石油化工专科学校联合会章程》，选举张超为学生会主席。

1992年3月24日，第十三次学生代表大会召开，通过了《北京石油化工专科学校学生会章程》，王明哲当选为学生会主席。

1994年4月5日，召开第十四次学生代表大会，选举王俊峰为学生会主席。

1996年3月26日，第十五次学生代表大会召开，刘光华当选为学生会主席。

1998年3月10日，第十六次学生代表大会召开，选举殷治纲为学生会主席。

2000年3月21日，召开第十七次学生代表大会，修订了《北京石油化工学院学生会章程》，孙悦当选学生会主席。

2002年3月12日，第十八次学生代表大会召开，选举丁文辉为学生会主席。

2004年3月13日，第十九次学生代表大会召开，选举廖健为学生会主席。

2006年3月18日，第二十次学生代表大会召开，会议审议并通过了《北京石油化工学院学生会章程（修正案）》、《北京石油化工学院第二十次学生代表大会学生会机构调整报告》等重要文件。选举产生了15名第二十届学生会委员会委员，刘云伟当选学生会主席。

第三节　学生会工作

一、思想道德教育

配合学校党委和团委，开展弘扬主旋律，加强大学生思想政治教育各类主题教育活动，组织了“沿着十五大的足迹”书画展、“抗洪抢险英雄事迹报告团”报告会、“党在我心中”党史知识竞赛、“团旗飘飘”——庆祝建团80周年知识竞赛、纪念“五四”运动七十九周年表彰暨五月鲜花歌咏比赛大会、“十六大引领我前进”演讲比赛以及“校风、学风教育月”等活动。

二、维权服务

学生会重视维护学生权益工作，先后成立了公寓自治管理委员会、伙食监督委员会，开展监督和管理。学生会先后召开三次学代会提案反馈交流会，邀请各职能部门负责人就学代会相关提案及时向学生代表做出解答。成立学生申诉处理委员会受理学生对学校所给予的取消入学资格、退学处理或违规、违纪处分等方面处理的申诉，校学生会主席、申诉学生所在教学院（系）学生会主席作为学生申诉处理委员会委员积极参与申诉工作。

三、校园文化活动

校学生会连续主办六届校园文化节，举办了“歌颂伟大祖国，迎接新世纪的太阳”为主题的大学生艺术节和服装设计露天表演大赛，“紫维杯”校园歌手大赛，“青春从这里起航”——新生晚会，新生辩论赛，校园书画摄影大赛，大兴区驻地高校巡回辩论赛，大学生安全知识竞赛，共同发展论坛，卡拉OK大赛等校园文化活动。

四、自身建设

校学生会通过定期召开主席团会议，强化两级学生会联系。通过日常考核和申报答辩评选年度先进基层学生会，鼓励基层学生会规范工作、勇于创新。搭建内部评优平台，建立了优秀学生会副部长、优秀干事评选制度。建立了北京石油化工学院《学生会工作条例》、《学生会换届或中期调整请示制度》、《学生会主席资格认证制度》、《学生会工作情况通报制度》、《学生会跨校、跨组织和社会力量介入活动申报制度》等制度。此外，学生会还经常举办素质拓展训练、论坛，加强学生会干部的培训。

第十四篇　校园建设

北京石油化工学院
1978-2008

第一章 沿革

1978年5月，北京石油化工学校建立，校址定在房山区燕山凤凰亭北里2号。石化总厂将凤凰亭北里一座2040平方米教学楼（原为北大教改楼，建于一九七四年）调整给“北京石油化工学校”使用，又投资为其扩建了食堂、实验室和浴池的配套设施，共990平方米，于一九七八年秋季招生时交付使用。1978年6月，北京石油化工专科学校在北京石油化工学校的基础上成立。12月，北京市人民政府批准专科学校兼办北京化工学院第二分院，并于1978年至1981年连续招收四届本科生。由于办学规模的扩大，原有教学设施再不能满足办学的需要。为此，1979年至1986年，石化总厂（燕山石油化学总公司、北京燕山石油化工公司）先后投资为学校建设了新的教学楼、教职工住宅楼6200平方米和临建平房2279平方米。1981年6月,总务处行政科下设基建供应组（1985年更名为基建供应科）,负责学校在燕山时期基本建设管理和协调工作。

1985年，经中石化总公司和北京市人民政府批准，北京石油化工专科学校在大兴县清源北路选址建校。为了加强新校址建设的管理，1985年12月学校成立了基建筹备处，1987年9月成立了基建处，负责新校址建设的组织管理,开始了新校的建设。学校建设一期征地223.5亩（含代征地41.9亩），1987年底至1996年初，陆续兴建了第一栋学生宿舍楼、锅炉房、配电站、大车库、1号实验楼、多功能食堂，教学主楼。1990年新址建设初具规模，学校由燕山凤凰亭搬迁至新校址。1990年后继续完成新校舍一期工程建设。一期工程共完成建筑面积 70932.6平方米。

中石化总公司于1994年3月、北京市人民政府于1995年11月，分别对学校二期征地给予了批复，在新校舍的东侧二期征地154065亩；1997年至2005年期间，先后修建了运动场、图书馆、丽园教工住宅楼、综合楼、科技楼、5号、6号学生公寓等工程。二期建筑面积达50962.4平方米，教工住宅建筑面积31412平方米。至此，校本部总建筑面积达到153307平方米。

2002年，北京石油化工学院、北京印刷学院与德鸿基房地产开发公司共同在北京市大兴区征地，建设康庄校区。新校舍总建筑面积达到199349平方米。

1993年3月，基建处更名为基建办公室；1993年10月,撤销基建办公室，恢复基建处;2000年1月，总务处、基建处合为总务基建处，承担两个处室职能，下设基建办公室；2003年7月，总务基建处更名为后勤管理处，其中基建办公室恢复为基建处。基建处先后建立并逐步完善《基建处工作流程》、《基建工作管理办法》、《基建处合同管理办法》、《招标、投标管理办法》、《基建工程付款程序》等项管理制度，规范学校基本建设的管理。

表14-1-1　基建工程管理机构历任领导更迭表

机构名称	职务	姓名	任职时间
石化专科基建筹备处	处　长	严庆国（兼）	1985.12至1987.9
基建处	副处长	杜友齐	1986.11至1987.9
基建处	副处长	陈明荣	1987.6至1991
基建处	处长（副处级）	刘文传	1987.9至1993.8
基建处	副处长	孙建华	1988.3至1992.10
基建处	副处长	丁明山	1988.3至不详
基建处	副处长	李庭会	1992.10至1993.3
基建处	副处长	李庭会	1993.10至2000.1
基建处	副处长(正科级)	丁　明	1993.10至1995.1
基建处	副处长	丁　明	1995.10至1998.1
总务基建处	处长（总务）	宋金山	2000.1至2002.7
总务基建处	副处长（基建）	张国瑞	2000.1至2002.7
基建办公室	主任（副处级）	张国瑞	2002.7至2003.7
基建处	处　长	张国瑞	2003.7至今
基建处	副处长	刘长江	2007.6至今
基建处	副处长	王和平	2007.12至今

第二章　校舍建设

第一节　校园建设历程

一、燕山办学时期

1978年学校建立时，校舍面积为3030平方米。分别是石化总厂调整给学校的一栋2040平方米的教学楼和其在1978年为学校投资扩建的600平方米食堂、280平米实验室和110平方米浴池的配套设施。另有1栋木板房（分析化学实验室），也于一九七八年秋季招生时交付使用。1979年学校建成150平方米车库、115平方米仓库；三栋木板房（做实验室、维修间使用）。1980年至1983年，又在凤凰亭小学后面山沟里建起1100平米平房（临建工程）；1984年在凤凰亭小学前面（中院）建起600平米平房（临建工程，1990年学校搬迁大兴后被拆除）。3700平方米教学楼于1981年交付使用（1990年学校搬迁大兴后，该教学楼移交给了北京燕山石油化工公司）； 2500平方米教职工住宅于1983年交付使用（1995年职工购房时，明确产权划给了北京燕山石油化工公司）。1986年在中院南侧建起314平方米平房（临建工程）。

1978年至1990年，北京石油化工专科学校在北京市房山区燕山凤凰亭北里共占地50亩（由石化总厂统一征地），校舍建筑面积10765平方米（没有办理产权登记），其中教学楼3860平方米。

二、大兴选址建校

（一）新校园建设一期工程

1. 1987年开始在大兴清源北路建设新校园，到1990年，完成了学生宿舍楼5至6段、教学主楼2段和3段、1号实验楼、食堂及菜窖、浴室、大车库、木工房、变配电站、南大门及门卫室的建设。至1990年暑期，实现了学校由燕山凤凰亭至大兴新校区的整体搬迁。

2. 1990年至1996年期间，陆续完成了学生宿舍楼1至3段及4号学生宿舍1～3层、2号和3号实验楼、教学主楼的1段及4段和5段以及人防工程、体育馆、小车库行政楼、给水泵房、钢瓶间、空压机房、药品库等的建设。

（二）大兴校园配套建设（新校园建设二期工程）

1996年完成金工实习车间建设；1997年完成了锅炉房改扩建；2000年以后陆续完成了4号学生宿舍加层、后勤库房、油墨车间、图书馆、综合教学楼、科技楼、5号和6号学生公寓及丽园东里6栋教工住宅楼等的建设。

（三）康庄校区建设

2000年以来，随着学校扩大招生规模，学生公寓明显处于不足的状态，当时学校外租、外借企业闲置用房10128平方米作为大学生公寓。2002年北京石油化工学院、北京印刷学院与德鸿基房地产开发公司共同在北京市大兴区康庄征地，建设康庄校区。2002年至2007年先后完成A型公寓楼、A座大学生公寓、B座教学楼、C座食堂的建筑工程，总面积达46042平方米（康庄校区产权未过户到学校名下）。

（四）校园状况

经过1987年底至2007年近20年的规划和建设，学校主校区占地面积为346亩，建筑面积153307平方米。其中教学及行政办公楼40543平方米，实验楼17341平方米，学生公寓35948平方米，图书馆（含彩钢结构图书馆扩建书库）7963平方米，体育馆3850平方米，食堂5760平方米，浴室587平方米。康庄校区建筑面积46042平方米，其中教学楼13140平方米，学生公寓26204平方米，食堂及生活服务楼6580平方米。教工住宅区用地面积25456平方米，建筑面积31412平方米。

第二节　主要建筑

一、主楼

主楼于1989年5月25日开工建设，1992年6月29日竣工。主楼建有普通教室38个、报告厅1个、阶梯教室13个，以及计算机室、电教室、语音教室、电话总机、办公室、会议室等。1999年前，图书馆设在主楼Ⅰ段1至3层。2003年前学校党政机关在主楼Ⅰ段6、7层办公；信息工程学院曾在主楼Ⅳ段从事教学、科研等活动。主楼现是经济管理学院、人文社科学院、材料科学与工程系、网络信息中心、外语系、数理系、教务处、保卫处等部门的办公场所。

二、实验楼

实验楼由1号实验楼（基础楼）、2号实验楼（化机楼）和3号实验楼（化工楼）组合而成。

1号实验楼于1988年12月30日开工建设，1990年7月9日竣工。现为数理系数学教研室、物理教研室、数理实验中心、信息与计算科学系等部门的教学用房。

2号实验楼于1992年5月20日开工建设，1993年8月27日竣工。现为机械工程学院机电工程系、过程装备与控制工程系、热能与动力工程系、环境工程系、机械基础教研室等的教学用房。

3号实验楼于1991年11月开工建设，1993年8月27日竣工。现为化学工程学院化学工程系、应用化学系、基础化学教学与实验中心、有机化学教研室、物理化学教研室、大型仪器室、现代化工技术研究所、催化研究室、绿色化学与材料研究室、油品分析室等的教学用房。

三、综合教学楼

综合教学楼于2001年10月24日开工建设，2002年8月30日竣工。

综合教学楼建有多功能报告厅1个、教室20个、办公室24间、教师休息室2间。科学技术处和后勤服务集团的物业管理服务中心在此办公。

四、科技楼

科技楼于2002年7月10日开工建设，2003年7月15日竣工。

科技楼北楼是教学和科研用房，所建实验室有计算机控制、计算机网络、控制系统仿真辨识、微机原理、单片机、电路分析、调节仪表与仪表结构、通信原理、程控交换、光缆通信、电磁场与电磁波等。信息工程学院的计算机与技术系、通信工程系、电气工程系、控制科学与工程系、信息技术基础教研室、电工电子教学与实验中心、电气与信息技术实验中心、信息技术研究室以及光机电装备技术北京市重点实验室等部门在此从事教学、科研活动。

科技楼南楼和东楼是学校党政机关的办公场所。学校办公室、党委组织部、党委宣传部、纪委、监察室、审计室、计划财务处、人事处、资产管理处、离退休办公室在此办公。

五、图书馆

图书馆于1997年9月10日开工建设，1998年12月14日竣工。图书馆建有中外文图书借阅室、中外文期刊阅览室、科技、工具书阅览室、文件检索室、高知阅览室、密排书库、文献库、典藏室、网络中心机房、会议室、办公室以及2个阶梯教室。图书馆的采编部、流通部、期刊部、自动化部、信息咨询部等在此办公。

六、体育馆

体育馆原名风雨操场，后变更设计，建成体育馆。馆内建有标准篮球场1个，必要时可进行排球或羽毛球比赛。球场南北两侧建有可容纳1616人的看台，配套建有放映室、广播室、灯控室等，可放映电影、举行文艺演出和召开大会等。还建有健美操活动室、乒乓球室等。体育教学部公共体育教研室、群体活动管理中心、高水平运动队训练与管理中心、体质健康测试与评价中心等在此办公。

1995年4月至1996年4月在体育馆东侧扩建了运动场看台，2层框架结构，建筑面积为790平方米。由北京科城工程设计公司设计，北京石兴建筑公司施工。

七、康庄校区

康庄校区有A型楼、A座、B座和C座等主要建筑物。A型楼和A座为学生公寓，B座为教学楼，C座为生活服务用房。

A型楼于2002年4月初开工建设，当年竣工。

A座于2004年11月30日开工建设，2006年4月21日竣工。

B座于2004年11月30日开工建设，2005年9月13日竣工。建有阶梯教室34个、计算机室5个、多媒体教学控制机房1个，以及教师休息室、办公室等。

C座2004年11月30日开工建设，2006年1月4日竣工。建有食堂、餐厅、浴室、办公室、报告厅、图书阅览室等。康庄校区管理部在此办公。

第三节 学校建筑汇总表

表14-2-1 清源北路主校区建筑一览表

建筑物名称	层 数	结 构	建筑面积 平方米	建造年份
主 楼	4、5、9、11	框 架	21020	1989年至1993年
地下人防	1	框 架	2000	1989年至1993年
1号实验楼	1～4	框 架	4472	1988年至1990年
主 楼	4、5、9、11	框 架	21020	1989年至1993年
地下人防	1	框 架	2000	1989年至1993年
1号实验楼	1～4	框 架	4472	1988年至1990年
2号实验楼	1～5	框 架	5850	1992年至1993年
3号实验楼	1～6	框 架	7019	1991年至1993年
体育馆	1、3	框 架	3850	1993年至1995年
食 堂	1～3	框 架	5760	1988年至1990年
1～4学生公寓	2、5、7	砖 混	17324	1988年至2000年
浴 室	1	砖 混	587	1988年至1990年
大车库	1	砖 混	318	1988年至1990年
小车库行政楼	4	框 架	1837	1992年至1993年
锅炉房	1、2	砖 混	1076	1988年至1990年
锅炉房扩建	1	砖 混	555	1997年至1998年
变配电站	1	砖 混	297	1988年至1990年
南大门	1	砖 混	123	1989年至1990年
给水泵房	2	砖 混	67	1991年至1993年
菜 窖	1	砖 混	232	1990年
钢瓶间	1	砖 混	67	1993年
空压机房	1	砖 混	40	1993年
药品库	1	砖 混	112	1993年
油墨车间	1	砖 混	55	1999年
木工房	1	砖 混	200	1989年至1990年

续 表

建筑物名称	层 数	结 构	建筑面积 平方米	建造年份
后勤库房	1	砖 混	473	1997年
金工车间	1、3、4	排架、砖混	2301	1996年
图书馆	1、3、5、6	框 架	7513	1997年至1998年
丽园东里12号楼	6	砖 混	5018	1997年至1998年
丽园东里13号楼	6	砖 混	4588	1997年至1998年
丽园东里16号楼	6	砖 混	6726	1999年
丽园东里11号楼	6	砖 混	4500	1999年
丽园东里14号楼	6	砖 混	5623	2002年
丽园东里18号楼	6	砖 混	4927	2002年
丽园东里门卫	1	砖 混	30	2003年
综合教学楼	1、4	框 架	8950	2000年至2002年
科技楼	3、5、6	框 架	10573	2002年至2003年
5号学生公寓	5	框 架	9902	2003年至2004年
6号学生公寓	5	框 架	8822	2003年至2004年
消防水泵房	2	砖 混	50	2004年
图书馆书库	1	彩 钢	450	2005年

表14-2-2 康庄校区建筑一览表

建筑物名称	层 数	结 构	建筑面积 平方米	建造年份
A型楼	6	砖 混	17793	2002年
A座	6	砖 混	8411	2005年至2006年
B座	5	框 架	13140	2004年至2005年
C座	3	框 架	6580	2004年至2006年
消防水泵房	2	砖 混	80	2006年至2007年
门卫	1	砖 混	38	2007年

表14-2-3　石化总厂投资建设的燕山校区（实习基地）建筑一览表

建筑物名称	层　数	结　构	建筑面积（平方米）	建造年份	备　注
教学楼	5	砖　混	3700	1979年至1981年	移交燕化公司
办公楼（原教学楼）	4	砖　混	2040	1974年	
食堂	1	砖　混	600	1978年	
实验室	1	砖　混	280	1978年	
浴室	1	砖　混	110	1978年	
教工住宅	5	砖　混	2500	1982年至1983年	移交燕化公司
车库平房	1	临　建	275	1979年	
小学后院平房	1	临　建	1100	1980年至1983年	
小学前（中院）平房	1	临　建	600	1984年	已经拆除
小学前（中院）平房	1	临　建	314	1986年	

第三章　基础设施、设备

第一节　运动场所

田径场于1998年建设，场地总面积为19500平方米。有400米环行跑道（面层为焦渣）、足球场1座（黄土）、篮球场4座（黄土）。2002年3月改造田径场，足球场面层改为草坪，跑道面层改为沥青，上铺设橡胶面层。并安装健身器材。

体育馆于1993年10月8日开工建设，1995年9月竣工。场地总面积为3850平方米，框架结构。有室内篮球、乒乓球、健身、舞蹈等教学场地。

篮、排、网球场建于2004年5月至11月，场地总面积为9422平方米，面层改为沥青。分为篮球场10座（表面铺橡胶）、排球场4座（表面铺橡胶）、网球场2座（表面铺丙烯酸）。其中网球场2座、篮球场4座为灯光球场；拆除原4座黄土篮球场。

康庄篮球场建于2003年，场地总面积约为1500平方米（该场地为临时教学用地，于2006年拆除），面层为砼。2006年4至6月建篮球场6座，场地总面积为 5183平方米，面层为沥青。

第二节　供水、供暖、供电

一、给排水建设

（一）供水系统

1988年，由大兴市政接入，管径150mm。随校区建设至1994年共建供水管约长2800米，洒水井17个，给水井64个。1997年增加建筑供水管道，由大兴市政接入，管径150mm，与Ⅰ期校区供水环闭。向图书馆、科技楼、综合教学楼等建筑供水，增供水管长900米，洒水井6个，给水井27个。向职工住宅区、学生公寓5号、6号楼预铺供水管长500米，洒水井4个，给水井8个。

1999～2001年，增加供水管道，向6栋职工住宅区建筑供水。增供水管长约790米，洒水井4个，给水井40个。2002年，增加供水管道向学生公寓5号、6号楼供水。增供水管长136米，给水井5个。绿化给水管长352米，给水点16个。田径场改造，铺给水线长320米；2004年篮球场建设，铺排水线长550米。2002～2006年5月，建设康庄校区A型楼、学生公寓、教学楼、食堂，共建供水管长850米，给水井27个。

（二）中水系统

校区中水站于2003年4月至9月建设。供水能力为10立方米/小时，向1-4学生宿舍楼（含服务楼）、教学楼的1～6层建筑及18200平方米绿地供水，建收水管长193.5米，建冲厕给水管长585米，绿化给水管长630米。

2005年由北京石油化工学院、北京印刷学院、德宏基房地产开发公司协议联合投资，在康庄校区建设中水系统，2006年3～10月土建施工，计划向三家供水，供水能力为20立方米/小时。

（三）消防系统

1988年建消防系统，向Ⅰ期建筑提供消防，建消火栓井13个。1991～1993年，建水泵房，向主楼提供消防，消防主泵 XBD4.2/15-80-L，能力15L/s，功率11kW。1997～2001年，建Ⅱ期消防系统，向图书馆、科技楼、综合教学楼等建筑供消防水，增消防管长910米，建消火栓井5个，消防管进楼。1999～2001年，建丽园住宅区消防系统，向6栋建筑供消防水，建消火栓井2个。2004年，建消防水泵房，向学生公寓5号、6号楼提供消防，消防主泵 XBD4.2/15-80-L，能力15L/s，电机功率11kW，建消火栓井4个。建设康庄校区消防水泵房，向学生公寓、教学楼、食堂提供消防，消防主泵能力15L/s，功率18.5kW，供水管长约454米，2006年5月，消防泵房土建交工，消防系统因故未完工。

（四）排污系统

1.1988～1994年进行建设，向主楼、实验楼、食堂、学生宿舍等1期建筑提供排污。共建成雨水井53个、集水口133个，雨水管长约1349米；建成污水井122个，污水管长1592米，建成化粪池7个。

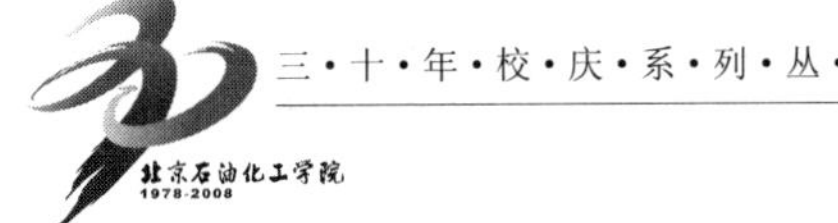

2. 1997～2001年进行建设，向图书馆、科技楼、阶梯教学楼、学术交流中心等Ⅱ期建筑提供排污，共建成雨水井22个、集水口44个，雨水管长687米；建成污水井55个，污水管长980米，建成化粪池1个。向职工住宅区、学生公寓5号、6号楼预铺污水管长340米，污水井13个。雨水管因故未铺。

3. 1999～2001年建丽园住宅区，为6栋职工住宅提供排污，共建成雨水井17个、集水口31个，雨水管长447米；建成污水井63个，污水管长810米，建成化粪池4个。

4. 2002年建设学生公寓5号、6号排污系统，共建成雨水井18个、集水口31个，雨水管长390米；建成污水井13个，污水管长340米，建成化粪池1个。

5. 2002年田径场改造，铺排水线长285米；2004年篮球场建设，铺排水线长500米，收水口42个。

6. 2002～2006年建设康庄校区，共建雨水管长660米，雨水井23个；建成污水井61个，污水管长988米，建成化粪池3个，建隔油池2个。

二、供暖系统建设

（一）锅炉房

1. 1988～1990年建设，建筑面积1076平方米，框架结构。

2. 1997～1998年扩建，面积555平方米，框架结构。到2004年供暖总面积为153200平方米。

（二）锅炉

1. 1991年5月购入北京东升锅炉厂生产 SZL4-13-AⅡ锅炉1台、SZL240-7/95/70-AⅡ锅炉3台。

2. 1997～1998年购入营口锅炉厂生产 DZL4.2-0.7/95/70(2.8WM)锅炉1台、沈阳军区联勤部工程安装大队生产 DZL4.2-0.7/95/70(2.8WM)锅炉1台。

3. 2004年更新张家口大力神锅炉厂生产 QXL4.2-1.0/95/70-AII（2.8WM更新为4.2WM）锅炉2台。

4. 2005年更新无锡太湖锅炉有限公司生产SZL6-1.25-AII蒸汽锅炉2台（2.8WM更新为4.2WM），每台蒸汽量6吨/小时。

（三）供暖管线

1. 1989年开始建设，到1994年完成对教学楼、实验室、食堂、学生宿舍1～4号、体育馆等建筑的管线长5145米，供暖面积为62368.2平方米，供蒸汽能力为1.2吨/小时。

2. 1997年新增建设综合教学楼、科技楼、图书馆等建筑，并为职工住宅区和学生公寓5号6号预铺管线，预留接口。增管线长2480米。

3. 1999～2001年建丽园东里住宅区6栋，增管线长1247米。

4. 2002年新增学生公寓2栋(5号、6号)，管线长528米，供暖井4个。2005年由海军工程设计研究所设计改造管径。

5. 康庄校区于2002～2006年建设，管线长1100米，供暖井10个。由社会供暖。

三、供电系统建设

（一）变电

学校电源来自大兴市政，电压等级10kV。1988年建设变电室，建容量630kVA变压器两台，双路供电。1998年在图书馆内建变电室，由原变电室引入电压等级10kV电源，线长468米，现安装容量1250kVA变压器两台。

（二）配电建设

1. 1988～1994年1期校区建设教学楼、实验楼、食堂、学生宿舍、锅炉房、风雨操场、后勤楼、门卫、水泵房等配电室，电压等级380伏，线总长5300米；建校区路灯，线总长2100米。

2. 1997年新增建设综合教学楼供电容量305kW、科技楼供电容量400kW、图书馆供电容量250kW等建筑，线总长346米，供电容量955kW； 建校区路灯，线总长1540米。

3. 1999～2001年建丽园东里住宅区6栋，线总长990米，供电容量12号楼120kW、13号楼144KW、16号楼126kW、11号楼90kW、14号楼270kW、18号楼270kW。

4. 2002～2003年新增学生宿舍5号、6号建设，电源由图书馆接至锅炉房，再接至学生宿舍，线总长2200米，供电容量5号楼517kW、6号楼541kW。供总电容量1058kW。

5. 康庄校区于2002～2006年建设，线总长2020米，供电容量为2320kW。因康庄校区变电室未建，康庄校区现使用临时供电。

第三节　道　路

一、道路

（一）主校区道路建设

1990年9月学校由房山区凤凰亭迁至大兴区清源北路校区，最初只修建了二条正式道路，一条为2号实验楼到大院内，另一条为食堂周围道路，而其它支路为简易方砖路面。1990年至1996年期间共建成混凝土道路14221.84平方米，大方砖广场1993.66平方米，食堂及学生公寓门前彩砖广场2358.65平方米，大方砖路面1588.4平方米，彩砖路面1167.45平方米，小方砖甬路1723.36平方米，车库大方砖路面1061.712平方米（2006年下半年车库路面进行了翻建）。

1997年扩建新征了180亩土地，陆续开始兴建体育场、图书馆、综合教学楼、科技楼、大学生公寓等二期工程。围绕着建筑物的道路也相继开始施工。体育馆南侧修建混凝土路1922.25平方米，小方砖路11.4平方米。1998年底图书馆竣工后，其周围道路开始施工，建成混凝土道路1933.16平方米。1999年年初，图书馆东侧绿化建成竹林园，园中修建了小方砖路478.76平方米，与图书馆相邻处修建大方砖路103平方米。综合楼于2002年8月竣工后，其室外道路开始筹建，建成混凝土道路495.3平方米，大水泥方砖路450平方米。主楼、图书馆与综合楼之间建成彩砖地面785.57平方米。科技楼周围道路是在科技楼2003年7月竣工后开始修建，共建成混凝土道路2314.41平方米，仿石砖路1357.37平方米，花岗石路559.16平方米，彩砖地面337.65平方米。2004年4月校园内中水处理站建成，在其周围铺设了2米宽彩砖甬路155.52平方米。2004年7月份5号、6号大学生公寓竣工，室外道路开始修建，建成混凝土路2337.67平方米，大水泥方砖路73.5平方米，仿石砖路748平方米，彩砖地面268.98平方米。

截止到2007年12月，校区各种道路总长5929米，共建成混凝土路23224.63平方米，大水泥方砖路（含广场）3681.87平方米，彩砖路（含广场）3906.37平方米，小水泥方砖路2213.52平方米，仿石路2105.37平方米，花岗石路559.16平方米。

（二）丽园东里教工住宅区道路建设

1998年丽园东里12号、13号住宅楼竣工，当时先修建了一条通向校区的大水泥方砖路。1999年16号、11号楼竣工，楼与楼之间的混凝土路开始施工，路宽3.5米。2002年14号、18号住宅楼建成后，住宅区内道路开始完善，共建成56米、3314.68平方米的混凝土路、2547.48平方米的大水泥方砖路、331.45平方米的彩砖甬路和1338.94平方米的彩砖广场（不含喷泉、花池、花亭面积）。小区东门往南修通了与清源北路相通的混凝土及大水泥方砖路，长201米，宽6米，大水泥方砖路面积1153平方米，混凝土路面积53平方米。往北修建了小方砖路，路长113.5米，宽2.2米，计249.7平方米，与丽园路贯通。

（三）康庄校区道路建设

2001年随着学校扩大招生规模，筹备兴建康庄校区，A型楼学生公寓在2002年竣工，供学生住宿。公寓竣工后沿其周围修建了混凝土路，方便学生出入。2004年底开始兴建A座大学生公寓、B座教学楼、C座食堂。A座大学生公寓于2006年4月竣工，B座教学楼于2005年9月竣工，C座食堂于2005年12月竣工。随着三栋楼分别竣工，康庄校区形成了环状，沿校区东侧及北侧修建的沥青混凝土路，长276米，宽7米，面积为1346.52平方米（注：其中北侧与印刷学院共用部分为一家一半）。南侧修建了混凝土路，宽4.5米与原来修建的混凝土路相接。校区中心部位沿操场周围重新规划修建了7米宽混凝土路。两侧修建了小广场。至2007年4月康庄校区混凝土路共计1145平方米。其中大方砖路347.5平方米，甬路1546.45平方米，花岗石甬路464平方米。

第四章　校园环境建设

第一节　校园绿化

一、主校区绿化情况

从1990年主校区建校至今，绿化工程采取分期分段逐步完善的方式，建筑物每竣工一处，其周围绿化一处。围墙四周、道路两侧以高大乔木为主，绿地内以乔木、灌木、草坪结合，并配置适量园林小品为特点。至1998年9月共种植各类乔灌木13520株，草坪42003平方米，绿篱6912延长米。校园的绿化建设，设专人进行规划、管理、种植。建立了由14人组成的绿化专业队伍，其中配备有一名园林专业技术人员和一名中级技工。近几年不断完善绿地喷灌设施，定期进行浇水、施肥、除草、修剪草坪、林木修剪、冬季树木保护、花草树木防病虫害等。1998年后又栽种、补种各类常绿乔木294株，落叶乔木488株，常绿灌木874株，月季600株，攀援植物1000株、竹子1015株，绿篱18034株，2942延长米，草坪13245平方米，改造草坪2700平方米、苗圃2500平方米。1990年主校园建成后，校内开始广植花草树木，校园内的树木、花卉品种如下：（1）常绿乔木，雪花等9种；（2）常绿灌木，大叶黄杨等6种；（3）落叶乔木及落叶小乔木，（4）法国梧桐等20种；（5）花灌木，贴梗海棠等28种；（6）果树，山楂树等4种；（7）攀缘植物及其他3种。

到2007年底，主校区占地面积为346亩，绿地总面积达到54480平方米，绿化覆盖率为53%，人均占有绿地20平方米以上。各类乔灌木18967株，草坪55248平方米，绿篱9854延长米。

二、康庄校区绿化情况

康庄校区绿化主要是从在新的学生公寓竣工后开始，操场两侧的广场上主要以种植草坪为主，占地面积610.715亩（含代征地9.67亩），绿化面积7000平方米。

三、教工住宅区绿化情况

1997年至2002年期间，建设丽园东里教工住宅区。每竣工一栋，便在建筑物的前后进行绿化。用绿篱围成绿化带，中间种植树木、花草。绿化面积8283平方米，绿化率为32.54%。

1994年，学校被评为首都绿化美化花园式单位。1996年，被北京市委教育工委、北京市教委评为文明校园。1998年度被评为大兴绿化先进单位。

第二节　园林景观

学校现有4处园林景区，分别是教学区、实验区、生活区和体育活动区。

一、教学区主要景观

1.主楼前景观，建成于1996年6月1日，位于主楼正南，占地面积约2560平方米。内有两尊雕塑，一尊为蒸馏塔，一尊为储油罐，上面分别书写着“爱我中华”和“振兴石化”。代表着石油化工的形象。雕塑周围种植有草坪，花灌木并配有长青植物园林小品。

2.竹林园，建成于1999年初，位于校图书馆东侧，占地面积约1800平方米。园内种植了大量竹子，并配置有花灌木月季、丁香。园内修建了方砖甬路并配有长椅，可供人休息。

3. 牡丹园，建成于2002年，位于综合教学楼南侧，占地面积约2261平方米。园内种植了大量牡丹，周围配置有草坪、常绿树种、花灌木、银杏树。

4. 中水处理处景观，建成于2004年，中水处理站竣工后，围绕其周围建成绿化景观，景区四周由绿篱及柳树、龙爪槐围绕，景区内铺设有彩砖及小方砖甬路可通往学校主路及食堂，内植草坪、花灌木。

5. 长亭园，位于南大门门卫西侧，建成于1990年至1996年期间，占地面积约1818平方米。景区由绿篱围成，园内建有长廊，在长廊周围及其上方布满了攀援植物，其外围种植有草坪，草坪内配置有花灌木、乔木、常绿树种。

6. 康庄校区景观，康庄校区格局是由4座楼在外围形成两个U形相扣的环形，中间区域为操场、操场两侧为小型广场，东侧小广场在水泵房四周铺设有造型甬路并种有草坪。西侧广场建有花廊，铺造型彩砖甬路并种植草坪。

二、实验区景观

实验区景观建成于1990年至1994年期间，位于1号实验楼与2号实验楼、2号实验楼与3号实验楼中间。景区建有树坛，两楼中间铺有彩砖路面，路两侧种植落叶乔木、草坪、花灌木。

三、体育活动区景观

建成于1999年至2002年期间，位于体育馆正南。景区由绿篱围成，在其南面种有毛白杨，东北角种有竹子，绿篱内种有草坪，并配置有常绿树种、花灌木。

四、生活区景观

生活区景观是由6栋教工住宅楼前后的绿化带及住宅区彩砖广场组成，绿化带由绿篱围成，内植草坪并配有花灌木、常绿乔木、及园林小品。彩砖广场上建有喷水池1座、月季花坛2座、花廊1座、9套健身器械并种有花灌木、常绿树种、落叶乔木。

第十五篇　人　物

北京石油化工学院
1978-2008

第一章　人物简介

第一节　学校负责人简介

本节收入北京石油化工学院（含原北京石油化工专科学校、北京化工学院第二分院）校级党政负责人的简介，按任职时序排列，共31人。

林　源（1909～1996）　男，汉族，河北省临漳县人。1934年参加革命，1934年8月加入中国共产党。

1934至1937年任河北省临漳县党支部宣传委员；1937至1938年任延安抗大三、四期及中组部训练班学员；1939至1940年先后任鹿邑县、永城县、肖邳县、睢县新四军师参谋、区委书记；1940至1946年先后任邳睢县、泗旸县县委书记；1947至1948年任大连县委、大连西山区区委书记、县委组织部部长；1949至1952年任东北橡胶公司经理、企业管理局副局长；1952至1968年任轻工部、化工部橡胶局局长、计划司司长、中国橡胶总公司总经理；1969至1983年任石化总厂、燕山石化总公司副指挥、党委副书记；1978年12月至1980年1月兼任北京化工学院第二分院党委书记；1983年9月任燕山石化总公司顾问；1986年6月离休。

张万欣（1930～　　）　男，汉族，祖籍山东莱州。1952年参加工作，同年加入中国共产党，大学学历，研究员、高级工程师、教授。

1952年毕业于清华大学化工系，1955至1957年、1960年先后两次赴前苏联进修实习，1960年回国。曾在兰州化学工业公司所属化肥厂、合成橡胶厂、石油化工厂、研究所等单位工作，任技术、工程师、副总工程师、研究室主任等职。1970年调石化总厂，先后任技术处长、副厂长兼副总工程师，燕山石油化学总公司副总经理兼副总工程师。1978年12月至1980年10月兼北京化工学院第二分院院长。1981年后，历任北京市计委副主任、中石化总公司副总经理、中国化工学会副理事长、中国石油化工学会副理事长、国务院经济技术社会发展研究中心副总干事、国务院发展研究中心副主任。张万欣多年从事化学工程的研究与技术开发工作，主要成就为“304催化剂”的研制、“丁腈橡胶”的生产和研制、引进30万吨乙烯工程的安装和试车，在顺丁橡胶工业新技术的研究方面取得重要成果，1986年获国家科技进步特等奖。是中共第十二、十三届中央候补委员，第八、第九届全国政协委员。现为全国台湾研究会副会长，中国西部经济研究发展促进会副会长，国际传记中心（英国剑桥）副总干事。

王焕恺（1924～　）　男，汉族，祖籍山东省威海乳山县。1948年10月参加工作，1950年1月加入中国共产党，大学学历，副教授。

1948年10月至1955年11月任吉林工业学校教师；1955年11月至1963年3月任北京化工学校教师（科主任）；1963年3月至1970年4月任化工部教育司干部；1970年4月至1971年12月任燕山石化供销公司干部；1971年12月至1983年6月在燕化总公司（后更名为北京燕化公司），从事企业办学工作，此间先后负责参与创办北京燕化技工学校；北京石油化工学校；北京石油化工专科学校；北京化工学院第二分院；燕化七·二一大学；燕化职工大学等。曾任领导小组成员；1983年6月任燕山石化职工大学副校长；1985年3月退二线。1988年8月离休。

张凤吉（1933～　）　男，汉族，河北省武邑县人。1948年2月入伍，1951年7月加入中国共产党，大学学历。

1948至1957年在解放军、志愿军任卫生员、通信员、文书、排长、干事；1957至1961年就读于北京师范学院中文系；1961至1968年在北京市教育局任教研员、北京厂矿干校任教员、领导小组第一副组长；1968至1970年在北京朝阳区朝外大街办事处任文教组长；1970至1978年任北京石化总厂（燕化）公司文教组负责人、职工医院任办公室和宣传科负责人；1978至1983年在北京石油化工学院二分院任领导小组成员；1983至1985年在中国石化总公司人事部教育处任副处长、处长；1985年11月在中石化总公司干部管理学院任筹建处副主任、副院长。1995年11月离休。

刘忠忱（1934～　）　男，汉族，黑龙江省龙江县人。1951年5月参加工作，1958年10月加入中国共产党。

1951年5月至1955年12月任齐齐哈尔市粮食局门市部营业员、一粮库保管员；1956年1月至1960年2月任齐齐哈尔三米厂肃反整风办公室干事、工会干事；1960年2月至1964年4月任松辽石油勘探局建筑公司工会干事、大庆炼油厂建设指挥部政治部宣传科干事；1964年4月至1969年2月任中国石油工会和石油部政治处干事；1969年2月至1973年12月任石化总厂东方红炼油厂装油、调合、催化车间党支部书记指导员；1974年1月至1977年7月任北京化工学院党委常委、革委会副主任、宣传队负责人；1977年8月至1979年1月任石化总厂行政处副处长、总厂办公室副主任；1979年1月至1979年11月任北京化工学院第二分院领导小组成员。

陈　斐（1919～1990）　女，汉族，江苏省江浦县人。

1938年加入中国共产党，在党组织的领导下，积极参加革命活动。历任上海苏州中学党支部书记，苏中解放区东台县和海安县区委副书记、书记，县委组织部长，华东局干部队指导员，华东局驻大连办事处人事部部长、副主任等职。

新中国成立后，陈斐先后在铁路、石油化工等战线奋斗了40个春秋。1950年至1954年任沈阳铁路地区党委副书记、书记；1954至1957年在中央高级党校学习后，留校担任党建教研室讲师；1957至1966年先后任吉林化学工业公司101厂、103厂党委书记，设计研究院院长、党委书记，吉化公司党委常委、副经理；1966至1972年任天津橡胶分公司经理、党委书记，天津化工研究院革委会主任；1972年至1981年先后任北京燕山石油化工总厂向阳化工厂党委书记、北京制药厂党委副书记、北京市燕山区领导小组成员、1980年1月调入北京化工学院第二分院任领导小组负责人；1983年任顾问。1990年1月29日病逝。陈斐在战争年代，出生入死，临危不惧，坚持党的地下斗争。解放后陈斐长期在化工战线上工作，为新中国的建设和石油化工事业，为创建北京石油化工学院做出突出贡献。

袁尔卓（1922～1982）　男，汉族，辽宁省沈阳市人。1947年3月参加工作，1950年12月加入中国共产党，大学文化。

1946年毕业于西南联合大学化学系；1947年3月至1951年1月在天津塘沽永利碱厂任技术员；1951年1月至1953年8月先后任天津塘沽永利碱厂工会副主席，塘沽区生产部副部长，海洋化工学校校长、党支部书记；1950、1951年连续被评为天津市一等劳动模范。1953年9月至1972年12月先后任化工部北京化工学校副校长；化工部教育司副处长，五.七干校子弟学校校长；1973年1月回燃料化工部工作；1973年9月先后任石化总厂教育处副处长，北京石化区办事处文卫组副组长，北京石化区教育局局长兼党组书记；1980年1月任北京化工学院第二分院领导小组负责人。

臧福录（1925～　）　男，汉族，山东省福山县人。1950年8月参加工作，中共党员，大学学历，教授级高级工程师、教授。

1950年8月毕业于国立北洋大学（现天津大学）化学工程系；1950年8月至1954年1月先后任天津大学、清华大学、北京石油学院助教；1954年2月至1961年6月任北京石油学院讲师，1961年7月至1972年先后任东北石油学院讲师、教研室主任、副教授、1972至1980年任燕山石化公司研究院技术负责人、副总工程师、副院长；1980至1985年任北京化工学院第二分院行政负责人、北京石油化工专科学校校长，期间兼任清华大学化工系副教授三年、研究生导师、北京市技术评定委员会化工行业第二考评组成员（1980至1982年）；1985至1988年任燕化公司技术委员会副主任、主任；1986至1988年兼任华东石油学院北京研究生部教授、研究生导师。1974年起从事催化裂化柴油抽提芳烃临氢脱烷基制萘中试研究，1981年通过化工部鉴定。“炼油污水场废渣硫化焚烧技术开发”1984年通过中石化总公司鉴定，获得科技进步奖，并已工业化应用。指导开发乙烯三聚生产1-乙烯研究，已于2007年成功投入生产。承担其它科研项目多项，发表论文多篇，主编《石油化工工艺工程师必读》三册。1992年起享受国务院颁发的政府特殊津贴。

吴　仪（1938～　）女，汉族，湖北武汉人。1962年4月加入中国共产党，1962年8月参加工作，大学学历，高级工程师。

1956至1962年于西北工学院国防系、北京石油学院石油炼制系炼油工程专业学习。1962至1965年担任兰州炼油厂车间技术员、政治部办公室干事。1965至1967年担任石油工业部生产技术司生产处技术员。1967至1983年先后担任北京东方红炼油厂技术员、技术科副科长、科长、副总工程师、副厂长；1983至1988年担任北京燕山石油化工公司副经理、党委书记，其中1983年10月至1985年11月，兼任北京石油化工专科学校党委书记。1988至1991年担任北京市副市长。1991至1993年担任对外经济贸易部副部长、党组副书记。1993至1997年任对外贸易经济合作部部长、党组书记。1997至1998年担任中央政治局候补委员、对外贸易经济合作部部长、党组书记。1998至2002年担任中央政治局候补委员、国务委员、国务院党组成员；2002年担任中央政治局委员、国务委员、国务院党组成员；2003年3月担任国务院副总理，同年4月23日兼任新成立的国务院防治非典型肺炎指挥部总指挥，4月26日至2005年4月兼任卫生部部长，2004年2月担任新成立的国务院防治艾滋病工作委员会主任；2007年8月担任国务院产品质量食品安全领导小组组长。吴仪同志是中共第十三届中央候补委员，十四届、十五届、十六届中央委员，十五届中央政治局候补委员，十六届中央政治局委员。

李　杰（1929～　）男，汉族，河北省定县人。1948年12月参加工作，1949年7月加入中国共产党。

1948年12月至1949年8月任华北军区司令部机要训练队学员；1949年8月至1950年4月任解放军四兵团司令部机要训练队学员；1950年4月至1951年3月任云南曲靖军区司令部见习译电员；1951年3月至1951年12月任志愿军三兵团司令部译电员秘书；1951年12月至1952年6月任军委机要干部学校学员；1952年6月至1953年7月在中央机要局疗养所任疗养员；1953年7月至1956年7月任国家计委机要处科员；1956年12月至1964年8月任国家经委秘书处科员、副科长；1964年8月至1965年12月在石家庄华北制药厂搞四清；1965年12月至1969年11月任国家经委秘书处档案科副科长；1969年11月至1972年11月在国家计委河南西华干校；1972年11月至1978年8月任石化总厂干部处干事；1978年8月至1983年11月任石化总厂干部处副处长；1983年10月至1985年11月任北京石油化工专科学校副书记；1985年11月至1987年8月任燕化公司老干部处处长；1989年7月离休。

张富元（1937～　）男，汉族，河北省秦皇岛人。1960年参加工作，1961年6月加入中国共产党，大学学历，副教授。

1960年北京石油学院毕业后留校；1971年至1978年任北京燕化公司工人大学教师；1978年至1989年任北京石油化工专科学校教师、教务处副处长，1983年11月至1989年10月任北京石油化工专科学校副校长；1989年10月至1991年4月任北京石油化工专科学校校长；1991年4月至1993年2月任北京石油化工专科学校党委书记；1993年2月至1998年10月任北京石油化工学院党委书记。1989年获得北京市人民政府颁发的“普通高等学校优秀教学成果”奖。

张孟邦（1928～1987） **男，汉族，山东省蓬莱县人。1947年8月参加工作，1949年8月加入中国共产党。**

1947年8月至1953年3月任吉林军区被服厂军工、工务员、股长、党支部书记；1953年3月至1954年4月任吉林市砖瓦厂车间主任；1954年4月至1971年6月先后任吉林九一工程宣传科干事，吉林化学冶金建设总公司党委办公室副科长；吉林化学工业公司第二安装公司宣传部副部长、部长，吉林化学工业公司党委办公室科长；化工部化工原料工业公司宣传处副处长等；1971年6月至1978年9月任石化总厂宣传处副处长；1978年10月至1983年10月任北京经济学院系总支副书记；1983年11月任北京石油化工专科学校副校长。

张立文（1932～2008） **男，汉族，山东省龙口市人。1954年8月参加工作，1954年11月加入中国共产党，大学学历，教授级高级工程师。**

1954年8月毕业于北京石油学院；1954年8月至1958年9月任大连石油七厂润滑油车间技术员；1958年9月至1960年9月在北京外语学院留苏预备部学习；1960年10月至1961年10月在苏联晓金化学联合公司实习；1961年10月至1965年8月先后任大连石油七厂车间副主任、检查科副科长、研究所副所长、技术科副科长；1965年8月至1969年7月任大连石油七厂副总工程师；1969年7月至1971年7月任东方红炼油厂生产组副组长；1971年7月至1978年4月先后任北京石油化工总厂调度处处长、副总工程师；1978年4月任北京燕山石油化学总公司副总经理；其中：1985年11月至1990年2月兼任北京石油化工专科学校党委书记。曾任燕山石化公司第一届、第二届、第三届党委委员、常委，北京市第八届、第九届人民代表大会代表，获北京市经委系统安全生产先进个人称号，享受政府特殊津贴。

刘国仁（1939～　　） **男，汉族，河北省大厂县人。1964年8月参加工作，1959年6月加入中国共产党，大学学历，高级经济师。**

1964年8月北京矿业学院毕业留校任机电系教师；1972年6月至1978年2月任北京石油化工总厂宣传部干部；1978年2月至1985年10月任北京燕山石油化学总公司人事处干部、副处长；1985年11月至1990年2月任北京石油化工专科学校党委副书记；1990年2月至1991年4月任学校党委书记。1991年4月任中石化北京设计院党委副书记、工会主席；1999年3月退休。1989年被授予中石化总公司系统优秀思想政治工作者称号；1995年被授予中央国家机关精神文明建设先进个人称号。

郁浩然（1938～　）**男，汉族，江苏省太仓县人。1958年12月加入中国共产党，1962年9月参加工作，大学学历，教授，享受政府特殊津贴专家。**

1962年清华大学毕业留校任化工系教师、学生辅导员、教研室党支部书记；1976年3月调入北京东方红炼油厂721大学任教师；1982年8月任北京化工学院第二分院教师；1983年任化工教研室副主任；1984年12月至1985年11月任北京石油化工专科学校教务处处长；1985年11月至1991年4月任学校副校长，1988年8月至1989年2月在英国布雷福特大学做名誉客座教授；1989年2月至1989年8月在英国皇家理工学院做高级访问学者；1991年4月至1993年2月任北京石油化工专科学校校长；1993年2月至1998年10月任北京石油化工学院院长。发表化工分离、热力学方面论文十余篇，教学论文三篇；与人合著《化工计算》、主编《化工分离工程》。获发明专利一项，实用新型专利一项。1962年获清华大学优秀毕业生金质奖章。1991年被评为北京市优秀共产党员。1992年获北京市普通高等学校优秀教学成果奖。1994年获北京市普通高等学校优秀教学成果二等奖。1996年获中国石化总公司科技成果三等奖。

严庆国（1941～　）**男，汉族，江西省泰和县人。1968年8月参加工作，1972年2月加入中国共产党，大学学历，高级经济师，副教授。**

1967年7月毕业于北京师范大学；1968年8月至1970年12月任长春市74中学教师；1971年1月至1974年12月任中国人民解放军3011部队学员；1975年1月至1978年8月任吉林师范大学机关副科长；1978年8月至1979年8月任教育部学生管理司干部；1979年8月调入北京化工学院第二分院先后任学生部负责人、教务处党支部副书记，1984年10月任北京石油化工专科学校党办主任；1985年11月至1993年2月任北京石油化工专科学校副校长，其中：1985年11月至1986年9月兼任基建筹建处处长，1993年2月至2002年4月任北京石油化工学院副院长。

崔玉明（1938～　）**男，汉族，北京市人。1960年入伍，1964年12月加入中国共产党，大学学历，副教授。**

1965年毕业于哈尔滨军事工程学院；1965年7月至1972年7月在中国人民解放军军委工程兵司令部任参谋；1972年7月至1988年3月先后任南京工程兵工程学院教员、学员队副主任、主任、正团职教员、正团副主任；1988年3月转业到石油化工专科学校，担任化机系教师、副主任；1989年10月至1991年7月任学校教务处副处长、处长；1991年7月至1993年2月任学校党委副书记；1993年2月至1998年10月任北京石油化工学院党委副书记兼纪委书记；1998年底退休。与他人合著《舟桥计算》教材，曾被授予中石化总公司系统优秀思想政治工作者称号。

佟泽民（1945～　）男，汉族，天津市人。1968年7月参加工作，1986年4月加入中国共产党，研究生学历，工学硕士，教授，硕士生导师。

1982年毕业于北京化工学院；1968年7月至1979年7月任兰州石油化工厂助工；1979年9月考入北京化工学院读研究生；1982年4月至1991年8月先后任北京石油化工专科学校教师、室主任、系主任；1991年7月至1993年2月任学校副校长；1993年2月至1998年10月任北京石油化工学院副院长；1998年10月至2005年7月任北京石油化工学院院长；2006年退休。在国内外公开发行的科技期刊及学术会议上发表论文60余篇，由中国石化总公司组织鉴定的科研成果三项，获中国石化总公司科学进步三等奖三项。

徐土旺（1945～　）男，汉族，河南省荥阳县人。1969年8月参加工作，1974年11月加入中国共产党，大学学历，高级政工师。

1969年7月毕业于郑州工学院；1969年7月至1986年6月在北京燕山石油化工公司机械厂先后任技术员、副主任、支部副书记、书记、组织部长；1986年6月至1988年1月 任北京燕化公司机关调研室科长；1988年1月调入北京石油化工专科学校任组织部长；1993年1月至1994年9月任北京石油化工学院组织部长；1994年10月至2005年7月任北京石油化工学院副院长。

孙桂大（1941～　）男，汉族，辽宁省本溪县人。1960年参加工作，1985年2月加入中国共产党，研究生学历，理学博士，博士生导师，教授。

1960年7月高中毕业留校任教；1962年9月至1968年11月就读于北京大学化学系；1979年9月至1982年2月师从闵恩泽院士就读北京石油化工科学研究院研究生部，获工学硕士学位，1994年6月于兰州大学获理学博士学位；1968年12月至1979年8月在抚顺石油二厂任技术员、助理工程师；1982年4月至1998年10月在抚顺石油学院（现更名为辽宁石油化工大学）聘为讲师、副教授、教授，曾任物理化学教研室主任、教务处副处长、副院长、院长；1998年10月至2001年8月，任北京石油化工学院党委书记；2004年5月退休。现为中国化学会催化专业委员会委员和绿色化学专业委员会委员，国家自然科学基金委员会通讯评审专家。曾任抚顺市科学技术协会副主席，抚顺市政协常委，抚顺市人民政府决策咨询委员会委员，抚顺市石油化工学会副理事长。主要研究领域为新型催化材料开发和石油化工催化剂与工艺研究，主持过国家自然科学基金“九五”重大项目的子课题和国家重点基础研究规划（973计划）项目的子课题以及多项国家自然科学基金和中国石化集团公司资助项目。1986年3月至1988年5月在联邦德国慕尼黑大学物理化学研究所作访问学者，2000年7月至12月和2004年11月至2005年3月先后两次作为客座教授在德国莱比锡大学进行合作科研。指导硕士研究生17名、博士研究生11名。在国内外科技期刊和学术会议上发表论文110余篇，其中多篇被SCI和EI收录。参与专著“绿色石化技术的科学与工程基础”和“石油炼制和基本有机化学品合成的绿色化学”的编写工作。已获批准发明专利五项，获得省部级科技进步一等奖一项，三等奖两项，市级科技进步奖一项。1997年获抚顺市“科技精英”称号，1999年被评为中国石油化工集团公司高校的学术带头人。1993年起享受国务院政府特殊津贴。

周　海（1957～　）**男，汉族，广东省开平县人。1976年8月参加工作，1993年3月加入中国共产党，研究生学历，硕士，教授，硕士生导师。现任北京石油化工学院副院长。**

1976年至1978年在四川峨眉县峨山公社知青农场为下乡知青；1978年9月考入浙江大学材料科学与工程系学习；1982年7月毕业获学士学位；1982年9月至1985年10月在包头钢铁学院任教师；1985年10月调入西南交通大学任教师；1987年9月考入西南交通大学材料系研究生，1990年9月毕业获硕士学位；1990年9月分配到北京石油化工专科学校任教师、教研室副主任；1995年8月至1997年10月任北京石油化工学院机械工程系副主任；1997年11月至1998年9月任机械工程系党总支书记；1998年10月至2004年6月任石油化工学院党委副书记兼纪委书记、工会主席；2004年6月至2006年2月任党委副书记；2006年2月任副院长至今。1997年1月至11月在英国伯明翰大学进修学习。2006年晋升为教授。先后主持和参与了十几项科研项目，发表论文70多篇，其中被SCI，EI，ISTP收录近30篇。现担任中国机械工程学会焊接学会堆焊与表面工程专业委员会委员。

郭文莉（1963～　）**女，汉族，北京市人。1983年6月加入中国共产党，1984年8月参加工作，研究生学历，工学博士，教授，博士生导师。现任北京石油化工学院院长。**

1984年毕业留校任教；1984年8月任北京石油化工专科学校团委副书记、教师；1988年3月任基础课部党支部书记；1989年9月考入北京化工学院读研究生；1992年7毕业获硕士学位回校任教；1995年8月任化工系副主任；1996年12月任化工系主任；1998年10月任北京石油化工学院副院长；2005年7月任北京石油化工学院院长。2002年晋升为教授。是北京市“生物医用弹性材料”创新团队学术带头人，主要研究方向是高分子设计及大分子工程。主持国家自然科学基金，教育部骨干教师资助项目、中石化集团公司等多项科研项目。主持教育部多项教改项目，2004年获得北京市教学成果二等奖和“北京市教育创新标兵”等荣誉符号。在国内外学术刊物上发表论文40余篇，其中10篇被SCI收录，8篇被EI收录。拥有国家授权的发明专利5项。1996年被评为北京市青年骨干教师，为本科学生开设离子聚合、生物材料和聚合反应工程等课程，为研究生开设阳离子聚合、阴离子聚合和生物材料等课程，指导硕士研究生10余名，博士生2名，博士后1名。任北京创造学会副理事长、北京化工学会副理事长、化工高等教育学会副理事长、教育部材料科学与工程教学指导委员会高分子专业指导委员会委员、中国高等教育学会产学研合作教育分会副理事长。曾当选北京市第九次、第十次党代会代表。

牛继升（1949～　　）　男，汉族，辽宁锦县人。1968年参加工作，1974年加入中国共产党，研究生学历，硕士，教授，硕士生导师。

1968年至1978年在黑龙江生产建设兵团第四师39团历任农工、班长、排长、团政治处干事、连指导员。1978年考入中国人民大学本科，1985年从该校国际政治系研究生毕业，获硕士学位。1978至1997年在中国人民大学任教，并且先后担任国际政治系副主任、党总支副书记，校党委宣传部副部长、部长。1993年任中国人民大学党委副书记。1997年8月至2001年8月任首都师范大学党委书记，2000年兼任校务委员会主任；2001年8月至2008年5月任北京石油化工学院党委书记。2008年1月在北京市政协十一届一次会议上当选市政协常委兼教文卫体委员会主任。1988至1989年赴苏联列宁格勒大学（现圣彼得堡大学）进修。1991年任中国人民大学国际政治系副教授，1993年被聘为硕士生导师，1996年晋升为教授。发表论文30篇，与他人合著《科学社会主义理论与实践》、《科学共产主义原理》、《马克思主义思想政治教育理论基础》等。1991年任首都高校中青年马克思主义研究会会长，1997年被国家教育委员会（现教育部）聘为高等学校思想品德教学指导委员会委员。

刘仲仁（1951～　　）　男，回族，北京市人。1968年9月参加工作，1983年5月加入中国共产党，大学学历，教授。现任北京石油化工学院党委副书记。

1968年9月至1973年9月在内蒙古凉城县三苏木公社为下乡知青；1973年9月考入内蒙古锡盟牧医校；1975年7月毕业在内蒙古西苏旗中学任教师；1979年9月考入内蒙古师范大学；1983年7月毕业在北京市委党校任干部；1985年调入北京物资学院工作，历任学生处副处长、处长、工商系党总支书记、校长助理，1992年任副书记、副院长；2002年11月调入北京石油化工学院任党委副书记至今。在高校工作期间，长期从事学生工作和思想政治理论教学工作。主编或副主编《社会科学十万个为什么》哲学卷、《大学时光》、《国际经济合作的理论与应用》、《大学生择业指南》、《大学形式逻辑教程》等八部专著或教材。在《中国高等教育》、《中国流通经济》等杂志上发表《知识经济与高等教育未来取向》、《大学生社会生活的误区》等多篇论文。作为副组长参加了北京教育科学基金项目《高等教育进入大众化条件下大学德育对策研究》、《北京高校教师职业道德评价指标体系》的研究。

赵盛伟（1963～　　）　男，汉族，山东蓬莱人。1985年12月入党，1987年7月参加工作，大学学历，学士，高级政工师。现任北京石油化工学院副院长。

1987年6月于抚顺石油学院毕业分配到北京石油化工专科学校工作，先后任化学工程系政治辅导员、学校团委书记；1991年9月至1995年9月任北京石油化工学院团委书记、学生部副部长；1995年9月至1997年9月任经济管理系党总支副书记；1997年9月至1998年5月任化学工程系党总支副书记；1998年5月至1999年9月任化学工程系党总支书记；1999年9月至2003年4月任学院人事处处长；2002年4月至2002年12月任院长助理；2002年12月任副院长至今。2006年当选北京市大兴区第三届人民代表大会代表。

张肃建（1955～　）女，汉族，山西省神池县人。**1974年1月参加工作，1976年8月加入中国共产党，大学学历，高级政工师。现任北京石油化工学院纪委书记兼工会主席。**

1974年1月至1978年10月任中学教师；1978年考入北京师范学院，1982年7月毕业获学士学位。1982年7月毕业后在北京教育学院崇文分院任教师；1991年4月调入北京市委教育工委干部处先后任科员、副主任科员、主任科员、副处长、正处级调研员；2000年6月至2004年6月任北京市教委人事处处长；2004年6月调入北京石油化工学院任纪委书记，2006年5月兼任工会主席至今。1994年被评为北京市委直属机关优秀共产党员；1998年、2001年经北京市教委审批荣立三等功；2001年被评为市委教育工委市教委机关党委系统优秀共产党员。

曹长兴（1960～　）男，汉族，河北省乐亭县人。**1983年3月参加工作，1994年1月加入中国共产党，研究生学历，工学硕士，副教授，硕士生导师。现任北京石油化工学院党委副书记。**

1983年3月从北京石油化工学院的前身——北京化工学院第二分院毕业留校任教。1988年8月考入北京化工学院读研究生；1991年3月毕业回学校任教师；1993年1月至1995年7月任北京石油化工学院教师；1995年7月至1996年12月任化学工程系副主任；1996年12月至1998年11月先后任学院教学评价办公室主任、教学评价领导小组秘书长；1998年11月至1999年5月任学院组织部部长兼教学评价领导小组秘书长、统战部部长；1999年6月至2006年2月任学院组织部部长兼统战部部长；2006年2月至2006年6月任学院党委副书记兼组织部长、统战部部长；2006年2月任学院党委副书记至今。1997年10月至1998年4月赴美国麻省理工学院化学工程系进修。1996年任副教授，为硕士生导师。1996年起在学术刊物发表论文，与他人合著《石油化工工艺工程师必读》丛书。主持和参加多项科研项目，其中有两项分别荣获中石化公司优秀计算机软件三等奖和2004年第七届全国统计科学研究优秀成果三等奖。

焦向东（1962～　）男，汉族，北京市人。**1988年10月参加工作，1997年12月加入中国共产党，研究生学历，博士，教授、博士生导师。现任北京石油化工学院副院长。**

1988年10月清华大学硕士研究生毕业，在广东核电合营公司任控制工程师；1991年3月入清华大学机械系焊接专业继续读博士研究生，1994年3月毕业，获博士学位，同年毕业分配到北京石油化工学院工作任教师；1998年3月至2000年1月任机械系副主任；2000年1月至2002年4月任机械学院院长；2002年4月至2006年2月任北京石油化工学院院长助理；2006年2月任北京石油化工学院副院长至今。兼任光机电装备技术北京市重点实验室副主任，海洋工程连接技术研究中心主任，主要从事焊接自动化、水下焊接工艺与设备的研究。在国内外专业杂志发表学术论文40余篇，申请专利35项，已获专利授权15项，获北京市科学技术二等奖1项，其他省部级科技进步奖3项。近年主持完成或正在主持科研课题十余项，连续承担多项863等国家级课题。具有全部知识产权的“九五”863科技成果“全位置智能焊接机器人”成功应用于北京奥运“鸟巢”工地焊接，填补了国内空白。主持完成的国家“十五”863重大科研项目“海底管道修复技术”之“水下干式高压焊接技术”成果填补了国家在海底钢结构破损管道修复技术与工程领域的空白，实现了水下干式高压焊接中国造。任国家机械工程学会高级会员，中国焊接学会机器人焊接专业委员会委员，中国自动化学会机器人专业委员会委员，中国石化信息学会常务理事，中国高教学会高等教育管理研究会常务理事。曾任北京市第11、12届人大代表，获北京市青年学科带头人称号，入选北京市拔尖创新人才。2006年起享受政府特殊津贴。

韩占生（1961～　）　男，汉族，河北省唐县人。研究生学历，理学博士，教授，硕士生导师。1984年8月参加工作，2001年4月加入九三学社，现任北京石油化工学院副院长。

1979年9月进入清华大学化学与化学工程系物理化学与仪器分析专业学习，1984年7月获理学学士学位；1984年8月至1986年8月在化工部大连光明化工研究所工作；1986年9月进入清华大学化学系物理化学专业读研究生，1989年7月获理学硕士学位；1989年7月在北京石油化工学院化工系任教，期间1994年9月至1999年4月进入清华大学化学系物理化学专业攻读博士研究生，获理学博士学位；1999年4月毕业回校工作，2000年1月任学校教务处副处长，2002年10月晋升教授，2003年7月任教务处处长，2007年11月任北京石油化工学院副院长。至今长期从事C1化学、催化氧化领域的科研工作和高校教学管理工作。现任全国高等学校教学研究会第二届理事会理事，中国高等教育学会高等教育管理分会理事。曾承担多项有关石油、煤、天然气综合利用研究领域的国家级和省部级科研项目；作为主要负责人承担了多项教育部、北京市教委等国家级和省部级教育教学改革项目。在国际期刊、国内核心期刊上发表论文余30余篇。1993年和2004年分别获得北京市普通高等学校优秀教学成果二等奖。现任九三学社北京市委大兴区工委副主任，九三学社北京石油化工学院支社主委，九三学社北京市委教育委员会委员、科技服务委员会委员。2006年当选北京市大兴区第三届人民代表大会代表、人大常委会委员。

高锦宏（1963～　）　男，汉族，湖北鄂州人。1987年5月参加工作，1986年3月加入中共党员，研究生学历，工学硕士，教授，硕士生导师。现任北京石油化工学院党委书记。

1979年9月至1984年7月，在清华大学精密仪器系机械制造工艺设备及生产自动化专业学习，获工学学士学位；1984年9月至1987年5月，在原陕西机械学院北京研究生部学习，获工学硕士学位；1987年5月至2003年8月在原北京机械工业学院，曾先后担任学校团委副书记、团委书记、团委书记兼学工部副部长、学工部长兼团委书记、学工部长兼宣传部长；1996年1月任学校党委副书记兼副院长；2003年8月至2008年5月任北京信息科技大学副校长；2008年5月任北京石油化工学院党委书记至今。兼职从事机械工程学科方面的专业教学和科学研究工作，1996年12月评为副教授，2008年1月聘为教授。曾先后主讲《机床概论》、《机床设计》、《机械制造工艺学》等本科生专业课程，承担多名硕士研究生培养工作；主持和参与科学研究课题10多项，发表专业论文20多篇，曾获中国机械工业科技进步一等奖和二等奖。曾担任中国机械工业教育学会思想政治工作分会副会长兼秘书长，担任中国电子工业教育学会后勤工作研究会会长。

王林川（1958～　）　男，汉族，吉林九台人。1976年12月参加工作，1982年7月入党，1997年12月毕业于中央党校法律专业，大学学历。现任北京石油化工学院副院长。

1976年12月应征入伍，先后任海军通信团排长、政治处书记；1983年4月任海军装备论证研究中心政治部宣传处干事；1986年7月任海军政治部组织部干事；1989年5月任海军政治部农场副政治教导员、政治教导员；1991年1月任海军政治部组织部组织处正营职干事；1992年5月任解放军总政治部组织部组织局正营职、副团职、正团职干事；1999年12月任解放军总政治部组织局副师职干事；2000年7月任海军政治部组织部副部长，机关党委委员；2004年4月任海军兵种指挥学院副政治委员，党委常委、纪委书记；2006年8月任海军司令部直属工作部部长，海军司令部党委委员、直属党委副书记，直属工作部党委常委、书记；1982年9月、1995年1月分别荣立三等功，转业前为海军大校军衔、正师职。2008年6月调入北京石油化工学院任副院长。

第二节　学科专业人员简介

本章收入北京石油化工学院各类专业人员简介，入选人员获得六种综合性奖励（享受政府特殊津贴专家、北京市高等学校教学名师、北京市优秀教师、北京市高等学校（青年）学科带头人、北京市属市管高等学校人才强教计划拔尖创新人才、北京市教育创新标兵）之一者。入选人员按姓氏笔画排列。

丁福臣　男，汉族，山东郓城人，1964年8月出生，中共党员。

1989年中国石油大学（北京）化学工程与技术专业毕业，博士学位。1997年在加拿大能源部研究院研修，高级访问学者。自1989年6月至今在北京石油化工学院工作，曾任化学工程系主任、材料与化工学院院长，2001年晋升为教授，现任北京石油化工学院科学技术处处长、北京石油学会理事兼青年工作委员会主任委员、北京高等教育学会科研管理研究会理事、北京高校科技产业协会理事、全国高科技绿色能源发展委员会专家委员、中国内燃机学会油品与清洁燃料分会委员、中国基金会侯祥麟基金管理委员会委员等。入选北京市科协科技之星、中国科协科学中国人专家库、北京市属市管高等学校拔尖创新人才。长期从事石油炼制与化工、清洁燃料技术和资源综合利用领域的教学与科研，先后主持或参与完成国家自然科学基金和中国石油化工集团公司等科研项目20余项，在国内外期刊发表学术论文70余篇。主要学术成果包括“重质原料油催化裂化集总反应动力学模型”、“十三集总、十七集总催化重整化学反应动力学模型及应用软件”、“汽柴油非加氢精制技术”、“非贵金属轻烃异构化催化剂”等，“废泡沫塑料热解制苯乙烯改进技术”获北京市“彩虹工程”优秀成果奖，“射孔压裂控砂技术”获中国石油和化学工业协会技术发明三等奖。曾荣获北京市高等学校优秀青年骨干教师、北京市高等学校青年学科带头人、中国石油化工集团公司学术带头人、全国青年岗位能手等荣誉称号。

王伯安 男，汉族，北京市人， 1957年6月出生，中共党员。

1987年6月北京经济学院毕业，获统计学硕士学位。1987年至1993年在北京经济学院工作，任统计学系教师，部门统计教研室主任，副教授。1993年调入北京石油化工学院经济管理学院工作，1998年10月晋升为教授，现任经济管理学院院长。1994年被评为“北京市优秀青年骨干教师”；1996年被评为“北京市青年学科带头人”；1997年被评为“中石化集团公司有突出贡献的科技专家”；2000年被评为“中石化集团公司学科带头人”；2006年被评为北京市教育创新标兵。任全国工业统计学教学研究会理事、副秘书长、副会长；入选中国科协《科学中国人》专家库；北京注册会计师协会会员。先后主讲过《统计学》、《工业统计学》、《工业经济活动分析》、《宏观经济学》、《微观经济学》、《证券投资理论与实务》等本科和研究生课程，培养硕士研究生5名。长期从事统计学和经济学的研究工作。是全国较早从事企业竞争能力评价的研究者，先后主持国家社会科学基金项目2项，省部级科研项目6项，横向科研项目8项。作为课题负责人，完成“中石化集团公司企业竞争力综合评价”项目获省部级科技进步三等奖；“企业竞争能力综合评价研究”（论文）获全国统计科学技术进步三等奖；北京市十五规划项目“治理北京市汽车尾气污染对策研究”获全国统计科学优秀成果三等奖。近年来， 主编教材2本，在《求是》、《税务研究》等国内外核心期刊和学术会议发表论文20余篇。

王迎军 女，汉族，河北保定人， 1957年8月出生，中共党员。

1982年河北大学外语系英语专业毕业，1982年1月至1996年11月在华北电力大学外语教研室任教。1996年12月调入北京石油化工学院，2000年1月任外语部主任，2003年任外语系主任。1992年晋升为副教授。多年来一直从事英语教学与研究，为本科生主讲过《大学英语》、《语言与文化》、《翻译理论与实践》；为研究生讲授过《研究生英语》、《英语听力》等课程。主持过教育部项目《21世纪初一般院校工科专业人才培养模式改革研究》之《外语系列课程改革的研究》、全国外语研究会项目《大学生英语学习中元认知策略的培养》、北京市教委与高教发展中心的项目《大学英语分层次教学课程体系构建的研究与

实践》以及校级重点项目3项。编辑出版外文辞书3部、教材10余部，国内外发表学术论文20篇。1999年获北京石油化工院级优秀教师奖、2003年被评为北京市教育创新标兵。北京市大学外语研究会理事，曾任大兴区第二届政协委员。

王耀荣 男，汉族，河北省吴桥县人，1942年11月出生，中共党员。

1964年毕业于清华大学工程物理系，1993年起享受国务院颁发政府特殊津贴，1996年晋升教授。曾在中国原子能科学研究院从事电子技术、自动控制、计算机应用研究工作23年，1987年调入北京石油化工专科学校任自动化系主任，主持自动控制工程、电气工程及自动化和计算机科学与技术专业的筹备和建设。主讲过《电子技术》、《微机控制技术》、《化工仪表及自动化》、《电工学》等主要课程。完成了化工过程控制、电工电子，电器与电机，计算机，自动化仪表，控制工程等多项实验室建设。编写《微机原理实验讲义》、《集散控制系统实验指导书》、《集散控制系统培训手册》。出版《工业控制总线微型计算机原理及应用》专著一部。发表教学科研论文20余篇。先后完成国家、部委和横向科学研究课题和工程50余项，主持30余项；其中一项获国防科工委重大科研成果三等奖。1995年获北京市总工会授予《奔小康爱国立功标兵》。1996年获北京市高等教育委员会的“教学研究成果二等”奖。

任晓光 女，汉族，辽宁省锦州市人，1956年出生，中共党员。

现为化工原理北京市精品课程责任教授。1998年3月至1999年3月，在英国萨里大学作高级访问学者；2003年7月至2003年10月，在英国爱丁堡大学作高级访问学者。长期以来，任晓光始终工作在高等学校教学、科研第一线，在学科建设、专业建设及化工原理精品课程建设等方面作了大量积极而有意义的工作。近年来作为科研项目及教改课题负责人，在化工传热强化与阻垢、防腐、高酸值原油脱酸、催化燃烧等方面开展了深入而系统的研究工作，先后承担了国家自然科学基金、北京市教委、中国石油化工股份有限公司等多项科研课题，积累了丰富的研究工作经验，并取得了明显的经济效益和社会效益。在国内外有影响的刊物及国际学术会议上发表学术论文80多篇，并有30多篇论文分别被SCI、EI、ISTP等收录，获国家发明专利2项。2005年由任晓光教授负责的化学工程与工艺专业成为北京市品牌建设专业。作为清洁燃料技术开发创新团队的负责人，2005年首批入选北京市属、市管高校人才强教计划资助的创新团队。负责的化工原理课程在2006年被评为北京市精品课程。现为教育部高职、高专油气工程类专业教学指导委员会委员，2006年获北京市优秀教师荣誉称号，2007年被授予北京石油化工学院第三届教学名师。

吕九琢 男，汉族，辽宁省喀左县人，1944年10月出生，中国民主同盟盟员。

1982年清华大学研究生毕业。曾任辽宁省抚顺市人大常委会委员，中国民主同盟抚顺市委员会副主任委员，抚顺石油学院有机化学教研室主任，辽宁省和北京市化学会理事。1991年起享受国务院颁发政府特殊津贴。1994年晋升教授。1994年调入北京石油化工学院，任化学教研室主任。主要从事有机化学、精细化工等领域的教学和科研工作。为本科生和研究生开设《有机化学》、《高等有机化学》、《高等有机合成》等多门课程。从1986年开始指导硕士研究生。承担并完成《柴油助燃-消烟剂的探索》、《复合型抗氧剂B501的研制》、《聚硫代二（叔丁基间甲酚）的研制》等多项中国石油化工总公司重点课题，并承担和完成一项北京市教改项目。在抗氧剂，阻燃剂和防火涂料等科研领域取得显著成果，获六项国家专利，三项部级科技进步奖，有三项科研成果收入《中国科技成果大全》。在《精细化工》、《石油化工》、《现代化工》、《环境科学学报》等杂志上发表论文60余篇。吕九琢负责的《有机化学》课被评为中石化总公司优秀课程。1991年和1992年两次被中石化总公司授予“突出贡献的科技和管理专家”称号。

吕廷海　男，汉族，山东省招远县人，1938年9月出生，中共党员。

1964年毕业于清华大学工程化学系，1981年9月至1984年11月在美国纽约州立大学石溪分校化学系进修。1992年晋升研究员，核工业研究生院兼职教授。1993年起享受政府特殊津贴。吕廷海1964年9月去河南省罗山等大别山革命根据地劳动锻炼。1965年9月结束劳动锻炼，回四〇一所同位素室工作，投入到“两弹”攻关的紧张科研工作中。1966年他开始担任课题组长，先后完成了氚的提取率研究；研究成功了提取氚新工艺，安全可靠，成倍地提高了生产能力；完成了“827工程氚生产工艺研究”任务和为09工程生产高纯放射性氚的任务。参加了热扩散法浓缩He-3工艺研究。1978年至1981年负责重水脱氚的研究工作，测量了液态氢同位素水和重氨的红外吸收光谱等。他主持和参加完成的科研项目“氚生产工艺研究”、“反应堆氚靶元件研究”和“热扩散法浓缩氦-3工艺研究”均获1978年全国科学大会奖；“液态H2O、HDO、D2O、HTO、DTO、T2O的红外吸收光谱”获1979年国防科工委成果奖。1981年9月去美国纽约州立大学石溪分校留学三年，1984年底从美国回到原子能研究所继续从事同位素制备与应用研究和核工业研究生院教学，讲授《同位素化学》及《化工热力学》。1987年晋升副研究员，核工业研究生院兼职副教授。1988年担任863项目“聚变-裂变混合堆氚工艺氚浓缩”支课题负责人，1993年结题，并培养硕士研究生一名，获军工发明专利一项。由于对“两弹”做出的贡献，1993年获得国务院政府特殊津贴。1994年入选中国科技会堂专家委员会“专家名录”。1991年1月调入北京石油化工学院。主讲过《物理化学》、《科技写作》和专业英语等，曾任物理化学实验室主任。1991年秋接手物理化学一类课建设，作为中石化总公司专家参加物理化学一类课评估。1994年6月到1995年5月在德国Max-Planck-Institut für Chemie做访问教授。1996年被聘为中石化总公司物理化学课程评估专家组成员，全国部分高校化工类及相关专业大学英语专业阅读教材编审委员会成员。1996年参编了研究生教材《同位素分离》。1997～1998年负责完成了学校第一个专业《化学工程与工艺专业课程体系改革》课题。1998年退休后先后返聘到高教研究室、学校督导组工作至今。

邢林和 **男，汉族，河北省大名县人，1947年1月出生，中共党员。**

1990年毕业于北京师范学院，2004年晋升为教授，担任中国历史唯物主义学会会员、中国科学社会主义学会当代世界社会主义专业委员会理事、北京高教学会政经研究会理事。曾任马列主义教研室主任兼党支部书记（正处），现为北京石油化工学院人文社科学院教授。一直从事马列课教学与研究，为本科生开设《马克思主义哲学原理》、《邓小平理论概论》、《政治经济学》、《马克思主义基本原理概论》等主要课程，为研究生讲授《科学社会主义理论与实践》课，在《光明日报》等报刊发表学术论文60篇，其中11篇论文获得北京高教学会优秀论文奖。撰书12本（专著1本、主编2本、副主编2本、参编7本）。2003年、2004年、2005年连续三年获得学校教学优秀奖。多次荣获校级先进，被授予校级教学名师荣誉称号。2001年被评为北京市师德先进个人，2006年9月被授予北京市优秀教师荣誉称号。

邢铁骥 **男，汉族，天津市人，1942年1月出生，中共党员。**

1964 年南开大学数学系数学专业毕业 ，1964年到1977年在天津化工局化工学院任教师。1977年至1987年在北京邮电大学任讲师，1987年晋升副教授。1989年至1992年在中外合资广东电工公司任高级工程师、总经理助理。1992年至1998年在北京石油化工学院任副教授，1998晋升教授，曾任基础部主任。曾主讲高等数学、高等代数、复变函数、数学物理方程、概率论与数理统计、线性代数、近世代数、离散数学、积分变换、矢量分析与场论、运筹学等课程。是2004年学校精品课程“高等数学”、“线性代数”课程组主要成员。并担任新建专业“信息与计算科学”的主干基础课——高等代数，该课程共三年半的教学任务。独立编著《线性代数教材》于1987年由北京邮电大学出版社出版。主编《线性代数》由中国标准出版社出版，三版共印刷五万余册。发表《矩阵的初等变换的推广及其应用》、《关于域的非代数结构——序》等学术及教学研究论文二十余篇，2001年在香港召开的国际工科数学教学与应用研讨会上，发表题为《工科数学教学与大学生的素质教育》的论文。承担两项教育部新世纪教学内容体系的改革项目及一项院级教学研究项目的研究与实践。1995年被评为北京市优秀教师。1999年获学校教学成果一等奖；2000年 被评为 北京石油化工学院教学效果优秀教师；2001年被评为北京石油化工学院优秀教师；2003年被评为北京石油化工学院首届教学名师；2004年获学校教学成果二等奖。

应金良 **男，汉族，浙江义乌人，1946年5月出生，中共党员。**

1970年3月毕业于清华大学，1970年3月至1978年8月在清华大学工作，1978年9月起在北京石油化工学院工作，2006年退休。1990年晋升副教授，1993年起享受国务院颁发政府特殊津贴。多年来一直从事化学工程方面的教学和研究，为本科生开设《化工原理》、《化工分离工程》等课程；参加中国石化公司工程师班的教学，并编写出版教材和软件；

参加清华大学斜孔塔板的研究和推广，主笔编写斜孔塔板的设计方法（斜孔塔板的研究获国家科委发明四等奖）和加盐萃取精馏的研究。开发的软件获得中国石化总公司优秀计算机软件三等奖。发表论文4篇，参加中石化公司石油化工专业教材《分离工程》的编写。

陈　飞　男，汉族，河北大名人，1971年5月出生，中共党员。

2002年5月太原理工大学材料科学与工程学院研究生毕业，获工学硕士学位。同年到北京石油化工学院机械工程学院工作，现任机械工程学院机械基础教学实验中心副主任。中国机械工程学会会员、北京市机械工程学会会员。2004年主持校级教学改革项目一项，2005年参加校级教学改革项目一项。2004年参加北京石油化工学院第四届青年教师基本功比赛获得理工组二等奖，2006年被评为“北京市中青年骨干教师”，2007年参加北京石油化工学院第五届青年教师基本功比赛获得理工组一等奖，并代表学校参加北京市高校青年教师教学基本功比赛获得理工（B组）——等奖和最佳演示奖。被评为2007年“北京市教育创新标兵”。目前主要从事轻金属（镁、钛、铝合金）材料表面合金化工艺及性能研究。2002年以来参与“863重大关键科技项目－双层辉光等离子渗金属手工锯条研究”等5项国家和省部级科研项目，并主持省部级科研项目3项。迄今公开发表学术论文60多篇，被SCI检索收录12篇，被EI检索收录18篇，被ISTP收录4篇，获得国家专利授权4项；参与编写出版著作1部。

陈彦玲　女，汉族，河北省昌黎县人，1955年5月出生，中共党员。

1982年于河北大学获学士学位，1989年于中国社会科学院研究生院获硕士学位。1994年调入北京石油化工学院工作，曾任经济管理系副主任、经济管理学院党总支书记。1999年晋升为教授，现为经管学院能源经济研究中心责任教授，承担技术经济与管理学重点建设学科建设工作。陈彦玲多年来一直从事宏观经济学、金融学、国际金融学的教学工作。先后独立指导硕士研究生11人，主要科研领域为能源经济管理与宏观经济分析。2000年被评为中国石化集团公司直属院校学术带头人，2004年被评为北京市优秀教师，同年获得大兴区优秀知识分子荣誉称号，2006年度被评为北京石化学院校级教学名师，2007年被评为北京市教学名师。先后获得1997年国家统计局优秀调查报告奖，1998年河北省第六届社会科学研究优秀成果二等奖，1998年中国石化集团公司科技进步三等奖，2001年全国经济统计教学研究会优秀教改成果一等奖，2005年彩虹工程优秀成果奖，2005年第七届全国统计科学优秀成果三等奖。所率领的“石油经济安全与评价”科研团队2006年获北京市科技创新团队称号。

陈家庆　男，汉族，湖北省兴山县人，1970年6月出生，中共党员。

1997年8月中国石油大学(北京)石油工程系研究生毕业，获工学博士学位。同年到北京石油化工学院工作，曾任机械工程学院环境工程系主任，现任北京石油化工学院机械工程学院副院长，2004年晋升为教授，硕士生导师，校环境工程学科带头人。美国石油工程师协会(SPE)会员、国际水协会(IWA)会员、中国机械工程学会高级会员、中国环境科学学会高级会员。他坚持教书育人，指导本科生参与发表科技论文9篇；负责规划建设的环境工程专业于2005年6月被评为“北京市高等学校市级品牌建设专业”。先后主持或参与完成国家“十五”863计划重大项目子课题等10项，现主持承担国家“十一五”863计划专题课题等3项，作为主要成员参与国家自然科学基金面上项目、国家“十一五”863计划重大项目子课题等4项。迄今公开发表学术论文100多篇，被EI等检索收录16篇，获得国家专利授权6项；主持、参与编写出版著作各2部。作为主持人获得校级教学成果一等奖1项、二等奖2项；现主持北京市高等学校教育教学改革立项项目1项。2003年被评为“北京市教育创新标兵”，入选北京市2005年度科技新星计划(B类)；担任主讲教授的专业必修课《环保设备原理与设计》于2007年6月被评为北京高等学校精品课程，所主编的配套教材荣获2006年度北京市高等教育精品教材奖，并入选“十一五”国家级规划教材。2008年4月荣获第四届北京市高等学校教学名师奖。

杨春育 女，汉族，江苏常州人，1944年3月出生。

1968年毕业于北京化工学院。1999年晋升教授，2000年起享受政府特殊津贴，硕士生导师，曾任北京石油化工学院化工系物理化学实验室主任。多年来一直担任物理化学课主讲教师，是物理化学课建设和实验室建设的主要参加人，物理化学课1996年通过中国石化总公司的评审，评为部委级优秀课程。负责新开学生实验1个，改进学生实验2个，组织指导物理化学实验CAI的开发，并在实验教学中应用。主要从事化工分离技术和精细合成方面的科学研究，参加科研项目多项，主持科研项目三项，主持的“芬檀香合成工艺研究”1998年获得中石化总公司科学进步三等奖，发表科研论文40余篇，1997年被评为北京市优秀教师。

张敬军 男，汉族，北京市人，1971年3月出生，中共党员。

1994年毕业于北京体育师范学院体育教育系，同年分配到北京石油化工学院体育教研室任教。1998年破格晋升为讲师，2004年晋升副教授，现为体育教学部直属党支部书记兼副主任、兼任高水平运动队管理中心主任。张敬军多年来，一直工作在学校体育教学、训练的第一线，曾担任体育基础课、体育选项课、体育选修课等不同项目的体育课教学。1994年组建学校田径代表队，负责田径代表队训练工作，培养出一批在市级、全国、世界级比赛中获得优异成绩的运动员。先后主持《一般院校培养高水平体育人才模式研究》、《公共事业管理专业体育管理方向建设》等2项校级教改课题，参与了4项教改课题；在《北京体育大学学报》等刊物公开发表科研学术论文9篇，参加编写教材《高等院校体育理论教程》一部。先后多次获校级、市级奖励：1997年分别荣获校级、北京市“优秀教师”称号，2003年荣获北京市“教育创新标兵”称号，2004年荣获北京市参加全国大运会

“贡献奖”，2006年荣获“北京市高校十佳教练员”称号。

曾建唐 **男，汉族，河北唐山市人，1946年2月出生。**

1970年毕业于北京机械学院，2003年晋升教授，现为北京石油化工学院电工电子教学与实验中心学科带头人、学校教学督导员，北京市高教学会电工学研究会副理事长，劳动和社会保障部国家高技能人才实训装备标准化建设评估专家。1970年至1983年，在陕西机械学院（现西安理工大学）任教，1983年至1992年，在华北石油职工大学任教，1992年调入北京石油化工学院任教期间主讲电工学、电机拖动、模拟、数学电子技术、电路分析、模拟电子技术、半导体变流技术等十几门课程。多年来一直担任《电工学》主讲教师，《电工学》是市级精品课。指导学生实践环节，专业课程设计、电工电子课程设计等。参与指导学生参加全国大学生电子设计竞赛，荣获2005年大学生电子设计竞赛的全国一等奖。主编普通高等教育“十五”国家级规划教材《电工电子基础实验教程》上下册。主持“电工电子基础实践教学综合配套改革和教材建设”项目2004年被北京市教委评为北京市高等教育教学成果二等奖。分别于2005年、2007年获得北京石油化工学院教学成果一等奖，2006年获北京市高等学校教学名师奖。参加北京石油化工学院工程教育中心建设，2007年工程教育中心被评为北京市实验示范中心和北京市优秀教学团队。

蒋力培 **男，汉族，浙江奉化人，1942年6月出生，中共党员。**

1964年毕业于西安交通大学机械系焊接专业。1994年起享受国务院颁发政府特殊津贴。现为北京石油化工学院光机电装备技术北京重点实验室主任。1964年9月至1990年12月在吉林工业大学先后任讲师、室主任、教授、系主任。其中：1980年11月至1983年6月，作为公派访问学者分别赴美国明尼苏达大学机械系、俄亥俄州大学焊接系学习访问。1985年晋升教授。1990年12月至1992年5月中国铁路通信信号总公司研究员。1992年5月调入北京石油化工学院，曾任装备技术研究所所长、机械系主任。任教期间开设与讲授机电一体化、微机控制系统、测试技术与信号处理、微机原理与接口技术和机电一体化等专业本科生课程。1994年聘任为清华大学博士研究生副导师，1995年聘任为西安交通大学博士研究生兼职导师，1998年聘任为清华大学博士研究生导师。1991年获机械电子工业部“七五”科技攻关先进个人荣誉称号，1994年获中国石油化工集团公司有突出贡献科技专家称号，2000年获中国石化集团公司劳动模范称号，2003年获北京市产学研工作先进个人称号等，2004年获得“首都五一劳动奖章”。负责完成“微计算机控制可控硅整流焊机的研究及应用”、“电脑型焊接电源的研究与开发”、“翅片管自动弧焊工艺与设备研究”，等国家科技攻关项目，先后主持完成过 “球罐全位置智能焊接机器人研制”、“水下管道干式焊接修复系统”等多项国家和省部级重要课题，发表论文100余篇，获得过国家8项专利。

靳海波 男，汉族，吉林人，1969年1月出生，中共党员。

1998年于中国科学院煤化所获工学博士学位。曾在英国利兹大学做高级访问学者，现为化学工程学院教授，北京化工大学兼职博士生导师，化学工程系主任。主要从事化学工程的教学和科研工作，讲授本科生《化学反应工程基础》、《化工分离工程》、《化工环境保护》和研究生“化学反应器理论”等课程。主持国家自然科学基金、中国石油化工股份有限公司、北京市教委与企业委托科研课题多项，在气液与气液固三相鼓泡反应器流体力学、传质特性、多相流测量技术、以及以气液或气液固鼓泡床反应器为基础的化学反应工艺等方面进行了深入、细致的研究，已有三项通过中石化科技开发部组织鉴定，十余项课题通过验收，有的研究成果已用于中石化总公司下属企业装置的设计和放大；在Chem. Eng. Sci.、Chem. Eng. J.、Chem. Eng. Technol.、化工学报等国内外刊物发表论文60余篇，被SCI收录11篇、EI收录35篇和ISTP收录5篇，申请发明专利7项，已授权2项。2004年被评为“北京市优秀教师”，2003年课题组被北京市工会评为“创新先进集体”称号。

曹晓东 男，汉族，陕西省横山县人， 1965年9月出生，中共党员。

1988年毕业于西北大学数学系获硕士学位，同年分配到北京石油化工学院工作，现任北京石油化工学院数理系主任。曹晓东一直从事教学、科研及教学管理工作，29岁时被破格晋升为副教授，1999年晋升为晋升为教授。先后为本科生开设了《高等数学》、《线性代数》、《概率论与数理统计》、《数学实验》、《数学分析》等课程，《高等数学》被评为学校首批优质课程，同时也被评为中石化总公司优质课程。多年从事解析数论中的三角和估计、格点问题、积性问题、加性问题等重要领域的研究，发表论文20余篇，其中10篇论文在国外著名专业刊物上发表，其中第一作者5篇,6篇论文被Sci收录。其研究工作得到美国数学会《数学评论》的评价。作为协助单位，于2004年、2007年获得国家自然科学基金项目二项，经费额度分别为9万元和29万元，另外主持了横向科研项目二项。目前在单项式的多维三角和估计、全平方整数的分布等领域的研究处于国际前列。1993年获“北京市高校优秀青年骨干教师”，1996年获中国石化集团公司“优秀青年知识分子”称号，1997年获北京市总工会“爱国立功标兵”，2000年获“北京市先进工作者”称号。

第二章　人物名录

第一节　正高职人员名录

（以调入学校时间为准）

1990年

田　浩

1992年

蒋力培　杨　玉　廖松生　张才君　臧福录　周启光　郁浩然　孙恭寿　潘维瀚
杨文龙　王子平　宁玉山

1993年

吕廷海

1994年

吕九琢　佟泽民

1996年

李明伟　王耀荣　刘启民　朱直平　孙学俭　孙景玙 徐理德

1997年

高启轩　王建基　高广达

1998年

孙桂大　周树杰　吴明捷　李汝雄　王宗起　王伯安　邢铁骈

1999年

曹晓东　杨春育　赵天波　陈彦玲　荆建林　张　沛　魏立智　任晓光

2000年

焦向东　刘希明　李　林　董晋曦　宋永吉

2001年

牛继升　丁福臣　李凤艳

2002年

刘　录　吴立志　林学明　郭文莉　韩占生　谢祖嵘　景永平　赵树海　吴新民

2003年

刘仲仁　李夏青　左　丽　刘太奇　胡应喜　俞建荣　曾建唐　杜天苍　武光明
王振全　刘广斌　刘　娜

2004年

邢林和　李树杰　陈家庆

2005年

贾学勤　徐　坤　王玉海

2006年

薛　龙　车俊铁　林小竹　陈首丽　吴海燕　周　海　张　宁　刘庆军　杨明山　张谦温　靳海波　李先锋

2007年

李翠清　戴静君　戴　波　李　欣　沈　倬　李树新　崔秀国

2007年（所有在职正高人员名单，按年限排列）

蒋力培　王伯安　曹晓东　陈彦玲　魏立智　任晓光　焦向东　宋永吉　牛继升　丁福臣　李凤艳　刘　录　吴立志　林学明　郭文莉　韩占生　刘广斌　刘　娜　景永平　赵树海　吴新民　刘仲仁　李夏青　左　丽　刘太奇　胡应喜　俞建荣　曾建唐　杜天苍　武光明　王振全　邢林和　陈家庆　徐　坤　贾学勤　李先锋　靳海波　薛　龙　车俊铁　林小竹　陈首丽　吴海燕　周　海　张　宁　刘庆军　王玉海　杨明山　张谦温　李翠清　戴静君　戴　波　李　欣　沈　倬　李树新　崔秀国

第二节　副高职人员名录

（以调入学校时间为准）

1981年

王笃之　周洪亮

1982年

臧福录

1983年

王焕恺　尹玉英

1987年

郁浩然　刘素梅　王良忱　张富元　金振夏　李公亮　金海林　刘春蕴

1988年

佟泽民　郑茵薇　李维民　王跃荣　于丽华　王燕薇　刘国仁　王　琴

1990年

崔玉明　应金良　任玉春　鲍　浪　朱直平　汤东良　蒋绍德　徐理德

1991年

严国庆　杨金生　佟锡昌

1992年

薛贵翔 曾建唐 李　林 徐土旺 柴　凡 赵同复 袁德峰 刘希明 凌星中 苏萌茂

1993年

王伯安 王凤元 杨春育 周以群 王德伦 莫慧敏 刘凤山 邢铁骥 刘启民 唐瑞昆 李汝雄 白凤娟 吴达文 孙景玛 刘金暖 马裕华 朱　黄 李振义 袁仲林 孙学俭 王宗起 曹玉京 刘凤英 祖国来 王秀茹 张树栋 王允亭 麻慧琏 管秀芳 葛爱庆 董晋曦 李　烨

1994年

刘嘉敏 陈彦玲 曹晓东 张存旺 徐林林 顾　凯 原　红 刘　壮 张　沛 朱　明 朱维新 白　荣 张万华 申叔钦 叶云虎 赵天波 徐亚贤

1995年

钱名海 张玉喜 荆建林 丁福臣 陈首丽 张友松 肖存荣 于雅洁

1996年

谢祖荣 葛旭东 曹长兴 邢林和 李凤艳 焦向东 吴立志 阎笑非 肖庆耕 洪　毅 孙爱华 林　骞 张奕林 袁　新 段明法 常俊清 王迎军

1997年

郭文莉 胡应喜 程宏远 焦玉海 韩占生 晁建平 陈　竹 刘　翠 高德文 李　文 周　海 王增庄 李树新 杜友齐 陈沙鹏 史慧生 张国瑞 俞建荣 武立克 刘　霞

1998年

林学明 武光明 朱　江 赵如松 刘　录 张长德 张晓明 杨建华 牛敬党 马　葵 赵盛伟 楚毓华 刘嘉莉 郝炳均 樊洪君

1999年

陆晓中 高俊斌 靳广洲 沈　倬 朱　凤 付小美 马宏泽 陈家庆 许月梅 徐丽杰 李铁香 李明利 杜天苍 刘　华 杨京伟 佟秀苓 陈　捷

2000年

王　虹 李艳云 罗国华 徐自力 高劲松 靳海波 吴海燕 施建华 陈运辉 陈　玲 刘长江 刘家彬 林小竹 吕　涛 吴　波 周灿丰 徐凤信 蔡晓君 杨兆春 丁　明 罗道全 郝保红 王继红 田海晏 高秀云 吴国民 刘湘晨 吴　艳 于　静

2001年

戴　波 韦跃红 郭立群 张建贤 单希林 刘亚禄 吴春霞 索晨霞 杜建卫 赵国庆 李翠清 高晓文 徐　新 王伟芳 王淑芳 杨玉久 张超英

2002年

李春明　郄圣华　张国英　王　丽　尹振晏　刘喜莲　何晓红　张卫义　张吉月
张硕生　王笃勤　赵增慧　郭金刚　冀学森　徐欣欣　李凤杰　王昌庆　白瑷峥
李　洋　金恩姬　范翠香　苏盛辉

2003年

李　欣　常　峥　刘占民　戴静君　刘建东　何亚琴　王　伟　王中辉　邓双成
邓俊英　任正民　张宝生　张慧平　张立新　周志军　熊杰明　潘渊颖　曾　旗
张奕林　黄为一　黄建平　毛炳生

2004年

王　敏　张敬军　范钦标　王和平　邓文生　艾丽辉　龙　菲　刘卫国　何广湘
沈齐英　李　彦　易　久　金玉顺　杨钟红　周晓正　梁慧媛　董小燕　董琳媛
张永丽　杨利华　杨凤云　吕荣强　孙滨丽　徐　华　刘红琳　严姣兰　黄民双
徐红敏　佟拉嘎　李梦玉

2005年

荣　华　刘亚玲　苏　欣　于　舸　陈华亭　王　怡　徐一峰　张　旭　韩　英
张肃建　宋景枫

2006年

唐　欣　丁　乔　贺小鹰　刘　辉　王　伟　张健勇　曾卫兵　余有明　俞接成
曹建树　纪文刚　张小红　石　峰　戚传松　李　韬　周翠红　刘伟明　许　波
冯音琦　林建安　潘　浩　李建刚　刘　啸　戴玉华　李茂盛　李　巍　邢光建
庄　伟　龚良发　宋莉瑶

2007年

金　俏　陈　飞　王殿君　隋金玲　陈　琪　张　克　倪　静　朱晓文　王伟芳
童江梅　冯小萱　赵　昶　邓彦青　高　洁　孙卫民　李卫清　宋士博　黄继强
柳京爱

2007年（所有在职副高人员名单，按年限排列）

张存旺　徐林林　顾　凯　刘　壮　朱维新　曹长兴　阎笑非　张奕林　段明法
王迎军　焦玉海　晁建平　陈　竹　高德文　王增庄　史慧生　张国瑞　刘　霞
朱　江　赵如松　张晓明　牛敬党　马　葵　赵盛伟　樊洪君　陆晓中　高俊斌
靳广洲　付小美　许月梅　李铁香　李明利　刘　华　杨京伟　佟秀苓　陈　捷
王　虹　李艳云　罗国华　徐自力　施建华　陈运辉　刘长江　刘家彬　吕　涛
吴　波　周灿丰　徐凤信　蔡晓君　丁　明　罗道全　郝保红　田海晏　高秀云
吴国民　刘湘晨　吴　艳　韦跃红　郭立群　张建贤　单希林　刘亚禄　吴春霞
索晨霞　杜建卫　赵国庆　高晓文　徐　新　王伟芳　王淑芳　杨玉久　张超英

李春明　张国英　王　丽　尹振晏　刘喜莲　何晓红　张卫义　张吉月　张硕生
王笃勤　赵增慧　郭金刚　冀学森　徐欣欣　李凤杰　王昌庆　白瑷峥　李　洋
金恩姬　范翠香　常　峥　刘占民　刘建东　何亚琴　王　伟　王中辉　邓双成
邓俊英　任正民　张宝生　张慧平　张立新　周志军　熊杰明　潘渊颖　曾　旗
黄为一　黄建平　毛炳生　王　敏　张敬军　范钦标　王和平　邓文生　艾丽辉
龙　菲　刘卫国　何广湘　沈齐英　李　彦　易　久　金玉顺　杨钟红　周晓正
梁慧媛　董小燕　董琳媛　张永丽　杨利华　杨凤云　吕荣强　孙滨丽　徐　华
刘红琳　严姣兰　黄民双　徐红敏　佟拉嘎　李梦玉　荣　华　刘亚玲　苏　欣
于　舸　陈华亭　王　怡　徐一峰　张　旭　韩　英　张肃建　宋景枫　唐　欣
丁　乔　贺小鹰　刘　辉　王　伟　张健勇　曾卫兵　余有明　俞接成　曹建树
纪文刚　张小红　石　峰　戚传松　李　韬　周翠红　刘伟明　许　波　冯音琦
林建安　潘　浩　李建刚　刘　啸　戴玉华　李茂盛　李　巍　邢光建　庄　伟
龚良发　宋莉瑶　于　静　金　俏　陈　飞　王殿君　隋金玲　陈　琪　张　克
倪　静　朱晓敏　王伟芳　童江梅　冯小萱　赵　昶　邓彦青　高　洁　孙卫民
李卫清　宋士博　黄继强　柳京爱

附 录

北京石油化工学院
1978-2008

附录1

历年教职工人数统计一览表(按学年统计)

单位：人

年 份	教 授	副教授	讲 师	助 教	教 员	教 辅	行 政	工 勤	其 他	合 计
1978～1979	0	0	0	6	6	3	8	13	0	36
1979～1980	0	0	5	3	29	16	23	25	0	101
1980～1981	0	0	20	19	12	7	27	58	3	146
1981～1982	0	2	22	19	11	0	34	59	0	147
1982～1983	0	2	40	17	11	29	32	34	2	167
1983～1984	0	3	39	17	18	15	40	50	2	184
1984～1985	0	3	35	62	1	31	47	33	3	215
1985～1986	0	3	28	62	6	44	39	34	4	220
1986～1987	0	2	28	15	49	42	39	38	3	216
1987～1988	0	10	21	14	71	14	58	57	0	245
1988～1989	0	16	34	46	42	29	55	64	0	286
1989～1990	0	25	55	48	57	35	46	56	0	322
1990～1991	1	28	55	68	40	37	48	48	8	333
1991～1992	1	25	52	64	12	31	74	77	35	371
1992～1993	12	33	69	45	30	74	45	64	46	418
1993～1994	13	50	69	30	27	50	82	103	40	464
1994～1995	4	44	98	40	32	65	140	72	32	527
1995～1996	5	47	95	48	31	82	151	66	35	560
1996～1997	4	53	105	65	30	88	137	77	31	590
1997～1998	10	56	107	59	14	68	166	72	28	580
1998～1999	9	64	115	52	12	74	154	71	28	579
1999年12月	21	66	154	31	0	150	86	71	0	579
2000年12月	23	67	144	27	0	178	82	57	7	585
2001年12月	29	87	129	20	0	191	82	53	18	609
2002年12月	37	93	113	27	0	240	83	52	32	677
2003年12月	48	107	107	118	0	182	123	52	30	767
2004年12月	39	113	128	107	0	226	104	49	33	799
2005年12月	42	133	157	83	0	214	154	47	26	856
2006年12月	51	152	209	40	0	190	129	47	22	840
2007年12月	54	161	214	17	0	213	105	48	23	835

附录2

历年招生情况一览表

年份	招生类别	学制	招生专业数	招生专业	录取人数	招生省份数	招生省份
1978	中专	3	1	化工工艺	38	1	北京市
	本科	4	1	化学工程	41	1	北京市
	专科	3	1	化工机械	45	1	北京市
	工大	3	1	仪表自动化	40	1	北京市
1979	本科	4	1	化学工程	35	1	北京市
		4	1	化工机械	35	1	北京市
	工大	3	1	化工机械	29	1	北京市
1980	本科	4	1	化学工程	41	1	北京市
		4	1	化工机械	47	1	北京市
	工大	3	1	化工机械	30	1	北京市
	电大	3	1	化工机械	43	1	北京市
	夜大	3	1	化工机械	33	1	北京市
1981	本科	4	1	化学工程	30	1	北京市
		4	1	化工机械	31	1	北京市
	工大	3	1	化学工程	40	1	北京市
1982	专科	3	1	化工机械	16	1	北京市
1983	专科	3	4	高分子工艺、化工机械、化工分析、石油化工工艺	70	1	北京市
	夜大	3	1	化工分析	25	1	北京市
	工大	3	1	土　建	43	1	北京市
1984	专科	3	2	石油化工分析、石油化工工艺	65	1	北京市
	夜大	3	1	化工分析	24	1	北京市
1985	专科	3	2	化学工程、化工机械	60	4	北京、山东、河南、河北

续 表

年份	招生类别	学制	招生专业数	招生专业	录取人数	招生省份数	招生省份
1986	专科	3	3	化学工程、化工机械、高分子化工	90	5	增加江苏省，其它同1985年
	夜大	3	1	化学工程	56	1	北京
1987	专科	3	4	工业企业管理、化工机械与设备、化工分析、高分子化工	78	5	北京、江苏、山东、河北、河南
1988	专科	3	2	化学工程、化工机械	69	5	北京、天津、山东、河北、河南
1989	专科	3	4	化工分析、化工机械、高分子化工、石油加工	94	5	同1988年
1990	专科	3	6	化学工程、高分子化工、工业会计、化工设备与机械、仪表自动化、石油加工	195	9	同1989年，增加黑龙江、江苏、甘肃、新疆
1991	专科	3	9	化工机械、高分子化工、工业会计、工业分析、仪表及自动化、石油加工、电气技术仪表、自动化、工业会计	208	12	同1990年，增加辽宁、吉林、宁夏
	本科	4	2	化学工程、化工机械	62	4	北京、河北、江苏、山东
1992	专科	3	8	化工设备与机械、高分子化工、工业会计、工业分析、仪表及自动化、石油加工、电气技术、化学工程	320	13	同1991年，增加湖北、湖南，减宁夏
1993	本科	4	10	同1992年，增加会计学、机电一体化	358	16	同1992年，增加安徽、江西、宁夏
	专科	3	4	工业会计	75	2	黑龙江、山东
1994	本科	4	8	化工设备与机械、高分子材料与工程、会计学、市场营销、工业分析、工业自动化、电气技术、化学工程	420	18	同1993年，增加浙江、青海
	专科	3	2	电气技术、化工工艺	169	2	河北、山东
1995	本科	4	8	会计学、化工设备与机械、机械电子工程、工业自动化、工业分析、计算机类、高分子化工及材料类、化学工程及工艺类	461	19	同1994年，增加广东、四川，减青海
	专科	3	2	电气技术、化工工艺	110	4	山东、黑龙江、宁夏、新疆
1996	本科	4	8	化工设备与机械、高分子化工及材料类、会计学、工业自动化、机械电子工程、电气技术、化学工程及工艺类、计算机类	500	21	同1995年，增加青海、福建
	专 科	2	2	电气技术、化工工艺	100	2	山东、新疆

续 表

年份	招生类别	学制	招生专业数	招生专业	录取人数	招生省份数	招生省份
1997	本科	4	8	同1996年	550	19	同1996年，减青海、福建
1998	本科	4	9	同1997年，增加市场营销专业	551	20	同1997年，增加重庆
1999	本科	4	8	会计学、市场营销、机械设计制造及其自动化、过程装备与控制工程、自动化、化学工程与工艺、高分子材料与工程、计算机科学与技术	770	27	同1998年，增加山西、上海、陕西、福建、广西、贵州、云南
2000	本 科	4	3	会计学、通信工程、电气工程及其自动化	209	2	北京、安徽
	本科	4	16	同1999年，增加国际经济与贸易、英语、应用化学、热能与动力工程、电气工程及其自动化、通信工程、信息管理与信息系统、公共事业管理等8个专业	1343	28	同1999年，增加内蒙古
2001	本 科	4	2	自动化、市场营销	183	2	北京、内蒙古
	本科	4	16	同2000年	1449	27	同2000年，减上海
2002	本 科	4	3	自动化、市场营销、旅游管理	216	2	北京、内蒙古
	本科	4	17	同2001年，增加旅游管理专业	1583	27	同2001年
2003	本 科	4	8	国际经济与贸易、市场营销、机械设计制造及其自动化、过程装备与控制工程、应用化学、环境工程、化学工程与工艺、会计学	205	2	北京、内蒙古
	本科	4	20	同2002年，增加信息与计算科学、过程装备与控制工程、环境工程3个专业	1500	28	同2002年，增加上海
2004	本科	4	21	同2003年，增加测控技术与仪器专业	1619	28	同2003年
2005	本科	4	21	同2004年	1589	28	同2004年
2006	本科	4	21	同2005年	1594	28	同2005年
2007	本科	4	22	同2004年，增加油气储运工程专业	1592	25	同2006年，减云南、上海、重庆

附录3

历年毕业生就业情况一览表

年份	毕业生基本情况							地区分布			部门分布				工作性质				
	毕业生人数	考取研究生数	出国	其他减派	待分	实际派遣数	二分	北京	边远（西部）省区	内地省区	中央部门	其中中石化	北京	其它省市	企业	事业	机关	军队	其它
981（专科）	78	0	0	0	0	78	0	78	0	0	78	78	0	0	75	3	0	0	0
982（本科）	82	0	0	0	0	82	0	82	0	0	78	76	4	0	74	8	0	0	0
983（本科）	69	0	0	0	0	69	0	69	0	0	61	61	8	0	63	6	0	0	0
984（本科）	87	0	0	0	0	87	0	87	0	0	0	0	0	0	0	0	0	0	0
984（专科）	36	0	0	0	0	36	0	36	0	0	36	36	0	0	35	1	0	0	0
985（本科）	58	0	0	0	0	57	0	57	0	0	57	56	0	0	46	11	0	0	0
985（专科）	15	0	0	0	0	15	0	15	0	0	15	15	0	0	10	5	0	0	0
986（专科）	66	0	0	0	0	66	0	66	0	0	65	65	1	0	61	5	0	0	0
987（专科）	60	0	0	0	0	60	0	60	0	0	60	60		0	53	7	0	0	0
988（专科）	58	0	0	0	0	58	0	18	0	40	56	56	2	0	52	6	0	0	0
989（专科）	97	0	0	0	0	97	0	24	0	73	94	94	3	0	91	6	0	0	0
990（专科）	80	0	0	0	0	80	1	16	0	63	76	76	3	0	78	1	0	0	0
991（专科）	70	0	0	0	0	70	0	16	0	54	62	62	6	2	69	1	0	0	0
992（专科）	87	0	0	0	3	84	0	24	0	60	82	81	1	1	79	5	0	0	0
993（专科）	177	0	0	0	2	175	1	58	33	83	164	160	10	0	163	9	0	1	1
994（专科）	174	0	0	0	5	169	3	50	21	95	142	132	18	6	160	2	1	3	0
994（本科）	15	0	0	0	0	15	0	8	0	7	14	14	1	0	12	3	0	0	0
995（专科）	366	0	0	0	2	364	9	114	42	199	262	237	49	44	301	10	13	1	30
995（本科）	58	2	0	0	0	56	1	23	0	32	43	43	10	2	51	3	1	0	0
96（专科）	140	0	0	0	3	137	5	18	0	114	14	6	7	111	40	3	1	1	87
96（本科）	27	0	0	0	0	27	0	18	3	6	21	20	6	0	22	5	0	0	0
97（本科）	361	9	0	0	9	343	14	89	54	186	207	155	50	72	284	28	8	2	7
97（专科）	121	0	0	0	4	117	3	6	7	101	10	5	3	101	20	1	1		92
98（本科）	380	12	0	0	10	358	39	118	27	174	164	111	82	73	280	30	3	4	2
98（专科）	105	0	0	0	4	101	1	0	6	94	8	2	1	91	10	0	0	1	89
99（本科）	442	16	0	1	11	414	38	187	23	166	171	102	123	82	320	35	9	3	9
00（本科）	510	29	5	0	14	462	62	198	28	174	164	86	131	105	306	60	18	13	3
01（本科）	519	46	6	0	14	453	71	236	15	131	169	105	155	58	287	49	38	6	2
02（本科）	524	45	2	0	20	457	73	227	16	141	188	116	141	55	286	55	38	4	1
03（本科）	698	61	11	0	58	568	158	213	37	160	170	104	135	105	333	41	13	3	20
04（本科）	1389	117	3	3	70	1196	439	383	59	315	255	117	251	251	641	68	23	9	16
05（本科）	1563	114	3	1	78	1367	497	476	101	293	320	119	301	249	742	85	30	6	7
06（本科）	1598	113	4	0	136	1345	357	605	59	324	328	84	372	288	834	97	52	0	5
07（本科）	1621	87	4	0	240	1290	332	577	71	310	329	68	459	170	786	90	77	2	3

注：（1）95～98届专科毕业生中山东委培生分别为30人、115人、95人、94人。
（2）2001年以后对去边远省区就业毕业生的统计变为对去西部省区就业毕业生的统计。

附录4

院、系设置一览表

学校直属院、系	二级学院下设系	开设专业
化学工程学院	化学工程系	化学工程与工艺
	应用化学系	应用化学
机械工程学院	化工机械系	过程装备与控制工程、油气储运工程
	机电工程系	机械设计制造及其自动化、机械电子工程 测控技术与仪器
	热能工程系	热能与动力工程
	环境工程系	环境工程
信息工程学院	控制科学与工程系	自动化
	电气工程系	电气工程及其自动化
	计算机科学与技术系	计算机科学与技术
	通信工程系	通信工程
经济管理学院	国际贸易系	国际经济与贸易
	信息管理系	信息管理与信息系统
	工商管理系	市场营销
	会计系	会计学
人文社科学院	公共管理系	公共事业管理
	旅游系	旅游管理
材料科学与工程系		高分子材料与工程
数理系		信息与计算科学
外语系		英语（国际商务方向）

编 后 记

2008年是学校建校30周年，经学校研究，决定编撰《北京石油化工学院志》，全面、实事求是地记述1978年至2007年学校发展变革的历程，以达到资政、存史、教育之目的。

早在1988年建校十周年之际，学校曾编写过《1978—1988大事记》，没有完成即中断。1992年学校成立了校志编撰委员会，在建校20年时，有的单位编写了部门志，但都未立卷出版。2004年4月，学校成立了校史编撰委员会，党委书记牛继升任编委会主任，下设编撰小组，正式启动了校志编撰工作，并通过调研初步形成了大事记编撰的标准。2006年12月，学校成立校志编撰委员会，由党委书记牛继升任主任，校长郭文莉任副主任，下设校志编撰工作办公室，校志编撰工作全面铺开进行，历时近两年的时间完成了这项繁重任务。

校志编撰委员会高度关注校志的编撰和出版工作，三易其稿审定了校志目录、人物收录标准和大事记收录标准。北京石油化工学院党委和行政的主要领导多次过问校志编写工作，强调校志要尽可能反应30年来学校发展建设、改革创新的特点。从2006年编写工作全面铺开，校志编写进程可分五个阶段进行：第一个阶段，编撰准备阶段（2006年9月至2007年3月），主要是建立机构，制定计划，全校发动，拟定篇目大纲等。9月至12月，校志编撰办公室收集资料，编写《1978—2005年大事记》，对历年大事记进行了分类汇总。2006年12月至2007年3月，学校成立校志编撰委员会及顾问委员会，制定了编写规则、实施方案，召开了全校各单位领导干部参加的校志编写动员会。各篇撰写任务本着“谁管谁写”的原则下达到各部门，明确其编写责任。第二阶段，编撰初稿阶段（2007年4月至2007年7月），主要是培训人员、修订篇目大纲，开展调查访问，广泛搜集资料，起草初稿。工作量主要在基层，很多部门领导亲自动手，组织力量，查阅档案，走访知情者，获取大量第一手材料。5月，学校召开了校志编撰工作交流会。交流会后，各单位召开本部门的初稿编写专题研讨会，发现问题并及时进行修改。校志编撰工作办公室完成了校志初稿的汇总、统稿工作，形成送审稿。期间，校志编撰工作办公室成员多次走访编写单位，了解编写工作中存在的困难与问题，对各单位的编写工作给予具体指导，并以简报形式通报各单位校志编撰工作进展情况。第三阶段，编撰审定阶段（2007年8月至2007年9月），校志编撰委员会及办公室组织对校志初稿进行评议和审定。第四阶段，编撰定稿阶段（2007年10月至2008年1月），学校召开历任校领导座谈会、离退休处级干部座谈会等，对校志初稿广泛征求意见；各撰写单位在征求校内教师和离退休老同志对初稿的意见后，对初稿进行补充、完善，最后形成定稿，送交校志编撰工作办公室。在各单位编写初稿的基础上，校志编撰工作办公室人员分工按篇对初稿进行修改，并与撰写单位深入沟通，反馈修改意见，上上下下，有的经过几稿甚至十几稿的修改、补充并编撰成文。第五阶段，

印刷出版阶段（2008年2月至2008年9月），对校志定稿进行终审及统稿，将校志定稿并按有关规定统一立卷出版。

在编写中，我们力求能把北京石油化工学院30年走过的历史道路和所取得的经验“齐全、翔实、系统”地记载下来，现在校志即将交付出版之际，心头不禁浮上几许欣慰之情。但同时又清醒地意识到，由于历史原因及有些档案资料不全，又由于编撰人员的水平有限，修志工作也留下了若干遗憾，最主要的是在贯彻和落实求真存实的宗旨及原则方面，尚有一定差距。我们期盼着广大师生员工和校友们批评指正，以便今后续编时修正和补充。

《北京石油化工学院志》是群体制作的结晶，是领导者、参编者、关心者和支持者“众手成志”的结果。参编人员认真负责，坚持质量第一，很多同志节假日不休息，赶任务，抢进度。曾在北京石油化工学院工作过的老领导、离退休教职工，为校志提供了宝贵的专题材料，提出了很多宝贵意见。许多单位和同志做了很多工作，给予了很大帮助。学校综合档案室为查资料提供方便；党委宣传部积极提供大量照片；北京燕山石油化工有限公司发展计划部提供大量可靠、翔实的资料；中国石化出版社给予大力支持。值此本志出版之际，谨向一切参编者、关心者和支持者表示诚挚的谢意！

北京石油化工学院——我们的母校！祝愿您在未来的发展中一帆风顺，铸就更大的辉煌。

编 者

2008年9月

主要撰稿人名单

（撰稿人姓名按照篇章顺序排列，一章中按照姓氏拼音排列）

序	王荣霞
凡　例	王荣霞
总　述	楚毓华　王荣霞
大事记	陈怀勇　李晓菊
第一篇 体制与机构	李晓菊　王亚强　楚毓华
第二篇 教师与职工	蔡忠庭　唐广军　徐自力
第三篇 学 生	付小美　张尧斌　王文杰　魏 融　肖存荣
第四篇 教育体制与教学	罗道全　胡　红　左　丽
第五篇 实验室与实习基地	罗道全
第六篇 科学研究与社会服务	董晋曦　罗道全　徐理民　杨京伟
第七篇 教学单位	唐广军　顾艳红　汪继锋　闫伟歌　骆小平 陈　玲　牛敬党　张　祥　万江红　董小燕 李　悦　魏立智　王迎军　李春明　沈　倬 吴爱华　张敬军　陈丹宇　徐凤信　朱闻鲒 宫　军　郦瑞林　宋金山　吴　波
第八篇 教学条件和设施	葛玉娴　高秀云　杨秋实　姚咏红　符生寅 沈　倬
第九篇 行政管理	崔卫韬　谭振康　张翠华　王　巍　蔡忠庭 唐广军　徐自力　郑振彭　马　壮　李福田 刘凤云　史开武　陈　竹　张素清　薛爱武
第十篇 后勤管理与服务	张振凯
第十一篇 国际交流与合作	宫　军
第十二篇 党建工作	王亚强　楚毓华　王　燕　徐理德　杨玉久 范茂辉
第十三篇 群众团体	佟秀苓　万　一　贠天祥　廖　健
第十四篇 校园建设	叶云虎
第十五篇 人物篇	楚毓华　唐广军
编 后 记	楚毓华　王荣霞